suhrkamp taschenbuch
wissenschaft 141

Karl-Otto Apel
Der Denkweg von
Charles Sanders Peirce

Eine Einführung
in den amerikanischen Pragmatismus

Suhrkamp

suhrkamp taschenbuch wissenschaft 141
Erste Auflage 1975
© Suhrkamp Verlag Frankfurt am Main 1967, 1970
Suhrkamp Taschenbuch Verlag
Druck: Nomos, Baden-Baden.
Printed in Germany.
Umschlag nach Entwürfen von
Willy Fleckhaus und Rolf Staudt.

Inhalt

Zweiter Teil
Peirces Denkweg vom Pragmatismus zum Pragmatizismus

Vorwort

Die vorliegende Peirce-Darstellung faßt die »Einführungen« zu meiner Textausgabe *Charles Sanders Peirce, Schriften I und II* (Suhrkamp 1967 und 1970) zusammen. Die Texte selbst erscheinen ebenfalls zusammengefaßt unter dem Titel *Charles Sanders Peirce, Schriften zum Pragmatismus und Pragmatizismus* in der Reihe ›Theorie‹ des Suhrkamp Verlages.

Die Einführungen, die unter dem Titel »Der philosophische Hintergrund der Entstehung des Pragmatismus bei Charles Sanders Peirce« bzw. »Peirces Denkweg vom Pragmatismus zum Pragmatizismus« erschienen, waren von Anfang an im Sinne einer Rekonstruktion des Peirceschen Denkweges in zwei Hauptperioden, die jeweils wieder in zwei Abschnitte zerfallen, konzipiert. Sie fügen sich daher in der vorliegenden Ausgabe zwanglos zu einer entwicklungsgeschichtlichen Monographie zusammen. Die entsprechende Dokumentation der vier Phasen des Peirceschen Denkweges findet sich in der neuen Ausgabe der Schriften.

Die Stellennachweise in den Anmerkungen beziehen sich auf die Band- und Paragraphennummer der »Collected Papers«, z. B.: 5.312 oder auch: CP, 5.312 und gegebenenfalls auf die Seitenzahl meiner deutschen Text-Ausgabe, z. B.: 5.438 (454).

Frankfurt am Main, im Juni 1975   K.-O. Apel

Ausgaben und – ausgewählte – Sekundärliteratur
in chronologischer Reihenfolge:

I. Ausgaben

1. Collected Papers, Vol. I-VI, ed. by Charles Hartshorne and Paul Weiss, Harvard University Press, Cambridge/Mass., 1931-1935, ²1960, Vol. VII-VIII, ed. by Arthur W. Burks, Harvard University Press, Cambridge 1958

(Auswahl-Ausgaben)

2. Morris R. Cohen (ed.): Chance, Love and Logic. New York 1923
3. Justus Buchler (ed.): The Philosophy of Peirce. New York 1940, ³1956
4. Vincent Tomas (ed.): Ch. S. Peirce: Essays in the Philosophy of Science. New York 1957
5. Philip P. Wiener (ed.): Values in a Universe of Chance. New York 1958
6. Karl-Otto Apel (ed.): Ch. S. Peirce: Schriften I. Frankfurt a. M. 1967. Schriften II. Frankfurt a. M. 1970; künftig in einem Band: Charles Sanders Peirce, Schriften zum Pragmatismus und Pragmatizismus. Frankfurt a. M. 1976
7. Elisabeth Walther (ed.): Ch. S. Peirce: Die Festigung der Überzeugung und andere Schriften. Baden-Baden 1967
8. Klaus Oehler (ed.): Ch. S. Peirce: Über die Klarheit unserer Gedanken. Frankfurt a. M. 1968

II. Ausgewählte Sekundärliteratur

1. Justus Buchler: Ch. S. Peirce's Empirism. New York 1939
2. J. K. Feibleman: An Introduction to Peirce's Philosophy, interpreted as a System. New York 1946
3. Philip P. Wiener: Evolution and the Founders of Pragmatism, Harvard University Press, Cambridge/Mass. 1952
4. Philip P. Wiener and F. H. Young (ed.): Studies in the Philosophy of Ch. S. Peirce. Harvard University Press, Cambridge/Mass. 1952
5. W. B. Gallie: Peirce and Pragmatism. Harmondworth/Middlesex 1952, rev. Auflage New York 1966
6. Jürgen v. Kempski: Peirce und der Pragmatismus. Stuttgart und Köln 1952
7. Murray G. Murphey: The Development of Peirce's Philosophy. Harvard University Press, Cambridge/Mass. 1961
8. Hjalmar Wennerberg: The Pragmatism of C. S. Peirce: an analytical Study. Lund u. Copenhagen, 1962
9. Edward C. Moore and Richard S. Robin (ed.): Studies in the Philosophy of Ch. S. Peirce, second series. The University of Massachusetts Press / Amherst, 1964
10. Richard J. Bernstein (ed.): Perspectives on Peirce. Yale University Press, New Haven and London, 1965
11. Transactions of the Ch. S. Peirce Society. University of Massachusetts Press, 1965 ff.
    (Eine umfassende Bibliographie der Peirce-Literatur von M. Fisch findet sich in II, 9, pp. 486 ff. Zur deutschen Peirce-Literatur s. Peirce: Schriften I, S. 19, Anm. 7; jetzt im vorliegenden Band, S. 17.)

Erster Teil
Der philosophische Hintergrund der Entstehung des Pragmatismus bei Charles Sanders Peirce

I. Peirce und die Funktion des Pragmatismus in der Gegenwart

Mit jener Überspitzung und Vereinfachung, die erforderlich ist, um eine komplexe Wahrheit sichtbar zu machen, könnte man sagen, daß in der Welt der Gegenwart, in der Lebenssituation der sogenannten Industriegesellschaft, genau drei Philosophien wirklich funktionieren, d. h. nicht: vertreten werden, sondern Theorie und Praxis des Lebens faktisch vermitteln: Marxismus, Existenzialismus und Pragmatismus.[1] Diese drei Philosophien teilen sich in diese Funktion einfach deshalb, weil sie es sind, die das große Problem einer auf sich gestellten Menschheit in der unfertigen Welt: die Vermittlung von Theorie und Praxis angesichts der ungewissen Zukunft, zuerst zum Thema des Denkens gemacht haben. Sie haben – jede auf ihre Art – erkannt, daß in einer Welt, die kein fertiger Kosmos ist, in einem Leben, das »nach vorwärts gelebt werden muß« (Kierkegaard), in einer gesellschaftlichen Situation, die verändert werden kann, Philosophie nicht selbstgenügsam sein kann, daß sie, als Theorie, die Praxis des Lebens nicht außer sich ha-

---

1 Es sei von vornherein betont, daß diese Begriffe hier mit dem Recht des konstruktiven Historikers der Philosophiegeschichte auf vage und weite Klassifikationen gebraucht werden: Man weiß, daß die unter solche Begriffe subsumierten Autoren sich zu Lebzeiten nicht klassifizieren lassen wollen; sie müßten damit ja eingestehen, das Ganze verfehlt zu haben. Sobald die Historiker sich ihrer annehmen, pflegen die Systematiker ihr Etikett zu ändern: Existenzialist wollte, außer dem frühen Sartre, keiner der Begründer des Existenzialismus sein; Marx wollte nicht Marxist sein; James zog es später vor, »radikaler Empirist« genannt zu werden, Dewey wollte lieber »Instrumentalist« oder »Experimentalist« oder auch »Naturalist« heißen. Und Peirce distanzierte sich von dem bekanntwerdenden Pragmatismus unter dem Titel »Pragmatizismus«. – Zu dem hier als Schlüsselthema der Philosophie nach Hegel herausgestellten Problem der Vermittlung von Theorie und Praxis vgl. J. Habermas: Theorie und Praxis, Neuwied 1963.

ben kann, so, als könne man zuerst in reiner, interesseloser Kontemplation das Wesen der Dinge erkennen und dann erst die Praxis an der Theorie orientieren, oder so, als könne man die Gesetze der unfertigen Welt a priori bestimmen und die zukunftsoffene Geschichte in die selbst nicht mehr praktisch engagierte Reflexion »aufheben«. Wir wollen diesen Versuch einer vagen Charakteristik des neuen Selbstverständnisses, das den drei Philosophien der Vermittlung von Theorie und Praxis gemeinsam ist, nicht weiter treiben. Allzu schnell verliert sich die Gemeinsamkeit des Ansatzes, die historisch als Anknüpfung an Kants Primat der praktischen Vernunft und als Antwort auf Hegels Vollendung der theoretischen Metaphysik als Metaphysik der Geschichte verstanden werden könnte.

Statt zu versuchen, die theoretischen Lehren der drei in sich wiederum sehr komplexen Philosophien aus dem angedeuteten Ansatz zu entwickeln, wollen wir einen kurzen Blick auf ihre Funktion in der Welt der Gegenwart werfen, d. h. auf den Umstand, daß die drei genannten Philosophien den Aufgabenbereich der Vermittlung von Theorie und Praxis in der modernen Industriegesellschaft unter sich aufteilen.

Man könnte hier zunächst an folgende geographische Aufteilung denken: Der Marxismus beherrscht das kommunistische Eurasien, der Pragmatismus dominiert in den angelsächsischen Ländern und in Skandinavien, der Existenzialismus im übrigen Europa (mit Ausstrahlung in die lateinamerikanischen Länder). Eine solche Feststellung wäre gewiß nicht falsch, ich möchte jedoch eine andere Arbeitsteilung für aufschlußreicher halten:

Der orthodoxe Marxismus-Leninismus, der die proletarische Revolution in seiner Regie durchgeführt hat und gegenwärtig den »Aufbau des Sozialismus« in der Phase der Diktatur des Proletariats leitet, hat sich, soweit wir das bis heute beurteilen können, als dogmatische Regelung der Vermittlung von Theorie und Praxis installieren müssen. Er muß durch die sogenannte »Parteilinie« eine ständige »Einheit von Theorie und Praxis« für alle Lebensbereiche eines Kollektivs, bis tief in das Privatleben hinein, zumindest als institutionelle Fiktion postulieren, wenn nicht de facto erzwingen. Nur so kann, seinen Voraussetzungen zufolge, die solidarische Aktion aller Mitglieder der Gesellschaft und damit die Herrschaft der Menschen über die Geschichte (das »Reich der Freiheit«) erreicht werden. Diese Vermittlung von Theorie und Praxis kann soweit funktionieren, wie der Einzelne sein Privatleben bereitwillig von der solidarischen Aktion des Kollektivs her versteht. Soweit er sein Privatleben – wenn auch nur stillschweigend – aus dem kollektiven Engagement herausnimmt, gerät dieses Privatleben automatisch unter das Regulativ der existenziellen Vermittlung von Theorie und Praxis, während die öffentlichen Angelegenheiten (Politik, Wirtschaft, Wissenschaft, Technik) pragmatischen Kriterien der Beurteilung und Regelung zugänglich werden. [2]

Damit ist nun aber bereits das Prinzip einer Arbeitsteilung formuliert, der gemäß die Vermittlung von Theorie und Praxis in der »westlichen Welt« – d. h. genau da, wo die Bedingungen für ein Funktionieren der parlamentarischen Demokratie tatsächlich gegeben sind – faktisch zu funktionieren scheint: Von einer einheitlichen Vermittlung von Theorie und Praxis kann hier nur insoweit die Rede sein, als das öffentliche Interesse mit den privaten Interessen ohne Zwang zusammenfällt (z. B. in der streng wissenschaftlichen Forschung). In den übrigen Lebensbereichen hingegen unterscheiden sich normalerweise die Situationen, die durch »intelligent mediation of means and ends« (Dewey) zu bewältigen sind, von den »Grenzsituationen« (Jaspers), in denen allein schon das Faktum des »jemeinigen Todes« (Heidegger) eine riskante Entscheidung auf ein unbedingtes »Worumwillen« hin fordert. Soweit aber Situationen und Grenzsituationen auseinanderfallen, soweit sind öffentliche und private Lebensinteressen nicht ohne Zwang zur Deckung zu bringen; und daraus resultiert eine Arbeitsteilung zwischen

2 Es erübrigt sich, diese These an den Verhältnissen im sich differenzierenden »Ostblock« zu illustrieren.

Pragmatismus und Existenzialismus, die mir für die philosophische Vermittlung von Theorie und Praxis in der westlichen Welt charakteristisch zu sein scheint.

Damit soll nicht gesagt sein, daß die Menschen in unseren Breiten, exakt nach dem soeben angedeuteten Prinzip, jeweils die eine oder die andere der beiden komplementären Philosophien explizit vertreten, also etwa ein Abgeordneter sich im Privatleben zum Existenzialismus, in der Öffentlichkeit aber zum Pragmatismus bekennt. Der Abgeordnete mag sich – wie jedes andere Mitglied der pluralistischen Gesellschaft – zu allen möglichen »Weltanschauungen« bekennen, aber als Abgeordneter in einer parlamentarischen Demokratie muß er sich so verhalten, als ob er in der Öffentlichkeit Pragmatist, im Privatleben dagegen Existenzialist wäre. Er kann nämlich die Weltanschauung, die er persönlich mehr oder weniger bewußt adoptiert hat – mag sie auch ihrer ursprünglichen Natur nach eine inhaltlich fixierte Dogmatik mit privatem und öffentlichem Geltungsanspruch sein –, nur in seinem Privatleben, auf sein existenzielles Risiko hin, als unbedingte Wahrheit zur Geltung bringen. In seiner öffentlichen Funktion als Abgeordneter kann er sie nur – gefiltert durch den bereits pragmatischen Spielregeln gehorchenden Prozeß der Meinungsbildung innerhalb einer Partei – zur Diskussion stellen; d. h. aber: er kann sie als Hypothese unter anderen Hypothesen zur gemeinschaftlichen Erprobung – etwa als Voraussetzung des positiven Rechts oder der politischen Gesetzgebung – vorschlagen.

Darin zeigt sich, wie J. Dewey richtig sah, daß die demokratische Lebensordnung ihrer objektiven Struktur nach eine Experimentiergemeinschaft mündiger Menschen ist, in der jeder dem anderen grundsätzlich die Aufstellung plausibler, d. h. erprobarer Hypothesen, keiner aber dem anderen den Besitz der absoluten Wahrheit zutraut.

Diese objektive Struktur einer Lebensordnung, die K. R. Popper als die der »open society« den impliziten Voraussetzungen der älteren Metaphysik und noch den historisch belegbaren Tendenzen des dialektischen »Historizismus« mit einigem Recht entgegengestellt hat[3], bestimmt in der westlichen Welt die Spielregeln der philosophischen Vermittlung von Theorie und Praxis im öffentlichen Lebensbereich und verweist dadurch automatisch die metaphysisch-theologische Orientierung des Lebens in den Bereich jener Spielregeln privater Lebensentscheidungen, den die Existenzphilosophie seit Kierkegaard analysiert hat.

Diese selbst wiederum objektive Ordnung einer Funktionskomplementarität pragmatistischer und existenzialistischer Vermittlung von philosophischer Theorie und Lebenspraxis[4] scheint mir das gesellschaftliche Sein der Philosophie in der westlichen Welt zu bestimmen. Anders verhält es sich mit der bewußtseinsmäßigen Anerkennung dieser Wirklichkeit in den verschiedenen geographischen Bereichen der westlichen Welt.

In den angelsächsischen Ländern ist nicht nur die offizielle Philosophie geneigt, die existenzialistische Ergänzung der Lebensorientierung ebenso wie eine – möglicherweise entdogmatisierte – dialektische Geschichtsphilosophie neben der pragmatistisch formulierbaren Vermittlung von Theorie und Praxis für überflüssig zu halten. In Mitteleuropa dagegen, zumal in Deutschland, sträubt man sich vielfach, aus einer Mischung von humanistischer Pietät gegenüber der traditionellen Metaphysik und trotziger Ignorierung der neueren angelsächsischen Philosophie heraus, die pragmatischen Spielregeln des Alltagslebens, der Politik, Wirtschaft, Wissenschaft und Technik als philosophisch relevant anzuerkennen und diejenigen Philosophien, welche diese Wirklichkeit analysiert haben, als Philosophie ernstzunehmen.[5]

---

3 K. R. Popper: The open society and its enemies, 2 Bde. 1945 (dt. Bern 1957/58).

4 Sie ist durch die Trennung von Staat und Kirche in der Neuzeit institutionell vorbereitet.

5 Dort, wo ein solches Ernstnehmen versprochen wird, geschieht es vielfach in einer karikaturartigen Entstellung, welche die Philosophie des Pragmatismus mit denjenigen opportunistischen Praktiken verwechselt, welche ohne die nüchternen Analysen jener Philosophie tatsächlich jeder Bewußtseinskontrolle entgehen und die offizielle Philosophie zur kraftlosen Ideologie degradieren würden. Ein symptomatisches Beispiel für eine solche Verwechslung – im übrigen ein ideologisches Resumé der Vorstellungen des

Was die Abneigung der offiziellen angelsächsischen Philosophie gegen das Ernstnehmen der Motive der Existenzphilosophie und des Marxismus angeht, so wird sie durch die Klassiker des Pragmatismus nicht bestätigt. Denn W. James hat in seinem Essay »The Will to Believe« das zentrale Anliegen Kierkegaards – das subjektive Interesse des Einzelnen an der prinzipiell nicht beweisbaren, aber gerade deshalb existenziell relevanten Wahrheit – selbst in den Grenzen und als Grenze der wissenschaftlichen Experimentiergemeinschaft zur Geltung gebracht [6]; und man tut gut daran, seine Version des Pragmatismus von diesem Motiv her – und nicht von der für nichtamerikanische Ohren mißverständlichen Metaphorik des »business life« her – zu verstehen. J. Dewey aber, der vor allem die gesellschaftlich-politischen und die ethisch-pädagogischen Konsequenzen des pragmatistischen »Instrumentalismus« zu entwickeln suchte, hat – ähnlich wie Marx – in naturalistischer Transformation seiner hegelianischen Vergangenheit eine Ideologiekritik im Stile des »historischen Materialismus« entwickelt; und er hat das russische »Experiment« einer marxistischen Rekonstruktion der Gesellschaft solange mit Sympathie verfolgt, wie es ihm mit der Idee einer demokratischen Experimentiergemeinschaft vereinbar zu sein schien. – Daß die von uns postulierte existenzialistische Struktur der Grenzsituationen privater Lebensorientierung auch in den angelsächsischen Ländern faktisch besteht und ihre Bedürfnisse zur Geltung bringt, läßt sich wohl am deutlichsten an der weltweiten Existenzialisierung der protestantischen Theologie ablesen. Sie entspricht in der Tat dem einzig möglichen, aufrichtigen und gesellschaftlich tragbaren Selbstverständnis des religiösen Glaubens in einer Welt der Wissenschaft und der demokratischen Toleranz.

Die vorliegende Studie steht nun umgekehrt vor der Aufgabe, den – soweit es um Philosophie zu tun ist – eher existenziali-

---

»kleinen Moritz« über die Lehren der amerikanischen Pragmatisten – bietet Wilh. Seeberger: Wahrheit in der Politik – Pragmatismus in Theorie und Praxis, Stuttgart 1965.
6 W. James: The Will to Believe, New York 1896.

stisch oder auch idealistisch-dialektisch voreingenommenen deutschen Leser in die prosaische Welt des Pragmatismus einzuführen. Sie unternimmt dies anhand der erstmals in deutscher Sprache veröffentlichten Texte eines Denkers, der bisher selbst bei den wenigen Autoren, die sich mit dem amerikanischen Pragmatismus auseinandergesetzt haben, so gut wie unbekannt geblieben ist.[7] Dabei ist *Charles Sanders Peirce* (1839–1914), um den es hier geht, nicht nur der – bereits 1898 von W. James ausdrücklich so charakterisierte – Begründer des Pragmatismus, sondern darüber hinaus wohl der größte amerikanische Denker überhaupt, von dem nicht nur W. James und J. Dewey, sondern auch der große idealistische Systematiker J. Royce, der Kant nahestehende Logiker C. I. Lewis und die Begründer einer quasibehavioristischen Sozialwissenschaft bzw. Semiotik, G. H. Mead und Ch. Morris, aufs stärkste beeinflußt sind. Er ist zugleich auch einer der Pioniere der mathematischen Logik im

---

7 Die bedeutendsten deutschen Darstellungen des Pragmatismus, die von G. Jakoby (1909), von M. Scheler (in: »Die Wissensformen und die Gesellschaft«, 1926) und von Ed. Baumgarten (1938), berücksichtigen Peirce nicht (Baumgarten schließt ihn bewußt aus, M. Scheler kennt Peirce nur aus den Schriften von James, er führt zwar die »zwei Hauptsätze des Pragmatismus« auf Peirce zurück, mißversteht aber ihre Tragweite im Sinne von James).
Das bislang einzige deutsche Buch über Peirce ist J. v. Kempskis »Ch. S. Peirce und der Pragmatismus« (Stuttgart u. Köln 1952). Dort finden sich auch einige Hinweise auf die wenigen sachkundigen Stellungnahmen zu Peirce in der älteren deutschen philosophischen Literatur (a.a.O. S. 6), vor allem auf die wichtige Rezension der »Coll. Papers« durch H. Scholz in der deutschen Literaturzeitung (1934, Sp. 392 ff., u. 1936, Sp. 137 ff.). Seitdem sind, wie sich an Hand der umfassenden Bibliographie von M. Fisch in »Studies in the Philos. of Ch. S. Peirce«, II, 1964, S. 486 ff. überprüfen läßt, noch zwei deutsche Arbeiten über Peirce erschienen: Peter Krausser: »Die drei fundamentalen Strukturkategorien bei Ch. S. P.« In: Philosophia Naturalis, 6 (1960), 3–31; und Walter Jungs Rezensionen der Bücher von Thompson und v. Kempski über Peirce in der Phil. Rdsch., 4 (1956), 129–143 und 143–158. (Prof. Kl. Oehler verdanke ich den Hinweis auf E. Walter: »Die Begründung der Zeichentheorie bei Ch. S. Peirce«, in: Grundlagenstudien aus Kybernetik u. Geisteswissenschaften 3, 1962, 33–44. Daselbst [S. 44] findet sich der Hinweis auf Theodor Schulz: »Panorama der Peirceschen Ästhetik«, 1961, Ms. Mit Peirces und Morris' Semiotik beschäftigen sich auch die folgenden Bücher von G. Klaus: »Semiotik und Erkenntnistheorie«, Berlin 1963, und: »Die Macht des Wortes«, Berlin 1964.)

19. Jahrhundert, in der er mit seiner »Logik der Relationen« die Ansätze von Boole und De Morgan weiterentwickelt und die Voraussetzungen für Ernst Schröders »Algebra der Relative« geschaffen hat. [8]

Der Grund für das späte Bekanntwerden von Peirce in der philosophischen Welt liegt zunächst einmal in dem äußeren Faktum, daß seine zahlreichen, in Zeitschriften verstreuten Abhandlungen und seine noch weit zahlreicheren zu Lebzeiten nicht veröffentlichten Arbeiten erst zwischen 1931 und 1935 (Bd. I–VI der »Collected Papers«) und 1958 (Bd. VII u. VIII der »Collected Papers«) in systematisch geordneter Form publiziert wurden. Dieser äußere Grund für das späte Bekanntwerden [9] ist jedoch selbst nur der Ausdruck einer tieferen Wandlung in der Einschätzung der Bedeutung von Peirce im Vergleich zu den beiden anderen Klassikern des Pragmatismus, die ihn so lange – trotz aller Hinweise auf den Vorläufer – mit ihrem Werk verdeckten. Die originalen Abhandlungen von Peirce waren zu dessen Lebzeiten nicht nur wegen ihrer Unzugänglichkeit – und wegen des Umstandes, daß Peirces akademische Karriere an der Johns Hopkins-Universität, die erst 1879 vielversprechend begonnen hatte, 1883 jäh und für immer beendet wurde [10] – wenig bekannt geworden; sie waren auch wegen ihrer analytischen Subtilität, ihrer nur dem Fachmann verständlichen Illustrationen aus der Geschichte der exakten Wissenschaften, ihrer philosophiehistorischen (insbesondere terminologiehistorischen) Exkurse und ihrer durchgehenden Beziehung auf die im engeren Sinn logischen Forschungen des Verfassers für die Zeitgenossen nur selten plausibel und interessant. Eine

8 Vgl. v. Kempski, a.a.O. S. 84 ff. Ferner J. M. Bocheński: Formale Logik, Freiburg / München 1956.

9 Vgl. die Chronologie der auf S. 10 aufgeführten wichtigsten Bücher über Peirce mit den Veröffentlichungsdaten der *Collected Papers* sowie der vier Auswahlausgaben.

10 Vgl. zu dieser mysteriösen Geschichte, welche die tragische Wendung in der glanzvoll begonnenen Laufbahn von Peirce einleitete, die Untersuchung von M. Fisch und J. I. Cope in »Studies in the Philosophy of Ch. S. Peirce«, ed. by P. P. Wiener and F. H. Young, Cambridge/Mass. 1952, S. 277–311. Die Tragweite dieser Wendung für die »Entwicklung der Peirceschen Philosophie« versucht M. Murphey in seinem Buch »The Deve-

Ausnahme machten hier nur die auch zu Lebzeiten von Peirce schon einigermaßen berühmten Aufsätze »The Fixation of Belief« von 1877 und »How to Make Our Ideas Clear« von 1878. Die Grundgedanken dieser Geburtsurkunden des Pragmatismus schienen jedoch den Zeitgenossen in den anschaulichen und lebendigen Vorträgen und Vorlesungen von W. James ihre maßgebende und die Lebensbedeutsamkeit offenbar machende Formulierung gefunden zu haben. Wenn die für James charakteristische subjektiv-psychologistische Auslegung des Pragmatismus von Peirce später oft beanstandet wurde [11], so schien dieser Mangel schließlich in der eher soziologistischen Rezeption des Pragmatismus durch J. Dewey behoben zu sein. Freilich hat Peirce noch zu Lebzeiten auch Dewey wegen mangelnder logischer Subtilität getadelt. [12] Aber logische Subtilität war um 1900 noch nicht die Forderung des philosophischen Zeitgeistes.

Genau in diesem Punkt aber vollzog sich im 20. Jahrhundert die tiefstgehende Wandlung in der Philosophie der angelsächsischen Welt. Die Saat der mathematischen Logik, die Peirce selbst – beinahe so unbeachtet wie sein deutscher Zeitgenosse Gottlob Frege – mit ausgesät hatte, ging nach dem Erscheinen der »Principia Mathematica« von B. Russell und A. N. Whitehead (1910–1913) weithin sichtbar auf und verwandelte in der sogenannten »analytischen Philosophie«, die von Russell, G. E. Moore und Wittgenstein ausging, auch den Stil der akademischen Philosophie in England und Nordamerika. Schon dieser Stilwandel war geeignet, die bislang unpopulären Aspekte der Peirceschen Philosophie im positiven Lichte erscheinen zu lassen. Dazu gehörte selbst noch ihre leibnizianische Zersplitterung in »Opuscula«, die der von Moore ausgegebenen Parole des »piecemeal and by fragments«-Philosophierens genau zu entsprechen schien. Hinzu kam, daß in der Zeit des Erscheinens der »Collected Papers« der von Russell und Wittgenstein

lopment of Peirce's Philosophy«, Cambridge/Mass. 1961, pp. 291 ff., abzuschätzen.
11 Vgl. unten, Zweiter Teil, I, S. 155 ff. sowie IV, 1, S. 286 ff.
12 Vgl. Peirces Brief an J. Dewey vom 9. Juni 1904, CP 8. 239 ff. (meine Ausgabe, Zweiter Teil, III, 15), S. 570 ff.

inspirierte sogenannte »Wiener Kreis« [13] nach Amerika emigrierte und dort seine bis heute andauernde, bedeutende Wirkung zu entfalten begann. Diesem »logischen Empirismus« mußte der logisch durchgearbeitete Pragmatismus von Peirce verwandter und bedeutsamer erscheinen als der oft unscharf und in populärer Breite formulierte Pragmatismus des Psychologen James und des politisch-pädagogisch engagierten Soziologen J. Dewey. Bei Peirce konnten die Neopositivisten alle ihre Schlüsselprobleme – und, wie es zuerst schien, auch deren Auflösungen – vorgebildet finden: so den sprachanalytischen oder semantischen Ansatz des Philosophierens, die Frage nach dem Sinnkriterium von Sätzen und die Beantwortung dieser Frage durch das sogenannte »Verifikationsprinzip«.

Die *prima facie*-Verwandtschaft zwischen Peirce und dem Neopositivismus erwies sich freilich bei näherem Zusehen als sehr problematisch. Aber die Aktualität von Peirce wuchs eher noch in dem Maße, in dem der Logische Empirismus in seine langwierige Aporetik [14] eintrat und die analytische Philosophie über ihn hinaus zu durchweg pragmatischen oder pragmatoiden Positionen fortschritt:

So sah sich die von *Carnap* begründete »Logische Semantik« gezwungen, die Bedeutung der pragmatischen Zeichendimension anzuerkennen, die *Ch. Morris* – bewußt auf Peirce zurückgreifend – ins Spiel brachte. [15] Die Diskussion des sogenannten Verifikationsprinzips aber führte zu der von Peirce längst vorweggenommenen Einsicht, daß eine Reduktion der Bedeutung allgemeiner Begriffe auf Sinnesdaten (bzw. der wissenschaftlichen Sätze auf sog. »Protokollsätze«) nicht möglich ist und man sich mit der »prognostischen Relevanz« der »theoretischen

13 Vgl. V. Kraft: Der Wiener Kreis, Wien 1950.
14 Dazu W. Stegmüller: Hauptströmungen der Gegenwartsphilosophie, ³Stuttgart 1965, Kap. IX u. X.
15 Zu Morris' Semiotik vgl. K. O. Apel in Phil. Rdsch., 7. Jg., 1959, 161–184. Ferner E. Tugendhat ebda., 8. Jg., 1960, S. 131–159. Zum Verhältnis von Morris zu Peirce vgl. die Kontroverse zwischen Morris und Dewey im »Journal of Philos.« 43, 1946, 85–95, 196, 280, 363–364. – Vgl. jetzt meine kritische Einführung zu Ch. W. Morris, Zeichen, Sprache und Verhalten, Düsseldorf: Schwann 1973.

Begriffe« bzw. der sie enthaltenden wissenschaftlichen Sätze zu begnügen hat. Hier liefen besonders die Entdeckungen K. R. Poppers – daß allgemeine Sätze nicht vollständig verifizierbar, wohl aber vollständig falsifizierbar sind, und daß die sogenannten Erfahrungsprotokolle, als Sätze, die allgemeine Begriffe enthalten, selbst das Problem der Verifikation durch erneute Erfahrungsprotokolle stellen usf. ad infinitum – faktisch auf Wiederentdeckungen Peircescher Einsichten hinaus.[16] In dieselbe Richtung und wiederum auf Peirce zurück wies die von Carnap entdeckte Problematik der sogenannten »Dispositionsbegriffe«.[17]

Die in all diesen Schwierigkeiten zutage tretende zentrale Einsicht in die sogenannte »reductive fallacy« des radikalen Positivismus mußte auch die Ansprüche des zur gleichen Zeit, besonders in Amerika, entwickelten und in das neopositivistische Programm der »Einheitswissenschaft« eingefügten »Behaviorismus« in ihre Schranken verweisen. Und auch hier erwies sich, daß der Vorläufer – Peirce –, auf den sich die amerikanischen Behavioristen und Semibehavioristen (wie z. B. *G. H. Mead* und *Ch. Morris*) gerne beriefen, die Unmöglichkeit einer Reduktion von Sinn, Sinnintention und Sinnverstehen auf faktisches Verhalten von vornherein berücksichtigt hatte.[18] Damit hängt der wohl noch erst zu würdigende Umstand eng zusammen, daß Peirce nicht nur eine Philosophie der möglichen experimentellen Verifikation und der dazu vorausgesetzten »Experimentiergemeinschaft« der Forscher, sondern noch früher bereits eine Philosophie der »Interpretation« von Meinungen und der

16 Vgl. unten S. 81 f., 88, 144. Mit Popper verbindet Peirce überhaupt das spezifische Interesse an der Wissenschaftstheorie und der Wissenschaftsgeschichte.
17 Vgl. Stegmüller, a.a.O. S. 462.
18 Ch. Morris bekennt sich ausdrücklich zum Behaviorismus (in: Signs, Language and Behavior, New York 1955), während G. H. Meads Theorie der reziproken Verhaltens*erwartungen* in »Mind, Self and Society« (1934) nicht dem konsequenten Behaviorismus zuzurechnen ist und in vielen Zügen näher bei Peirce bleibt als Morris. Peirce selbst hat in seiner Kategorienlehre die Einsicht in die »Reductive Fallacy« aller Spielarten des Materialismus, Positivismus, Behaviorismus souverän vorweggenommen.

in der Experimentiergemeinschaft schon vorausgesetzten »Interpretationsgemeinschaft« entwickelt hatte. [19]

Die pragmatistische Semiotik von Peirce, welche das Problem des Sinnverstehens in Begriffen der sozialen Interrelation von Verhaltensregelung und möglicher Erfahrung interpretiert und zugleich in einer »spekulativen Grammatik« und »Rhetorik« die Grundlagen der Sprachphilosophie neu zu legen sucht, mußte aber erst recht aktuell werden, als die »analytische Philosophie« im Gefolge des späten Wittgenstein sich der Analyse der Umgangssprache zuwandte, d. h. aber genauer: der »Sprachspiele« als öffentlich-institutionell geregelter Einheiten von Sprachgebrauch, Verhaltenspraxis und möglicher Erfahrung. [20] Bei der von Moore zum späten Wittgenstein führenden Würdigung der im alltäglichen Sprachgebrauch liegenden Commonsense-Kriterien des Sinnvollen und – im jeweiligen pragmatischen Sinnhorizont – auch des Wahren ergab sich weiterhin eine Berührung mit dem von Reid bzw. Hamilton zu Peirce führenden Motiv des *Commonsensism*. Freilich ist der pragmatische *Commonsensism* – wie überhaupt der Pragmatismus – des späten *Wittgenstein* weit extremer und einseitiger als der von *Peirce*, indem er tatsächlich kein anderes Ziel der Philosophie mehr zu kennen vorgibt als die Diagnose und Therapie der pragmatisch leerlaufenden Sprachfunktion und dabei den alltäglichen Sprachgebrauch als sakrosankten Maßstab anzusehen scheint. Demgegenüber ist der Commonsensism von *Peirce*

19 Vgl. unten S. 60 f. u. 90. Diese Philosophie der Interpretation wurde von ihm selbst im Alter noch einmal energisch aufgegriffen und mit dem »Pragmati(zi)smus« ausdrücklich in Beziehung gesetzt. Vgl. hierzu meine Abhandlung ›Szientismus oder transzendentale Hermeneutik? Zur Frage nach dem Subjekt der Zeicheninterpretation in der Semiotik des Pragmatismus‹, in: R. Bubner et al. (Hrsg.): *Hermeneutik und Dialektik*, Festschr. f. H.-G. Gadamer, Tübingen 1970, Bd. I, S. 105–145 (auch in: K.-O. Apel: Transformation der Philosophie, Frankfurt a. M. 1973, Bd. II).

20 Vgl. K.-O. Apel: Die Entfaltung der sprachanalytischen Philosophie . . . In: Philos. Jb., 72. Jg., 1965, S. 239–289; und ders.: Wittgenstein und das Problem des hermeneut. Verstehens. In: Ztschr. f. Theologie u. Kirche, 63. Jg., 1966, S. 49–87 (jetzt in K.-O. Apel, Transformation der Philosophie, a.a.O. Bd. I und II). Zum Verhältnis von Wittgenstein und Peirce vgl. Richard Rorty: Pragmatism, Categories, and Language. In: Philos. Review, 70, 197–223, 1961.

»*Critical Commonsensism*«. Er spielt zwar die praktische Be-
währtheit – oder sogar Instinktverwurzelung – des Commonsense gegen leere Spekulation aus, beruft aber andererseits in der
wissenschaftlichen Sprachregelung (»Ethik der Terminologie«)
und dem wissenschaftlichen Erkenntnisfortschritt, die beide
unter idealen regulativen Prinzipien (im Sinne Kants) stehen,
eine Gegeninstanz zur provisorischen Geltung des Commonsense wie jeder – im Moment nicht reell bezweifelbaren – wissenschaftlichen Überzeugung.[21] Es ergibt sich daraus, daß Peirce
die heute oft als einander ausschließend empfundene Motive
der logistischen Konstruktion von Präzisionssprachen (Carnap)
und Wissenschaftslogik (Carnap, Popper, Hempel u. a.) einerseits, der sogenannten »linguistischen« Schulen der analytischen
Philosophie (Oxford und Cambridge) andererseits in seiner
Konzeption des »Critical Commonsensism« bereits »vermittelt« hat.

Die im vorigen angedeuteten Beziehungen zwischen Peirce und
der »analytischen Philosophie« weisen, wie mir scheint, auf die
tieferen Gründe für den Umstand, daß der Begründer des Pragmatismus, der zugleich der Logiker des Pragmatismus war, auch
in der angelsächsischen Welt erst nach dem Psychologen des
Pragmatismus, W. James, und dem Sozialpädagogen des Pragmatismus, J. Dewey, aktuell wurde. Diese Reihenfolge der
Aktualisierung entspricht letztlich dem Umstand, daß erst
die szientifische Beschränkung und zugleich Erneuerung des
Ideals der reinen »Theoria« im modernen logischen Positivismus in der daraus resultierenden Aporetik definitiv gezeigt hat,
daß die Vermittlung von Theorie und Praxis gegenwärtig nicht
nur das Schlüsselproblem der spekulativen Philosophie, sondern auch schon das der empirischen Wissenschaft ist.

Ch. S. Peirce, der – im Unterschied zu James und Dewey – im
Hauptberuf praktizierender Naturwissenschaftler (Geodät und
Astronom, außerdem Diplomchemiker) war[22], erwies sich in

21 Die Ausbildung des »Critical Commonsensism« fällt im wesentlichen
in die späte Periode des »Pragmatizismus«, vgl. bs. 5.497 ff. (485 ff.) und
5.523 ff. (490 ff.).
22 Das einzige zu Lebzeiten veröffentlichte Buch Peirces sind seine »Photo-

der Tat als der kongeniale Interpret der im 20. Jahrhundert erst ins öffentliche Bewußtsein tretenden Problematik der technisch-operativen Vermittlung des Sinns der theoretischen Grundbegriffe der Physik. Die »semantische Revolution«, die sich, wie Ph. Frank betonte, in Einsteins Forderung einer Definition des Begriffs »Gleichzeitigkeit« in der Form einer Anweisung für mögliche Messungen der Gleichzeitigkeit von Ereignissen vollzog, führte in der weiterer Entfaltung der Grundlagenkrise der modernen Physik mit innerer Konsequenz zur Forderung eines »semantisch konsistenten Systems« der Physik, das in seinen theoretischen Grundlagen zugleich die materiellen Bedingungen der operativen Realisierung seiner Begriffe (z. B. »Naturkonstanten«, wie Lichtgeschwindigkeit, Plancksches Wirkungsquantum, Elementarlänge) nachweist und rechtfertigt.[23] Diese »semantische Revolution« entspricht, wie mir scheint, insgesamt weit genauer der Peirceschen »Logic of Inquiry« (der in ihr postulierten Synthese von logisch konvergenter Theoriebildung und operativer Sinnklärung im Experiment) als etwa den Anregungen E. Machs, auf die sich Einstein zuweilen bezieht, oder dem Programm des »Logischen Positivismus«, das bei der »Kopenhagener Deutung« der Quantentheorie zuweilen berufen wird.[24] In der Tat scheint mir der Vergleich der Peirceschen Konzeptionen mit den Resultaten der erst im 20. Jahrhundert zu breiter Entfaltung kommenden »Logik der exakten Wissenschaft« zu zeigen, daß der Prag-

---

metric Researches« (Vol. 9 of Annals of the Astronomical Observatory of Harvard College, Leipzig 1878, 181 pp.). Der Zusammenhang seiner wissenschaftlichen Arbeiten mit seiner Philosophie wird neuerdings stärker beachtet, vgl. Victor F. Lenzen in „Studies", II, S. 33–50, sowie die Veröffentlichungen im 7. Bd. der »Collected Papers«, §§ 1–36.

23 Den Terminus »semantisch konsistentes System« der Physik entnehme ich mündlichen Andeutungen C. Fr. von Weizsäckers. Für die skizzierte Deutung muß ich selbst die Verantwortung tragen. Zum Begriff der »materiellen Bedingungen der experimentellen Realisierung physikalischer Begriffe« vgl. auch P. Mittelstädt: Philos. Probleme der modernen Physik, Mannheim 1963, S. 15 u. 31 f.

24 Nur einen Ausschnitt aus der Peirceschen »Logic of Inquiry«, nämlich

matismus (auch) in der Interpretation der experimentellen Vermittlung von Theorie und Praxis in der Wissenschaft das letzte Wort behält und die haltbaren Ansätze des Positivismus in sich aufhebt. [25]

An dieser Stelle muß nun freilich – um bestehenden Vorurteilen von vornherein nicht zuviel Spielraum zu lassen – betont werden, daß der Pragmatismus Peircescher Provenienz so gut wie nichts mit jenem Begriff des Pragmatismus, insbesondere seiner Wahrheitstheorie, zu tun hat, den die ältere deutsche Diskussion den Vorlesungen von W. James (»Pragmatismus«, 1907) glaubte entnehmen zu müssen. Damit soll nicht gesagt sein, daß zwischen Peirce und James keine Berührungspunkte bestehen und letzterer Peirce nur mißverstanden habe. James wie auch Dewey haben tatsächlich beinahe alle neuen Denkfiguren ihrer Philosophie – oft in nahezu wörtlicher Rezeption – den Ansätzen von Peirce zu verdanken, aber sie lösen diese Denkfiguren aus dem »architektonischen« Kontext der Peirceschen Philosophie und geben ihnen einen – jeweils verschiedenen – neuen Akzent. Dieser populär gewordene Akzent steht den hierzulande üblichen Vorstellungen zweifellos um ein weniges näher als Peirce; aber auch er bleibt davon immer noch sehr weit entfernt. Zur Erläuterung dieser These mag ein klei-

die Forderung der Ersetzbarkeit von physikalischen Begriffsdefinitionen durch operative Vorschriften für die Experimentalphysik, hat P. W. Bridgman 1927 in seiner »Logic of Modern Physics« – wie es scheint, ohne Kenntnis von Peirce – ausgearbeitet.

Als eine konsequente Entfaltung der Grundidee des semantischen Pragmatismus von Peirce ließe sich m. E. auch die operative Explikation der Bedeutungen logischer Junktoren im Kontext eines dialogischen Agons zwischen Proponent und Opponent verstehen, wie sie P. Lorenzen begründet hat. Vgl. »Logik und Agon«, in: Atti del XII Congresso Internazionale di Filosofia (Venezia 1958) und »Ein dialogisches Konstruktivitätskriterium«, in: Infinitist Methods, Proceedings of the Symposium on Foundations of Mathematics, Warsawa 1959 (Oxford 1961).

25 Es versteht sich von selbst, daß hier nicht behauptet werden soll, Peirce habe in seinen fragmentarisch-ingeniösen Vorstößen bereits die detaillierte Klärung der wissenschaftlichen Grundlagenprobleme, die im 20. Jh. unter anderem auch der rücksichtslosen Aporetik der Neopositivisten zu verdanken ist, vorweggenommen oder gar überflüssig gemacht.

ner Exkurs über das Verhältnis des amerikanischen Pragmatismus zum Nietzsche-Pragmatismus nützlich sein:

In der Darstellung der »Philosophie Westeuropas« (2. Aufl. 1965, S. 73 f.) von Hermann Noack findet sich der folgende, für die deutsche Perspektive sehr charakteristische Hinweis auf den amerikanischen Pragmatismus im Rahmen einer »Würdigung von Nietzsches Werk und Wirkung«:

»Nietzsche stimmt hier [sc. in dem Verdacht, daß »die vermeinte ›Wahrheit‹« am Ende »nur darin« bestehe, »daß gewisse Vorstellungen und Begriffe dem Bedürfnis nach Lebenserhaltung oder -förderung genügetun, also daß sie nur richtig im Sinne der Brauchbarkeit sind«] weitgehend mit dem sogenannten ›Pragmatismus‹ überein, der besonders in den angelsächsischen Ländern verbreitet ist. Nach dieser von Ch. S. Peirce (1839–1914), William James (1842–1910) begründeten und in England von F. C. S. Schiller (1864–1937) vertretenen Lehre sind alle unsere Begriffe, Urteile und Überzeugungen nur Regeln für unser Handeln (Pragma), die so viel sogenannte ›Wahrheit‹ besitzen, als sie Nutzen für unser Leben haben.« Noack erläutert diese Charakteristik unmittelbar noch durch einen Hinweis auf H. Vaihingers »Philosophie des Als Ob« (1911), für welche »die obersten, alle wissenschaftliche und philosophische Erkenntnis leitenden Begriffe nur ›Erdichtungen‹ sind, die zwar als solche durchschaubar, aber dennoch für den Zweck einer theoretischen und praktischen Lebensbewältigung unentbehrlich sind.«

Zu dieser Charakteristik muß, im Kontext der vorliegenden »Einführung«, folgendes bemerkt werden:

Was Noack hier beschreibt, ist der von Scheler so genannte »ehrliche Pragmatismus«; er dürfte – wie Scheler bereits wußte – für die angelsächsischen Länder gerade nicht charakteristisch sein. (Die dabei von Scheler unterstellte Naivität – oder gar Unehrlichkeit? – wollen wir dahingestellt sein lassen.) Jedenfalls ist soviel klar: dieser, den Sinn von »Wahrheit« mit Wendungen wie »sogenannte«, »als ob«, »nur«, »nichts als« eher bezweifelnde als durch Bezugnahme auf mögliche Praxis explizierende »Pragmatismus« konnte wohl überhaupt nur im Umkreis des durch Nietzsche aufgeworfenen Nihilismusproblems konzipiert werden. Er hat seine ebenso treffende wie hyperbolische Formulierung in Nietzsches berüchtigter »Definition« (»Wille zur Macht«, Aph. Nr. 493) gefunden: »Wahrheit ist die Art von Irrtum, ohne welche eine bestimmte Art von lebendigen Wesen nicht leben könnte. Der Wert für das Leben entscheidet zuletzt.«

Nichts konnte Peirce ferner liegen als eine solche Auffassung der Wahrheit. Er hätte sie – wie jede Art von »Als ob-Philosophie« – als letzte Konsequenz des »Nominalismus« historisch verstanden und zugleich – mit den Denkmitteln seines semantischen Pragmatismus – als sinnlose Scheinpointe entlarvt. [26] Im übrigen hätte er den ganzen Stil des Denkens, der den geistreichen, nihilistisch-romantischen, literarisch effektvollen Pragmatismus erst möglich macht, mit dem von ihm frühzeitig konstatierten Verfall der Logik in Mitteleuropa in Zusammenhang gebracht.

Der Pragmatismus der »Als ob«-Wahrheit hat aber auch mit Deweys »Instrumentalismus« und selbst mit James' psychologisch-existenzieller Verteidigung des »Will to Belief« kaum etwas zu tun, wenngleich ein paar unvorsichtige Formulierungen von James in den Kontext des Nietzsche-Pragmatismus zu passen scheinen. Dem amerikanischen Pragmatismus fehlt vollständig jene Doppelbödigkeit, die in Nietzsches Definition der Wahrheit sichtbar wird; er zerreibt sich nicht in dem von Nietzsche provozierten Konflikt zwischen einer biologistischen Reduktion der Wahrheit und einer gleichzeitigen Entlarvung dieser Wahrheit als »Lüge« oder »Fiktion« aufgrund der insgeheim festgehaltenen Konzeption der rein kontemplativen Wahrheit. Er möchte weder den einen noch den anderen Wahrheitsbegriff Nietzsches verteidigen, sondern in nüchterner Sinnkritik feststellen, was Wahrheit denn, im Kontext möglicher – Peirce würde sagen: als real möglich denkbarer – praktisch

26 Vgl. unten S. 62.

relevanter Erfahrungssituationen, bedeuten kann. Bei der Beantwortung dieser von Peirce gestellten Frage sind freilich, wie mir scheint, sowohl James wie auch Dewey – im Gegensatz zu Peirce – der »reductive fallacy« (im Sinne eines Psychologismus oder Sozialdarwinismus) nicht durchweg entgangen. Vor solchem Abgleiten in die zeitgemäßen »Naturalismen« bewahrte Peirce sein Kantianismus, den er, auf der Linie einer universalien-realistischen Umdeutung der Konzeption des »regulativen Prinzips, dem nichts Empirisches korrespondieren kann«, – einer Umdeutung, die ihn wiederum vor dem Fiktionalismus des Kantianers Vaihinger schützte –, stets festgehalten hat. [27]

Der soeben erwähnte universalienrealistische Kantianismus von Peirce führt uns zu dem letzten – und auch zuletzt in seiner vollen Tragweite und Befremdlichkeit entdeckten – Aspekt der Aktualität von *Peirce:* Der Pragmatismus, wie man ihn gewöhnlich versteht, scheint sich immer dann als ultima ratio einzustellen, wenn der Positivismus – oder auch der Kantianismus – das Moment der nominalistischen Metaphysikkritik, das in der eigenen Position enthalten ist, mit letzter Konsequenz sich zum Bewußtsein bringt. Die kantische Transzendentalphilosophie der apriorischen Bedingungen der Möglichkeit der Erfahrung und zugleich der Gegenstände der Erfahrung scheint sich dann auf der Linie eines Konventionalismus faktisch getätigter »Voraussetzungen«, die nur relativ auf eine bestimmte als gültig angesetzte Erfahrung a priori sind, aufzulösen. Der Positivismus aber konvergiert mit dieser konventionalistischen Auflösung des Kantianismus, indem er sich klar macht, daß er

---

27 Vgl. unten S. 100 ff. – Viele amerikanische Darstellungen lassen den Kantianismus von Peirce im wesentlichen unberücksichtigt und gelangen so zu einer – auf Kosten von Peirce – vereinheitlichten Konzeption des »amerikanischen Pragmatismus«. Das gilt z. B. für Edward C. Moore (»American Pragmatism: Peirce, James, Dewey«, New York 1961), der die von Peirce postulierte und erhoffte »Indefinite Community of Investigators«, die allein dem in der Wahrheitsdefinition postulierten »ideal limit« der »ultimate opinion« reale Geltung verschaffen kann, mit einer endlichen Menschheit glaubt identifizieren zu dürfen. Diese grobe Vereinfachung zerstört m. E. die für Peirce zentrale Dialektik von »Commonsensism« und Infinitismus.

die Naturgesetze nicht auf Sinnesdaten reduzieren kann, daß sogar in den Protokoll-Sätzen als Sätzen Konventionen stekken, die ihre Geltung nur einer praktischen Bewährung verdanken können. Peirces Pragmatismus scheint zunächst mit dieser charakteristischen Tendenz der modernen Erkenntnistheorie übereinzustimmen: Er versteht die transzendentalen »Voraussetzungen« Kants 1. nach dem Muster der »Postulate« der praktischen Vernunft und 2. als bloß hypothetische und provisorische »Konventionen«, und er ersetzt die positivistische Forderung einer Reduktion der Begriffe und Theorien auf Erfahrungsdaten durch die Forderung einer Bewährung an Erfahrungsdaten. Aber diese pragmatistische Geltungstheorie, die den »Fallibilismus« aller menschlichen Überzeugungen (aller synthetischen Urteile) ausdrücklich einschließt, soll nach Peirce doch nicht auf einen Sieg des konventionalistischen Nominalismus hinauslaufen, sondern mit dem wohlverstandenen Universalienrealismus übereinstimmen. Die entscheidende sinnkritische Überlegung, die hier eingreift und bereits den jungen Peirce im Nominalismus das πρῶτον ψεῦδος der neuzeitlichen Philosophie sehen ließ, ist die folgende: Der konventionalistische Nominalismus (zu dem auch der Fiktionalismus Vaihingers zu rechnen wäre) ist nur sinnvoll, wenn – als Kontrastfolie zu den menschlichen Konventionen – die Existenz unerkennbarer Dinge-an-sich vorausgesetzt wird. Diese – von Kant unreflektiert zur Geltung gebrachte – Voraussetzung alles Nominalismus ist aber nach Peirce selbst eine überflüssige *Fiktion*, die zu jener schlechten Metaphysik gehört, die durch die »pragmatische Maxime« als sinnlos entlarvt wird. Etwas schlechthin Unerkennbares kann man nicht als Voraussetzung postulieren, da alle Erkenntnis selbst den Charakter hypothetischer Postulierung hat. Mit anderen Worten: Peirce bekennt sich zu Kant im Sinne der Einschränkung aller Begriffsgeltung auf mögliche Erfahrung und nennt das »Pragmatismus« (5.525). Da er aber zugleich und gerade wegen dieser kritischen Restriktion unerkennbare Dinge-an-sich ablehnt (5.452), so ergibt sich für ihn die Möglichkeit, ja die Unvermeidbarkeit einer realistischen

Metaphysik, deren hypothetische Setzungen zwar alle fallibel sind, deren allgemeine Begriffe aber »in the long run« ihre objektive Geltung müssen erweisen können. Denn das »Reale« kann von uns nicht anders denn als das *Erkennbare* gedacht werden (5.275, s. unten S. 177). Dieser sinnkritische Ansatz macht Peirce den Weg frei für eine großangelegte evolutionistische Metaphysik auf den Spuren Hegels und Schellings. [28]

Der Begründer des Pragmatismus, der in so vielen Detailansätzen die Problematik der neopositivistischen »Logik der Forschung« vorwegnahm, ist in der Tat in der strategischen Gesamttendenz seines Werkes eher altmodisch – wenn man die Maßstäbe der »analytischen Philosophie« anlegt. Sein »piecemeal and by fragments«-Philosophieren, das ihm manche Moderni nachträglich zur Ehre anrechnen wollen, ergab sich ganz unfreiwillig. Es ist, wie sich seit der Veröffentlichung der »Collected Papers« nicht mehr übersehen läßt, hintergründig zusammengehalten durch eine Systematik – oder, wie Peirce selbst in Anknüpfung an Kant sagt, durch eine »Architektonik« –, die vielleicht den ehrgeizigsten Versuch einer umfassenden Synthese aller bislang aufgetretenen Denkmotive dar-

28 In dem 1893 gedruckten Prospekt eines geplanten und teilweise ausgeführten Werkes (»The Principles of Philosophy«), das auf zwölf Bände berechnet war, charakterisiert Peirce seine Position folgendermaßen: »Die Prinzipien, die Mr. Peirce vertritt, zeigen eine enge Verwandtschaft zu denjenigen Hegels. Vielleicht stellen sie das dar, was die Hegelschen hätten sein können, wenn er in einem physikalischen Laboratorium statt in einem theologischen Seminar erzogen worden wäre. So anerkennt Mr. Peirce eine objektive Logik (wenngleich ihre Bewegung sich von der Hegelschen Dialektik unterscheidet), und gleich Hegel ist er bemüht, die Wahrheit, die aus vielen Systemen zu gewinnen ist, zu assimilieren.« (CP, 8, S. 283.) Und in einem Artikel in »The Monist« von 1893, in dem er sich mit dem Herausgeber der Zeitschrift, Dr. Carus, auseinandersetzt, der ihn als »David Hume Redivivus« charakterisiert hatte, schreibt Peirce: »In dem ersten Artikel dieser Serie ⟨gemeint ist der Artikel ›The Architecture of Theories‹, der 1891 in ›The Monist‹ erschienen war; vgl. CP, 6.7–34⟩ ... vermerkte ich sorgfältig meine Opposition gegen alle Philosophien, welche die Realität des Absoluten leugnen, und ich stellte die Behauptung auf, daß die einzige verständliche ›intelligible‹ Theorie des Universums diejenige des objektiven Idealismus ist, daß die Materie erstarrter ⟨›effete‹⟩ Geist ist« (6.605).

stellt, den die Philosophiegeschichte – seit Hegel – gesehen hat. Obwohl Peirce in seinem »Commonsensism« und seiner »pragmatischen Maxime« der Gedankenklärung und Sinnkritik die zentralen Motive der sprachanalytischen Philosophie, und genauer sogar des späten Wittgenstein, vorwegnahm, zieht er daraus – zur Enttäuschung vieler Moderni – nicht die Konsequenz, daß Metaphysik als Wissenschaft unmöglich und die sinnkritische Verhütung dieses pragmatisch leerlaufenden Sprachspiels Aufgabe der Philosophie sei.[29] Die »pragmatische Maxime« der Sinnklärung und Sinnkritik soll zwar – wie später bei Wittgenstein und im Neopositivismus – sinnlose ontologische Fragestellungen von vornherein entlarven. Sie stellt aber für Peirce – wie er ausdrücklich betont – nicht schon selbst die Lösung der philosophischen Probleme dar, sondern ist nur eine methodische Voraussetzung – Purgatorium und Ariadnefaden zugleich – für eine »in the long run« verifizierbare, hypothetisch-induktive Metaphysik.

Um diese Metaphysik zu begründen, sah Peirce sich zu derselben Zeit, als W. James mit Berufung auf ihn den »Pragmatismus« als eigenständige Philosophie proklamierte, gezwungen, das methodische Prinzip der »Pragmatischen Maxime« in den Zusammenhang einer normativen Wissenschaftslogik zu stellen, die selbst noch die normativen Disziplinen der Ethik und Ästhetik einerseits, eine phänomenologische Kategorienlehre[30] andererseits voraussetzte. Die Metaphysik selbst, an der Peirce vor allem in dem letzten Jahrzehnt des 19. Jahrhunderts arbei-

---

29 Der einzige Schutz vor Metaphysik ist nach Peirce letztlich Metaphysik: „Versuche einen Mann der Wissenschaft zu finden, der den Anspruch erhebt, ohne irgendeine Metaphysik auszukommen . . . , und du hast jemanden gefunden, dessen Lehrmeinungen von Grund auf durch die rohe und undurchdachte Metaphysik verdorben sind, mit der sie behaftet sind. Wir müssen philosophieren, sagte der große Naturalist Aristoteles – und wenn nur zu dem Zweck, das Philosophieren zu vermeiden« (1.129).

30 Über das Verhältnis der Peirceschen »Phänomenologie« zu der Hegels und Husserls vgl. Herbert Spiegelberg: Husserl's and Peirce's Phenomenologies: Coincidence or Interaction. In: Philos. and Phenom. Research, 17, 1956, 164–185. Über das Verhältnis der Peirceschen Kategorienlehre zu der N. Hartmanns vgl. Peter Krausser, a.a.O. (s. oben Anm. 7).

tete, sollte – als Vision einer unendlichen kosmischen Evolution, in der die Vernunft in Gestalt von Verhaltensgewohnheiten (»habits«), zuerst – unvollständig – in den Naturgesetzen, zuletzt – vollständig – in der Geschichte der »unbegrenzten Gemeinschaft« der Erkennenden und planvoll Handelnden, sich verkörpert und konkretisiert – folgenden drei Postulaten genügen: 1. Als »Tychismus« sollte sie einem Spielraum des Zufalls (»chance«) Rechnung tragen, der erst im idealen Grenzfall der vollkommenen Verkörperung der Vernunft in den »Habits« der »Community« aufgehoben sein würde. 2. Als »Synechismus« sollte sie die Realität der Universalien (die objektive Gültigkeit der induktiven Verallgemeinerungen »in the long run«) als identisch mit der »Kontinuität« in der Evolution erweisen. 3. Als »Agapismus« sollte sie die Attraktion der »evolutionary love« durch die »finale Ursache« des »Summum bonum« bzw. – ästhetisch formuliert – der »harmonischen Ordnung« begründen.

Das Gesamtsystem Peirces war durch folgende, kurz nach 1900 endgültig festgelegte »Architektonik« bestimmt[31]: »Sein Fundament sollten Mathematik und formale Logik bilden, welche die möglichen formalen Kategorien des Denkens a priori bereitstellen würden; der Inhalt dieser Kategorien würde aus der Phänomenologie zu gewinnen sein. Auf dieser Basis würde die normative Theorie der Erkenntnis aufruhen, welche das Ziel und die Methoden der Forschung für alle Gebiete der Erkenntnis feststellen würde. Daran würde sich die Metaphysik anschließen.« Peirce selbst charakterisiert die Aufgabe, die er sich damit stellte, in einem unveröffentlichten Manuskript von ca. 1890, das für ein unvollendetes Buch (»A Guess at the Riddle«) bestimmt war, folgendermaßen: »Das Unternehmen, das dieses Buch inauguriert, läuft darauf hinaus, eine Philosophie wie die des Aristoteles zu schaffen, d. h. den Umriß einer Theorie festzulegen, die so umfassend ist, daß, für eine große

31 Ich zitiere im folgenden die zusammenfassende Charakteristik Murpheys (a.a.O. S. 406 f.).

Zeitspanne in der Zukunft, die gesamte Arbeit der menschlichen Vernunft, in der Philosophie jeder Schule und Art, in der Mathematik, in der Psychologie, in der Physik, in der Geschichtswissenschaft, in der Soziologie und auf jedem möglichen anderen Gebiet als eine Ausfüllung ihres Rahmens mit Details erscheinen wird.« (1.1)

II. Das Problem einer Einführung in das Gesamtwerk von Peirce: die vier Perioden seines Denkweges

Man kann zu der systematischen Gesamtkonzeption Peirces, die aus der disparaten Fülle der Fragmente nur mit Mühe zu rekonstruieren ist, in verschiedener Weise Stellung nehmen: Neopositivisten, die allein an der »Logik der experimentellen Wissenschaft« und an der »Pragmatischen Maxime« als Prinzip radikaler Metaphysikkritik interessiert sind, mögen den Systematiker Peirce ignorieren und die stets interessanten und fruchtbaren Einzelbeiträge zur Wissenschaftstheorie und Semiotik aus der Fragmentenmasse herausseligieren.[32] Orthodoxe Kantianer mögen Peirce als originellen, aber im ganzen doch hinter den kritischen Grundsatz Kants zurückgefallenen Neukantianer werten, der – infolge seiner Mißverständnisse Kants – gezwungen ist, zur Metaphysik spekulativ idealistischer und dogmatisch rationalistischer Prägung zurückzukehren.[33] Neo-

32 Diese Konzeption hat *J. Buchler* in seinem Buch über »Charles Peirce's Empirism« in etwa durchgeführt. In seiner Auswahlausgabe berücksichtigt er dagegen auch den Metaphysiker Peirce. Eine positivistische Reduktion der Peirceschen Philosophie nimmt auch Edward C. Moore vor in »American Pragmatism« (New York) 1961. – Vgl. hierzu meine Abhandlung »Von Kant zu Peirce« in K.-O. Apel, Transformation der Philosophie, a.a.O., Bd. II.

33 So *J. v. Kempski*, dem das Verdienst zukommt, in notwendiger Ergänzung der amerikanischen Darstellungen zuerst die kantischen Voraussetzungen Peirces zur Geltung gebracht zu haben. *Murphey*, der die Kantstudien des jungen Peirce zugänglich gemacht und analysiert hat, bestätigt weitgehend die Auffassungen v. Kempskis über das grundlegende Mißverständnis Kants durch Peirce. Beide scheinen mir Kants Position zu überschätzen bzw. die von Peirce gegen den unreflektierten metaphysischen Nominalismus Kants vorgebrachten sinnkritischen Argumente zu unterschätzen.

Realisten wiederum, die in dem transzendentalen Subjektivismus und Idealismus kantischer Provenienz nur einen Abweg der modernen Philosophie erblicken, mögen die von Peirce selbst auf Kant und auf Berkeley zurückgeführten Grundlagen des sinnkritischen Pragmatismus bagatellisieren und Peirce als einen Vorläufer Whiteheads reklamieren, der, in kritischer Vertiefung der Commonsense-Philosophie Th. Reids, die Voraussetzungen, die Kant mit Hume und Berkeley teilt, überwunden und den Weg für eine realistische Metaphysik freigemacht hat.[34] Alle diese Perspektiven haben wertvolle Aufschlüsse über Peirces originalen Beitrag zur Philosophie erbracht, was besonders deutlich wird, wenn man die in ihrer Sicht geschriebenen Peirce-Bücher mit der zu Beginn des Jahrhunderts vorherrschenden Deutung Peirces als Vorläufer von James oder Dewey vergleicht. Dasselbe ist von den zahlreichen, oft vorzüglichen Einzelstudien zu sagen, die – nach der Devise »piecemeal and by fragments« – nur einzelne Aspekte oder Probleme in Peirces Werk analysieren.[35]

Die folgende Studie, die als Einführung in den Pragmatismus von Peirce anhand einer begrenzten Auswahl von Texten dienen soll, sieht sich schon durch diese Aufgabe in ihrer Perspektive beschränkt. Andererseits geht sie davon aus, daß das »methodische Prinzip« des »Pragmatismus«, wenngleich es bei Peirce keine in sich abgerundete »Weltanschauung«[36] meint, sondern zur positiven Lösung der philosophischen Probleme die Ergänzung durch andere Prinzipien voraussetzt[37], gleichwohl den Schlüssel zum Ganzen der Peirceschen Philosophie

34 Diese Charakteristik trifft in etwa auf *Feibleman* zu, der zuerst Peirces Philosophie im ganzen als System – so wie es die Herausgeber der »Collected Papers« zusammengestellt hatten – gewürdigt hat.

35 Vgl. hierzu »Studies . . .«, I u. II, ferner »Perspectives . . .«

36 Vgl. 5.13 n., 5.18, 5.464, 8.206, 8.259.

37 Das wichtigste außerpragmatische Prinzip in der Peirceschen Philosophie ist zweifellos die Kategorienlehre, die in der vorliegenden Ausgabe nur sehr unzureichend belegt werden konnte. Es darf erwartet werden, daß sie in einer von Peter Krausser vorbereiteten, umfangreicheren deutschen Peirce-Ausgabe im Mittelpunkt stehen wird.

darbietet. Das setzt allerdings voraus, daß der Peircesche Pragmatismus von vornherein im Lichte jener Implikationen interpretiert wird, die Peirce später im Begriff des »Pragmatizismus« ausdrücklich postuliert und den psychologisch-nominalistischen Versionen des Pragmatismus entgegengesetzt hat. [38]

Es kann allerdings nicht geleugnet werden, daß diese Implikationen – nämlich: Universalienrealismus, »Critical Commonsensism«, Kategorienlehre, Semiotik der Interpretation, normative Logik, synechistische Metaphysik – gerade in den beiden Aufsätzen von 1877 und 1878, die als Geburtsurkunden des Pragmatismus berühmt geworden sind und auf die W. James 1898 bei der öffentlichen Proklamation des »Pragmatismus« [39] sich bezog, nur sehr unzureichend zur Geltung gebracht sind, ja daß sich in diesen beiden Aufsätzen psychologistisch-naturalistische und nominalistische Tendenzen vordrängen, die Peirce später immer wieder zu korrigieren sich genötigt sah. [40] Andererseits läßt sich aber nachweisen, daß nahezu alle jene spezifisch Peirceschen Implikationen des Pragmatismus, die ihn später zur Distanzierung von seinen »Anhängern« zwangen, in den Schriften von 1867–1869 und in der Berkeley-Rezension von 1871 (in der auch die »Pragmatische Maxime« bereits in einer ersten Version formuliert wurde) zumindest implizit angelegt waren. Es scheint, nach den neueren historischen Forschungen und nach Auskunft der Texte, tatsächlich so zu stehen, daß Peirce erst durch die Tagungen des sogenannten »Metaphysical Club« in Cambridge (vom Winter 1871 bis Ende 1872) zu einer vorübergehend sehr starken Annäherung an die nominalistisch-empiristische Tradition verführt wurde, während er vorher und nachher stärker durch Kant und Duns Scotus (später zeitweilig auch durch Hegel bzw. den Hegelianer Royce – und Schelling) bestimmt wurde.

Diese Ansicht steht nur scheinbar im Widerspruch zu einer in

38 Vgl. unten, Zweiter Teil, II, 1, S. 164 ff. und IV, 1, S. 286 ff.
39 In einer Vorlesung an der Universität von California unter dem Titel »Philosophical Conceptions and Practical Results« im Jahre 1898. (Vgl. Murphey, a.a.O. S. 156.)
40 Vgl. unten, Zweiter Teil, II, 1, S. 164 ff. und IV, 1, S. 286 ff.

der amerikanischen Literatur weitverbreiteten Konvention, daß
der »Metaphysical Club« von 1871/72, in dem Peirce und W.
James durch Ch. Wright mit positivistischen Verifikationstheorien und darwinistischen Lehren sowie durch Nicholas St.
John Green mit der protopragmatistischen Belief-Doubt-Psychologie von Alexander Bain imprägniert wurden, die eigentliche Geburtsstätte des Pragmatismus und damit zugleich einer
eigenständigen amerikanischen Philosophie sei.[41] Tatsächlich
hat Peirce 1872 im »Metaphysical Club« zum ersten Mal die
Theorien vorgetragen, die 1877/78 ohne die Verwendung des
Begriffs »Pragmatismus« veröffentlicht wurden und auf die
James sich 1898 als erste Dokumente des »Pragmatismus« beruft. Auch hat Peirce nach eigenem Zeugnis in dem von ihm
gegründeten Club zuerst 1871 den im Anschluß an Kant gebildeten Terminus »Pragmatismus« zur Bezeichnung seiner Lehre
gebraucht. Die Anerkennung dieser Tatsachen widerspricht aber
nicht der ebenso klar beweisbaren Tatsache, daß Peirce vor
der Periode des »Metaphysical Club« eine weit mehr rationalistische Philosophie vertreten hat und daß er bereits im
Rahmen der frühen »Theory of Cognition and Reality«[42], in
der Auseinandersetzung mit der mittelalterlichen und neuzeitlichen Philosophie, insbesondere aber mit Kant und Berkeley,
wesentliche Grundlagen des Pragmatismus konzipiert hatte.
Ich möchte diese Grundlagen unter dem Begriff des »sinnkritischen Realismus« zusammenfassen. Die Zeit des »Metaphysical
Club« bildet tatsächlich einen Knotenpunkt in der Geschichte
der amerikanischen Philosophie, aber sie stellt in der geistigen
Entwicklung von Peirce eine ambivalente Periode dar, in der
sich zwei sehr verschiedene Tendenzen verschlingen: Die eine

41 Die klassische Darstellung dieser Konzeption ist Philip P. Wiener:
Evolution and the Founders of Pragmatism. Harvard Univ. Press 1949.
Eine wertvolle Ergänzung liefert Max Fisch: Alexander Bain and the Genealogy of Pragmatism. In: Journal of the History of Ideas, XV, 413-444,
1954. – Das Verhältnis Peirces zum »Metaphysical Club« ist minutiös geklärt in M. Fisch: Was there a Metaph. Club in Cambridge? In: Studies II,
S. 3-32.
42 Vgl. Murphey, a.a.O. S. 106-150.

36

führt von Bain/Green und Ch. Wright über Peirces Begründung des Pragmatismus (1871–1878) zu James und Dewey. Die andere aber führt vom sinnkritischen Realismus des frühen Peirce über die Zeit der Geburt des Pragmatismus, die unter starkem empiristisch-nominalistischen Diskussionsdruck stand, zur Konsolidierung der Peirceschen Philosophie im »Pragmatizismus«. In dem folgenden graphischen Schema könnte man die Sachlage andeuten:

Peirce   W. James, J. Dewey

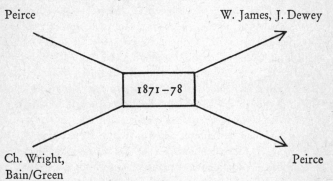

Ch. Wright,   Peirce
Bain/Green

Dieses Schema läßt sich durch die weitere Entwicklung der Peirceschen Philosophie ziemlich genau verifizieren. Es ist nämlich nicht so, als ob Peirce erst unter dem Eindruck der Veröffentlichung des Jamesschen »Pragmatismus« die Tendenz der Periode von 1868 bis 1871 wieder aufgenommen hätte, vielmehr vollzog sich diese Besinnung bereits im letzten Jahrzehnt des 19. Jahrhunderts, im Ringen mit den Problemen der zugleich teleologischen und synechistischen Metaphysik. Die Veröffentlichung des Pragmatismus durch James, die den seit 1887 in Milford (Pennsylvania) einsam lebenden und weithin vergessenen Philosophen um 1900 plötzlich berühmt machte, zwang Peirce allerdings, sich über die Implikationen *seines* »Pragmatismus« endgültig klar zu werden und seine Position in Vorlesungen und Aufsätzen, zu denen er aufgefordert wurde, auch explizit zu formulieren. Er tat dies in den folgenden Jahren unter sehr delikaten Bedingungen seiner persönlichen Situation. Einerseits nämlich mußte er seinen »Anhängern« dankbar sein und konnte den Ruhm eines Begründers des Pragmatismus, angesichts seiner immer schwieriger werdenden finanziellen Lage, nicht von sich weisen; andererseits aber durfte er der eigenen philosophischen Gesamtkonzeption, die ihn in eine ganz andere Richtung geführt hatte als den alten und stets hilfreichen Freund, W. James, nicht untreu werden. [43] Die Lösung dieses Konflikts fand er 1905 in der Adoption des Namens »Pragmatizismus« für seine Lehre.

Aus der soeben angedeuteten Charakteristik des Peirceschen Denkweges läßt sich, für unsere Einführung, eine Einteilung der Entwicklung seiner Philosophie in vier Perioden ableiten, die wir auch der Anordnung der ausgewählten Texte in der Edition zugrunde gelegt haben: Die vier unterschiedenen Perioden sind auch in der Geschichte der Peirceschen Publikationen deutlich charakterisiert, indem jeweils eine Serie von Abhandlungen in einer bestimmten Zeitschrift im Mittelpunkt jeder Periode steht. Außerdem entsprechen die vier Perioden den entscheidenden Wendungen im Lebenslauf des Philosophen [44]:

Die 1. Periode (von 1855 bis 1871) umfaßt die Frühzeit Peirces, vom Beginn der Kantstudien des 16jährigen bis zum vorläufigen Abschluß seiner Auseinandersetzungen mit der philosophischen Tradition. In diese Periode fallen – außer einer Serie von fünf Abhandlungen zur formalen Logik und Kategorienlehre in »Proceedings of the American Academy of Arts and Sciences« von 1867 – vor allem die Serie von drei Abhandlungen zur »Theorie der Erkenntnis« in »The Journal of Speculative Philosophy« von 1868/69 und die Berkeley-Rezension in »The North American Review« von 1871, in der bereits die »Pragmatische Maxime« der Sinnklärung antizipiert wird. Diese 1. Periode möchte ich unter der Überschrift »Von der Erkenntniskritik zur Sinnkritik« zusammenfassen.

---

43 Vgl. Murphey, a.a.O. S. 358 ff.
44 Vgl. Paul Weiss' Biographie in »Dictionary of American Biography«, 14, 398–403. Ferner Murphey, a.a.O. Eine umfassende Peirce-Biographie wird seit Jahren von M. Fisch vorbereitet.

Die 2. Periode (von 1871 bis 1883) umfaßt die Zeit der äußeren Erfolge Peirces von der Gründung des »Metaphysical Club« in Cambridge bis zur tragischen Wendung seines Lebens, die durch die Entlassung aus dem Dozentenverhältnis an der Johns Hopkins-Universität bezeichnet ist.[45] In diese Periode fällt – außer zahlreichen geodätischen und astronomischen Forschungsarbeiten, Expeditionen und Kongreßbesuchen im Dienste der »United States Coast Survey«, sowie den »Photometrical Researches« am Harvard-Observatorium[46] – vor allem die Serie von sechs »Illustrations of the Logic of Science« in »Popular Science Monthly« von 1877/78. Die beiden ersten Artikel dieser Serie, »The Fixation of Belief« und »How to Make Our Ideas Clear«, gelten als die Geburtsurkunden des Pragmatismus. Der Ertrag der Lehrtätigkeit Peirces an der Johns Hopkins-Universität von 1879 bis 1883 erschien 1883 in dem von Peirce herausgegebenen Sammelband »Studies in Logic« (Boston u. Cambridge), der Arbeiten von Peirce und seinen Schülern zur mathematischen Logik enthält.[47] Diese Periode darf als die klassische Epoche der Entstehung des Pragmatismus und der »amerikanischen Philosophie« bezeichnet werden.

Die 3. Periode (von 1883 bis 1898 bzw. 1902) umfaßt die Zeit der – insbesondere nach der Umsiedlung nach Milford (Pennsylvania) – einsamen Studien zur Logik und Metaphysik, in denen Peirce ca. 1901/02 die endgültige Architektonik seines philosophischen Systems erreichte. Die zentrale philosophische Publikation dieser Periode bildet die Serie von sechs Abhandlungen zur Metaphysik in »The Monist« von 1891–93, in denen die Aspekte der evolutionistischen Kosmologie, »Tychismus«, »Synechismus« und »Agapismus«, dargestellt wur-

---

45 S. oben Anm. 10. Ob bzw. wie die Entlassung Peirces mit der Scheidung von seiner ersten Frau, Harriet Melusina Fay, Enkelin des Bischofs John Henry Hopkins, im Jahre 1883 bzw. mit der im selben Jahr erfolgten Eheschließung mit Juliette Froissy aus Nancy (Frankreich) zusammenhängt, ist bis heute ungeklärt.

46 S. oben Anm. 22.

47 Murphey (a.a.O. S. 297) bezeichnet ihn als »the most important single volume on logic written in America in the nineteenth century«.

den. Außerdem fallen in diese Zeit die wiederholten Versuche, ein größeres philosophisches Werk zur Subskription zu stellen, die sämtlich fehlschlugen (der letzte Versuch, bei dem Peirce einen Antrag an die Carnegie-Foundation stellte, der sich der Unterstützung zahlreicher prominenter Gelehrter erfreute, scheiterte 1902 an dem Umstand, daß seine Arbeiten sich mit »Logik« und nicht mit »Natural Science« befaßten[48]). Infolgedessen sah Peirce sich gezwungen, nach der Entlassung aus dem Dienst der »Coast Survey« im Jahre 1891 seinen Lebensunterhalt durch Gelegenheitsarbeiten für Zeitschriften und Wörterbücher zu verdienen.

Die 4. Periode (von 1898 bzw. 1902 bis 1914) umfaßt die Zeit der internationalen Diskussion des Pragmatismus nach der »California-Address« von W. James, die Peirce eine letzte Chance gab, seiner Philosophie ein Publikum zu gewinnen. Sie endet mit dem Tode des seit 1906 durch einen Fonds seiner Freunde unterstützten und seit 1909 krebskranken Philosophen. Im Mittelpunkt dieser Periode stehen 1. die schwierigen, aber gedanklich (»architektonisch«) bedeutenden Harvard-Vorlesungen von 1903 über »Pragmatismus«, in denen Peirce den ersten Versuch machte, alle Aspekte seines »Systems« von 1901/02 mit dem Begriff des »Pragmatismus« zu verknüpfen, 2. die Serie von drei Abhandlungen über »Pragmatizismus« in »The Monist« von 1905/06 sowie zahlreiche, zu Lebzeiten unveröffentlichte Ergänzungen dieser Serie. Hier gelangte Peirce zur Vollendung *seiner* Konzeption des Pragmatismus.

Die Periodisierung, die wir soeben skizzierten, läßt deutlich einen Haupteinschnitt zwischen der zweiten und der dritten Periode erkennen. Dieser Einschnitt, der durch den Abbruch der akademischen Karriere markiert ist, scheidet in der Tat sowohl biographisch wie auch philosophiegeschichtlich den frühen von dem späten Peirce. Wir tragen diesem Umstand Rechnung, indem wir sowohl die Auswahledition wie auch die »Einführung« in zwei Teile zerlegen. Der erste Teil hat die »Ent-

48 P. Weiß, a.a.O. S. 11.

stehung des Pragmatismus« zum Gegenstand, der zweite Teil die weitere Entwicklung der Peirceschen Philosophie »vom Pragmatismus zum Pragmatizismus«. Im folgenden wenden wir uns dem philosophischen Hintergrund der Entstehung des Pragmatismus bei Peirce zu, und d. h. zunächst der Periode seines Denkweges, die – in der Auseinandersetzung mit der abendländischen philosophischen Tradition – »von der Erkenntniskritik zur Sinnkritik« führt.

III. Zur ersten Periode: Peirce und die Tradition, oder: von der Erkenntniskritik zur Sinnkritik

1. Peirces Infragestellung der Tradition und sein »Ausweg« (ein Vorblick)

Man kann von Peirce nicht – wie von manchen heutigen Vertretern der »formalen Logik« und der »Logik der exakten Wissenschaft« – sagen, daß er keinen historischen Sinn, kein Bewußtsein der Traditionsvermitteltheit alles Denkens gehabt hätte. Das Gegenteil ist wahr: Peirce hat seit dem Beginn seiner Kantstudien um 1855 sein systematisches Denken in ständiger Auseinandersetzung mit der großen Denktradition des Abendlandes ausgebildet. Sein Bedürfnis nach historischer Rechenschaft ging bereits in den Arbeiten von 1868 so weit, daß er die Termini, die er zu gebrauchen gedachte – wie z. B. »Intuition«, »Hypothese«, »Kontemplation« – anhand langer terminologiehistorischer Exkurse einführte. (Und in der später von ihm propagierten »Ethik der Terminologie« ging es nicht nur um logische Klarheit der Definition, sondern gerade auch um die Reflexion des eigenen Ansatzpunktes in der Geschichte der philosophischen Sprache. [49]) Freilich galten die historischen Studien von Peirce

---

49 Vgl. z. B. 5.413 (429 ff.) u. 5.502. Für die heute so aktuell gewordene »Terminologiegeschichte« stellen Peirces Werke insgesamt eine Fundgrube dar, insbesondere gilt dies für die Geschichte der logischen Termini.

niemals nur der historischen Interpretation und Darstellung des Vergangenen; sie waren vielmehr ständig in die eigene, schöpferische Arbeit an den Sachproblemen verflochten. Das hinderte Peirce aber nicht, auf einzelnen Gebieten auch historisch bahnbrechende Einsichten zu gewinnen und zu Papier zu bringen. Im 19. Jahrhundert dürfte er wohl der größte gelehrte Kenner der Logikgeschichte gewesen sein, ein Mann, der nicht nur die antiken und mittelalterlichen Texte, sondern darüber hinaus nahezu alle Dokumente der Logik seiner Zeit – außer den Werken Gottlob Freges – gründlich kannte. Diese Kenntnis und der Umstand, daß er selbst maßgeblich an der Neubegründung der Logik im Geiste der Mathematik beteiligt war, ließen ihn wohl als ersten ein klares Bild von der Bedeutung der Scholastik als einer Blütezeit der Logik (und einer logisch disziplinierten Philosophie) gewinnen und den Niedergang der Logik seit dem Humanismus, insbesondere aber im psychologistischen 19. Jahrhundert, durchschauen.[50] Seine sympathetische Einfühlung in die geschichtliche Lebenssituation des Mittelalters erinnert gelegentlich an Herder oder sogar an Novalis, wenngleich er diese Würdigung dann auch wieder in der Manier Hegels oder Comtes in ein dialektisches Entwicklungsschema einzufügen wußte.[51] Neben der Geschichte der Logik war es besonders die Geschichte der exakten Wissenschaften, in der Peirce als Kenner und Pionier der Forschung gelten kann – auch hier wieder dank der Personalunion des Historikers mit dem Fachmann.

Im gegenwärtigen Kontext haben wir es indessen nicht mit speziellen historischen Einsichten oder gelehrter Kennerschaft zu tun, sondern mit der zentralen Auseinandersetzung des jungen

50 Seine Einschätzung von Prantls »Geschichte der Logik im Abendlande« (1855-1870) gleicht in vielen Zügen der von Bocheński (in: »Formale Logik«, Freiburg/München 1956, S. 8 ff.), obgleich Peirce keineswegs primär an »formaler Logik« im engeren Sinn interessiert war.

51 Vgl. die Charakteristik des Mittelalters (insbesondere der Idee des »consensus catholicus«) in der Berkeley-Rezension von 1871 und in der Lehre von den vier Methoden der »Fixation of Belief« 1877 (vgl. meine Ausgabe S. 109, 117 u. 161 ff.).

Peirce mit der philosophischen Tradition, die ihn zwischen 1867 und 1871 bereits so etwas wie einen neuen Weg aus dem Dilemma der widerstreitenden Positionen des 19. Jahrhunderts gewinnen ließ. Man würde etwas Richtiges treffen, wenn man Peirces Begründung der amerikanischen Philosophie als eine Synthese von englischer und deutscher Philosophie oder – enger gefaßt – von Kant und Hume charakterisieren würde; als eine neue Vermittlung zwischen Rationalismus und Empirismus, die noch einmal – wie zuvor schon Kant – zwischen den beiden Positionen eine neue begründet, die wieder ein Stück »Dogmatismus« durchschaut und für die Zukunft desavouiert. Aber diese Charakteristik wird der weitausholenden Auseinandersetzung gerade des vorpragmatistischen Peirce mit der Philosophiegeschichte noch nicht gerecht. Peirce bewegt sich hier nicht etwa zwischen Hume und Kant, sondern er stellt wesentliche Voraussetzungen sowohl Humes wie Kants, Voraussetzungen der gesamten neuzeitlichen Philosophie, in Frage, indem er sich dabei – inspiriert durch seine Kenntnis der Logikgeschichte – am aristotelischen Mittelalter orientiert, gleichzeitig aber gewisse Grundvoraussetzungen der neuzeitlichen Erkenntniskritik festhält.

Es ist sehr schwierig, von dem vorpragmatistischen Peirce eine befriedigende Auskunft über seine eigene philosophische Position zu erhalten. Er verwendet dafür scheinbar widersprechende Termini wie »Phänomenalismus« bzw. »Idealismus« einerseits, »Realismus« andererseits, und er beruft sich – beinahe in einem Satze – auf Duns Scotus und auf Kant[52] und – mit Vorbehalten – auch auf Berkeley.[53] Aber in einem negativ charakterisierten, gewissermaßen als Kontrastfolie seiner eigenen Intentionen verwendeten Terminus gibt Peirce uns einen sicheren Anhaltspunkt der Interpretation: in dem, allerdings sehr weiten und merkwürdigen, Begriff des »Nominalismus«, der seine Kritik so gut wie aller Denker seit Ockham signalisiert (später

52 Vgl. z. B. 8.15 (118).
53 Vgl. 8.30 (124 f.).

ist ihm selbst Duns Scotus noch zu nominalistisch). Was Peirce am Nominalismus der Neuzeit auszusetzen hat, ist nicht etwa dies: daß er sich weigert, die Existenz der Allgemeinbegriffe in abstracto (scholastisch gesagt: »ante res«) anzuerkennen. Der hier bekämpfte Platonismus ist für ihn nicht die Position, um die es in einem recht verstandenen Universalienrealismus – bereits bei Duns Scotus – geht; später bestätigt Peirce die antiplatonistische Kritik des Nominalismus, indem er die »Existenz« – nicht aber die »Realität« der Universalien leugnet. Aktuelle Existenz kommt nach Peirce nur den hic et nunc indizierbaren individuellen Dingen zu.[54] Peirce kritisiert auch nicht dies am – gemäßigten – Nominalismus, daß er die Geltung der Universalien prinzipiell an die Möglichkeit der Zeichenrepräsentation (für ein Denken überhaupt) bindet und eine davon unabhängige Existenz der Universalien »in rebus« leugnet. Die Bindung der Geltung der Universalien an mögliche Zeichenrepräsentation der Welt in einer kommunizierenden Gemeinschaft denkender Wesen ist vielmehr eine zentrale Voraussetzung der Peirceschen Philosophie, die er zweifellos der großen semiotischen Tradition des britischen Nominalismus seit Ockham, Bacon und Hobbes verdankt. Auf dieser Linie liegt der – von Murphey so genannte[55] – »semiotische Phänomenalismus« bzw. »Idealismus« des jungen Peirce[56]; und hier entspringt seine Neubegründung der Semiotik als semiotische Logik mit den Unterdisziplinen: »spekulative Grammatik«, »kritische Logik« (in etwa: »Semantik«) und »spekulative Rhetorik« (= Theorie der Interpretation und der Interpretationsgemeinschaft, die zuletzt auch die pragmatische Bedeutungstheorie einschließt). – Was Peirce am Nominalismus kritisiert, ist allein dies: daß er die prinzipielle Abhängigkeit der Universalien

54   Vgl. 3.613, 6.318 und 6.330; vgl. auch unten S. 229, Anm. 185 und S. 281, Anm. 125.
55   Vgl. Murphey, a.a.O., S. 90 f. u. ö.
56   Es wäre daher m. E. denkbar, daß Peirce als »semiotischer Phänomenalist« und Kantianer sich bis 1867 für einen »Nominalisten« gehalten hat, wie neuere Untersuchungen von M. Fisch (die dem Verf. im Manuskript bekannt wurden) nahelegen.

von möglicher Zeichenrepräsentation der Welt nicht mit der objektiven Geltung der Universalien zu vereinbaren vermag, mit ihrer virtuellen Realität in den individuellen Dingen, unabhängig von dem, was ein einzelner hier und jetzt, oder eine begrenzte Gemeinschaft zu irgendeinem Zeitpunkt über die Dinge denken mag. Radikaler gesagt: Peirce wirft den Nominalisten insgesamt eine schlechte Metaphysik vor, die in sich sinnwidrige Voraussetzung nämlich, daß es prinzipiell nicht in Zeichen repräsentierbare, d. h. nicht erkennbare Dinge-an-sich geben könne oder gar müsse. Diese Voraussetzung ist für Peirce deshalb sinnwidrig, weil sie selbst ja, als sinnvolle Hypothese, die Funktion der Zeichenrepräsentation auf die Dinge-an-sich anwenden muß.

Mit diesem Vorwurf verbindet sich die Kritik an dem – von Peirce auf Augustinus zurückgeführten [57] – medium quod-Begriff der Erkenntnis, nach dem wir nicht die Dinge der Außenwelt selbst, sondern nur ihre Wirkungen im Bewußtsein erkennen und daher annehmen müssen, die Erkenntnis als solche sperre uns gewissermaßen mit Notwendigkeit von den Dingen-an-sich ab. Ein Implikat dieses, seit dem späten Mittelalter vorherrschenden, Erkenntnisbegriffs ist die Auffassung des Bewußtseins als eines Gefäßes (»receptacle«), als dessen Inhalt die »natürlichen Zeichen« (Ockham) der Dinge in introspektiver Besinnung angetroffen werden, während die Existenz der Dinge draußen (der sogenannten »Außenwelt«) grundsätzlich problematisch wird (von Descartes bis Kant). Auch hier bestreitet Peirce nicht schlechthin alle Errungenschaften der seit Ockham durchgeführten erkenntniskritischen Analyse: Er akzeptiert das Modell der Kausal-Affektion der Sinne durch die Dinge der Außenwelt und die Vorstellung, daß wir aufgrund der »natürlichen Zeichen« (der »Eindrücke« im Bewußtsein) auf die Existenz und Beschaffenheit der Dinge in der Außenwelt schließen. Aber er identifiziert nicht die Affektion der Sinne in den »Eindrücken« mit der Erkenntnis (die in diesem Fall primär »intro-

57 Vgl. 8.261 (546 f.).

spektiv«, »intuitiv« und ohne Bindung an Zeichengebrauch gedacht werden müßte), sondern er identifiziert die Erkenntnis mit dem hypothetischen Schluß auf die Dinge der Außenwelt, der aufgrund von rein physikalisch-physiologisch erforschbaren Bedingungen (der Nervenreizungen in der faktischen Begegnung mit den »brute facts«) und aufgrund der Zeichenqualität psychischer Daten, die auch nicht selbst schon die Erkenntnis sind (der sogenannten »feelings«, in denen die Resultate der Nervenreizung rein qualitativ – in der Weise emotionaler Gestimmtheit – gegeben sind), erfolgt. Erkenntnis ist für Peirce weder Affiziertwerden durch Dinge-an-sich, noch Intuition gegebener Daten, sondern »Vermittlung« (»mediation«) einer konsistenten Meinung über das Reale; d. h. genauer »Repräsentation« der äußeren »Tatsachen«. Diese indizieren in der physikalischphysiologisch erforschbaren Begegnung des Subjekts mit dem Objekt ihre »Existenz« und hinterlassen in der konfusen Mannigfaltigkeit der gefühlsmäßigen Daten jene qualitativen Ausdruckszeichen oder Gleichnisse (»icons«) ihres »Soseins«, die in dem hypothetischen Schluß (der »conception« von etwas als etwas) durch Auffindung eines Prädikats in der Form eines interpretierenden Symbols (»interpretant«) zur Einheit eines konsistenten Sätzes (»proposition«) über die äußere Tatsache reduziert werden.

Die zugleich semiotische und von der Idee des hypothetischen Schlusses getragene Transformation des neuzeitlichen Erkenntnisbegriffs – gewissermaßen von einem medium quod-Begriff in einen medium quo-Begriff der Erkenntnis – ermöglicht Peirce auch die »metaphysische« und »transzendentale« Deduktion seiner Fundamental-Kategorien: Diese besteht eben in der abstraktiven Eruierung jener drei Elementarbegriffe, die in der Funktion der Erkenntnis als Zeichenrepräsentation enthalten sind und daher zur Erreichung einer Synthesis der Mannigfaltigkeit der Sinnesdaten in der Einheit einer konsistenten Meinung erforderlich sind: Es handelt sich um die folgenden, in der Charakteristik der Erkenntnis als Zeichenfunktion soeben schon angedeuteten Begriffe: 1. »Qualität« (bzw. »Ausdruck« des »Soseins« der Dinge durch »ikonische« Ähnlichkeit der »feelings«), 2. »Relation« oder reale Konfrontation des Subjekts mit den existierenden Objekten oder »brute facts« (die in der Sprache ihr Äquivalent in den sogenannten »Indices« hat), 3. »Repräsentation« der realen Tatsachen als »Vermittlung« der Existenzindikation und des qualitativ-ikonischen Ausdrucks des (möglichen) Soseins der Dinge in einer »Hypothesis«, d. h. in einem abduktiven Schluß, welcher in der symbolisch-prädikativen Formierung einer Synthesis (von »etwas« als »etwas«) resultiert. Später – nach der relationslogischen Deduktion der Kategorien [58] – verstand Peirce die in sich relationsfreie »Qualität« als Illustration der formalen Kategorie der »Erstheit« (»Firstness«), die zweistellige Relation der Begegnung zwischen Subjekt und Objekt als Illustration der formalen Kategorie der »Zweiheit« (»Secondness«) und die dreistellige Relation der »Repräsentation« (Bezeichnung von etwas als etwas für ein interpretierendes Bewußtsein) als Illustration der »Drittheit« (»Thirdness«). Mehr Fundamentalkategorien kann es nach der Peirceschen Relationslogik – wie zuvor schon nach der semiotischen Deduktion der Illustrationen für die drei Kategorien – nicht geben, da alle weiteren Elementarbegriffe auf die drei Fundamentalkategorien zurückgeführt werden können. Andererseits bietet allein die volle Berücksichtigung aller drei Fundamentalkategorien die Gewähr für ein architektonisch-phänomenologisch abgerundetes philosophisches System, während jeder Versuch einer Eliminierung einer der drei Grundkategorien auf eine »reductive fallacy« hinausläuft. [59]

In der soeben skizzierten [60] Transzendierung des – von Peirce

58 In »One, Two, Three: Fundamental Categories of Thought and of Nature«, Manuskript von 1885 (1.369-72 u. 1.376-78). Vgl. Murphey, a.a.O. S. 303 ff.; ferner Peter Krausser, a.a.O.
59 Vgl. 5.79-81 (327 f.).
60 Es muß zugegeben werden, daß wir die äußerst komplizierte und in sich nicht immer völlig konsistente Gedankenbewegung der 1. Periode (hier etwa von 1860 bis 1871) auf ihre ex post erkennbaren Hauptlinien zurückgeführt haben und in einigen Punkten – z. B. in der Frage der Kategorien

frühzeitig erkannten – nominalistischen Grundansatzes der neuzeitlichen Philosophie sind nun bereits die einzelnen Phasen
bzw. Aspekte seiner Kritik an den Hauptvertretern der Philosophiegeschichte seit Duns Scotus enthalten oder doch vorgezeichnet:

Daß und inwiefern die britischen Nominalisten von Ockham
bis J. St. Mill der Kritik unterliegen, ergibt sich aus ihrem sen-
sualistisch-intuitionistischen Erkenntnisbegriff, der die psychischen Bedingungen der Erkenntnis (die »Sense-Data«), oder gar
die physikalisch-physiologischen Bedingungen des Zustande-
kommens der »Sense-Data« (die Kausalaffektion der Sinne
durch draußen liegende Dinge-an-sich), mit der Erkenntnis
selbst gleichsetzt. Es bezeichnet nach Peirce zwar einen entscheidenden Fortschritt in der Philosophiegeschichte, daß Berkeley
(und nach ihm D. Hume und J. St. Mill) die Voraussetzung unerkennbarer Ursachen der Sinneserfahrung fallen ließen und
die sogenannte Potenz der Außenweltdinge, unsere Sinne zu
affizieren, in Begriffen möglicher Sinneserfahrungen ausdrücken
wollten; aber diese – für den Pragmatismus richtungweisende –
Wendung, von der unbekannten Ursache zum zu erwartenden
Resultat der Erfahrung, krankt wiederum an der Verwechslung
der »Erkenntnis« (d. h. nach Peirce: der Hypothesis des sub-
stantiell Realen als desjenigen, dessen Realität sich in dem gesetzmäßigen Zusammenhang möglicher qualitativer Sinneserfahrungen offenbaren würde) mit den einzelnen, faktischen
Sinnesempfindungen. So streicht Berkeley die materielle Substanz der Dinge und begreift nicht, daß ihre Realität in der
Funktion liegt, »die konstante Verknüpfung zwischen den Akzi-
dentien zu erklären«. Diese Funktion, nämlich »die Ideen mit
solcher Regelmäßigkeit zu erregen, daß wir wissen können, was
wir zu erwarten haben« [61], muß Berkeley – in Ermangelung der

und in der damit eng zusammenhängenden Frage der vermittelten Unmittelbarkeit der Erfahrung der Außenweltdinge – bereits die späteren Auflösungen der hier für Peirce bestehenden Schwierigkeiten vorweggenommen
haben.
61 8.31 (128).

recht verstandenen Substanzhypothese – Gott überlassen. Indem Berkeley weiterhin die Realität der Dinge mit dem aktuellen Erfahrenwerden (notfalls mit dem immer fortbestehenden Gedachtwerden durch Gott) identifiziert, begreift er nicht, daß »die Kohärenz einer Idee mit der Erfahrung im allgemeinen überhaupt nicht davon abhängt, daß die Erfahrung stets dem Geiste gegenwärtig ist ... daß die Unabhängigkeit eines Gegenstandes von unseren ⟨faktischen⟩ Gedanken über ihn ⟨gerade⟩ durch seinen Zusammenhang mit der Erfahrung im allgemeinen konstituiert wird«.[62] Insgesamt hat die britische Tradition des nominalistischen Empirismus – in der auch die Jamessche Version des Pragmatismus befangen blieb – nach Peirce das Verdienst, nach dem Ökonomieprinzip Ockhams stets einfache und klare Problemlösungen angestrebt zu haben und den Blick immer wieder auf das Zwingende der unmittelbaren Indikation der hic et nunc existierenden Tatsachen in der Sinnesempfindung hingelenkt zu haben. (Die letztere Tendenz der britischen Philosophie kommt sogar schon vor dem Nominalismus Ockhams in dem Begriff der »Haecceitas« des Duns Scotus machtvoll zum Ausdruck. Diesen Begriff hat Peirce später – so, wie er durch die Funktion der »Indices« in der Sprache pragmatisch expliziert wird – zum Prinzip der Individuation erklärt.) Im Lichte seiner Kategorienlehre muß Peirce jedoch die Reduktion der »Drittheit« (»Mediation«, »Thought«, »Law«, »Habit«, »Continuity«, »Normative Science«, »final cause«) auf »Erstheit« (z. B. »ideas« als »sense-data«) oder »Zweitheit« (z. B. »impressions« als »hard facts«, faktische Handlungen oder faktisches »Behavior«) als unzulässige Anwendung von »Occam's Razor« ablehnen.

Das entgegengesetzte Extrem zur Tradition des britischen Nominalismus bildet – im Lichte der Peirceschen Kategorienlehre – die Philosophie *Hegels*, mit der Peirce sich erstmals nachweislich 1868, in einer Kontroverse mit dem Hegelianer Harris, dem Herausgeber des »Journal of Speculative Philosophy«,

62 8.30 (125 f.).

beschäftigt hat.[63] Wenn Peirce auch die dialektische Logik Hegels zeit seines Lebens mehr oder weniger entschieden abgelehnt hat, so fühlte er sich doch von dem Programm einer »objektiven Logik« der »Kontinuität« in Natur und Geschichte stets angezogen und berief sich später auf die »drei Stufen des Gedankens« bei Hegel als Entsprechungen zu seinen drei Fundamentalkategorien. Aber er wirft Hegel vor, er habe das Irrationale der ersten und das Kontingente der zweiten Kategorie in die dritte Kategorie »aufheben« wollen und sei eben deshalb dem »Outward Clash«, dem Zusammenstoß mit den »brute facts«, wie andererseits dem Element der unbestimmten Möglichkeit in der Zukunft (»chance« als Moment der »Erstheit«) nicht gerecht geworden.[64] In historischer Sehweise ordnet Peirce sogar Hegel im wesentlichen in die Geschichte des Nominalismus ein, und dies, wie es scheint, aus zwei Gründen: 1. Wenn Hegel, im Gegensatz zu den britischen Sensualisten, die Geltung der Allgemeinbegriffe gegen das unmittelbare Sosein und das Hic et Nunc der Sinneswahrnehmung schlechthin triumphieren läßt, so beweist er gerade nicht ihre Geltung »in rebus«, sondern verabsolutiert eher die willkürliche Setzung der Subjektivität, die nominalistischer Herkunft ist (Platonismus und Nominalismus stehen überhaupt für Peirce in geheimer Übereinkunft).[65] 2. In ganz anderer Hinsicht wieder ist Hegel für Peirce deshalb »Nominalist«, weil er – hier in geheimer Übereinkunft mit den britischen Empiristen – nur die Welt der vollendeten Tatsachen, die Vergangenheit, als Gegenstand der Philosophie begreife, nicht aber die realen Möglichkeiten der Dinge, das »esse in futuro«.[66] In einem Punkt – vielleicht dem wichtigsten – stimmt

63 CP, 6.619–628. Peirce erwähnt in einer Vorlesung von 1898 (4.2), daß er seine frühe Hegelkenntnis einem Buch von Augusto Vera («Introduction à la Philosophie de Hegel«, Paris 1855) verdankt.
64 Vgl. u. a. 8.41 (254 ff.), 6.436, 5.90 ff. (373 f.).
65 Hegel ist daher für Peirce nicht ein (Universalien-)Realist, sondern ein »Nominalist mit realistischer Sehnsucht« (1.19).
66 Vgl. CP, 8, S. 292: »'Nominalism, up to that of Hegel, looks at reality retrospectively. What all modern Philosophy does is to deny that there is any *esse in futuro*.«

Peirce freilich in seiner Nominalismuskritik mit Hegel überein: in der Überzeugung, daß die Voraussetzung unerkennbarer Dinge-an-sich (anders gesagt: der Versuch, die Potenz der Erkenntnis durch Erkenntnis a priori zu begrenzen) widersinnig ist. Hier liegt zweifellos das stärkste Motiv der Kritik des vorpragmatistischen Peirce am Nominalismus; und das deutet bereits darauf hin, daß diese Kritik nicht nur und nicht einmal primär an dem Universalienstreit in seiner scholastischen Problemkonstellation interessiert ist, sondern an der Beseitigung einer tief verborgenen Sinnlosigkeit in den Voraussetzungen der neuzeitlichen Philosophie schlechthin.

2. Der sinnkritische Ansatz und die neue »Theorie der Realität«

Die sinnlose Voraussetzung der neuzeitlichen Erkenntnistheorie liegt nach Peirce in der bei Ockham, Descartes, Locke und noch bei Kant implizit wirksamen Annahme, die Erkenntnis sperre sich durch ihren eigenen Kausalmechanismus gegen die eigentlich zu erkennenden Dinge ab und habe es primär mit den Wirkungen der Dinge im »Receptaculum« des Bewußtseins zu tun, während die Dinge draußen als »Dinge-an-sich« unerkennbar zurückbleiben. [67] Gegen diesen, seiner Prätension nach

67 Bereits in dem »Principles« überschriebenen Fragment von 1861, das sich mit Kant auseinandersetzt, charakterisiert Peirce das (nominalistische) Grundschema der neuzeitlichen Erkenntnistheorie folgendermaßen: »Die übliche und, wie ich glaube, irrige Auffassung der Relation des erkannten Dinges zu der erkennenden Person sieht etwa so aus: – (1) Es gibt das Subjekt, das Ego. Das erkannte Ding wird durch eine *Affizierung* des Bewußtseins erkannt, folglich wird es nur durch seine Wirkung erkannt. Deshalb wird eine Unterscheidung gemacht zwischen (2) dem *Noumenon* oder Ding, wie es existiert – welches völlig unerkannt bleibt (es sei denn, daß es, wie einige Philosophien annehmen, durch reine Vernunft erkannt wird), und (3) dem Gegenstand oder *Ding, wie es gedacht wird.* (4) Es gibt die Affektion des Bewußtseins oder das Phänomen und (5) gibt es die Relation der Kausalität zwischen dem Gegenstand und dem Phänomen . . . Ich ⟨dagegen⟩ stelle die Beziehungen folgendermaßen vor: (1) Es gibt die Seele. (2) Es gibt das Feld des Bewußtseins, in dem wir die Seele erkennen. (3) Es gibt das Ding, *an das gedacht wird* ⟨thought of⟩. (4) Es gibt die reale Macht des Dinges, die Seele zu beeinflussen. (5) Es gibt die Vorstellung ⟨idea⟩ oder

erkenntniskritischen, Ansatz spielt Peirce – und hier liegt sein eigentlich originaler Gedanke – einen sinnkritischen Ansatz aus, der etwa 1868 aus seiner zuvor erfolgten semiotischen Transformation des Erkenntnisbegriffes hervorgegangen sein dürfte:

Die Dinge können von uns gar nicht anders als mit Bezug auf mögliche Erkenntnis gedacht werden, d. h. aber primär: mit Bezug auf die Möglichkeit, eine sinnvolle – semantisch konsistente – und wahre Meinung über sie zu bilden. Daß sich dies so verhält, bezeugen sogar diejenigen, welche von unerkennbaren Dingen-an-sich reden; denn sie nehmen ja in Anspruch, sich eine semantisch konsistente und wahre Meinung über die Dinge als Dinge-an-sich gebildet zu haben. In dieser – durch bewußten oder unbewußten Schluß erfolgten – Meinungsbildung (»representation«, »opinion«, »belief«) liegt für Peirce das Wesen der Erkenntnis. Die »transzendentale Synthesis der Apperzeption« Kants hat Peirce 1866/67 – im Vollzug seiner semiotischen Transformation des Erkenntnisbegriffs – als »Reduktion der Mannigfaltigkeit der Sinnesdaten zur Einheit der Konsistenz« durch eine »Hypothesis« interpretiert. [68] Wenn aber das Wesen der Erkenntnis in der Bildung einer semantisch konsistenten Meinung, und nicht primär in einer einheitlichen,

den Eindruck ⟨impression⟩, welchen das Ding in der Seele hinterläßt. (6) Es gibt den *Gedanken* oder die Idee, wie sie im Bewußtsein erscheint.« (»Principles«, S. 7 f., Zitat nach Murphey, a.a.O. S. 23 f.)
– Bemerkenswert an diesem frühen Entwurf ist der Umstand, daß bereits die Erkenntnis selbst (»Thought« unter [6]) von den Bedingungen des Kausalmechanismus, unter denen sie zustande kommt, klar geschieden wird. Damit ist die Voraussetzung, aufgrund derer das cartesische Problem der »Außenwelt«-Erkenntnis und – insgeheim – noch die Kantische Voraussetzung der Dinge-an-sich entsteht, bereits im Ansatz überwunden. Das Ding selbst, mag es auch noch nicht im Prädikat eines Satzes »als etwas« erkannt sein, ist doch nach Peirce in jedem Fall im Subjekt des Satzes als dasjenige gesetzt, »an das gedacht ist« (3). In dieser »Hypothesis« ist nach Peirce die Identität des Erkenntnisgegenstandes und des externen Dinges verbürgt.
68 Diese für die Kantrezeption des jungen Peirce zentrale Tatsache übersieht m. E. J. v. Kempski, der freilich die von Murphey zugänglich gemachten Dokumente der Kantstudien des jungen Peirce noch nicht gekannt haben dürfte. Vgl. die Belege weiter unten S. 76 ff.

anschaulich-schematisierbaren Welt-»Vorstellung« [69], liegt, dann
fällt die – von Kant in Anspruch genommene – Möglichkeit
weg, das bloße Denkenkönnen einer unerkennbaren Ansich-
welt gegen das Vorstellenkönnen der Dinge in einer raumzeitlichen Erscheinungswelt auszuspielen [70]; die erkenntniskritische
Einschränkung der Geltung von Kategorien und allgemeinen
Begriffen überhaupt auf mögliche Erfahrung wird dann zur
sinnkritischen Einschränkung auch der Bedeutung von so etwas
wie Realität überhaupt auf mögliche Erkenntnis, d. h. auf Erkenn*barkeit*.

Mit der sinnkritischen Definition des Realen als des Erkenn-
baren hat Peirce aber auch bereits ein Mittel in die Hand bekommen, um einem – freilich nicht dem entscheidenden [71] –
Motiv Kants für die Unterscheidung von »Noumena« und
»Phainomena« in neuer Form gerecht zu werden: Man mag die
Konzeption der »Dinge-an-sich« bei Kant u. a. deshalb für
unentbehrlich halten, weil in diesem Begriff die Dinge selbst,
die – gewissermaßen unbekümmert um das, was wir über sie
jeweils denken – sind, was sie sind, von den, jeweils unter
endlichen Bedingungen erschlossenen, menschlichen Aspekten
der Dinge unterschieden werden – eine Unterscheidung, die
man als wesenskonstitutiv für das exzentrische »Welt«-Be-

69 Die entscheidende Nuance der Kantinterpretation des jungen Peirce
wird dadurch weitgehend verdeckt, daß Kants Terminus »Vorstellung« im
Englischen ohnehin mit »representation« übersetzt wird – auch von orthodoxen Kantianern. Bei Peirce verbirgt sich aber unter dem Terminus
»representation«, der die früheste und charakteristische Illustration der
»Drittheit« bezeichnet, die semiotische Transformation des neuzeitlichen
Erkenntnisbegriffs – und damit die Möglichkeit des Übergangs von der Erkenntniskritik zur Sinnkritik.
70 Diese bei Peirce implizit bleibende Argumentation wurde im 20. Jh.
von M. Schlick ausdrücklicher wiederholt. Schlick konnte jetzt auch schon
die Überschreitung der anschaulich-schematisierbaren Weltvorstellung durch
die in mathematischen Zeichensystemen formulierte Erkenntnis der modernen Physik als Argument für die – von Wittgenstein und ihm selbst wiederholte – semiotische Transformation des Erkenntnisbegriffs ins Feld führen.
(Vgl. M. Schlick: Erleben, Erkennen, Metaphysik. In: Kantstudien XXXI,
1926).
71 Zu den entscheidenden Motiven dieser Unterscheidung vgl. unten S. 71 ff.

wußtsein des Menschen im Unterschied zur zentrischen Umweltverhaftetheit der Tiere ansehen könnte.[72] Diesem Motiv vermag Peirce aber gerade durch die Unterscheidung des – unendlich – Erkenn*baren* von dem faktisch irgendwann Erkannten gerecht zu werden. Sehr klar hat Peirce selbst diese Position bereits in dem ersten der Aufsätze von 1868 formuliert:

»... Nichtwissen und Irrtum können nur verstanden werden als korrelativ zu wirklicher Erkenntnis und Wahrheit, welch letztere aber die Natur von Erkenntnissen haben. Über jede beliebige Erkenntnis hinaus und im Gegensatz zu ihr läßt sich eine unerkannte, aber erkennbare Realität denken; über alle mögliche Erkenntnis hinaus und im Gegensatz zu aller möglichen Erkenntnis aber gibt es nur das sich selbst Widersprechende. Kurz: *Erkennbarkeit* (im weitesten Sinne) und *Sein* sind nicht nur metaphysisch dasselbe, sondern diese Termini sind synonym.«[73]

In dem zweiten Aufsatz von 1868 wiederholt Peirce die These »Wir haben keinen Begriff des absolut Unerkennbaren«[74] und bekräftigt den sinnkritischen Ansatz der Argumentation:

»... da die Bedeutung eines Wortes in dem Begriff ⟨»conception«⟩ besteht, den es mit sich führt, so hat das absolut Unerkennbare keine Bedeutung, weil kein Begriff damit verbunden ist. Es ist daher ein bedeutungsloses Wort. Was immer daher durch einen Terminus wie ›das Reale‹ gemeint ist, das ist in einem gewissen Grad erkennbar, und so ist es von der Natur der Erkenntnis, im objektiven Sinne des Terminus.«[75]

Der letzte Teil des Satzes verrät eine gewisse Unsicherheit über die neue Position. Tatsächlich scheint Peirce sie zunächst

---

72 Vgl. zur Erörterung dieses Problems in der »Philosophischen Anthropologie« bei M. Scheler, H. Plessner, A. Gehlen, E. Rothacker den Artikel »Anthropologie« von J. Habermas in: Fischer-Lexikon »Philosophie«, Frankfurt 1958, S. 18–35.
73 5.257 (33).
74 5.265 (42).
75 5.310 (75).

als eine Abart des Berkeleyschen Idealismus zu verstehen; denn schon im ersten Aufsatz von 1868 hieß es:

»Wenn ich ›weiß‹ denke, so will ich nicht so weit gehen wie Berkeley und sagen, daß ich dabei an eine Person, welche sieht, denke, aber ich will sagen: das, was ich denke, ist von der Natur einer Erkenntnis.«[76]

Auch bei der Wiederaufnahme des Problems im zweiten Aufsatz von 1868 scheint Peirce die eigene Position als idealistisch im weiteren Sinn zu verstehen. Denn er führt sie, in einer historischen Besinnung, folgendermaßen ein:

»Daß aufgrund cartesischer Prinzipien ⟨Peirce meint: aufgrund der Voraussetzung, daß wir primär nur der eigenen Bewußtseinsinhalte gewiß sind, die Existenz der Dinge außerhalb des Bewußtseins aber problematisch und ihre kausale Einwirkung auf das Bewußtsein, in dem sie aus ihren Wirkungen erkannt werden sollen, nur durch Inanspruchnahme göttlichen Beistands erklärt werden kann⟩ die eigentliche Wirklichkeit der Dinge niemals nur im geringsten erkannt werden kann, davon müssen die besten Köpfe schon seit langem überzeugt sein. Das ist der Grund für den Durchbruch des Idealismus, der in jeder Hinsicht wesentlich anti-cartesianisch ist, sei es nun unter Empirizisten (Berkeley, Hume), sei es unter Noologisten (Fichte, Hegel).« Und im Anschluß hieran fährt Peirce fort: »Das Prinzip, das wir nun diskutieren wollen ⟨sc. daß der Begriff des Unerkennbaren bedeutungslos ist⟩ ist unmittelbar idealistisch.«[77]

Aus den zitierten Stellen geht jedoch hervor, daß Peirce gerade nicht die Realität subjektiv-idealistisch auf das Erkanntwerden im Sinne Berkeleys zurückführen will, und im folgenden versucht Peirce in der Tat, eine Position zu formulieren, die sowohl dem Idealismus wie dem Realismus gerecht wird:

»... es gibt kein Ding, das in dem Sinne an-sich wäre, daß es

76 5.257 (32).
77 5.310 (75).

nicht in bezug auf den Verstand steht, obwohl die Dinge, die in bezug auf den Verstand stehen, zweifellos, auch wenn man von dieser Relation absieht, existieren.«[78]

Später wird Peirce diesem schwer verständlichen Satz dadurch – im Lichte der Kategorienlehre – Sinn verleihen, daß er die pure Existenz der realen Dinge, unabhängig von ihrer Relation zum Verstand, dem Erlebnis des Willenswiderstandes im »outward clash«[79] sowie der »Indikations«-funktion der Sprache (etwa in dem Wort »diesda«, das nicht als situations-unabhängiges »Symbol« gebraucht werden kann) zuordnet (»Zweitheit«), während die Realität als etwas, das sinnvoll gemeint (in »Symbolen repräsentiert«) werden kann, auf mögliche Erkenntnis bezogen ist (»Drittheit«). Im gegenwärtigen Kontext – von 1868 – geht es Peirce aber zunächst um die Bestimmung des denkbaren (repräsentierbaren) Sinns von Realität, und der kann nur in der Relation zum Verstand überhaupt, d. h. in der »Erkennbarkeit« gesucht werden. Von hier aus gelangt Peirce zu seiner charakteristischen Definition der Realität des Realen, die – wie sich zeigen wird – den Rahmen zum semantischen Pragmatismus darstellt und durch die Pragmatische Maxime nur noch ausgefüllt zu werden braucht. Die erste Formulierung dieser Definition wird folgendermaßen eingeführt:

». . . was meinen wir mit real? Es ist ein Begriff, den wir bereits besitzen mußten, als wir entdeckten, daß es ein Nicht-Reales, eine Illusion gibt, d. h. als wir uns zum ersten Mal korrigierten. Nun ist die Unterscheidung, die allein aufgrund dieser Tatsache logisch gefordert wird, die zwischen einem *ens*, das in bezug auf die privaten inneren Bestimmungen steht, auf die Negationen, die zur Idiosynkrasie gehören, und einem *ens*, so wie es auf lange Sicht bestehen würde. Das Reale ist also das, in dem, früher oder später, Information und schlußfol-

---

78 5.311 (76).
79 Hierzu wären die entsprechenden Lehren von Maine de Biran und Dilthey zu vergleichen.

gerndes Denken zuletzt ihr Resultat haben würden [80] und das daher unabhängig von meinen und deinen Einfällen ist.« [81]

Diese Definition der Realität durch die Idee der »ultimate opinion« bzw. der »ideal perfection of knowledge« [82], die in dem zweiten der Aufsätze von 1868 zuerst auftritt, wird als »Theory of Reality« in allen folgenden Arbeiten Peirces weiter ausgebaut. [83] Dabei wird immer deutlicher, daß es sich hier nicht um eine idealistische Theorie, sondern um einen neuen Weg diesseits von Idealismus und – dogmatisch metaphysischem – Realismus handelt, den man m. E. als den Ansatz des sinnkritischen Realismus bezeichnen sollte. Daß die neue »Theory of Reality« in ihrem Wesen nicht idealistisch ist, erhellt m. E. aus einer Ergänzung, die Peirce bereits 1868 vornimmt und die gewissermaßen eine Konkretisierung der Idee des »Bewußtseins-überhaupt« auf der Linie eines »Postulats der praktischen Vernunft« im Sinne Kants darstellt; Peirce fährt im Anschluß an seine Definition der »Realität« fort:

»So zeigt eben der Ursprung des Begriffs der Realität ⟨sc. aus der Differenz zwischen meiner Idiosynkrasie und dem, was sich als Meinung »in the long run« durchsetzt⟩, daß dieser Begriff wesenhaft den Gedanken einer *Gemeinschaft* einschließt, die ohne definite Grenzen ist, jedoch das Vermögen zu einem definiten Wachstum der Erkenntnis besitzt.« [84]

---

80 Die Unklarheit dieser Formulierung in der Frage, ob das Reale Gegenstand eines »früher oder später« faktisch erreichten letzten Erkenntnisresultats ist oder ob die Erreichung einer »final opinion« einen unendlichen Erkenntnisprozeß voraussetzt, wird von Peirce 1890 (in der Rezension von Royce's »The World and the Individual«) folgendermaßen behoben: ».... the ultimate opinion ... will, as we hope, actually be attained concerning any given question (though not in any finite time concerning *all* questions)« (8.113) – Zum Prinzip »Hoffnung«, das nicht etwa die Richtigkeit der Definition, sondern die Frage betrifft, ob die »final opinion« faktisch erreicht wird, vgl. unten S. 103 f.
81 5.311 (76).
82 5.356 (102).
83 Vgl. 1869: 5.354 ff. (101), 1871: 8.12 (113 f.), 1878: 5.405 ff. (201 ff.).
84 5.311. Vgl. oben Anm. 80.

1871 präzisiert Peirce diesen Gedanken folgendermaßen:
»... der consensus catholicus[85], welcher die Wahrheit konstituiert, darf keineswegs auf die Menschen in diesem irdischen
Leben oder auf die menschliche Gattung beschränkt werden,
sondern er erstreckt sich auf die Gemeinschaft (communion)
aller Verstandeswesen, zu der wir gehören und die wahrscheinlich einige einschließt, deren Sinne von den unsrigen sehr verschieden sind, so daß in jenen Konsensus eine Prädikation einer
sinnlichen Qualität nur unter dem Zugeständnis eintreten
kann, daß auf diese Weise gewisse Arten von Sinnen affiziert
werden.«[86]

Diese Charakteristik der »indefinite Community« macht zweierlei deutlich: 1. daß es sich um eine Verkörperung der *Vernunft* selbst als eines idealen, normativen Prinzips im Sinne
Kants handelt. Sie muß das leisten, was kein endliches Bewußtsein in seiner faktischen Erkenntnis leisten kann und auch
keine endliche Gemeinschaft, die aussterben oder durch Kata-
strophen vernichtet werden könnte: sie muß dem unendlich-
erkennbaren Realen in einem unbegrenzten möglichen Erkenntnisfortschritt gewachsen sein.[87] 2. Andererseits wird aber
auch dies aus der Peirceschen Charakteristik deutlich: daß die
»indefinite Community« eine *Verkörperung* der Vernunft ist,
d. h. daß es sich nicht um ein »Bewußtsein überhaupt« oder
ein »Geisterreich« handelt, sondern um eine – wie immer unendliche – Gemeinschaft von Wesen, die irgendwelche Sinne
besitzen und in Zeichen kommunizieren können.

Später – in der Periode des Pragmatismus – wird Peirce die
Erkenntnis-Methode näher kennzeichnen, die jene Gemeinschaft,

85 Peirce spielt hier auf den Gedanken der »einen, allgemeinen Kirche«
an, der für die Idee seiner »Community of Investigators« zweifellos ein
Vorbild war. Vgl. 8.12, letzter Satz (117). Vgl. aber auch oben Anm. 51.
86 8.13 (117).
87 Der normative Charakter eines »ideal limit« in der Definition von
Wahrheit bzw. Realität durch die »ultimate opinion« ist bei Peirce stets
festzuhalten; jede andere (empiristische) Definition würde nach Peirce auf
einen kategorialen Fehler, modern gesprochen: auf die »reductive fallacy«
hinauslaufen.

über den logisch richtigen Zeichengebrauch hinaus, anzuwenden hat, um Träger des Erkenntnisfortschritts sein zu können, eines Fortschritts, der eine Chance haben soll, die »ultimate opinion« über das Reale überhaupt und insgesamt zu erreichen. Es zeigt sich dann, daß die Gemeinschaft eine solche von experimentierenden Forschern sein muß, die in der Lage sind, reale, technische Eingriffe in die Natur (z. B. Messungen) vorzunehmen. Aber diese »Experimentiergemeinschaft« des Pragmatismus ist nur eine weitere Konkretisierung der – schon 1868 – als Bedingung der Möglichkeit einer Definition der Realität durch ihre Erkennbarkeit – eingeführten Voraussetzung einer realen Gemeinschaft. Auch als sprachlich kommunizierende »Interpretationsgemeinschaft« (und damit als Bedingung der Möglichkeit der sogenannten »Geisteswissenschaften«) muß die von Peirce vorausgesetzte Gemeinschaft real sein[88], und sie bezeugt das – wie die pragmatistische Analyse zeigen wird – darin, daß sie ihr Verstehen von Symbolen in real wirksame Verhaltensregeln oder Gewohnheiten (»habits«) umsetzt. Die Tragweite dieser Einführung einer realen Größe als Bedingung der Möglichkeit der Definition von Sinn (und damit der Sinnkritik, welche die Erkenntniskritik zu ersetzen hat!) wird offenbar, wenn man bedenkt, daß die sogenannten »materiellen Bedingungen der Erkenntnis«, welche die Physik heute bei der operativen Definition ihrer Grundbegriffe auf der Linie der »Pragmatischen Maxime« von Peirce zu berücksichtigen hat[89], auch nichts weiter sind als »reale Voraussetzungen« der Definition von Sinn. Sie sind der Voraussetzung der realen Gemeinschaft in Peirces Definition der Realität[90] näher und

88 Zu vergleichen wäre mit dieser Forderung die bei den Junghegelianern erfolgende Ersetzung des Hegelschen »absoluten Geistes« durch die Gemeinschaft der vernünftigen Iche (Bruno Bauer), der realen Menschheit (David Fr. Strauß), der natürlich-sinnlichen Gemeinschaft (Feuerbach), schließlich der »Menschheitsklasse« (K. Marx), jeweils als des Garanten letzter Wahrheit und Wertgeltung.

89 Vgl. oben Anm. 26.

90 Daß diese Voraussetzung etwas mit einem Zirkel im Beweis zu tun haben soll, wie Murphey zu glauben scheint (a.a.O. S. 141), vermag ich nicht zu erkennen. Es geht Peirce ja in seiner »Theory of Reality« über-

ähnlicher, als es die letztere Voraussetzung der Voraussetzung des »Bewußtseins überhaupt« in der Kantischen Vernunftkritik ist.[91] Der Schnitt liegt hier zwischen der Transzendentalphilo-

haupt nicht um einen Existenzbeweis, sondern um Sinnklärung – nicht anders als später in »How to Make Our Ideas Clear«. Der Zweifel an der Existenz des Realen überhaupt wird allerdings von Peirce 1869 (5.352) – und wiederum 1878 (5.384) – als praktisch sinnlos ad absurdum geführt, da wir bei jeder möglichen Frage bzw. bei jedem möglichen Zweifel hinsichtlich der Realität eines Phänomens die Existenz der realen Welt schon voraussetzen – ähnlich wie wir bei der Frage nach den »Gründen der Geltung der Logik« die Geltung der Logik praktisch voraussetzen müssen. Auch diese Argumentationsweise gehört m. E. – als Vorstufe des späteren »Critical Commonsensism« – in den sinnkritischen Grundansatz der Peirceschen Philosophie hinein. Vgl. unten S. 102.
Wir »erfahren« allerdings – wie Peirce 1885 gegen Royce betont – die Existenz der realen Welt in dem Erlebnis des Willenswiderstandes im »outward clash«, und diese Erfahrung geht »hic et nunc«, als notwendiges Evidenzkriterium, in die experimentelle Verifikation einer Überzeugung ein. Aber wenn diese Erfahrung der Existenz des Realen von Peirce später – zuerst wohl im Begriff der »Sensation« bzw. »Observation« von 1873 (7.326 ff.) als Kriterium in die Definition der angemessenen »Methode der Forschung« aufgenommen wird, so besagt das nicht etwa, daß ein Beweis der Existenz der realen Welt nachgeholt wird. Denn die »Erfahrung« des Willenswiderstandes im hic et nunc ist – als ein Fall von »Zweiheit« – für Peirce gerade keine Erkenntnis (»Drittheit«), sondern kann nur im Rahmen der Erkenntnis qua sinnvoller Meinungsbildung (»Drittheit«) zur Geltung kommen. Eine Sinndefinition der Realität muß also möglich sein, ohne den Beweis der Existenz des Realen vorauszuschicken, weil die bloße Erfahrung der Existenz des Realen nur im Rahmen möglicher Erkenntnis des Realen »als etwas« Sinn hat. Daraus erfolgt m. E., daß die nur hic et nunc erfahrbare Existenz der realen Welt überhaupt nicht bewiesen werden kann und braucht. Bewiesen werden kann allerdings, daß jeder Versuch, die Existenz der realen Welt zu beweisen oder zu bezweifeln, diese Existenz schon voraussetzt.
91 Allerdings hat Kant in der Vorrede zur 2. Aufl. der »Kr. d. r. V.« (S. XII) eine Andeutung darüber gemacht, wie die Vernunft es in der Praxis der modernen Naturwissenschaft fertig gebracht hat, »mit Prinzipien ihrer Urtheile nach beständigen Gesetzen voran zu gehen und die Natur ⟨zu⟩ nöthigen ... auf ihre Fragen zu antworten«. Sie muß dazu offenbar nicht nur begriffliche oder mathematische Modelle a priori entwerfen, sondern diese auch – in Gestalt von »Kugeln«, »schiefer Fläche«, »Wassersäule« usw. – an die Natur herantragen, d. h. im Medium der Natur selbst verkörpern, um die Natur auf die so vom Menschen »gemachte« Natur antworten zu lassen. Der alte Kant hat dieses Problem der Bedingungen der Möglichkeit »experimenteller Naturwissenschaft« im »Opus Postumum« noch einmal aufgenommen und durch den Begriff der »Selbstaffektion des Ich« beim Eingriff des leibhaften Ich in die Natur aufzulösen versucht (vgl. dazu neuer-

sophie des »reinen Bewußtseins« und einer Philosophie, welche außer dem Apriori der Reflexion (wo allerdings der Geist oder – mit Peirce zu reden – »Drittheit« das letzte Wort hat) noch das Apriori der engagierten Erkenntnis oder der Vermittlung durch reale Praxis anerkennt. Marxismus, Existenzialismus und Pragmatismus (in gewissem Sinne auch die »Lebensphilosophie« Diltheys, Nietzsches und Bergsons) haben das Problem der vorgängigen Vermittlung des theoretischen Sinns durch reale Praxis entdeckt und damit die Grenze der – empirizistischen und noologistischen – Bewußtseins-Philosophie überschritten. Die hier drohende Nichtberücksichtigung des Aprioris der Reflexion (von E. Heintel als »Logos-Vergessenheit« gegen den Vorwurf der »Seinsvergessenheit« ausgespielt) dürfte bei Peirce noch am wenigsten zu tadeln sein.

Doch zurück zur Definition der Realität, wie sie von Peirce im vorpragmatistischen Kontext der Sinnkritik konzipiert wurde: Zeigt die zu dieser Definition gehörige Voraussetzung der selbst realen »Community«, daß die »Theory of Reality« nicht idealistisch interpretiert werden darf[92], so ist diese Theorie doch andererseits von vornherein als universalienrealistisch konzipiert: Diese Wendung des Gedankens schließt sich 1868 und 1871 unmittelbar an die sinnkritische Ablehnung des Begriffs der absolut unerkennbaren Dinge-an-sich an und bezeichnet gewissermaßen den Übergang zur Nominalismuskritik im enge-

dings die ausgezeichnete Arbeit von Hansgeorg Hoppe: »Die Objektivität der besonderen Naturerkenntnis«, Kieler Diss. 1966). Mir scheint jedoch, daß gerade hier die zentrale Aporie der Kantischen Transzendentalphilosophie des Bewußtseins sich entscheidend bemerkbar macht: Diese kann die nicht bewußtseinsmäßigen Voraussetzungen, die sie immer schon – etwa in der Annahme einer »Affizierung« der »Sinnlichkeit« durch »Dinge-an-sich« – gemacht hat und bei der Begründung der Möglichkeit experimenteller Wissenschaft vollends machen muß, nicht als Bedingungen der Möglichkeit der Erfahrung anerkennen.

92 Es ist zwar richtig, daß die reale Gemeinschaft selbst erst – dem vollen Sinn ihrer Realität nach – in der »ultimate opinion« erkannt sein würde; aber das reduziert die reale Gemeinschaft nicht auf die »ultimate opinion« qua Idee. Vgl. freilich zu Peirces Ungenauigkeiten in diesem Punkt unten S. 68 f.

ren Sinne. Die vermeintlich unerkennbaren Dinge-an-sich werden von Peirce als die singulären Erstauslöser des Erkenntnisprozesses als des in sich unendlich vermittelten Schlußprozesses der Hypothesenbildung gedeutet; d. h. sie stellen einen »ideal limit« der Erkenntnis dar, die als solche stets in allgemeinen, und d. h. vagen Begriffen erfolgen muß und sich daher dem individuellen, als völlig bestimmt gedachten Ding in der begrifflichen Erkenntnis nur unendlich annähern kann.[93] Da nun aber auch das individuelle Ding als »ideal limit« der Erkenntnis nur in allgemeinen (d. h. vagen und abstrakten) Begriffen gedacht werden kann, so muß auch das Denken in vagen, abstrakten Begriffen wahr sein können. Mit anderen Worten: Philosophische Erkenntnis kann nicht selbst gegen die mögliche objektive Geltung ihrer Begriffe argumentieren. (Sie muß sich »die Wahrheit zutrauen«, wie Hegel sagt). Damit ist aber für Peirce bereits der Universalienrealismus statuiert.

Peirce formuliert diesen Gedanken folgendermaßen: »Nun folgt aber, da keine unserer Erkenntnisse absolut bestimmt ist 〈hinsichtlich der individuellen Dinge〉, daß Allgemeines reale Existenz haben muß. Dieser scholastische Realismus wird gewöhnlich als Glaube an metaphysische Fiktionen angesehen. Aber in Wirklichkeit ist der Realist einfach jemand, der nicht mehr verborgene Realität kennt als die, welche in einer wahren Zeichenrepräsentation repräsentiert wird. Da nun das Wort ›Mensch‹ in bezug auf etwas wahr ist, so ist das, was ›Mensch‹ meint, real. Der Nominalist muß zugeben, daß ›Mensch‹ wirklich auf etwas angewandt werden kann; aber er glaubt, daß dahinter noch ein Ding-an-sich steckt, eine unerkennbare Realität. Er ist es also, der an metaphysische Figmente glaubt.«[94]

---

93 S. 5.311 (76); 1885 betont Peirce indessen gegen den Hegelianer *Royce*, daß die individuellen Dinge auch schon vor ihrer begrifflichen Erkenntnis, die einer »ideal perfection of knowledge« in der »ultimate opinion« vorbehalten bleibt, als Willenswiderstand erfahren und durch die »Indices« der Sprache (wie »Diesda«) als existent angezeigt und identifiziert, wenngleich nicht erkannt, werden können. Vgl. 8.41 f. (254 ff.); dazu unten S. 101 ff.
94 5.312 (77).

1871 wiederholt Peirce dieselbe Pointe in folgender Form: »Es ist klar, daß diese Sicht der Realität ⟨sc. diejenige, welche die von faktischen Meinungen über es unabhängige und insofern ›externe‹ Realität der Dinge durch ihre Erkennbarkeit in der idealen letzten Meinung der unbegrenzten Gemeinschaft der Forscher definiert⟩ unvermeidlich ⟨universalien-⟩ realistisch ist; denn allgemeine Begriffe gehen in alle Urteile und also auch in wahre Meinungen ein. ... Es ist vollkommen richtig, daß in allen weißen Dingen Weiße ⟨whiteness⟩ ist, denn das besagt nur, in anderer Redeweise ausgedrückt, daß alle weißen Dinge weiß sind; da es nun aber wahr ist, daß reale Dinge Weiße besitzen, so ist Weiße real. Sie ist zwar ein Reales, das nur kraft eines Denkaktes, der es erkennt, existiert, aber dieser Gedanke ist nicht ein willkürlicher oder zufälliger, der auf irgendwelchen Idiosynkrasien beruht, sondern ein solcher, der in der endgültigen Meinung bestehen wird.«[95]

Wir haben mit voller Absicht bisher nur diejenigen – fundamentalen – Argumente des Peirceschen Universalienrealismus herangezogen, die völlig unabhängig von der Diskussion des mittelalterlichen Universalienstreits verständlich sind. Damit soll nicht gesagt sein, daß der Bezug auf diese Kontroverse und die positive Berufung auf Duns Scotus völlig irrelevant für die Peircesche Position sind. Soviel aber läßt sich durch die abstraktive Heraushebung der unmittelbar an Peirces Definition der Realität anschließenden Argumente zeigen: der Peircesche Universalienrealismus folgt primär aus seinem sinnkritischen Realismus, der, wie wir sahen, eine durch den modernen erkenntniskritischen Idealismus vermittelte Überwindung des Nominalismus ist. Die eigentliche Auseinandersetzung, aus der Peirces sinnkritischer Realismus, einschließlich der Erneuerung des Universalienrealismus, hervorgeht, ist seine originelle Kantrezeption, d. h. seine sinnkritische Deutung der Restriktion aller Begriffsgeltung auf mögliche Erfahrung im Sinne der »transzendentalen Analytik«.

95 8.14 (118).

Daß es sich so verhält, bestätigt Peirce unmittelbar im Anschluß an die zuletzt zitierte Apologie des Universalienrealismus, indem er feststellt:

»Diese Theorie ⟨daß die Realität der Universalien nicht unabhängig von den Akten des Denkens in wahren Repräsentationen gedacht werden kann⟩ involviert einen Phänomenalismus. Aber es ist der Phänomenalismus von Kant und nicht der von Hume. In der Tat: was Kant seine kopernikanische Wende nannte, war genau der Übergang von der nominalistischen zur realistischen Weltansicht. Es war das Wesen seiner Philosophie, den realen Gegenstand als vom Verstande bestimmt zu betrachten. Das bedeutet nichts anderes, als jeden Begriff und jede Anschauung, die notwendig in die Erfahrung eines Objektes eingeht und nicht vorübergehend und zufällig ist, als objektiv gültig zu betrachten. Kurz, es heißt, die Realität als das normale Produkt der geistigen Tätigkeit zu betrachten und nicht als eine unerkennbare Ursache.«[96]

Dieser bemerkenswerte Passus zeigt an zwei Stellen, daß Peirce seine neue Position noch nicht mit voller Reflexion in Besitz genommen hat; der sinnkritische Realismus trägt in der vorliegenden Formulierung gleichsam noch die Eierschalen des traditionellen Idealismus an sich: Am leichtesten zu klären ist die erste Stelle, wo Peirce seine Position als »Phänomenalismus« im Sinne Kants präsentiert. Was er hier zum Ausdruck bringen will, ist nicht etwa dies: daß er – wie Kant – eine Unterscheidung zwischen »Phainomena« und »Noumena« zu machen wünscht. Das geht ganz eindeutig aus dem folgenden Text hervor, wo gesagt wird:

»Der Realist wird die Position vertreten, daß eben die Gegenstände, die bei der Erfahrung in unserem Verstand unmittelbar gegenwärtig sind, außerhalb des Verstandes wirklich g e n a u s o existieren, w i e s i e e r f a h r e n w e r d e n ⟨Sperrung nicht von Peirce⟩; d. h. er vertritt die Lehre der unmittelbaren Wahrnehmung. Er wird daher nicht die Existenz außerhalb des Ver-

standes und das Sein im Verstande als zwei völlig unvereinbare
Seinsmodi ansehen. Wenn ein Ding in einer solchen Relation
zum individuellen Verstande steht, daß jener Verstand es erkennt, so ist es im Verstande; und dieses sein Sein im Verstande
wird nicht im geringsten seine äußere Existenz beeinträchtigen;
denn der Realist hält den Verstand nicht für ein Gefäß ⟨recep-
tacle⟩, bei dem ein Ding, sobald es darinnen ist, aufhört, außerhalb dieses Gefäßes zu sein.« [97]
Diese – wohl früheste – Entlarvung des »metaphorischen
Scheins« (Wittgenstein) im Schematismus der sogenannten kritischen Erkenntnistheorie [98] zerstreut jeden Verdacht, daß Peirce

97 8.16 (119) – Diese Überwindung des Primats der sog. »inneren
Erfahrung« dürfte Peirce letztlich Kant zu verdanken haben, nämlich
dem Vergleich der 1. mit der 2. Auflage der »Kritik der reinen Vernunft«.
Nur, daß Peirce bei der Lektüre der in der 2. Auflage eingeschobenen »Widerlegung des Idealismus« (B 274 ff.) über Kant hinausgehende Konsequenzen
auf der Linie des sinnkritischen Realismus zog. Dies scheint Peirce in einer
Würdigung Kants aus dem Jahre 1903 (6.95) zu bezeugen: Er unterscheidet
hier drei dialektische »Momente« (sic!) der Entfaltung des Idealismus-Rea-
lismus-Problems: 1. Die Kantische Position der Restriktion aller Begriffsgeltung auf mögliche Erfahrung; 2. die idealistische Folgerung, daß in diesem Fall nur unsere Vorstellungen existieren; 3. ». . . das dritte Moment in
Kants Denken, das erst in der zweiten Auflage in den Vordergrund trat. . .
Es ist wirklich ein höchst lichtvolles Element in Kants Denken. Ich möchte
sagen, daß es die Sonne ist, um die alles andere sich dreht. Dieses dritte
Moment besteht in der klaren Ableugnung ⟨der Behauptung⟩, daß metaphysische Begriffe sich nicht auf Dinge an sich beziehen. Kant hat das *niemals* gesagt. Was er sagt ist dies: daß diese Begriffe keine Anwendung
jenseits der Grenzen möglicher Erfahrung haben. Allein: wir haben *direkte
Erfahrung von Dingen an sich.*«
98 Man vergleiche dazu – außer Wittgensteins Kritik des »metaphorischen
Scheins« in den »Philosophischen Untersuchungen«, die den sinnkritischen
Ansatz als solchen weiterführt – die folgende Stelle in Heideggers »Sein
und Zeit« (5. Aufl., Halle 1941, S. 62):
»Im Sichrichten auf . . . und Erfassen geht das Dasein nicht etwa erst aus
der Innensphäre hinaus, in die es zunächst verkapselt ist, sondern es ist
seiner primären Seinsart nach immer schon ›draußen‹ bei einem begegnenden
Seienden der je schon entdeckten Welt. Und das bestimmende Sichaufhalten
bei dem zu erkennenden Seienden ist nicht etwa ein Verlassen der inneren
Sphäre, sondern auch in diesem ›Draußen-sein‹ beim Gegenstand ist das Dasein im rechtverstandenen Sinne ›drinnen‹, d. h. es selbst ist es als In-der-
Welt-sein, das erkennt. Und wiederum, das Vernehmen des Erkannten ist
nicht ein Zurückkehren des erfassenden Hinausgehens mit der gewonnenen
Beute in das ›Gehäuse‹ des Bewußtseins, sondern auch im Vernehmen, Be-

ein Phänomenalist im traditionellen Sinn sein könnte. – Was
meint Peirce aber dann mit dem Begriff »Phänomenalismus«
im Sinne Kants? – In dem unmittelbar vorausgehenden Text
distanziert sich Peirce von dem Phänomenalismus Berkeleys
und Humes, indem er betont, daß der Sinn des »belief in external realities«, zu dem er sich bekennt, einfach darin liege, daß
dieses Reale »unabhängig davon ist, welches Phänomen unmittelbar gegenwärtig ist«.[99] Daraus ergibt sich der Hinweis,
daß »Phänomenalismus« im Sinne Kants jene sinnkritische
Theorie ist, welche die Realität des Realen« in terms of pos-
sible experience« versteht, also der »empirische Realismus«
Kants ohne den Hintergrund der »Dinge-an-sich«. Der späte
Peirce bestätigt dies mit aller wünschenswerten Klarheit (in
einem unveröffentlichten Aufsatz über »Pragmatizismus« von
ca. 1905):[100]

»Kant (den ich mehr als bewundere) ist nichts anderes als ein
etwas unklarer ⟨›confused‹⟩ Pragmatist. Etwas Reales ist jedes
Ding, das durch das, was Menschen *über es* denken, nicht beeinflußt wird; das ist eine verbale Definition, keine Doktrin. Ein
äußeres ⟨›external‹⟩ Ding ist jedes Ding, das durch keinerlei
mögliche Erkenntnis – über es oder nicht – des Menschen, für
den es extern ist, beeinflußt werden kann. Übertreibe dies in
der üblichen philosophischen Manier, und du hast den Begriff
des Dinges, das durch keinerlei Erkenntnisse beeinflußt wird.
Kehre diese Definition um, und du hast den Gedanken des
Dinges, das Erkenntnis überhaupt nicht beeinflußt, und in dieser
indirekten Weise erhält man einen hypostatisch-abstrakten Begriff davon, was das Ding-an-sich sein würde. In diesem Sinne
erhalten wir zugleich auch einen Begriff von einem himmel-
blauen Beweis. Aber in einhalbdutzend Weisen ist bewiesen

wahren und Behalten *bleibt* das erkennende Dasein *als Dasein draußen.*«
Hier und in dem zugehörigen Kontext über das »*In-der-Welt-sein* als Grund-
verfassung des Daseins« (S. 52 ff.) findet sich die phänomenologisch-herme-
neutische Entsprechung zur Überwindung der »Erkenntniskritik« durch »Sinnkritik« (von Peirce bis Wittgenstein).
99 8.13 (117).
100 5.525 (491 f.).

worden, daß der Begriff des *Dinges-an-sich* sinnlos ist; und im folgenden sei noch ein weiterer Weg, dies zu beweisen, gezeigt: Es ist gezeigt worden [101], daß bei der formalen Analyse eines Satzes, nachdem alles, was Worte als ihre Bedeutung haben können, ins Prädikat versetzt ist, ein Subjekt zurückbleibt, das unbeschreibbar ist und das nur durch Hinweis oder in anderer Form angezeigt werden kann, ohne daß die Art und Weise, wie man das, worauf man sich bezieht, finden kann, beschrieben werden kann. Nun kann aber das *Ding-an-sich* weder angezeigt noch gefunden werden. Folglich kann kein Satz sich auf es beziehen, und nichts Wahres oder Falsches kann von ihm ausgesagt werden. Daher müssen alle Sätze, die sich auf es beziehen, als sinnloser Wortüberschuß beiseite gelegt werden. Ist das aber geschehen, so sehen wir klar, daß Kant Raum, Zeit und seine Kategorien genau so wie jedermann sonst betrachtet, daß er niemals ihre objektive Geltung bezweifelt oder jemals bezweifelt hat. Seine Beschränkung derselben auf mögliche Erfahrung ist Pragmatismus im allgemeinen Sinn; und der Pragmatizist anerkennt, ebenso weitgehend wie Kant, das Enthaltensein des Verstandes ⟨the mental ingredient⟩ in diesen Begriffen. Indessen (durch Kant im Definieren geübt) definiert er bestimmter, und in etwas anderer Weise als Kant, wieviel von diesem Enthaltensein aus dem Verstande des Individuums stammt, in dessen Erfahrung die Erkenntnis stattfindet. Die Art des Commonsensism, welche so die Kritische Philosophie kritisiert und ⟨zugleich⟩ ihre eigene Herkunft von Kant anerkennt, hat sicherlich einen gewissen Anspruch darauf, sich selbst Critical Commonsensism zu nennen.«

Was Peirce hier »Critical Commonsensism« nennt, ist – zumindest in dem vorliegenden Aspekt – der sinnkritische Ansatz seiner ersten Periode, der im Spätwerk (ausdrücklich) in den »Pragmatizismus« integriert wird. Peirce nennt ihn auch »Pragmatismus im allgemeinen Sinn« und bezeichnet damit recht gut die im sinnkritischen Ansatz der ersten Periode erreichte

101 Peirce bezieht sich hier auf eine Veröffentlichung (»The Critic of Arguments«) von 1892 (CP, 3.417 ff.).

Vorstufe zu dem in der zweiten Periode ausgearbeiteten speziellen Pragmatismus. Die Rede von dem »mental ingredient« in den universalen Begriffen, die Kant Kategorien nennt, bringt uns indessen zurück zu der zweiten Stelle in dem Text von 1871, in der Peirce, wie wir sagten, seine eigene Position noch nicht ganz in Besitz genommen hat: er interpretiert und akzeptiert dort den Kantianismus als diejenige Theorie, welche lehrt, »die Realität als das normale Produkt der geistigen Tätigkeit zu betrachten und nicht als seine unerkennbare Ursache«.

In dieser Formulierung ist zwar die für den Pragmatismus richtungweisende Wendung von den Ursachen der Erkenntnis in der Vergangenheit zu den Zwecken der Erkenntnis in der Zukunft gut herausgebracht, der Preis dafür ist aber, wie es scheint, ein klarer, absoluter Idealismus: eine – dem »Critical Commonsensism« widersprechende – Identifikation des Erkennens mit dem Produzieren der Realität. Nachdem die Metapher vom »Bewußtseins-Gefäß« durchschaut ist, scheint Peirce der Metapher vom Erkennen als dem Machen zum Opfer zu fallen. Es läßt sich nicht leugnen, daß Peirce seine berühmte Definition der Realität »in terms of the ultimate opinion« an einigen Stellen auf der Linie des Idealismus formuliert, so zum Beispiel in dem Aufsatz von 1869 über die »Gründe der Gültigkeit der Gesetze der Logik«, wo von der »ideal perfection of knowledge by which we have seen that reality is constituted« die Rede ist [102], und noch 1893 heißt es in einer – freilich sehr beiläufigen und offensichtlich als Kürzel dienenden – Formulierung [103]: »...the real is the idea in which the community ultimately settles down.« In der maßgeblichen und sorgfältig vorbereiteten Definition der »Wahrheit« und der »Realität« aufgrund der »Pragmatischen Maxime« in »How to Make Our Ideas Clear« von 1878 heißt es jedoch: »The opinion which is fated to be ultimately agreed to by all who investigate, is what we mean

102 5.356 (102).
103 6.610 (Es handelt sich um eine Stelle in der Auseinandersetzung mit dem Herausgeber des »Monist«, Dr. Carus, in dem Aufsatz »Reply to the Necessitarians«.)

by the truth, and the object represented in this opinion is the real.« [104] Und in der Auseinandersetzung mit dem Hegelianer J. Royce (»unserem amerikanischen Plato«), der den Pragmatismus im absoluten Idealismus »aufzuheben« versuchte, betont Peirce, »that the essence of the realist's opinion is that it is one thing to be and another thing *to be represented*«. [105] Zuvor entlehnt er von Royce selbst das Argument, daß die Identifikation des Realen mit der letzten Meinung in einen regressus ad infinitum führen würde: »... if the non-ego to which the inquirer seeks to make his ideas conform is merely an idea in the future, that future idea must have for its object an idea in the future to it, and so on *ad infinitum*«. Daraus zieht Peirce ausdrücklich den Schluß: »There is no escaping the admission that the mould to which we endeavor to shape our opinions, cannot itself be of the nature of an opinion.« [106]

Tatsächlich müßte das Reale, so wie es – im Sinne der Definition von 1878 – Gegenstand der letzten, maßgeblichen Meinung über es sein würde, nicht nur dasjenige umfassen, was einem Erkennenden zu irgendeiner Zeit als unabhängig von ihm und doch »erkennbar« hic et nunc begegnen mag, sondern auch die reale Entfaltung der Erkenntnis im Forschungsprozeß der »indefinite Community«. [107] Im Hinblick darauf, daß die reale Verkörperung der Erkenntnisresultate nach Peirce in der Etablierung von »Habits of Action« (als der pragmatischen Verifikation der Universalien) erfolgt, liegt der Schluß nahe, daß der Gegenstand der »ultimate opinion« mit der dann auch erreichten, die nur unvollkommene Gesetzmäßigkeit der Natur

104 5.407 (205). Vgl. auch folgende wichtige Stelle aus der »Logik von 1873« (7.339): »... the object of the final opinion which we have seen to be independent of what any particular person thinks, may very well be external to the mind. And there is no objection to saying that this external reality causes the sensation, and through the sensation has caused all that line of thought which has finally led to the belief.«
105 8.129 (Es handelt sich um die Rezension von Royces »The World and the Individual« von 1890.)
106 8.104 (a.a.O.).
107 Diesen Gedanken faßt Peirce schon 1868 (s. 5.313 ff. [78 ff.]) und arbeitet ihn in seiner Metaphysik der Evolution von 1892 ff. näher aus.

ergänzenden vollkommenen Ordnung (aller »Habits«) zu identifizieren ist. Dieser Schluß wird in der Metaphysik des späten Peirce bestätigt, zugleich aber seinerseits im Sinne eines »objektiven Idealismus« interpretiert, der nicht die »Habits« »von unten« als Naturgesetze, sondern – mit Schelling – »von oben« die Naturgesetze als erstarrte »Habits« versteht. Immerhin charakterisiert Peirce hier das Ziel der Entwicklung als » c o n c r e t e ⟨Sperrung vom Hrsg.⟩ reasonableness«. [108]

Kehren wir nach diesem Vorblick auf die Konsequenzen der Peirceschen Definition der Realität [109] zu dem sinnkritischen Ansatz der ersten Periode zurück. Soviel dürfte klar geworden sein, daß in dieser, von Peirce lieber als Interpretation denn als Widerlegung Kants verstandenen, Position der Ursprung des gesamten Pragmatismus als eines sinnkritischen Prinzips zu suchen ist. Man könnte versucht sein, in diesem sinnkritischen Realismus tatsächlich die adäquate Antwort auf Kant zu sehen, die – am spekulativen Idealismus und am Neukantianismus vorbei – in die moderne Philosophie hinein führt, die ja allenthalben bemüht ist, solche metaphysischen Konstruktionen, die mit dem »Commonsense« des Sprachgebrauchs nicht zu vereinbaren sind, auf versteckte Sinnlosigkeiten (die vom »metaphorischen Schein« und nicht vom rechten Gebrauch der Sprachmittel inspiriert sind [110]) zurückzuführen. Wenn man indessen Peirces Auseinandersetzung mit Kant in dem angedeuteten Sinn werten will, so kann man an dem unmittelbaren Haupt-

108 Vgl. unten, Zweiter Teil, III, 2, S. 259 ff. Vgl. auch die Fußnoten des späteren Peirce zu »How to Make Our Ideas Clear« (211 ff.).

109 Für eine ausführliche Erörterung dieses Problems vgl. die scharfsinnigen, aporetischen Erörterungen von M. Thompson in »Studies«, I, S. 133 bis 142, und John E. Smith in »Perspectives« . . . , S. 92–119.

110 Wir können im gegenwärtigen Kontext davon absehen, daß die Alternative von rechtem Gebrauch der Sprachmittel einerseits, Verführtwerden durch den »metaphorischen Schein« andererseits dem Problem des schöpferischen Denkens, das sich von der vorbegrifflichen Aufschlußkraft der Metaphern leiten läßt, ohne ihrem »Schein« zu erliegen, nicht gerecht wird. Auch für denjenigen, der die Metaphern – mit Heidegger – als »entdeckend-verdeckend zumal« versteht, ist jedenfalls die Sinnkritik eine *conditio sine qua non* moderner Philosophie.

motiv, das Kant zu der Unterscheidung der »Phainomena« und der »Noumena« bewegt, nicht vorbeigehen. [111] Kant sah sich zu dieser Unterscheidung genötigt, weil er ohne sie die Frage »Wie sind synthetische Urteile a priori möglich?« nicht glaubte beantworten zu können; genauer: weil die Antwort, die er auf diese Frage gab, daß nämlich der Verstand der Natur das Gesetz vorschreibt, nicht im Hinblick auf die Dinge, wie sie an sich sind, wohl aber im Hinblick auf die Dinge, wie sie uns in Raum und Zeit erscheinen, Geltung beanspruchen kann.

Nun läßt sich von Peirce wohl sagen, daß die transzendentale Fragestellung in ihrer elementarsten Form von ihm sehr ernstgenommen wurde: Das Problem des Übergangs von der Logik zu den Kategorien (Kants »metaphysische Deduktion«) hat ihn nicht nur von ca. 1860 bis 1867, d. h. bis zur Aufstellung der »New List of Categories«, sondern auch später noch, als er eine relationslogische Herleitung der Kategorien versuchte, in Atem gehalten. [112] Außerdem findet sich bei Peirce aber auch ein Analogon

111 Das mittelbare Hauptmotiv dürfte ja wohl die Rettung der Freiheit bzw. der moralischen Welt des »Ich-Sprachspiels« angesichts der mechanischen Notwendigkeit des zeitgenössischen (naturwissenschaftlichen) »Es-Sprachspiels« gewesen sein.
112 Die komplizierte Hierarchie der philosophischen Disziplinen von 1901 ff., nach der die (normative) Logik (der Wissenschaft) noch die »Phänomenologie« (der Kategorien) voraussetzt, widerspricht dem nicht unbedingt, da ja die »Phänomenologie« ihrerseits noch die zur Mathematik gehörige (formale) Logik (der Relationen) voraussetzt, in der die Kategorien bereits als Denkmöglichkeiten deduziert werden. – Über die ersten Versuche einer Deduktion der Kategorien, die zur »New List« führten, schreibt Peirce 1898 (4.2): »In the early sixties I was a passionate devotee of Kant, at least as regarded the transcendental Analytic in the *Critic of the Pure Reason*. I believed more implicitly in the two tables of the Functions of Judgment and the Categories than if they had been brought down from Sinai ...«
Über die weitere Entwicklung schreibt Peirce in einer Anmerkung zur »New List« von ca. 1905 (1.561): »The first question ... was whether or not the fundamental categories of thought really have that sort of dependence upon formal Logic that Kant asserted. I became thoroughly convinced that such a relation really did and must exist. After a series of inquiries, I came to see that Kant ought not to have confined himself to divisions of propositions, or ›judgments‹, as the Germans confuse the subject by calling them, but ought to have taken account of all elementary and significant differences of form among signs of all sorts, and that, above all, he ought not to have left out of account fundamental forms of reasonings. At last after the

zur transzendentalen Deduktion, wie wir bereits angedeutet haben. [113] Und in dem von uns zitierten Bekenntnis zu Kants »Phänomenalismus« hat Peirce ja in der Tat auch die »kopernikanische Wende« für sich in Anspruch genommen. Wie soll dies aber mit der Aufhebung der Unterscheidung zwischen »Noumena« und »Phainomena« in Einklang gebracht werden? – Es liegt nahe anzunehmen, Peirce habe Kant niemals richtig verstanden. [114]

Wir wollen diese Vermutung nicht direkt zu widerlegen versuchen, eingedenk des Umstandes, daß die großen Selbstdenker ihre Vorgänger nicht wie professionelle Philosophiehistoriker zu verstehen pflegen. Wir wollen die Frage anders stellen: läßt sich aus Peirces Schriften, insbesondere aus den Schriften seiner Frühzeit, in denen sich die Auseinandersetzung mit Kant vollzieht, eine Antwort entnehmen auf die Frage, wie »transzendentale Deduktion« – womöglich in einer modifizierten Form – und Leugnung der unerkennbaren Dinge-an-sich zu vereinbaren sind?

Mir scheint, daß es möglich und der Mühe wert ist, eine positive Antwort auf diese Frage anhand der frühen Schriften von Peirce zu rekonstruieren. Eine solche Rekonstruktion ist m. E. zugleich die beste denkbare Einführung in die sogenannte »Theory of Cognition« des jungen Peirce, die schon seit ca. 1860 vorbereitet, sodann in den drei Abhandlungen von 1868/69 (insbesondere in der wenig beachteten dritten) ausgearbeitet und schließlich 1872 in die »Theory of Inquiry« des Pragmatismus überführt wird.

hardest two years' mental work that I have ever done in my life, I found myself with but a single assured result of any positive importance. This was that there are but three elementary forms of predication or signification, which as I originally named them ... were *qualities* (of feeling), (dyadic) *relations*, and (predications of) *representations*.«

113 Vgl. oben S. 52, Anm. 68.

114 So Murphey, a.a.O. S. 23 ff. in Übereinstimmung mit v. Kempski. Beinahe überall, wo Murphey feststellt, daß Peirce Kant mißversteht, könnte man, unter der Voraussetzung, daß die von Peirce schließlich erreichte Position haltbarer ist als die kantische, auch bereits eine berechtigte Kritik am Werke sehen, die sich – wahrscheinlich – über ihre eigene Tragweite noch nicht ganz im klaren war.

3. Fallibilismus und transzendentale Deduktion:
die neue »Theorie der Erkenntnis«

a) Kant scheint alle diejenigen, welche ihn verstanden haben, vor die folgende Alternative zu stellen: Entweder ist die Existenz unerkennbarer Dinge-an-sich zuzugeben oder man muß darauf verzichten, die objektive Geltung der Wissenschaft zu begründen. Denn die objektive Geltung der Wissenschaft beruht auf der Notwendigkeit ihrer »Grundsätze«; Notwendigkeit synthetischer Erkenntnis aber kann nur erklärt werden, wenn die Bedingungen der Möglichkeit der Erfahrung zugleich die Bedingungen der Möglichkeit der Gegenstände der Erfahrung sind. Wäre diese Übereinstimmung als eine solche mit den Dingen-an-sich zu verstehen, dann würde sie ein zufälliges Faktum darstellen, das selbst nicht mehr wissenschaftlich begründet, sondern nur noch – in einer dogmatischen Metaphysik – geglaubt werden könnte. Also ist die Unterscheidung zwischen »Phainomena« und »Noumena« Voraussetzung einer kritischen Philosophie, welche die Geltung der Wissenschaft begründen kann. Einzige Alternative ist der Skeptizismus D. Humes. Die Antwort, die Peirce in dieser Problemsituation zu geben hat, läßt sich vorweg in einem Terminus zusammenfassen, der einen Aspekt seines späteren »Pragmatizismus« qua »Critical Commonsensism« bezeichnet. Er lautet »Fallibilismus«. Was ist darunter im gegenwärtigen Kontext zu verstehen?

Etwa dies: Zwischen dem Skeptizismus Humes und dem Anspruch Kants, die Notwendigkeit wissenschaftlicher Sätze aus ihren transzendentallogischen Bedingungen erklären zu können, liegt ein dritter Weg[115]: er besteht darin, den hypothetischen und daher fallibilistischen Charakter aller wissenschaft-

---

[115] Aber es ist nicht jener »Mittelweg« eines Präformationssystems der reinen Vernunft, den Kant in der »Kr. d. r. V.« (B 167) andeutet. Ihn hat Peirce zwar zu Beginn seiner Philosophiestudien mit seinem Vater, dem leibnizisch orientierten Mathematiker Benjamin Peirce, geteilt, aber nach 1862 aufgegeben (vgl. Murphey, a.a.O. S. 41).

licher *Sätze* zuzugeben, aber die »in the long run« notwendige Geltung der *Schlußverfahren*, durch welche synthetische Sätze der Wissenschaft gewonnen werden, in einer transzendentalen Deduktion zu beweisen. Die Kantische Unterscheidung zwischen »Phainomena« und »Noumena« wird damit im Grunde wieder – wie schon in der Theorie der Realität – durch die Unterscheidung zwischen faktisch Erkanntem und unendlich Erkennbarem ersetzt. Nur die Erkenn*bar*keit, die aus der sinnkritischen Definition der Realität sich mit Notwendigkeit ergab, kann auch in der Erkenntnislogik als notwendig erwiesen werden.

Hinsichtlich/aller faktischen Erkenntnisse aber gilt, daß sie – als »Hypothesen«, welche die Mannigfaltigkeit der Sinnesdaten auf eine konsistente Meinung reduzieren – die Erfahrung transzendieren, gleichwohl aber – sofern sie überhaupt sinnvoll sind – der »induktiven« Kontrolle durch die Erfahrung unterliegen. Beides schließt sich bei Peirce nicht mehr aus, sondern an Stelle der Kantischen Alternative von synthetischen Sätzen a priori und synthetischen Sätzen a posteriori tritt der fruchtbare Zirkel der wechselseitigen Voraussetzung von Hypothese (abduktivem Schluß) und Erfahrungskontrolle (induktivem Schlußverfahren). [116] Auch die fundamentalsten – praktisch unbezweifelbaren – allgemeinen Prämissen, die in diesen Schlüssen vorausgesetzt werden – wie etwa, daß es reale Dinge gibt, daß sie unsere Sinne affizieren u. dgl. –, gelten nur relativ auf die Erkenntnisse, für die sie vorausgesetzt werden, a priori; in ihrem Wahrheitsanspruch aber sind sie, wie das gesamte Corpus von Erkenntnissen, zu denen der endliche Mensch gelangen kann, »fallibel«, und d. h. der Erfahrungskontrolle unterworfen.

Schlechthin a priori und mit transzendentaler Notwendigkeit vorausgesetzt ist für Peirce nur die Geltung der synthetischen

---

116 Unsere Darstellung orientiert sich hier an der fortgeschritteneren Auffassung des Verhältnisses von »Induktion« und »Hypothesis« bei Peirce. Peirces Logik der »synthetischen Schlüsse« legt es nahe, die Geltungsansprüche des »Circulus-vitiosus«-Postulats endlich einmal auf den ihm angemessenen Bereich der deduktiven Logik zu beschränken.

Schlußverfahren »in the long run«. In dieser Modifikation der transzendentalen Deduktion folgt Peirce wieder ganz strikt Kant, indem er – gegen J. St. Mill – nachweist, daß die Geltung der induktiven und abduktiven Schlußverfahren nicht empirisch begründet, d. h. auf metaphysisch zufällige Fakten zurückgeführt werden kann.

Mit dieser »Verkürzung« [117] der Transzendentalphilosophie wird erreicht, daß der Verstand gewissermaßen der Natur das Gesetz – in the long run – vorschreiben kann, ohne sie daran zu hindern, ihrerseits den Inhalt aller nur denkbaren synthetischen Sätze auf dem Wege des äußeren Erfahrungszwanges bestimmen zu können. Mit Peirces Kategorien gesagt: »Drittheit« (synthetische Vermittlung von Erfahrungsdaten durch Schlußverfahren) und »Zweitheit« (Selbstindikation der existierenden Dinge in der Sinneserfahrung, der die »Index«-Funktion der Sprache korrespondiert) durchdringen und ergänzen einander. Damit besteht aber kein Grund mehr, wegen der objektiven Geltung der Wissenschaft deren Erkenntnis auf bloße Erscheinungen einzuschränken. Dieser Grund bestand nur solange, als die Philosophie – geleitet vom platonischen ἐπιστήμη-Begriff der Wissenschaft – apodiktisch gewisse Erkenntnisse für die einzige Alternative zum absoluten Skeptizismus hielt. [118] Peirce nennt diese Phase der Geistesgeschichte die »Apriori-Methode« der »Festlegung einer Überzeugung«. [119] Sie folgt auf die »Methode der Autorität« und wird von der »Methode der Wissenschaft« abgelöst. Dabei ist zu bedenken, daß Peirces »Methode der Wissenschaft«, wie er sie in seiner »Logic of Inquiry« begründet, nicht identisch ist mit dem von Comte und Mill konzipierten Positivismus, auch nicht, wenn dieser sich durch Anerkennung der formalen, deduktiven Logik und Mathematik zum logischen Positivismus ergänzt. Peirce erkennt ja nicht nur die Fakten und die deduktive Logik an,

---

117 Um den Terminus v. Kempskis zu verwenden.
118 Vgl. hierzu G. Radnitzky: Über empfehlenswerte und verwerfliche Spielarten der Skepsis. In: Ratio, 7, S. 109–135.
119 S. unten S. 129 ff.

sondern darüberhinaus die Synthesis a priori, welche der Logik der Induktion und Hypothesenbildung zugrunde liegt und dergestalt eine »ars inveniendi« möglich macht. Peirce hat damit in der Tat noch einmal – nach Kant – zwischen Rationalismus und Empirismus, zwischen deutscher und britischer Philosophie, vermittelt.

Im folgenden wollen wir die Genesis der Peirceschen »Theorie der Erkenntnis« in der vorpragmatistischen Phase kurz an den Texten verdeutlichen [120]:

b) Bereits 1861 interpretierte Peirce die »transzendentale Synthesis der Apperzeption« Kants, die auch für ihn den Einstieg in die Erkenntnistheorie bedeutet, als Schluß: Jede Erkenntnis erfordert eine Operation des Verstandes, welche die Mannigfaltigkeit der Sinnesdaten zur Einheit bringt, »an operation upon data resulting in cognition is an inference«. [121]

Damals dachte Peirce – obwohl er bereits den Terminus »hypothesis« verwendete – noch an einen deduktiven Schluß im Modus Barbara und mußte sich daher die Erkenntnis als ein axiomatisiertes System vorstellen, dessen letzte universale Prämissen im Verstande bereitliegen. Es ist bezeichnend, daß Peirce schon damals für diese letzten »Grundsätze« (»primal truths«) nicht Kants Gültigkeitsbeweis für synthetische Urteile a priori adoptierte, sondern sie als Voraussetzungen bezeichnete, an deren Wahrheit geglaubt werden müsse. In Kants transzendentaler Lösung sah Peirce – ob zu Recht oder Unrecht, bleibe hier dahingestellt – einen Zirkel im Beweis, da sie «besagt, daß die Resultate der Metaphysik wertlos sind, wenn nicht das Studium des Bewußtseins eine Garantie für die Autorität des Bewußtseins liefert. Die Autorität des Bewußtseins muß aber ⟨selbst⟩ Geltung im Bewußtsein haben, sonst ist keine Wissen-

120 Wir ziehen dabei auch die von Murphey zugänglich gemachten Texte aus der Zeit der frühen Kantstudien des jungen Peirce heran sowie die 1867 veröffentlichten Arbeiten zur Logik und Kategorienlehre, die in meiner Textausgabe – leider – nicht berücksichtigt werden konnten.
121 S. Murphey, a.a.O. S. 21.

schaft, nicht einmal der psychologische Transzendentalismus, gültig . . .«[122]

Von dieser Kritik des Kantischen »Transzendentalismus« gelangte Peirce bereits zu der für allen Pragmatismus (wie auch für den Existenzialismus und Marxismus) charakteristischen Infragestellung der Trennung zwischen theoretischer und praktischer Vernunft. In der Auseinandersetzung mit Kant mußte das bedeuten, daß er jenen Glauben an Postulate, den Kant der praktischen Vernunft vorbehalten wollte, bereits innerhalb der Erkenntnistheorie für erforderlich hielt:

». . . Faith is not peculiar to or more needed in one province of thought than in another. For every premise we require faith and no where else is there any room for it. – This is overlooked by Kant and others who drew a distinction between knowledge and *faith*.«[123]

Von dieser Stelle von 1861 fällt Licht auf eine Kantkritik, die Peirce in der Fußnote von 1893 zur Illustration der »Apriori-Methode« in »Die Festlegung einer Überzeugung« andeutet. Es heißt dort: »Wenn er ⟨Kant⟩ zu den Ideen über Gott, Freiheit und Unsterblichkeit kommt, . . . so unterwirft er diese Ideen einer anderen Art von Prüfung ⟨sc. als die Kategorien⟩ und gesteht schließlich ihre Geltung aus Gründen zu, die für die Seminar-Denker mehr oder weniger verdächtig sind, die aber in den Augen der Laboratoriums-Denker unendlich viel stärker sind als die Gründe, auf deren Basis er Raum, Zeit und Kausalität akzeptiert hat. . . . Hätte Kant lediglich gesagt: Ich werde für jetzt die Überzeugung adoptieren, daß drei Winkel eines Dreiecks zwei Rechten gleich sind, weil niemand außer Bruder Lambert und einem gewissen Italiener das jemals in

122 Zitat nach Murphey, a.a.O. S. 26. – Man könnte hier von einem psychologistischen Mißverständnis Kants reden, das durch die 2. Aufl. der »Kr. d. r. V.« überholt sei. Es fragt sich nur, ob eine wirklich konsequente Ausschaltung alles »psychologischen Transzendentalismus« in der »Kr. d. r. V.« nicht zu dem Ergebnis führen muß, daß die notwendige Wahrheit der synthetischen Urteile a priori nur unter der Voraussetzung gilt, daß die empirischen Sätze der Wissenschaft, deren Voraussetzung sie sind, selbst apodiktisch gewiß sind.

123 Zitat nach Murphey, a. a. O. S. 27.

Frage gestellt hat, so wäre seine Haltung ganz in Ordnung. Stattdessen aber behaupten er und die, welche seine Schule heute repräsentieren, ausdrücklich, daß der Satz *bewiesen* sei und die Anhänger Lamberts *widerlegt* seien, was bloß auf eine allgemeine Abneigung hinausläuft, deren Gedankengängen zu folgen.«[124]

Trotz der Ablehnung der transzendentalen Begründung der Wahrheit synthetischer Urteile a priori hält Peirce an der Möglichkeit einer »metaphysischen« und »transzendentalen« Deduktion der Kategorien als der einfachen Begriffe einer ontologischen Logik fest. Wir haben das Resultat der langwierigen Bemühungen, die schließlich in der »New List of Categories« von 1867 zur Ableitung der drei Fundamentalkategorien aus der Funktion der Zeichenrepräsentation (als der Einheit aller Formen der Synthesis der Sinnesdaten für ein Bewußtsein) führten, im vorigen bereits kurz charakterisiert.[125] Es gilt nun,

---

124 S. 382 n. (179 f.) – einen freundlichen Hinweis auf die symptomatische Bedeutung dieser Stelle für Peirces Orientierung an den Postulaten der praktischen Vernunft verdanke ich Herrn Dr. Peter Krausser.
125 S. oben III, 1 (S. 46 ff.). Vgl. dazu im einzelnen Murphey, a.a.O. S. 55 bis 94. Mir scheint, daß es sich hier nicht nur um eine »metaphysische Deduktion« im Sinne Kants, sondern auch um eine »Transzendentale Deduktion« handelt, da für Peirce eben die Erreichung einer konsistenten Meinung über das Reale der »höchste Punkt« (Kant) ist, an den *seine* transzendentalphilosophie geheftet ist. Peirce warf seinerseits Kant in einem Entwurf zur »New List of Categories« vor, daß seine Methode der Deduktion der Kategorien – anhand der Urteilstafel – »nicht jenen direkten Bezug zur Einheit der Konsistenz entfaltet, der allein den Kategorien Geltung verleiht«. (Zitat nach Murphey, a.a.O. S. 65.) Eben diesen direkten Bezug hofft Peirce in der Analyse der Begriffe, welche in der Zeichenrepräsentation des Realen enthalten sind, entfaltet zu haben, wie er 1867 in der »Neuen Liste« ausführt (1.550). Bei der transzendentalen Deduktion der Geltung der »synthetischen Schlüsse«, die Peirce 1868 und wiederum 1878 durchführt, fungiert als der »höchste Punkt« in diesem Sinne die »in the long run« zu erreichende »ultimate opinion« der »community« (s. unten S. 100). Damit ist jene Konkretisierung des »höchsten Punktes« einer Transzendentalphilosophie erreicht, die in der semiotischen Transformation des Erkenntnisbegriffs bereits angelegt war und die für den Übergang von der Philosophie des »Bewußtseins überhaupt« zum Pragmatismus qua sinnkritischem Realismus charakteristisch ist. In der Gegenwart wird dieses Problem unter dem Titel »Sprache und Bewußtsein« – oder noch deutlicher: »Gesellschaft, Sprache und Bewußtsein« – diskutiert.

den Schlußcharakter der Zeichenrepräsentation etwas genauer ins Auge zu fassen. Da Peirce schon 1861 in der Synthesis der Apperzeption einen Schluß am Werke sah (s. oben S. 78), so ist es verständlich, daß die Funktion der Zeichenrepräsentation überhaupt, die er 1867 analysierte, für ihn zugleich die Einheit aller Formen der Urteile wie aller Formen des Schliessens darstellte. Das Urteil ist als ein semiotischer Übergang vom Antecedens (Subjekt) zum Consequens (Prädikat) einfach ein impliziter Schluß. [126]

Nun war Peirce – wie es scheint, durch das Studium des Duns Scotus[127] – dazu gebracht worden, auch die Formen der Urteile aus ihrer Funktion beim Schliessen zu verstehen. In einem Fragment von 1865 schreibt er: »It is necessary to reduce all our actions to logical processes so that to do anything is but to take another step in the chain of inference. Thus only can we effect that complete reciprocity between Thought and its Object which it was Kant's Copernican step to announce.«[128]

Den hier geforderten Nachweis, daß alle menschlichen Handlungen den Charakter von logischen Schlüssen haben, hat Peirce in den Aufsätzen von 1868 für die Erkenntnisfunktionen zu erbringen versucht, später – im Pragmatismus – hat er auch die realen Handlungen der Menschen in diese Interpretation einbezogen, und schließlich – hauptsächlich in der dritten Periode – hat er auch die Naturprozesse, sofern sie nach Gesetzen ablaufen, als unbewußte Schlußfolgerungen zu denken versucht.[129] Vorerst, um 1868, aber führte ihn das aufgestellte Programm zu seiner ersten großen Entdeckung auf dem Felde der Logik: der Unterscheidung von »Deduktion«, »Induktion« und »Hypothesis« (später auch »Abduktion« oder »Retro-

---

126   In einer autobiographischen Skizze von 1898 schreibt Peirce: »Dies ⟨sc. die Interpretation der Relation zwischen Subjekt und Prädikat als Zeichenrelation⟩ ließ mich erkennen, daß die Relation zwischen Subjekt und Prädikat, oder Antecedens und Consequens, wesentlich dieselbe ist, wie die zwischen Prämisse und Konklusion« (4.3).
127   Vgl. Murphey, a.a.O. S. 56.
128   Zitat nach Murphey, a.a.O. S. 56.
129   Vgl. unten S. 84 ff., Anmerkung 16.

duktion« genannt). Peirce berichtet darüber in einem Vorlesungsmanuskript von 1903:

»Ich bemühte mich, den Prozeß ⟨sc. der Induktion⟩ syllogistisch zu formulieren; und ich fand, daß er als der Schluß von der weniger allgemeinen ⟨minor⟩ Prämisse und der Konklusion auf die allgemeinere ⟨major⟩ Prämisse zu definieren sei. ... Dieser Hinweis auf die Natur der Induktion brachte mich sogleich dahin zu bemerken, daß, wenn es sich so verhält, noch eine Form des Schließens bestehen sollte, welche von der allgemeineren Prämisse und der Konklusion auf die weniger allgemeine Prämisse schließt. Und mehr noch: Aristoteles war der letzte, der dies übersehen haben konnte. Ich sah genauer nach und fand, daß ... Aristoteles das 25. ⟨Kapitel des 2. Buches der Analytica Priora⟩ mit einer Beschreibung des Schlusses von der allgemeineren Prämisse und der Konklusion auf die weniger allgemeine Prämisse eröffnet.« [130]

Die so unterschiedenen drei Formen des Schließens, Deduktion, Hypothesis und Induktion, konnte Peirce nun in der Folge als die expliziten Formen der analytischen, synthetischen und der, von Kant so genannten, synthetischen Urteile a priori auffassen (wobei natürlich die synthetisch-allgemeinen Urteile ihren apriorischen Charakter einbüßen). [131] Damit findet sich Peirce bereits im Besitz der Antwort auf die Frage: »Wie sind synthetische Urteile möglich?« – die er 1868 explizit als die fundamentalere Frage der Kantischen Frage nach der Möglichkeit synthetischer Urteile a priori voranstellt. [132]

Insbesondere die »Hypothesis« (oder der sogenannte »abdukti-

---

130 Zitat nach Murphey, a.a.O. S. 60. – In den »Memoranda Concerning the Aristotelian Syllogism« (2.792–807) von 1868 zeigte Peirce gegen Kants »Die falsche Spitzfindigkeit der vier syllogistischen Figuren« von 1762, daß jede der drei syllogistischen Figuren ein unabhängiges Schlußprinzip involviert, genauer: »daß zwar jede Figur das Prinzip der ersten Figur involviert, daß aber die zweite und dritte Figur außerdem noch andere Prinzipien enthalten« (2.807, vgl. Murphey, a.a.O. S. 57–63).
131 Auf die Modifikationen in der Auffassung der Deduktion infolge der später von Peirce entwickelten »Logik der Relationen« kann hier nicht näher eingegangen werden.
132 5.348 (97).

ve« Schluß) hat für Peirces »theory of cognition« – wie auch für das Verständnis der »pragmatischen Maxime« in der »theory of inquiry« – eine Schlüsselfunktion. Eine Hypothesis nämlich ist für Peirce nicht nur jede »Erklärung« eines Ereignisses aufgrund eines vorausgesetzten allgemeinen Gesetzes und einer Antecedens-Bedingung [133], sondern – wie wir schon verschiedentlich andeuteten – jede synthetisch einheitliche Auffassung einer Mannigfaltigkeit von Sinnesdaten in einem Erfahrungsurteil. Auch hier liegt nach Peirce implizit (psychologisch betrachtet: unbewußt) eine »Erklärung« der Sinnesdaten als Resultate des hypothetisch gesetzten Faktums unter der Voraussetzung eines allgemeinen Gesetzes vor. Eben deshalb muß jedes Erfahrungsurteil, wenn es sinnvoll ist, an den sinnlich wahrnehmbaren Konsequenzen, die sich aus ihm deduktiv herleiten lassen, induktiv überprüft werden können. Diese Prüfung, welche die »Pragmatische Maxime« als Gedankenexperiment empfiehlt, stellt also – mit Hilfe deduktiver und induktiver Schlüsse – fest, ob ein Erfahrungsurteil eine zulässige »Hypothesis« ist, welche tatsächlich bestimmte Phänomene »erklärt«, d. h. sie zur Einheit einer semantisch konsistenten Meinung über das Reale reduziert.

133 Die moderne Wissenschaftslogik faßt die »Erklärung« als eine Deduktion des Explanandum aufgrund von allgemeinen Gesetzen und Antecedensbedingungen auf. Zwischen einer Erklärung und einer Voraussage besteht dann kein logischer Unterschied. (So etwa Hempel-Oppenheim in: Readings in the philosophy of science, New York 1953.) Auch in diesem Fall ist aber die Annahme der Antecedensbedingungen, die unter der Voraussetzung eines allgemeinen Gesetzes die Deduktion des Explanandums gestatten würde, selbst nur mit mehr oder weniger großer Wahrscheinlichkeit möglich. Diese Annahme, welche eine »Erklärung« im Sinne von Hempel-Oppenheim ermöglicht, nennt Peirce »Erklärung« von Phänomenen durch eine »Hypothesis«. Diese Verlagerung des Akzentes, im Sinne einer – von den Neopositivisten als psychologistisch betrachteten – *ars inveniendi* (»logic of discovery«) ist aber für die Wissenschaftstheorie sehr relevant, wenn – wie z. B. im Falle der historischen Erklärung – alles auf die Auffindung der Antecedensbedingungen ankommt und die allgemeinere Prämisse nur in so vager Form vorausgesetzt werden kann, daß eine Deduktion der Ereignisse im Sinne von Hempel-Oppenheim prinzipiell nicht möglich ist. (Vgl. hierzu Dray: Explanation in History, Oxford 1964.)
Vgl. Anm. 12, 14 u. 18 zu »Deduktion, Induktion und Hypothese« von 1878.

Frühzeitig erkennt Peirce die enge Beziehung zwischen dem Problem der primären Deutung der Sinnesdaten in einer Hypothesis und dem Problem der Gegenstandskonstitution in der Sprache. [134] So heißt es in einem Vorentwurf der »Neuen Liste der Kategorien«: ». . . to conceive is to collect under a supposition, to make a hypothesis, and therefore cannot dispense with the use of words.« [135] Radikaler wird das hier gestellte Problem in den Harvard-Vorlesungen über »Logic of Science« von 1866/67 entfaltet: »Namen werden in unseren Tagen im allgemeinen als Synonyma für längere und weniger bequeme Namen eingeführt . . . Aber es ist klar, daß in der frühen Jugend der Sprache, und jedes Menschen, viele Namen adoptiert werden müssen, die überhaupt noch keine Äquivalente haben. Nun behaupte ich, daß eine *solche* Adoption von Namen ein hypothetischer Prozeß ist. Bevor ein Name erfunden ist, der gewisse Merkmale in seiner ⟨intensionalen⟩ Bedeutung umfaßt [136], können diese Merkmale überhaupt nicht, an sich selbst, gedacht werden. Der Gegenstand wird ⟨zwar⟩ durch diese

134 Vgl. dazu Erich Heintels Einleitung zu »Joh. Gottfried Herders Sprachphilosophie«, 2. Aufl. Hamburg 1964. Das von Peirce erörterte Problem könnte man treffend mit L. Weisgerber als das der »Wortung der Welt« in der Sprache charakterisieren. Vgl. Weisgerber: Das Worten der Welt als sprachliche Aufgabe der Menschheit. In: Sprachforum, Jg. 1/1955, S. 10–19.
135 Zitat nach Murphey, a.a.O. S. 67 f.
136 Peirce unterscheidet in seiner Semiotik, die von der mittelalterlichen Sprachlogik (»Tractatus de proprietatibus terminorum«) inspiriert ist, »denotatio« (Bezeichnung der extensional unter einen Begriff fallenden Dinge) und »connotatio« (Bezeichnung der Merkmale, die zur intensionalen Bedeutung eines Symbols gehören). Diese beiden traditionellen Bedeutungsdimensionen der »spekulativen Grammatik« faßt er als Illustrationen entweder der »Zweitheit« (»denotatio« als Relation des Zeichens zum äußeren Gegenstand in der Situation) oder der »Erstheit« (»connotatio« als Bezeichnung der qualitativen Charaktere, die ein Sosein ausdrücken). Hinzu kommt – als Thema der sog. »Spekulativen Rhetorik« – die Beziehung des Zeichens zum verstehenden Bewußtsein des Menschen in Gestalt des sogenannten »Interpretant«. Diese Dimension der »Drittheit« (»Vermittlung« qua »Interpretation«) ist zugleich diejenige Dimension, in der die Klärung des Sinns von Begriffen oder Sätzen mit Hilfe der »Pragmatischen Maxime« ihren semiotischen Ort hat. Ch. Morris, der die Peircesche Semiotik in behavioristischer Reduktion rezipiert, spricht von der »pragmatischen Zeichendimension«, die der traditionellen »Rhetorik« korrespondieren soll. – Vgl. unten, Zweiter Teil, II, 2, S. 185 ff., 82 und IV, 2 und 3, S. 297 ff. u. 319 ff.

Merkmale hindurch gedacht und wird insofern als in gewisser Weise bestimmt gedacht. Aber um eines von den Dingen, welche diese Merkmale gemeinsam haben, als noch in anderer Hinsicht bestimmt oder unbestimmt zu denken, muß man im Besitze eines Terminus sein, welcher diese Merkmale in seiner Bedeutung umfaßt ⟨connotes⟩.« [137]

Das logische Problem, das Peirce hier sieht, besteht darin, daß der – zur primären Deutung von etwas »als etwas« – erforderliche Name [138] nicht, wie in der konventionellen Subsumption, durch Deduktion gefunden werden kann, da in diesem Fall ja eine allgemeine Prämisse vorausgesetzt wird, welche den zusammenfassenden Terminus bereits enthält. Die Lösung, die Peirce ins Auge faßt, sieht so aus: Da uns als einzige Prämisse für die Deutungshypothese nur der konfuse Eindruck gegeben ist: »Dies Ding ist so«, so muß aufgrund dieser Gegebenheit gleichzeitig ein induktiver Schluß auf die allgemeine Prämisse: »whatever should have this name would be thus« und ein hypothetischer Schluß – der bereits den induktiven Schluß vage voraussetzt –: »This thing is one of those which have this name« erfolgen.

Murphey, der diese interessante Stelle referiert, nennt die Argumentation eine *petitio principii,* bemerkt aber, daß Peirce sie mit dem Argument verteidigt, daß Induktion und Hypothesis ja nicht Formen der Demonstration sind. [139] Damit scheint mir in der Tat die Pointe der »synthetischen Schlüsse« in Peirces »logic of discovery« berührt zu sein. [140] Die Problematik des Beginns einer »hermeneutischen Synthesis« (Heidegger), um die es hier offensichtlich geht, wurde in der deutschen Tradition der Hermeneutik nicht zufällig durch den Topos des »Zirkels im Verstehen« charakterisiert. [141]

137 Zitat nach Murphey, a.a.O. S. 70.
138 Es handelt sich – nach der späteren Terminologie von Peirce – um ein (»interpretierendes«) »Symbol«, das von dem nur »indizierenden« Eigennamen kategorial unterschieden ist.
139 Vgl. Murphey, a.a.O. S. 70.
140 Vgl. oben Anm. 116.
141 Vgl. J. Wach: Das Verstehen, 3 Bde., 1926–1933.

Schon in dem frühen Entwurf seiner »Logic of Science« von 1866/67 beschäftigt Peirce ein Grenzfall seiner Hypothesis-Theorie, bei dem es prinzipiell unmöglich ist, die postulierten Schlußprozesse unter die Kontrolle des Bewußtseins zu bringen. Dieser Grenzfall liegt im »judgment of sensation« vor. Auch in einer Farbempfindung muß nach Peirce ein Schluß vollzogen sein. Denn »Farbe ⟨gemeint ist eine bestimmte Farbwahrnehmung⟩ kann nur aus den relativen Zuständen des Nervs zu verschiedenen Zeiten entspringen«. Oder wie es in einem anderen Fragment heißt: »... die einfachste Farbe ist fast so kompliziert wie ein Musikstück. Farbe ⟨d. h. eine Farbwahrnehmung⟩ hängt von den *Relationen* zwischen den verschiedenen Teilen des Eindrucks ab; daher sind die Differenzen zwischen Farben die Differenzen zwischen Harmonien; und um diese Differenz zu erkennen, müssen wir die elementaren Eindrücke haben, deren Relation die Harmonie zustandebringt. Daher ist Farbe nicht ein Eindruck, sondern ein Schluß.« [142]

Da nun aber der hier postulierte Schluß – zumindest in einer elementaren Ebene [143] – ohne irgendeine intellektuelle Einsicht, vielmehr aufgrund einer anthropologisch-biologischen Konstitution erfolgt, so spricht Peirce hier von einer »constitutional nominal hypothesis«, im Unterschied zu einer *»intellectual* hypothesis«. [144]

Der hier markierte Grenzfall einer Weltdeutung durch Hypothesen oder abduktive Schlüsse hat für Peirce später eine entscheidende Bedeutung bekommen, weil er geeignet ist, die rationalistische These von der Vermitteltheit aller Erkenntnis durch vorhergehende Erkenntnis, die in der Auffassung der Erkenntnis als Schluß impliziert ist, mit der empiristischen Forderung »unmittelbarer Wahrnehmungen der Außenwelt«

142 Zitat nach Murphey, a.a.O. S. 71.
143 Daß auch bei der Farbwahrnehmung die kognitive Funktion der Sprache bereits eine gewisse aufschließende und ordnende Rolle spielt, hat die neuere Sprachwissenschaft gezeigt. Vgl. H. Gipper: Über Aufgabe und Leistung der Sprache beim Umgang mit Farben. In: Die Farbe, 6, 1957, S. 23–48.
144 Vgl. Murphey, a.a.O.

zu vermitteln. Die »Perceptual Judgments« liefern bei Peirce die für alle empirische Wissenschaft vorausgesetzten ersten Prämissen bzw. letzten, konstatierbaren Konsequenzen von Theorien. – Dieses Problem hat Peirce indessen erst in den Pragmatismus-Vorlesungen von 1903 zu einer definitiven Lösung gebracht. [145] In den Abhandlungen von 1868, denen wir uns jetzt zuwenden wollen, hat er zunächst einmal die rationalistische Seite seiner Erkenntnistheorie ausgearbeitet und die These, daß es keine »Intuition«, d. h. keine nicht durch vorhergehende Erkenntnis vermittelte Erkenntnis gibt, in ihre letzten Konsequenzen getrieben.

c) In der ersten Abhandlung von 1868 (»Fragen bezüglich gewisser Vermögen, die für den Menschen in Anspruch genommen werden«), die in der Weise eines scholastischen Traktats gemäß der »sic et non«-Methode [146] sieben Fragen erörtert, ist die These, daß es keine »Intuition« gibt, mit den spezielleren Thesen verknüpft, daß es kein »intuitives Selbstbewußtsein« (gemeint ist Bewußtsein des individuellen Selbst) gibt (2), daß es kein »Vermögen der Introspektion« gibt (4), daß wir nicht »ohne Zeichen« denken können (5) und daß ein Zeichen für »etwas absolut Unerkennbares« keine Bedeutung hat (6). Charakteristisch für das logische Raffinement, mit dem Peirce diese Thesen verteidigt, ist der Umstand, daß er die Hauptthese, daß es keine »Erkenntnis« gibt, »die nicht durch vorhergehende Erkenntnis bestimmt ist« (7) in der Weise einführt, daß er zunächst die Frage erörtert, ob wir durch intuitive Erkenntnis entscheiden können, ob eine Erkenntnis intuitiv ist (1) bzw. ob wir intuitiv »zwischen den subjektiven Elementen verschiedener Arten von Erkenntnis« unterscheiden können (3).
Wir können hier nur die wichtigsten, für die Peircesche Philosophie im ganzen charakteristischen Ergebnisse aus der Viel-

145 Vgl. unten, Zweiter Teil, II, 2 und IV, 2.
146 Die Beachtung dieser Architektonik ist hier bei der Interpretation ähnlich hilfreich wie bei den späteren Arbeiten der ständige Hinblick auf die Kategorien »Erstheit«, »Zweitheit« und »Drittheit«.

falt seiner stets außerordentlich scharfsinnigen Überlegungen herausheben.

Dazu gehört etwa die für den späteren Pragmatismus grundlegende Infragestellung des Kriteriums der subjektiven Bewußtseinsevidenz. Die Pointe liegt dabei für Peirce darin, daß ein Mensch, der sich auf dieses subjektive Evidenzkriterium beruft, sich dadurch gerade gegen die Ausschöpfung der positiven Evidenzkriterien in der äußeren Erfahrung sperrt[147]; oder anders gesagt, daß eine Überzeugung jederzeit durch die Ausschöpfung der positiven Evidenzkriterien zustande kommt und das – von Descartes postulierte – subjektive (reflexive) Evidenzkriterium der bereits zustandegekommenen Überzeugung inhaltlich nichts hinzufügt. Dieser letztere Gesichtspunkt wurde für Peirces pragmatistische Descarteskritik entscheidend wichtig.[148] Peirce setzt die cartesianische Berufung auf das subjektive Evidenzkriterium (als »*internal* authority«) prinzipiell der mittelalterlichen Berufung auf die Autoritäten gleich[149] und bereitet so seine spätere Lehre von den verschiedenen Methoden (bzw. Perioden) der »Fixation of Belief« vor, die der äußeren Schrift-Autorität des Mittelalters und der »inneren Autorität« der »Apriori-Methode« die – wiederum äußere – Autorität der experimentellen Evidenz entgegensetzt.

Ein weiteres Ergebnis, das für Peirce immer gültig blieb, ist die These, daß unser privates Selbstbewußtsein das Resultat einer komplizierten Vielfalt von Schlüssen ist, zu denen die äußere Erfahrung, nicht zuletzt die Mitwelt, bereits das Kind nötigt. Daß dieses Selbstbewußtsein gewisser ist als alles übrige, steht – wie Peirce in einem kleinen Kabinettstück logischen Scharfsinns nachweist – nicht im Widerspruch zu seiner These.[150] Die besondere metaphysische Pointe der Peirceschen Theorie des Selbstbewußtseins liegt aber darin, daß es nach ihm die negativen Erfahrungen der Ignoranz und des Irrtums sind, welche

147 Vgl. 5.214 (14).
148 Vgl. unten S. 121 ff.
149 5.215 (15).
150 Vgl. 5.237 (25 f.).

uns die Idee eines privaten Selbstbewußtseins aufzwingen:
»Ignorance and error are all that distinguish our privat selves
from the absolute *ego* or pure apperception.« [151] Hier wird
der religiös-moralische Hintergrund der methodologischen
Konzeption der »Community of Investigators« sichtbar, die
dazu berufen ist, das absolute Ich oder die »reine Apperzeption« im unendlichen Prozeß der Forschung und der damit
einhergehenden Ausbildung von »Habits« zu »verkörpern« [152]
und die »Idiosynkrasien« auszumerzen.

Bei der Erörterung der Frage, ob wir zwischen den subjektiven
Elementen unserer Erkenntnisarten intuitiv unterscheiden können, spielt Peirce zum ersten Mal die *Bain*sche Definition einer
Überzeugung (»belief«) als »that judgment from which a man
will act« gegen die bloße Gefühlsgewißheit der Überzeugung
aus, und zwar mit der – nur scheinbar – behavioristisch klin-
genden Bemerkung: »Wenn Überzeugung im aktiven Sinne
⟨d. h. im Sinne Bains⟩ verstanden wird, dann kann man sie
durch die Beobachtung äußerer Tatsachen und durch Schlußfolgern von der Empfindung des Überzeugtseins, die sie gewöhnlich begleitet, entdecken.« [153] Das besagt: man kann die
Überzeugung, daß jemand eine Überzeugung hat, verifizieren,
indem man auf die Verhaltensweisen schließt, die in diesem
Falle zu erwarten sind. (Man kann nämlich die Tatsache, daß
jemand eine Überzeugung hat, nicht allein aufgrund äußerer
Beobachtung feststellen. Derartige Thesen aufzustellen, hat
Peirce dem 20. Jahrhundert überlassen.)

Peirces Ablehnung der introspektiven Intuition führt ihn zu
der Konsequenz, daß das Denken sich selbst nur an den Zei-

151 5.235 (25). Diese Idee dürfte durch die Swedenborgianische Philosophie in Henry James' Buch: Substance and Shadow (Boston 1863) beeinflußt sein. Peirce bestätigt das in seiner späteren Metaphysik ausdrücklich (vgl. Murphey, a.a.O. S. 350 ff.). Die nahen Beziehungen zu Böhme
und Schelling, die besonders in der dritten Periode von Peirce zu Tage treten, dürften ebenfalls durch den »Transzendentalismus« H. James' des Älteren
vermittelt sein.
152 »Embodying« bzw. »Incarnation« ist der zentrale Begriff der Metaphysik H. James' des Älteren (vgl. Murphey, a.a.O.).
153 5.242 (28).

chen, über die es sich vermittelt, erkennen kann: »Das einzige Denken, das also möglicherweise erkannt wird, ist Denken in Zeichen. Aber Denken, das nicht erkannt werden kann, existiert nicht. Alles Denken muß daher notwendigerweise in Zeichen sein.« [154] Diese These besagt aber für Peirce auch schon, daß es überhaupt keine intuitive Erkenntnis geben kann, weil alles Denken in Zeichen seine Wirklichkeit nicht in einer instantanen, beziehungslosen Schau hat, sondern in der Interpretation eines Denkzeichens durch einen in der Zeit folgenden Gedanken, der wiederum zum Zeichen für einen anderen Gedanken werden muß, usf. ad infinitum. [155]

Diese Idee des nach rückwärts und vorwärts unendlichen semiotischen Interpretationsprozesses hat Peirce in den letzten Paragraphen der zweiten Abhandlung von 1868, in denen die Frage nach der »Realität des Geistes« aufgeworfen wird, weiter ausgearbeitet. [156] Hier wird klar gemacht, daß als Zeichen, über die sich der überindividuelle Prozeß des Gedankens vermittelt, nicht nur konventionelle Sprach- oder Schriftzeichen aufzufassen sind, sondern schlechthin alle Daten der äußeren und inneren Erfahrung. Ja, Peirce geht soweit, den Menschen schlechthin als Gedankenzeichen (»thought-sign«) aufzufassen. Seine individuellen Bewußtseinsinhalte (Gefühle im weitesten Sinne) sind – nicht anders als die materiellen Elemente der Außenwelt – Zeichenvehikel, d. h. materielle Qualitäten des Gedankenzeichens, das der Mensch im Kontext des überindi-

154 5.251 (31). Dieser Passus erinnert auffällig an Hegels Definition der Sprache (in der »Phänomenologie des Geistes«, hrsg. von Hoffmeister, Hamburg 1952, S. 420 f.) als »... das für Andere seiende Selbstbewußtsein, welches unmittelbar als solches vorhanden und als dieses allgemeines ist«. Marx definiert sie entsprechend als »unmittelbare Wirklichkeit des Gedankens, das praktische, auch für andere Menschen existierende, also auch für mich selbst erst existierende wirkliche Bewußtsein«. (»Die Deutsche Ideologie«, Berlin 1953, S. 473.) – Der Bezug auf die in der Sprache immer schon erreichte Identität mit den Anderen bzw. mit der Gesellschaft wird für Peirce in der Konzeption der »Community« zum Knotenpunkt seiner gesamten Philosophie; vgl. weiter unten S. 103 ff. über das Prinzip »Hoffnung«.
155 5.253 (31 f.).
156 5.313–317 (78 ff.).

viduellen Schlußprozesses des Gedankens darstellt. [157] Peirce
spielt diese Überzeugung gegen das übliche egozentrische Selbstverständnis vom Willen her aus: Der Wille (der als »brute
force« der privaten Willkür unter die Kategorie »Zweitheit«
fällt) kann dem Menschen gerade nicht seine Identität mit sich
selbst garantieren. Diese findet er nur, sofern er sich selbst
buchstäblich – mit seinem Organismus und den im weiteren
Sinn dazu gehörigen Worten seiner Sprache – in den Prozeß
des Gedankens eingliedert, sich von ihm als Zeichen gebrauchen
läßt und aus der Konsistenz dieses überindividuellen Gedan-
kenprozesses seine Identität mit sich, die Identität des Kantischen »Ich denke«, empfängt. [158]

Peirce gelingen in diesem hochspekulativen Zusammenhang
wesentliche Einsichten in das Verhältnis von Mensch und Sprache. Indem er den Bedeutungsgehalt der Worte mit dem geistigen Gehalt des Menschzeichens in Analogie setzt, stellt er fest,
daß beide durch die Kumulation von Informationen bereichert
werden, und wiederum: daß die Information des Menschen die
Bedeutung seiner Worte bereichert, während umgekehrt die
Speicherung von Informationen in den Worten der Sprache den
Menschen, gewissermaßen ohne sein Zutun, geistig bereichert:
Die Worte als Geschöpfe des Menschen »könnten sich zum Menschen umwenden und sagen: ›Du meinst nichts‹, was wir dich
nicht gelehrt haben, und außerdem nur insofern, als du dich
an ein gewisses Wort als den Interpreten 〈»interpretant«〉 dei-
nes Gedankens wendest.‹« [159]

Daß eine Philosophie, welche Erkenntnis als Zeichenrepräsentation (Bildung einer wahren Meinung über das Reale) auf-

157 In einer Fußnote zum vorhergehenden Text (5.289 n., meine Ausgabe, S. 84, Anm. 12) bemerkt Peirce: »... Genau wie wir sagen: ein
Körper ist in Bewegung, und nicht: Bewegung ist im Körper, so sollten
wir auch sagen: Wir sind in Gedanken, und nicht: Gedanken sind in uns.«
– Wie die Übersetzung zeigt, kann die deutsche Sprache das ohnehin –
ein Tiefsinn, den Heidegger sich nicht entgehen lassen würde!
158 5.315 (79 f.). – Der »Idiot« ist demgegenüber ja der »Privatmensch«
schlechthin.
159 5.313 (79).

faßt, den Begriff des absolut Unerkennbaren als bedeutungslos ablehnen und im ganzen zur Sinnkritik werden muß, haben wir bereits bei der Behandlung von Peirces »Theory of Reality« gezeigt. [160] Eine Konsequenz dieser Auffassung, die darin liegt, daß das individuelle Ding nur als idealer Grenzfall der Erkenntnis gedacht werden kann, wurde ebenfalls schon erwähnt. [161] Das zentrale Problem, das Peirce in der ersten Abhandlung von 1868 aufzulösen hat, liegt nun darin: Wie ist der Gedanke der unendlichen Vermitteltheit jeder Erkenntnis durch Schlüsse aufgrund vorheriger Erkenntnisse mit dem Beginn einer Erkenntnis in der Zeit (aufgrund der Affizierung durch das individuelle Ding, um dessen empirische Erkenntnis es geht) zu vereinbaren? Das Problem läßt sich – im Lichte der Peirceschen Kategorienlehre [162] – auch so erläutern: Die Affizierung der Sinne durch das individuelle Ding ist ein Naturereignis in Raum und Zeit (das unter die Kategorie der »Zweitheit« fällt) und als solches niemals zur Erklärung der »Erkenntnis« dienen kann, da Erkenntnis »Vermittlung« (»Drittheit«) ist, die niemals auf ein Naturereignis reduziert werden kann. [163]

Die Auflösung des Problems, die Peirce 1868 ins Auge faßt [164], verdeutlicht er in einem mathematischen Gleichnis: Er vergleicht die Erkenntnis der Außenwelt mit dem Eintauchen eines auf die Spitze gestellten Dreiecks ins Wasser. Das Bewußtsein der Einsicht, das zur Erkenntnis gehört, entspricht dann der horizontalen Schnittlinie, welche der Wasserspiegel auf dem eingetauchten Dreieck abzeichnet. Das Zurückverfolgen der Erkenntnisse auf vorhergehende Erkenntnisse wäre mit dem lang-

160 Vgl. oben S. 51 ff.
161 Vgl. oben S. 61 f.
162 Die Peirce freilich erst im 2. Aufsatz von 1868 und in vollem Ausmaß erst 1903 für die Problematik der Erkenntnistheorie heranzieht.
163 Sehr schön ist das Problem, um das es hier geht, einmal von Heidegger etwa folgendermaßen verdeutlicht worden: Ein Stuhl kann noch so dicht an eine Wand herangerückt werden; er kann doch der Wand niemals begegnen. Die »Lichtung« des Seins im Logos kann nicht auf innerweltliche Geschehnisse bzw. Verhältnisse reduziert werden.
164 5.263 (35 f.).

samen Herausziehen des Dreiecks aus dem Wasser zu vergleichen. Dabei werden die sich abzeichnenden Schnittlinien immer
kürzer; das entspricht der von Peirce immer wieder hervor-
gehobenen Tatsache, daß die Erkenntnisse, aufgrund derer eine
Erkenntnis erschlossen ist, weit weniger bewußt und evident zu
sein pflegen als die durch sie vermittelte Erkenntnis. Endlich
wird beim langsamen Herausziehen des Dreiecks sogar der Fall
eintreten, daß wir die Schnittlinie nicht mehr als solche zu erkennen vermögen; dennoch weiß der Mathematiker, daß auch
jetzt noch, d. h. solange das Dreieck überhaupt eingetaucht ist,
unendlich viele Schnittlinien zwischen der vom Wasserspiegel
abgezeichneten und der Spitze des Dreiecks möglich sind. Diese
Situation entspricht nach Peirce der Tatsache, daß alle unsere
Erkenntnisprozesse sich unterhalb einer gewissen Schwelle im
Unbewußten verlieren; gleichwohl sind auch unterhalb dieser
Schwelle noch Schlußprozesse vorauszusetzen. So sind uns z. B.
die synthetischen Schlußprozesse, aufgrund deren wir zur Erkenntnis des dreidimensionalen Raumes gelangen [165], nicht bewußt, ebensowenig diejenigen, aufgrund derer wir zur Erkenntnis einer Fläche oder bereits einer Linie gelangen (ohne daß der
blinde Fleck der Retina sich bemerkbar macht). [166]
Die Pointe des Vergleichs liegt aber darin, daß das Dreieck
gleichwohl zu einem bestimmten Zeitpunkt ins Wasser getaucht
werden kann. Dieses Naturereignis (»Zweitheit«) entspricht
dem Naturereignis des Erkenntnisanstoßes in der Sinneserfahrung. Diese »Tatsache« (»Zweitheit«) steht nach Peirce nur
scheinbar im Widerspruch zu dem Postulat (»Drittheit«) der
unendlichen Vermitteltheit jeder Erkenntnis als Gedanke (»Dritt-

165 Peirce folgt hier Berkeleys »Theory of Vision«. Vgl. 5.219 (17).
166 Es sind die später von der »Gestalt«-Psychologie nachgewiesenen Leistungen der Phänomen-Vereinheitlichung, die Peirce auf unbewußte synthetische Schlüsse zurückführt. Er schreibt dazu in § 5.223: ».. . es ist als
Gesetz des Verstandes bekannt, daß, wenn Phänomene von extremer Komplexität gegeben sind, die durch die Anwendung eines bestimmten Begriffes
jedoch zu einer Ordnung oder mittelbaren Einfachheit reduziert werden würden, jener Begriff früher oder später zur Anwendung auf jene Phänomene
sich auch einstellt« (20).

heit«). Die Auflösung des scheinbaren Widerspruchs entspricht nach Peirce der Auflösung der Zenonschen Paradoxie von Achilleus und der Schildkröte.[167] D. h. im gegenwärtigen Kontext: Ein zeitlicher Prozeß – wie die Erkenntnis –, der einen Anfang (Affizierung der Sinnlichkeit) und ein Ende (vorläufiger Erkenntnisstand) hat, stellt als Zeitstrecke ein Kontinuum dar, bei dem jeder Teil wiederum Teile enthält. Peirce ist nun offenbar der Meinung, daß die Erkenntnis als Gedanke (»Drittheit«) – nicht etwa als empirischer Gegenstand psychologisch-physiologischer Forschung (»Zweitheit«) – nach dem Modell des Kontinuums als unendlich vermittelt gedacht werden kann. Diese Konzeption hat er in seiner späteren Logik und Metaphysik der Kontinuität, an der er besonders im letzten Jahrzehnt des 19. Jahrhunderts arbeitete und die er für seine wichtigste philosophische Leistung hielt, auch auf die vom Gedanken her verstandene evolutionäre *Gesetzmäßigkeit* der Natur angewandt. Dabei verwandelte sich das Problem der Vereinbarkeit von faktischer Sinnesaffektion und unendlicher Vermittlung des Gedankens in das Problem der Vereinbarkeit von kontingenter Faktizität (»Zweitheit«) und final-normativ bestimmter Gesetzmäßigkeit (»Drittheit«).

d) In der zweiten Abhandlung von 1868 zieht Peirce »Einige Konsequenzen aus vier ⟨der zuvor behaupteten⟩ Unvermögen ⟨des Menschen⟩«. Die Konsequenzen aus dem Unvermögen, ohne Zeichen zu denken (3), haben wir bereits im wesentlichen berücksichtigt[168]; ebenso die Konsequenzen aus dem Unvermögen, das absolut Unerkennbare zu denken (4) (sie führen in die sinnkritische »Theorie der Realität«, mit der wir unsere *Einführung* eröffnet haben). Es bleiben noch die Konsequenzen

---

167 Vgl. 5.250, 5.263 (31 bzw. 36), ferner 5.157, 5.181 (403 ff.), 5.202 (412).
168 In den §§ 5.283–290 der 2. Abhandlung von 1868 wird die Semiotik mit der Kategorienlehre in Beziehung gesetzt. Beide hatte Peirce ja zuvor, besonders in der »New List of Categories« von 1867, aus einer Grundkonzeption entwickelt. Vgl. zum Zusammenhang von Semiotik und Kategorienlehre unten, Zweiter Teil, insbes. II, 2–4.

aus dem Unvermögen zur »Introspektion« (1) und aus dem Unvermögen zur »Intuition« (2).

Peirce legt Wert darauf, daß seine erkenntnistheoretischen Thesen, die er in den vorausgehenden »Quaestiones« verteidigt hatte, keine absolute Gewißheit für sich in Anspruch nehmen können. Dergleichen gibt es in seiner fallibilistischen Philosophie nicht. Um so wichtiger ist es, die Plausibilität der Thesen an ihren Konsequenzen zu erweisen. [169] Als Konsequenz der beiden ersten negativen Thesen über die Natur der menschlichen Erkenntnis leitet Peirce im folgenden die positive These ab, daß »alle geistige Tätigkeit auf die Formel des gültigen Schlußfolgerns« zurückzuführen ist. [170] Er meint – wie aus der Ablehnung der Introspektion als Entscheidungskriterium der Erkenntnistheorie folgt – nicht etwa einen durch innere Beobachtung nachweisbaren Prozeß, sondern dies: »Something ... takes place within the organism which is equivalent to the syllogistic process.« [171] Zur Erläuterung des gemeinten Schlußprozesses führt Peirce dann seine – uns schon bekannte – Lehre von den drei Formen des Schließens ein: der apodiktischen Form der Deduktion und den beiden Formen des synthetischen oder nur wahrscheinlichen Schließens: Induktion und Hypothesis. [172] Damit glaubt er sich gerüstet gegen den Haupteinwand, den man gegen seine logistische Auffassung der geistigen Tätigkeit des Menschen richten kann, gegen den Hinweis nämlich auf das Vorkommen fehlerhaften Denkens. [173] Im folgenden nämlich versucht Peirce den Nachweis zu erbringen, daß die überhaupt denkbaren Fälle fehlerhaften Denkens sämtlich auf Operationen zurückgeführt werden können, die im Sinne der

169 5.264 (37).
170 5.267 (39); vgl. oben S. 79.
171 5.268 (39).
172 Peirce hat sie zum erstenmal monographisch in dem Artikel »On the Natural Classification of Arguments« von 1867 (2.461–516) entwickelt; die zweite monographische Darstellung im Rahmen der »Logic of Science«-Serie von 1878 haben wir in meiner Textausgabe, S. 229 ff. abgedruckt. Für eine besondere Würdigung und systematische Ergänzung vgl. v. Kempski, a.a.O., Kapitel I, III und IV.
173 5.280 (51 f.).

nicht demonstrativen Logik der synthetischen Schlüsse zwar schwach, aber doch prinzipiell gültig sind. [174]

Aus dem folgenden Abschnitt, der sich mit den Konsequenzen der semiotischen Auffassung des Denkprozesses befaßt, läßt sich noch ein wichtiges Argument dem Nachweis zurechnen, daß tatsächlich alles menschliche Denken auf Schlußfolgern zurückzuführen ist. Als Kenner der angelsächsischen Erkenntnispsychologie, wie sie von Berkeley, Hartley und Hume ausgebildet wurde, mußte Peirce sich mit der scheinbar seiner Auffassung entgegengesetzten These auseinandersetzen, daß alles logische Schlußfolgern, insbesondere aber das synthetische Schlußfolgern, das zu einer Erweiterung unserer Erkenntnis führen soll, auf die psychologischen – wenn nicht physiologischen [175] – Gesetze der Assoziation von Eindrücken zurückzuführen ist. [176] Peirce bemüht sich nun zu zeigen, daß umgekehrt die sogenannten Assoziationsgesetze auf die drei Formen des Schließens zurückgeführt werden müssen (wobei, seiner kategorialen Architektonik zufolge, die Assoziation durch Ähnlichkeit der Hypothesis, diejenige durch Berührung in Raum und Zeit der Induktion und diejenige durch Kausalität der Deduktion zugeordnet werden müßte). Wesentliches Argument ist dabei die These Peirces, daß wir nicht anhand von Gedächtnisbildern denken, sondern immer schon in abstraktiven Quasibegriffen, die – wenn auch noch so unausdrücklich – im Rahmen von Urteilen gedacht werden.

Diese Argumentation steht bei Peirce in enger Beziehung zu seinem Universalienrealismus; geht es doch darum zu zeigen, daß der Mensch nicht, wie Berkeley und Hume behaupten, nur völlig bestimmte Gegenstände (z. B. ein »Dreieck, dessen Winkel alle eine bestimmte Größe von soundsoviel Grad, Minuten und Sekunden haben« [177]) denken kann, sondern im Gegenteil pri-

---

174 Vgl. 5.280–282 (51 ff.).
175 Peirce kannte um 1869, wie M. Fisch in »A Chronicle of Pragmatism, 1865–1879« (in: »The Monist«, 48, 1964, p. 442–466) gezeigt hat, die Anfänge der physiologischen Psychologie in Deutschland bei Fechner und W. Wundt.
176 Vgl. 5.295–307.
177 5.299 (69).

mär vage Abstraktionen. Das soll nicht besagen, daß er nicht weiß, *daß* die Gegenstände völlig bestimmt sind, aber »die Nominalisten verwechseln« nach Peirce »die Frage, ob ich mir ein Dreieck denken kann, ohne dabei zu denken, *daß* es entweder gleichseitig, gleichschenklig oder ungleichseitig ist, mit der Frage, ob ich mir ein Dreieck denken kann, ohne daran zu denken, *ob* es gleichseitig, gleichschenklig oder ungleichseitig ist«. [178]

Eine für Peirces gesamte Philosophie wesentliche Konsequenz seiner Umdeutung der nominalistischen Assoziationspsychologie im logistischen und universalienrealistischen Sinn ist der neue Begriff des »Habit«, den er dabei gewinnt. Während Hume die Naturgesetze bzw. die logischen Operationen, in denen sie abgeleitet werden, auf bloße »Habits«, d. h. faktische Gewohnheitsbildungen durch Assoziation (im Sinne der Peirceschen Kategorie der »Zweitheit«) reduzierte, versteht Peirce umgekehrt die »Gewohnheiten« der Menschen – ähnlich wie Hegel – als Verhaltensregeln, die durch den Gedanken vermittelt sind, d. h. als Verkörperung des Geistes (der »Drittheit«). [179] Ohne diese Voraussetzung ist es aussichtslos, die »Pragmatische Maxime« der Bedeutungslehre im Sinne von Peirce zu verstehen. [180]

e) Erst die dritte der Abhandlungen von 1869 behandelt thematisch die Frage, deren Beantwortung der Herausgeber des »Journal of Speculative Philosophy«, der Hegelianer W. T. Harris [181], von Peirce erbeten hatte, die Peirce aber nur in einer

---

178 5.301 (70).
179 Vgl. hierzu die umfassende Monographie des Begriffs »Gewohnheit« von G. Funke (Arch. f. Begriffsgesch. Bd. 3, 606 Seiten, Bonn 1958). Selbst hier kommt der Klassiker des »habit«, Peirce, fast nur durch das Medium von W. James zur Geltung.
180 S. unten S. 107 f. u. 139 ff.
181 Harris war der Schüler und Freund des deutschen Begründers der Schule von St. Louis, Henry Brockmeyer. Er schrieb ein Buch über Hegels Logik und begründete 1867 mit Denton J. Snider Amerikas erste philosophische Fachzeitschrift »The Journal of Speculative Philosophy«. Vgl. die amüsante Schilderung der Entstehung einer amerikanischen Hegelschule am Rande des wilden Westens in Gustav E. Müller: Amerikanische Philosophie, 2. Aufl. Stuttgart 1950, S. 110 ff.

Serie von drei Artikeln glaubte beantworten zu können: die Frage nach den »Gründen der Gültigkeit der Gesetze der Logik«.[182] Nachdem Peirce in den beiden vorausgehenden Artikeln das Wesen der Erkenntnis, und d. h. der synthetischen Urteile, auf das synthetische Schließen in Hypothesis und Induktion zurückgeführt hatte, geht er nun daran, die quasi kantische Frage nach den Bedingungen der objektiven Gültigkeit der synthetischen Urteile zu beantworten. Peirce sagt dazu selbst: »Nach Kant ist die zentrale Frage der Philosophie: Wie sind synthetische Urteile a priori möglich? Aber dem geht die andere Frage voraus: wie sind synthetische Urteile im allgemeinen möglich?; oder noch allgemeiner: wie ist synthetisches ⟨schlußfolgerndes⟩ Denken überhaupt möglich? ... Das ist das Schloß am Tor der Philosophie.«[183]

Wir haben im vorigen bereits die neue Gesamtkonzeption angedeutet, von der aus Peirce sich genötigt sah, die kantische Fragestellung zu modifizieren und dementsprechend auch eine neue Version der transzendentalen Deduktion der objektiven Gültigkeit der Wissenschaft ins Auge zu fassen: Auch für Kant lag im Grunde die Frage, wie synthetische Urteile möglich sind, noch vor der Frage, wie synthetische Urteile a priori möglich sind. Aber er sah in der Existenz synthetischer Urteile a priori den Grund der Möglichkeit synthetischer Urteile (d. h. der objektiv gültigen »Erfahrungsurteile« im Unterschied zu bloßen »Wahrnehmungsurteilen«). Deshalb lag die Pointe seiner Antwort auf die Frage, wie synthetische Urteile a priori möglich sind, in der These: sie sind nur möglich als Formulierung der Bedingungen der Möglichkeit unserer Erfahrung, nicht als Formulierung irgendwelcher Einsichten in das Wesen der Dinge-ansich. Für Peirce dagegen ist die Frage nach den Gründen der Gültigkeit der Erfahrung von vornherein nicht identisch mit der Frage nach der Möglichkeit synthetischer Urteile a priori, weil er einen anderen Begriff von der Gültigkeit synthetischer

182 Vgl. M. Fisch: A Chronicle . . ., a.a.O., S. 446.
183 5.348 (97).

Urteile der Wissenschaft hat. Diese müssen für ihn nicht mit Notwendigkeit wahr sein, um »objektiv« gültig zu sein. Ihre objektive Gültigkeit kann nach Peirce darin begründet sein, daß die logische Methode, nach der sie gewonnen sind, auf lange Sicht gültig sein muß. Eben deshalb verdanken die einzelnen Erfahrungsurteile nicht allein einer apriorischen Gesetzgebung für mögliche Erfahrung (»Drittheit«) ihre Geltung, sondern auch dem jeweiligen Stand des Erfahrungsaustausches mit der an sich realen Natur (»Zweitheit«). Anders gesagt: Der Fallibilismus, den Peirce hinsichtlich der Wahrheit aller wissenschaftlichen Sätze vertrat, impliziert die systematische Möglichkeit, vom Kantischen Phänomenalismus zum metaphysischen Realismus zurückzukehren – unter der Voraussetzung, daß es gleichzeitig gelingt, die notwendige Wahrheit der Wissenschaft »in the long run« zu beweisen. D. h. das Problem einer transzendentalen Deduktion der objektiven Geltung der Wissenschaft stellt sich hinsichtlich der synthetischen Schlußverfahren, die sie anwendet. Da es sich aber – unter der Voraussetzung der Fallibilität aller einzelnen Urteile – nur darum handeln kann, die Geltung der synthetischen Schlüsse »in the long run« zu beweisen, so muß sich das Problem der transzendentalen Deduktion für Peirce in das Problem der Begründung der Induktion verwandeln. Das hat Peirce wiederholt ausdrücklich bestätigt: So heißt es bereits in einer Fußnote zur ersten Abhandlung von 1868 [184]:

»In Wirklichkeit ist es die besondere Funktion der Induktion, allgemeine und notwendige Sätze hervorzubringen. Kant hebt allerdings hervor, daß die Allgemeinheit und Notwendigkeit von wissenschaftlichen Induktionen der philosophischen Allgemeinheit und Notwendigkeit nur analog ist; und daß es niemals zulässig ist, eine wissenschaftliche Konklusion ohne eine gewisse unbestimmte Einschränkung zu akzeptieren. Aber das liegt an der ungenügenden Zahl der Beispiele; sooft wir Beispiele in so großer Menge haben können, wie wir wollen, *ad*

184   5.223 n (39).

infinitum, ist daraus ein wahrhaft allgemeiner und notwendiger Satz zu schließen.«

Nachdem Peirce mit dem Vorlaufen ad infinitum die Konsequenz aus der kantischen Bemerkung gezogen hat, daß die Allgemeinheit der Induktion – die Peirce für möglich hält – derjenigen der synthetischen Urteile a priori – die Peirce im Ernst nicht für möglich hält – analog ist, geht er daran, Kants »obersten Grundsatz«, der die Möglichkeit synthetischer Urteile a priori erklären soll, analog für eine transzendentale Deduktion der Geltung der Induktion heranzuziehen. Der Text von 1868 fährt fort: »Was Kants zweites Prinzip angeht, daß die Wahrheit von allgemeinen und notwendigen Sätzen von den Bedingungen der Erfahrung überhaupt abhängig ist, so meint es nicht mehr und nicht weniger als das Prinzip der Induktion.« Wie läßt sich dieser Ansatz einer transzendentalen Begründung der Geltung der Induktion plausibel machen? Peirce hat die knappe Illustration seiner Fußnote von 1868 in dem letzten Abschnitt [185] der Abhandlung über »Die Wahrscheinlichkeit der Induktion« von 1878 genauer ausgeführt. Er gibt hier folgendes Beispiel: »Ich nehme aus einem Sack eine Handvoll Bohnen; sie sind alle purpurn, und ich schließe, daß die Bohnen im Sack ⟨im allgemeinen⟩ purpurn sind. Wie kann ich das erschließen? Nun, aufgrund des Prinzips, daß alles, was universal von meiner Erfahrung wahr ist (hier das Aussehen dieser verschiedenen Bohnen), in den Bedingungen der Erfahrung eingeschlossen ist. Die Bedingung dieser besonderen Erfahrung ist die, daß alle diese Bohnen aus jenem Sack genommen sind.«

Worin liegt die kantische Pointe dieser Begründung der Geltung der Induktion?

Peirce ging – mit Hume und insbesondere mit John Venns »Logic of Chance« von 1866 [186] – davon aus, daß in den Tatsachen nicht der geringste Anhaltspunkt dafür zu finden ist, daß, »wenn wir einen Sack Bohnen durchprobieren, ... das Faktum, daß einige Bohnen purpurn sind, die Notwendigkeit

---

185 2.690–692 (224 ff.).
186 Vgl. Peirces Rezension dieses Werkes von 1867 (8.1–6).

oder selbst die Wahrscheinlichkeit einschließe, daß es andere Bohnen auch seien«. [185] Genau analog der kantischen Antwort auf Hume – im Problem der Kausalität – bringt nun Peirce das kantische Prinzip im Problem der Geltung der wahrscheinlichen Schlüsse ins Spiel:

»Aber der synthetische Schluß gründet sich auf eine Klassifikation von Fakten nicht nach ihren Merkmalen, sondern nach der Art, wie man diese Fakten gewinnt. Seine Regel ist die: eine Anzahl von in bestimmter Weise gewonnenen Fakten wird im allgemeinen mehr oder weniger anderen Fakten ähneln, die auf gleiche Weise gewonnen wurden; oder: *Erfahrungen, deren Bedingungen dieselben sind, werden dieselben allgemeinen Merkmale haben.*« [185]

Der Schluß des letzten Satzes, in dem Peirce die Analogie zum »obersten Grundsatz« Kants zum Ausdruck bringen will, müßte eigentlich lauten: «werden ⟨im allgemeinen⟩ dieselben allgemeinen Merkmale haben«, da man sonst auf den Gedanken kommen könnte, Peirces Begründung der Induktion setze ein deterministisches Kausalitätsprinzip bereits voraus. Was er tatsächlich voraussetzt ist dies: daß wir nicht nur nach einem bestimmten (synthetisch-)logischen Prinzip schließen, sondern auch – gemäß diesem Prinzip – durch experimentelle Eingriffe in die Welt (in diesem Fall Entnahme von Proben aufs Geratewohl) »Erfahrungen machen«. Die Begründung der Induktion durch die Voraussetzung der Erfahrungsbedingungen schließt jedoch immer die Anwendung des Verfahrens »in the long run« ein. Peirce drückt das so aus: ». . . im Falle des analytischen ⟨=deduktiven⟩ Schlusses kennen wir die Wahrscheinlichkeit unserer Konklusion [187] (wenn die Prämissen wahr sind), im Falle des synthetischen Schlusses jedoch kennen wir nur den Grad der Zuverlässigkeit unseres Vorgehens.« [188]

187 Peirce denkt hier an einen deduktiven Wahrscheinlichkeitsschluß im Sinne der mathematischen Wahrscheinlichkeitstheorie, der ja nicht mit einem nur wahrscheinlichen (induktiven oder abduktiven) Schluß zu verwechseln ist. Vgl. dazu 5.346 (96 f.) und 2.620–623 (229 ff.).
188 2.693 (226).

Der eigentliche Grund der Gültigkeit der Induktion liegt nach Peirce nicht etwa in irgendwelchen faktischen Bedingungen der Erfahrung, sondern in der sinnkritisch notwendigen Definition des Realen als des »in the long run« – und das heißt eben: durch ein induktives Verfahren – in allgemeinen Begriffen Erkennbaren. Erst durch das Vorlaufen »ad infinitum« – nämlich zu dem in der »Erkennbarkeit« des Realen postulierten Ziel der »ultimate opinion« der »Community« – kann der »höchste Punkt« festgelegt werden, der Peirce eine transzendentale Deduktion der objektiven Geltung der Induktion, und damit der Wissenschaft, ermöglicht: »Obwohl ein synthetischer Schluß auf keinen Fall auf eine Deduktion reduziert werden kann, kann doch die Tatsache, daß die Regel der Induktion auf lange Sicht gelten wird, von dem Prinzip deduziert werden, daß die Realität allein der Gegenstand der endgültigen Meinung ist, zu der genügende Untersuchung hinführen würde.«[188] Man erkennt hier deutlich, daß die Funktion der Konstitution objektiver Geltung, die bei Kant der »transzendentalen Synthesis der Apperzeption« zufällt, bei Peirce einem – von Kant so genannten – »regulativen Prinzip« der Forschung, »dem nichts Empirisches korrespondieren kann«, zukommen muß. Dieses regulative Prinzip kann dann freilich nicht mehr, wie bei Kant, als – wie immer notwendige – Als-ob-Fiktion verstanden werden, da sonst der fallibilistische Realismus Peirces seines einzigen Haltes beraubt würde.

In der Abhandlung über »Die Gründe der Gültigkeit der Gesetze der Logik« von 1869 hat Peirce die im vorigen skizzierte transzendentale Deduktion der objektiven Gültigkeit der induktiven Logik (und damit der synthetischen Logik überhaupt, da es ja auf die Geltung »im allgemeinen« bzw. »in the long run« ankommt[189]) in differenzierterer Form entfaltet. Wir

189 Die objektive Geltung der auf »Abduktion« beruhenden »Hypothesen« kann ja nach Peirce nur induktiv überprüft werden; das ist zugleich die logische Struktur des in der »Pragmatischen Maxime« implizierten Verifikationsprinzips. Die Frage der Geltung der Induktion erhält so in jeder Hinsicht die Bedeutung, die bei Kant der Frage der Geltung synthetischer

können hier nur den Gedankengang als solchen charakterisieren:

Zunächst zeigt Peirce gegen die Empiristen, insbesondere gegen J. St. Mill, daß die Begründung der Geltung der Induktion durch das Faktum der Regelmäßigkeit des Universums nicht möglich ist [190]: erstens enthält das Universum, empirisch betrachtet, mindestens ebensoviele Unregelmäßigkeiten wie Regelmäßigkeiten, zweitens aber müßte man sich, wenn die empirische Konstitution des Universums der Grund der Gültigkeit der Induktion sein soll, ein Universum denken können, in dem induktive Schlüsse nicht gültig wären. Peirce zeigt in einer Reihe von sehr scharfsinnigen Überlegungen, daß dies nicht möglich ist. Die positive Begründung der Geltung der Induktion zerlegt sich für Peirce in zwei Teile: Zunächst zeigt er, daß die in jeder Induktion in Anspruch genommene Allgemeinheit der Geltung letztlich darauf beruht, daß »die Dinge sich so verhalten, daß irgendwelche allgemeinen Begriffe möglich sind«. [191] Daß dies so ist, ergibt sich aber aus der sinnkritischen Definition der Realität, d. h. aus dem darin implizierten Universalienrealismus. Diese sinnkritische Voraussetzung – daß allgemeine Begriffe überhaupt gültig sein müssen, da wir sonst überhaupt keinen sinnvollen Begriff der Realität haben könnten – besagt aber nicht, daß ein bestimmter induktiver Schluß gültig ist; es bleibt also die Frage, »warum die Menschheit nicht vom Schicksal dazu verurteilt ist, immer wieder auf Induktionen zu treffen, die in hohem Maße trügerisch sind«. [192] Die Antwort auf diese Frage nun glaubt Peirce wiederum aus der sinnkritischen Definition der Realität deduzieren zu können,

Urteile a priori zukommt. Das ist der sachliche Grund, warum Peirce in dem dritten Aufsatz von 1868/69 nach der Behandlung der Deduktion sich ganz auf die Induktion konzentrieren konnte. Peirce selbst bringt das freilich in dem Aufsatz von 1869 noch nicht klar zum Ausdruck, vielmehr suggeriert er (in 5.349 und 5.352) eine Analogie zwischen Induktion und Hypothesis.

190 5.342–345 (92 ff.).
191 5.349 (98).
192 5.351 (98 f.).

d. h. aber jetzt – wie in der bereits zitierten Argumentation von 1878 – aus dem in der Definition vorausgesetzten Umstand, daß es eine ideale, letzte Meinung über dies Reale geben muß, die in einer hinreichend langen Folge von Schlüssen erreicht werden kann.

Bei dieser transzendentalen Deduktion der Geltung der Induktion ist allerdings nach Peirce noch eine letzte Voraussetzung im Spiel: daß überhaupt eine reale Welt existiert. Peirce versucht nun nicht etwa, einen Realitätsbeweis zu erbringen [193], sondern er zeigt, daß jeder, der die Realität leugnen wollte – ebenso wie der, der sie beweisen wollte – die Realität (d. h. jetzt die Existenz des Realen!) schon voraussetzt. [194] Hier liegt m. E. eines der frühesten Zeugnisse für das – im 20. Jahrhundert insbesondere durch Wittgenstein repräsentierte – sinnkritische Niveau eines Philosophierens, das nicht mehr glaubt, sich außerhalb der Welt aufstellen zu können und ihre Existenz zu beweisen. [195]

Indem nun aber Peirce in seiner fallibilistischen Erkenntnistheorie das – im Sinne Kants – »konstitutive« Prinzip der hier und jetzt zu erreichenden Einheit des Gegenstandsbewußtseins letztlich durch das infinitistische Postulat der »ultimate opinion« bzw. der Geltung der Erkenntnis »in the long run« ersetzt, zieht er jene berühmten Fragen, die bei Kant der praktischen Vernunft vorbehalten waren, in die Grundlagenproblematik der Erkenntnislogik hinein. Die Frage: »Was kann ich wissen?« läßt sich nunmehr von der Frage »Was soll ich tun?« und von der weiteren Frage »Was darf ich hoffen?« nicht mehr in derselben Weise trennen wie bei Kant. Hatte Peirce als Commonsensist Reidscher Färbung schon sehr früh die Nei-

193 Murphey scheint etwas derartiges von ihm zu erwarten, vgl. oben S. 59 f., Anm. 90.
194 5.352 (99 f.): Analog hatte Peirce zu Beginn der Abhandlung (5.318–319, [88]) bereits gezeigt, daß jeder, der die Geltung der deduktiven Logik leugnen oder beweisen will, sie schon voraussetzt.
195 Heidegger hat in diesem Sinne das – seit Descartes aufgekommene – Verlangen nach einem Beweis der Existenz der Außenwelt als »Skandal« bezeichnet. G. B. Vico meinte, Gott oder die Welt beweisen zu wollen, heiße: sie machen zu wollen.

gung zur wechselseitigen Vermittlung von Problemen der theoretischen und der praktischen Vernunft gezeigt [196], so werden ihm doch erst bei der Durchführung *seiner* transzendentalen Deduktion der Geltung unseres Wissens die ethischen, ja existenziell-religiösen Voraussetzungen des logisch-methodischen Verfahrens, das er den Menschen empfehlen mußte, voll bewußt. Da jeder einzelne Schluß der Wissenschaft in seinem Ergebnis stets provisorisch, fallibel, und d. h. ohne Wissensgarantie für den Einzelnen ist, kann Peirce nur verheißen: »Wenn wir uns gläubig an diesen Schlußmodus halten, werden wir uns, im Ganzen gesehen, der Wahrheit nähern.« [196 a] Wie aber – so fragt Peirce sich selbst – wenn der einzelne Mensch, der keine Chance hat, das vorherbestimmte Ende des Forschungsprozesses, die »ultimate opinion«, zu erleben, »ein transzendentes, persönliches Interesse, das alle anderen Interessen unendlich überwiegt« – etwa als Interesse an einem endgültigen religiösen Glauben, der sein Leben tragen kann – gegen das Interesse am unendlichen Erkenntnisfortschritt ausspielt?

Peirce stellt hier ganz klar die zentrale Frage Kierkegaards, die noch heute in den nicht totalitär orientierten Gesellschaften die Philosophie der privaten Vermittlung von Theorie und Praxis nicht mit derjenigen der öffentlichen Vermittlung zur Deckung kommen läßt. [197] Seine Antwort aber ist die eines religiösen Szientisten, eines Anti-Kierkegaard, eines existenziellen Infinitisten: Die Logik verlangt vor allem mit Strenge, »daß keine bestimmte Tatsache, nichts, was mein Selbst treffen kann, mir wichtiger als alles übrige sein sollte. Wer seine eigene Seele nicht opfert, um die ganze Welt zu retten, ist in all seinen Schlüssen insgesamt unlogisch. So ist das soziale Prinzip tief in der Logik verwurzelt.« [198]

Peirce schränkt im folgenden den Appellcharakter seiner Äußerung wieder ein. Der Theoretiker in ihm gewinnt wieder

196   Vgl. oben S. 77.
196a   5.354 (101).
197   Vgl. oben S. 12 ff.
198   5.354 (101).

die Oberhand, der nur feststellen möchte, daß die Logizität (im Sinne seiner Erkenntnistheorie) die völlige »Selbstidentifikation des eigenen Interesses mit dem der Gemeinschaft« faktisch impliziert. [199] Peirce ist sich auch im klaren darüber, daß er dem Risiko des subjektiven Glaubens nicht etwa die Sicherheit eines Beweises dafür entgegenstellen kann, daß die Gemeinschaft der objektiv Erkennenden »in the long run« die Wahrheit erreichen wird. Was Peirce in seiner Philosophie glaubt beweisen (deduzieren) zu können, ist nur dies: 1. daß Realität von uns immer schon als das gedacht wird, was in der idealen letzten Meinung einer unbegrenzten Forschungsgemeinschaft erkannt sein würde (sinnkritischer Realismus), 2. daß infolgedessen eine *reale Möglichkeit* bestehen muß, das Ziel der Erkenntnis zu erreichen, die zur Notwendigkeit wird, wenn die Bedingungen eines hinreichend langen, ungestörten Forschungsprozesses faktisch gegeben sind. Hier aber sieht Peirce das Risiko seines »Logischen Sozialismus«: »Es gibt nicht den geringsten Beweis dafür, daß man zeigen könnte, daß nicht zu irgendeiner Zeit alle Lebewesen plötzlich vernichtet werden, und daß es danach jemals noch irgendwo im Universum irgendeine Intelligenz, gleichgültig welcher Art sie sei, geben wird.« [200] Hier kommt nun der existenzielle Charakter des Peirceschen Infinitismus zum Vorschein: Es geht bei dem Ziel des Forschungsprozesses um ein »transzendentes und höchstes Interesse«: »Diese unendliche Hoffnung, die wir alle besitzen..., ist so bedeutend und erhaben, daß alles Schlußfolgern in bezug auf sie eine läppische Anmaßung ist... Wir sind in der Lage eines Mannes, der sich in einem Kampf auf Leben und Tod befindet: wenn er nicht genügend Kraft hat, ist es völlig gleichgültig für ihn, wie er handelt, so daß die einzige Annahme, aufgrund derer er rational handeln kann, die Hoffnung auf Erfolg ist.« [201]

199 5.356 (102).
200 5.357 (103). Dieser Passus stellt eine notwendige Ergänzung zu der Charakteristik der »Community« in 8.13 (vgl. oben S. 58 f.) dar.
201 5.357 (103).

In den soeben zitierten Argumenten, mit denen Peirce sein Prinzip »Hoffnung«[202] verteidigt, dürfte der Keim jenes existenziellen Pragmatismus zu finden sein, den W. James 1897 in dem Essay »The Will to Believe« vortrug.[203] Wenn W. James zu der These gelangt, daß der Glaube an die Wahrheit gewisser Überzeugungen in manchen Fällen dazu verhelfen kann, die Überzeugungen »wahr zu machen«, und dies an dem Beispiel des Bergsteigers illustriert, der darüber zu urteilen (und d. h. zu entscheiden!) hat, ob er eine Felsspalte überspringen kann oder nicht, so liegt das durchaus noch in der Konsequenz des Peirceschen Prinzips »Hoffnung«. Allerdings zeigt James eine starke Neigung, das Moment des Irrationalen, das Peirces Szientismus impliziert, gerade zugunsten des endlichen Einzelnen, der sein Seelenheil unabhängig von der Gesellschaft und ihrem wissenschaftlichen Fortschritt ins Auge faßt, insbesondere als Recht zum religiösen Glauben, zur Geltung zu bringen. James repräsentiert hier zweifellos das Anliegen des privat orientierten Existenzialismus im Rahmen des amerikanischen Pragmatismus.

Peirce selbst, der noch 1878 sein Plädoyer für den »Logischen Sozialismus« energisch erneuerte[204], gesteht 1898 – freilich in einer ihm aufgezwungenen populären Vorlesung über sogenannte »Vitally Important Topics« (Erster Teil »Philosophy and the Conduct of Life«) und in einer Stimmung von sarkastischer Resignation –, daß der Mensch sich allerdings in »vital matters« ganz anders verhalten müsse als in der Wissenschaft: »Wir müssen in solchen Angelegenheiten handeln; und das Prinzip, aufgrund dessen wir bereit sind zu handeln, ist ein *Glaube* (belief).«[205] Hier gebraucht Peirce das Wort »Belief« ausdrücklich im Sinne von James, und d. h. – nach seinen Worten – in einem Sinne, der für die Wissenschaft keine Bedeutung

202 Vgl. zum Prinzip Hoffnung die folgenden Stellen: 5.357 (103), 5.402, Anm. (355 ff.), 5.407 f. (205 ff.), 2.652-55 (215 ff.), 8.12-14 (113 ff.).
203 W. James: The Will to Believe. New York 1897.
204 S. unsere Auswahl aus »Die Lehre vom Zufall« (215 ff.).
205 1.636.

hat.[206] Zuvor aber hatte Peirce, in dem ersten der berühmten Pragmatismus-Artikel von 1877/78, den Begriff gerade so eingeführt, daß die »Methode der Wissenschaft« als die zuletzt auch in der Praxis einzig haltbare Methode der »Festlegung einer Überzeugung (›Belief‹)« erscheinen sollte. Wie kam es zu dieser Konzeption?

IV. Zur zweiten Periode: Die Entstehung des sinnkritischen Pragmatismus (1871–1878)

1. Von der Berkeley-Rezension von 1871 zur Geburt des »Pragmatismus« im »Metaphysical Club« (1871/72)

Aus den bisherigen Darlegungen dürfte so viel schon deutlich geworden sein, daß der philosophiehistorisch neue Ansatz der Peirceschen Philosophie nicht erst in jenen Aufsätzen von 1877/78 zu suchen ist, die später von W. James als Geburtsurkunden des »Pragmatismus« bekannt gemacht wurden. Es wurde darüberhinaus aber auch mehrfach angedeutet, daß der Ansatz des Pragmatismus selbst sowohl in der sinnkritischen »Theorie der Realität« wie auch in der neuen »Theorie der Erkenntnis« – in dem wechselseitigen Voraussetzungsverhältnis von »Hypothesis« (»Abduktion«), »Deduktion« (der Konsequenzen der Hypothesis) und »Induktion« (Überprüfung der Allgemeinheit der Konsequenzen an den Sinnesdaten) – bereits implizit enthalten ist. Tatsächlich hat Peirce die Pointe der später von ihm so genannten »Pragmatischen Maxime« der Gedankenklärung bereits vor den Diskussionen des »Metaphysical Club« (Winter 1871 bis Winter 1872[207]) mehrfach ziemlich deutlich formuliert, so z. B. in einem Passus des dritten Aufsatzes von 1868[208], vor allem aber unmißverständlich in der Berkeley-Rezension von 1871.

In dieser großen Abrechnung mit der britischen Tradition, in

206 1.635.
207 Nach Max Fisch (vgl. oben Anm. 41).
208 5.331 (unten S. 90 f.).

der auch der sinnkritische (Universalien-)Realismus seine vollständigste Darstellung fand, führt Peirce die Pragmatische Maxime als eine Alternative zum Berkeleyschen (und Millschen) Verifikationsprinzip qua Kriterium sinnvoller Sätze [209] ein. Was er an diesem Sinnkriterium auszusetzen hat, ist dies: daß nicht die Logik der Hypothesenbildung, sondern die psychologisch relevante Fähigkeit, eine (sinnliche) Vorstellung des Gegenstandes zu bilden, zum Kriterium für die mögliche Existenz von Entitäten – z. B. der Materie – erhoben wird. Ein solches Verifikationsprinzip macht, wie Peirce betont, kompliziertere Theoriebildungen in der Mathematik und Naturwissenschaft unmöglich. [209] Um nun zu zeigen, daß auch allgemeine (von Berkeley so genannte »abstrakte«) Begriffe sehr wohl einer Erprobung im Hinblick auf mögliche Erfahrung fähig sind, schlägt Peirce eine Modifikation der von Berkeley (sowie Hume, Comte und Mill) vertretenen Kritik sinnloser Sprachzeichen vor:

»Eine bessere Regel, um die Tücken der Sprache zu vermeiden, ist folgende: Erfüllen Dinge ⟨gemeint sind wohl die in der Sprache gesetzten Entitäten⟩ praktisch dieselbe Funktion? Dann bezeichne sie mit demselben Wort. Erfüllen sie nicht dieselbe Funktion? Dann unterscheide sie.«

Und nun folgt die Anwendung dieses neuen (pragmatischen) Gesichtspunktes auf den – im Empirismus kritisierten – Begriff der »allgemeinen Idee«:

»Wenn ich eine Formel in einem Kauderwelsch gelernt habe, die auf irgendeine Weise meinem Gedächtnis nachhilft, derart, daß sie mich in jedem einzelnen Fall in die Lage versetzt, so zu handeln, als ob ich eine allgemeine Idee hätte, welchen möglichen Nutzen hat es dann, zwischen einem solchen Kauderwelschausdruck, einer Formel und einer Idee zu unterscheiden?« [210]

Hier wird ein neues Kriterium für den Sinn einer allgemeinen

---

209 Peirce antizipiert hier die Problematik der sogenannten »theoretischen Begriffe«, an der Carnaps neopositivistisches Definitionsprogramm seine Grenze fand. Vgl. R. Carnap in *Minnesota studies in the philosophy of science,* Vol. I, Minneapolis 1956. Vgl. auch oben S. 21, Anm. 17.
210 8.33 (129 f.).

Idee eingeführt, das diesen Sinn nicht mehr von der Möglichkeit der Vorstellungsbildung im Sinne des Sensualismus abhängig macht, sondern von der möglichen Regelung des Verhaltens »in jedem einzelnen Fall«. Kann eine solche Regelung erwartet werden, dann läßt sich sogar ein Kauderwelschausdruck als sinnvolles Symbol für eine allgemeine Idee (deren Möglichkeit der radikale Empirismus leugnet) erweisen.

Im vorhergehenden Text hatte Peirce gezeigt, daß der Sinn eines »Vermögens«, das wir Dingen zuschreiben, in einer Regelmäßigkeit der zu erwartenden zukünftigen Ereignisse liegt[211], und einige Paragraphen weiter hatte er die Lehre des Duns Scotus hervorgehoben, daß der allgemeine Begriff als »species intelligibilis« im Bewußtsein nicht »actualiter« zu existieren braucht, sondern lediglich »habitualiter«.[212] Bereits 1868 hatte er die »Habits« der Humeschen Assoziationspsychologie als Resultate induktiver Schlüsse interpretiert.[213] Es lag hier offenbar nahe, die zu erwartende Regelmäßigkeit im Verhalten der als etwas gemeinten Dinge und die habituale Regelung des menschlichen Verhaltens durch den Begriff, den der Mensch von einem Ding gewinnt, in einer einzigen Lehre über die mögliche Verdeutlichung von Begriffen zusammenzufassen, derart, daß das Wesen der Dinge durch das konditionale Gefüge von bestimmten Verhaltensbedingungen und – unter deren Voraussetzung – regelmäßig zu erwartenden Erfahrungen expliziert würde. Tatsächlich hat Peirce eine solche Lösung unmittelbar nach der Abfassung der Berkeley-Rezension erreicht und in dem 1871 – wohl von ihm selbst – begründeten »Metaphysical Club« unter dem von Kant hergeleiteten Titel »Pragmatismus« vorgetragen.[214] In diesem Pragmatismus von 1871/72 gingen

211 8.12 (116).
212 8.18.
213 Siehe oben S. 95.
214 1908 schrieb Peirce selbst darüber: »1871, in einem Metaphysischen Club in Cambridge (Massachusetts) pflegte ich dieses Prinzip ⟨sc. des Pragmatismus⟩ als eine Art logisches Evangelium zu predigen, das die von Berkeley nicht formulierte, aber praktizierte Methode repräsentiert, und im mündlichen Gespräch nannte ich es ›Pragmatismus‹« (6.481).

jedoch neue Anregungen durch die Diskussionspartner des »Metaphysical Club« ein, die zu einer Umbildung der »Theory

M. Fisch (A Chronicle, a.a.O. S. 442) fand in Peirces Notizbuch zur philosophischen Terminologie aus dem Jahre 1865 (!) zahlreiche Eintragungen unter »practical« und die folgenden unter »pragmatic«:
»Pragmatic Anthropology Kant VII (b) 4
⟨Peirce besaß die Ausgabe von Rosenkranz und Schubert, 1838–1842⟩
(horizon)   Kant III 206«.
1902 begann Peirce einen Lexikon-Artikel über »Pragmatic and Pragmatism« mit diesen beiden Hinweisen auf Kant (5.1). Wichtiger ist der Hinweis, den Peirce 1905 in »What Pragmatism is« (5.412 S. 429 in meiner Textausgabe) gibt: Er beantwortet dort die Frage, warum er seine Theorie nicht »Practicism« oder »Practicalism« genannt habe, folgendermaßen:
»... für jemanden, der Philosophie durch Kant lernte wie der Verfasser (und wie neunzehn von zwanzig Experimentatoren, die zur Philosophie kommen, ebenfalls) und der damals noch gern in Kantschen Termini dachte, waren *praktisch* ⟨im Orig. dt.⟩ und *pragmatisch* ⟨im Orig. dt.⟩ so weit voneinander entfernt wie Nord- und Südpol: Der erste Begriff gehört zu einem Denkbereich, in dem kein Geist vom Typ eines Experimentators sich je festen Boden unter den Füßen verschaffen kann, der letztere drückt die Relation zu einer klar umrissenen menschlichen Zwecksetzung aus. Nun war es aber gerade das auffallendste Merkmal der neuen Theorie, daß sie eine untrennbare Verbindung zwischen rationaler Erkenntnis und rationalem Zweck anerkannte; und jene Überlegung war es, die die Entscheidung für den Namen *Pragmatismus* bestimmte.«
In der Definition der »Pragmatischen Maxime« von 1902 bemerkt Peirce einfach: »Der Verfasser wurde zu der Maxime durch Betrachtungen ⟨reflections⟩ über *Kants Kritik der reinen Vernunft* geführt« (5.3).
Die wichtigste Stelle in der »Kr. d. r. V.«, die den Begriff der »Pragmatischen Maxime« angeregt haben könnte, ist die folgende (B 827): »Praktisch ist alles, was durch Freiheit möglich ist. Wenn die Bedingungen der Ausübung unserer freien Willkür aber empirisch sind, so kann die Vernunft dabei keinen anderen als regulativen Gebrauch haben und nur die Einheit empirischer Gesetze zu bewirken dienen ... die um deswillen keine anderen als pragmatische Gesetze des freien Verhaltens zur Erreichung der uns von den Sinnen empfohlenen Zwecke, und also keine reinen Gesetze völlig *a priori* liefern kann.«
In der »Grundlegung der Metaphysik der Sitten« (2. Abschn.) werden diejenigen »hypothetischen Imperative«, welche »Ratschläge der Klugheit« sind, auch »pragmatisch (zur Wohlfahrt)« genannt, sie werden als solche, die sich auf die »Wahl der Mittel zur Glückseligkeit« beziehen, von den nur »technischen« Imperativen unterschieden, welche nur angeben, welches die Mittel und Wege zur Erreichung beliebiger Zwecke sind. – Die »Pragmatische Maxime« der Gedankenklärung ist bei Peirce ist tatsächlich am ehesten als ein »hypothetischer Imperativ« des ersten Typs zu charakterisieren, da in ihr ja der bestimmte Zweck der Klärung gewisser Begriffe vorausgesetzt wird. Vgl. die für Peirce maßgebende Formulierung der »Pr. M.« in 5.402 (unten S. 194 f.).

of Cognition« von 1868 in eine neue »Theory of Inquiry« führten. Werfen wir einen kurzen Blick auf die Anregungen, die der »Club« Peirce vermitteln konnte.

In einer Retrospektive aus dem Jahre 1906 (oder – nach neuerer Ansicht – 1907/08)[215] nannte Peirce als den »Coryphäus« oder auch »boxing master« des Clubs den »damals berühmten«, 1875 verstorbenen Philosophen Chauncey Wright, mit dem Peirce schon seit langem (zumindest seit dem Erscheinen von J. St. Mills »Examination of Hamilton«, 1865) in Diskussions-Kontakt stand. 1865 hatte Wright in einer Rezension jener damals sensationell wirkenden Streitschrift Mills seine eigene Analyse von »belief« und »doubt«, »knowledge« und »ignorance« »in terms of motives to action« gegeben. Von dieser Analyse meint Max Fisch, »sie komme näher an Peirces pragmatische Essays von 1877/78 heran als irgendetwas bis dahin in Peirces eigenen Schriften«.[216] Wrights besonderes Anliegen war die Herausarbeitung der »Method of Science« in ihrer modernen Leistungsfähigkeit, und d. h. für ihn zugleich: ihrer Unabhängigkeit von den spekulativen Fragestellungen der Metaphysik.[217]. Er beschreibt die Methode der Wissenschaft folgendermaßen:

»Die objektive Methode besteht in der Verifikation durch Sinneserfahrung ⟨sensuous tests, tests of sensible experience⟩, – d. h. darin, daß aus einer Theorie Konsequenzen deduziert werden, von denen wir sinnliche Erfahrung haben können, wenn sie wahr sind. Die subjektive Methode, andererseits, appelliert an Kriterien der inneren Evidenz, der Vernunft und an Daten

215 S.12. Vgl. das in meiner Ausgabe abgedruckte, jüngst erst von M. Fisch veröffentlichte »Vorwort zu: Mein Pragmatismus« von 1909 (141 ff.).
216 Max Fisch: A Chronicle . . ., a.a.O. S. 444.
217 Unsere Charakteristik folgt der Abhandlung von Edward H. Madden: Pragmatism, Positivism, and Ch. Wright, in: Philosophy and Phenomenological Research XIV, 1953, S. 62–71; vgl. auch E. H. Madden: Ch. Wright and the foundations of Pragmatism, Seattle 1963. Maddens Artikel basiert auf den folgenden Schriften Wrights: einer Kritik Spencers in »North American Review« von 1865 (pp. 423–76), einem ebendort 1873 publizierten Essay »The Evolution of Self-Consciousness« sowie den 1877 posthum veröffentlichten »Philosophical Discussions« von 1877.

des Selbstbewußtseins . . . Ideale oder transzendentale Elemente können, wenn sie auch selbst nicht einfacher Verifikation . . . zugänglich sind, in wissenschaftlichen Untersuchungen zugelassen werden, aber sie müssen noch Beglaubigungen durch die Sinne beibringen, sei es, daß sie von sich aus Konsequenzen liefern, welche der Verifikation durch Sinneserfahrung unterliegen, sei es, daß sie solche Konsequenzen in Verbindung mit Ideen liefern, die von sich aus verifizierbar sind.« [218]

Wright erweist sich hier als ein sehr fortgeschrittener Vorläufer des modernen Neopositivismus; und in seiner Entgegensetzung von objektiver und subjektiver Evidenz dürfte er bereits die Descarteskritik Peirces von 1869 wesentlich mitbestimmt haben. War der ältere Positivismus vor allem auf genetische Herleitung der Ideen aus der Sinneserfahrung aus, so verlegt Ch. Wright bereits in moderner – bisweilen geradezu instrumentalistischer – Tendenz das Gewicht auf das, was man mit Ideen anfangen kann:

»Nichts rechtfertigt die Entwicklung abstrakter Prinzipien in der Wissenschaft außer ihrer Nützlichkeit bei der Erweiterung unserer konkreten Erkenntnis der Natur. Die Ideen, auf welche die mathematische Mechanik und der Calculus gegründet sind, die morphologischen Ideen der Naturgeschichte und die Theorien der Chemie sind solche Begriffe, die Arbeit leisten ⟨working ideas⟩, – Finder ⟨sic⟩, nicht bloß Summierungen der Wahrheit.« [219]

Hier wird eine Tendenz sichtbar, die von Wright über Peirce und James direkt zu Dewey führt.

Sehr modern klingt auch Wrights Ansatz der Metaphysikkritik in seinem Begriff der »closed questions«, der nicht nur bei Peirce, sondern auch bei Wittgenstein, Carnap und Popper sein Echo hat. Wright definiert den Begriff so:

»Eine Frage ist abgeschlossen ⟨closed⟩, wenn wir ein Wissen besitzen, welches die Möglichkeit einer Evidenz für das Gegen-

218 Aus der Spencerkritik von 1865, a.a.O. S. 427 (Zitat nach Madden, a.a.O.).
219 A.a.O. S. 431.

teil ausschließt, oder aber: wenn unser Nichtwissen über die Grenzen möglicher Aufklärung der Sachlage hinausgeht. Ein ontologisches Wissen über das Übernatürliche, oder auch über das Natürliche – d. h. ein Wissen über etwas, das durch sich selbst und unabhängig von seinen Wirkungen auf uns existiert – ist, für die Erfahrungsphilosophie, eine abgeschlossene Frage ⟨closed question⟩.« [220]

Ch. Wright verband seine Version des Positivismus mit evolutionistischen Ideen, die er nicht aus Spencer, den er für einen forschungsfremden Halbmetaphysiker hielt, sondern unmittelbar aus Darwin herleitete. In seinem Essay »The Evolution of Self-Consciousness« suchte er die Kontinuität zwischen dem tierischen Instinkt und der menschlichen Intelligenz nachzuweisen und die menschlichen Begriffe – und die verschiedenen Epochen oder Methoden des Denkens – »in terms of adaptive behavior« zu erklären.

Bei diesem Unternehmen konnte er sich auf die »Belief-Doubt«-Theorie des schottischen Philosophen Alexander Bain (1818 bis 1903) stützen, die auch den übrigen Mitgliedern des »Metaphysical Club« bekannt war [221] und – nach Peirces späterem Zeugnis [222] – vor allem durch den Juristen Nicholas St. John Green propagiert wurde, den Peirce daher zum »Großvater des Pragmatismus« ernannte. [223] Die »Belief-Doubt«-Theorie hatte Bain zuerst in seinem Buch »The Emotions and the Will« (1859) vorgetragen. Hier findet sich jene berühmte Formel, die, nach Peirces Zeugnis, für den Pragmatismus so wesentlich wurde: »Überzeugung ⟨belief⟩ ist... wesentlich auf Handlung bezogen, d. h. auf Willensentschluß ⟨volition⟩... Bereitschaft zum Handeln aufgrund dessen, was wir behaupten, ist, wie

220 Zitat nach Madden (a.a.O.).
221 Das hat Max Fisch in seinem Aufsatz »Alexander Bain and the Genealogy of Pragmatism (in: Journal of the History of Ideas, XV, 1954, 423) nachgewiesen. Wir stützen uns im folgenden auf die Darstellung von M. Fisch.
222 5.12.
223 Ebda.

allenthalben zugegeben wird, das einzige, echte, unmißverständliche Kriterium der Überzeugung . . .«[224]

Doch Bain kommt noch näher an die spezifisch Peircesche (konditionale) Version des Pragmatismus heran: So etwa in der folgenden Formulierung: »Überzeugung ist eine Haltung ⟨attitude⟩ oder Disposition der Bereitschaft zum Handeln, wenn eine Gelegenheit sich bietet.«[225]

Oder in dem folgenden Beispiel: Unser Glaube an einen Bericht über Afrika expliziert sich darin, daß wir sagen: »...wenn wir nach Afrika kämen, würden wir gewisse Dinge tun, in Konsequenz der erhaltenen Information.«[226] Wie der Peircesche »Habit«, so ergibt sich auch Bains »Belief« als Verhaltensdisposition aus der »Induktion«, die freilich bei Bain, wie bei Hume, auf einen Assoziationsprozeß hinausläuft, der sich auch beim Tier findet: »Eine Überzeugung ist eine primitive Disposition, irgendeiner Sequenz, die einmal erfahren worden ist, zu folgen, und das ⟨gewohnte⟩ Resultat zu erwarten.«[227]

Als Gegenteil der »Überzeugung« ⟨Belief⟩ bezeichnet Bain den »Zweifel« ⟨Doubt⟩. Er charakterisiert diese gegensätzlichen Gemütsverfassungen folgendermaßen: Überzeugung »ist der Name für eine heitere, befriedigende ⟨satisfying⟩ und glückliche Gemütsverfassung«. Zweifel dagegen »ist in den meisten Fällen eine solche der Unbehaglichkeit ⟨discomfort⟩ und manchmal eine solche schwerster menschlicher Niedergeschlagenheit ⟨wretchedness⟩«.[228] Der Mensch ist daher von Natur aus bestrebt, dem Zweifel zu entrinnen und den Zustand der Überzeugung zu erreichen. Überzeugung ist unser natürlicher Zustand, wir haben ein uranfängliches Vertrauen in das Fortdauern der bestehenden Verhältnisse und in die fortdauernde Wirksamkeit unserer Verhaltensweise. Aber die Erfahrung ent-

---

224 Bain, a.a.O., 3. Auflage New York 1875, S. 505 ff. (Zitat nach Fisch, a.a.O. S. 423).
225 Bain, a.a.O. (Fisch, a.a.O. S. 419).
226 Bain: Mental and Moral Science. London 1872, S. 373 (Zitat nach Fisch, a.a.O. S. 420).
227 Bain, a.a.O. part first, appendix, S. 100 (Fisch, S. 422).
228 Bain: Emotions . . ., S. 573 (Fisch, S. 420).

täuscht uns, und so entsteht Zweifel, der so lange andauert, bis eine neue Überzeugung, d. h. eine neue feste Verhaltensdisposition, sich hergestellt hat, die der Lage gewachsen ist.

Man kann behaupten, daß Peirce diese »Belief-Doubt«-Theorie in dem ersten seiner Pragmatismus-Artikel »Die Festlegung einer Überzeugung« nahezu vollständig übernommen hat, während er in dem zweiten Artikel »Wie unsere Ideen zu klären sind« gewissermaßen die Beziehung zwischen Ch. Wrights Verifikationsprinzip und Bains Interpretation der Überzeugung als konditionaler Verhaltensdisposition herzustellen sucht. Und wenn man nur die Synthese dieser beiden Ideenkomplexe auf einem evolutionistischen Hintergrund ins Auge faßt, so hat man beinahe schon alle Voraussetzungen des populären Pragmatismus, wie ihn W. James später vertrat, beisammen, – nicht aber den Pragmatismus von Peirce, den dieser später »Pragmatizismus« zu nennen wünschte. Ist man an Peirce interessiert, so muß man seine Intention ernst nehmen, die soeben charakterisierten, zweifellos bedeutenden Anregungen der neueren britischen Philosophie mit seinen von Kant und Duns Scotus (auch von Th. Reid, Hamilton und Whewell [229]) inspirierten, bereits 1867 bis 1871 entwickelten Konzeptionen zur Synthese zu bringen. Peirce hat den Pragmatismus niemals als selbstgenügsame Philosophie propagieren wollen; für ihn war er ein methodisches Prinzip im Rahmen seiner »Logic of Science« oder »Theory of Inquiry«, an der er seit 1865 arbeitete. [230] In der »Logik von 1873«, die erhalten ist und 1958 im 7. Band der »Collected Papers« veröffentlicht wurde [231], sucht Peirce die große Synthese seiner bisherigen Philosophie mit dem methodischen Prin-

229 Peirce hat stets die historisch durchgearbeitete Wissenschaftstheorie von Whewell der seines großen Gegners J. St. Mill vorgezogen. Vgl. M. Fisch: Chronicle . . ., a.a.O.

230 Wie M. Fisch (Chronicle . . ., S. 465 f.) nachgewiesen hat, konnte sich Peirce nicht dazu entschließen, den Pragmatismus-Vortrag, den er 1872 im »Metaphysical Club« gehalten hatte, getrennt von seiner als Buch geplanten »Logic of Science« zu veröffentlichen. Später ging er dann mit der Veröffentlichung der Artikel-Serie »Illustrations of the Logic of Science« in »The Popular Science Monthly« einen Kompromiß ein, den er oft bedauert hat.

231 7.313–361.

zip des Pragmatismus zustande zu bringen. Die erhaltenen Entwürfe bezeugen einen architektonischen Zusammenhang, der in der 1877/78 veröffentlichten populären Artikelserie kaum noch bemerkbar ist. Vor allem fehlt in den Aufsätzen von 1877/78 die Kategorienlehre und der semiotische Rahmen, den Peirce von Anfang an für den Pragmatismus als Bedeutungstheorie vorgesehen hatte. [232] Erst 1903 bzw. 1906 hat Peirce den Versuch einer Integration des Pragmatismus in sein semiotisches Gesamtsystem wiederholt. Auch diese Versuche blieben unveröffentlicht. [233] In einigen Partien – wie z. B. in dem berühmten Diamantenbeispiel [234] – bieten die Manuskripte von 1873 bessere Ausarbeitungen der Problematik der »Pragmatischen Maxime« als der berühmte Artikel von 1878, wie noch zu zeigen sein wird. Betrachten wir indessen zunächst die neue Konzeption des Erkenntnisprozesses, die Peirces Philosophie den Anregungen des Metaphysical Club verdankt.

2. Die neue »Theorie der Forschung« von 1872/73 bzw. 1877/78

Überblickt man die Aufsätze des Jahres 1868 im ganzen, so gewinnt man den Eindruck, daß das empiristische Moment des Erfahrungsanstoßes bzw. der Verifikation von Sätzen in der von Peirce entwickelten »Theorie der Erkenntnis« noch nicht eigentlich zu seinem Recht kommt. In der Terminologie der Peirceschen Kategorien könnte man auch sagen: »Erstheit« (qualitative Gegebenheit der Welt) und »Zweitheit« (Zusammenstoß mit den »brute facts«) treten sehr zurück gegenüber der Herausarbeitung der »Drittheit« (»thought«, »reasoning«, »representation«), z. B. der Funktion des Schließens im unendlichen Prozeß der Zeicheninterpretation. Der Wahrheitsbegriff der Erkenntnistheorie von 1868 scheint im wesentlichen der einer rationalistischen Kohärenztheorie zu sein, jedenfalls

232 Vgl. M. Fisch, a.a.O. S. 454 f. u. S. 466.
233 So vor allem die Harvard-Vorlesung über »Pragmatism« von 1903, CP 5.14 ff. (299 ff.).
234 5.403 (195 f.); vgl. 7.340 f. (aus der »Logik« von 1873); ferner die späteren Korrekturen in 5.453–458 (467 ff.) und 8.208 (577 f.).

wird noch nicht ausdrücklich klar gemacht, daß und wie die »Konsistenz« einer Hypothese, welche die Sinnesdaten zur Einheit einer Meinung reduzieren soll, nicht nur im Hinblick auf ihre Prämissen, sondern im Hinblick auf die Sinnesdaten selbst überprüft werden könnte. Damit hängt ein zweiter charakteristischer Zug der Erkenntnistheorie von 1868 zusammen: Der überindividuelle Schlußprozeß, als der sich hier die Erkenntnis wesentlich darstellt, ist zwar an Zeichen und an eine Kommunikationsgemeinschaft gebunden; auch ist Peirce sehr daran gelegen, daß die Erkenntnis, trotz ihrer unendlichen Vermitteltheit als Schlußprozeß, einen Anfang in der Zeit durch Affektion der Sinne haben kann; aber die Erkenntnis scheint doch nicht eigentlich eine Lebensfunktion zu haben. Mit den konkreten Situationen, auf die der Mensch hier und jetzt zu antworten hat, mit den Zwecken, die er erreichen muß, um sich am Leben zu erhalten, scheint Erkenntnis nichts zu tun zu haben. Als nach rückwärts und vorwärts unendlicher Prozeß scheint sie im Leben nur ihre Zeichenmaterie zu haben, an der sie sich zu ihrem eigentlichen Zweck vermittelt: der Erreichung der »ultimate opinion«, in der das Reale zu seiner angemessenen Repräsentation gelangt.

Hier mußte vor allem die durch Green im »Club« propagierte »Belief-Doubt«-Theorie mit ihrem biologischen Hintergrund dem logisch orientierten Peirce einen entscheidenden Impuls zur Neubegründung seiner Erkenntnistheorie vermitteln. Diese Theorie vermochte mit einem Schlag der Erkenntnis, von ihren primitivsten Vorformen bis zum wissenschaftlichen Forschungsprozeß, eine Lebenseinbettung zu verschaffen: »Zweifel«, als Irritierung der Verhaltenssicherheit, und »Überzeugung«, als Wiederherstellung der Verhaltenssicherheit durch eine neue Disposition zum Handeln: diese beiden Begriffe bedeuteten einen *Terminus post quem* und einen *Terminus ante quem* des Erkenntnisprozesses in der Zeit; sie steckten gewissermaßen eine jeweils endliche Funktionseinheit in dem unendlichen Prozeß der Erkenntnis ab. Damit ergibt sich freilich zugleich das neue Problem des Verhältnisses der von konkretem Zweifel und jeweils neuer Überzeugung begrenzten Lebensfunktion der Erkenntnis und ihrer unendlichen Funktion, wie sie von dem regulativen Prinzip der »ultimate opinion«, und noch tiefer: der Erkenn*barkeit* des Realen, bestimmt wird. Und es muß sogleich festgestellt werden, daß die Problemspannung, die sich aus diesem Verhältnis ergibt, von Peirce, wenn schon nicht sogleich befriedigend vermittelt, so doch bis zu ihrer späteren Vermittlung (im »Critical Commonsensism«) stets offen gehalten worden ist. Darin liegt ein wesentlicher Unterschied seiner Philosophie zu allen anderen Spielarten des Pragmatismus, die als erstes die regulativen Idealprinzipien zugunsten der Lebensfunktion der Erkenntnis geopfert haben.

Aus der Spannung des Verhältnisses zwischen unendlicher Aufgabe der Wahrheitssuche und endlicher Lebensfunktion der Erkenntnis in der Herstellung einer festen Überzeugung ergibt sich nun für Peirce offenbar auch ein neuer Gesichtspunkt für das Problem der Erkenntnismethode: In dem sinnkritischen Postulat der »ultimate opinion« als Repräsentation des Realen ist als selbstverständlich vorausgesetzt, daß es nur *eine* normativ gerechtfertigte Methode der Forschung geben kann, die dazu »prädestiniert« ist, das ideale Ziel zu erreichen. Das wird durch Peirces Schriften der 1. Periode immer wieder bestätigt. Wenn man aber die »Festlegung einer Überzeugung« von der Lebensfunktion der Stabilisierung des Verhaltens her betrachtet, so wird der Blick für die Vielfalt von Methoden geöffnet, mit deren Hilfe die Menschen diesen »pragmatischen« Zweck erreichen können und faktisch, im Laufe der Geschichte, erreicht haben. Bei dieser Betrachtung ergibt sich dann noch eine weitere Frage: Sollte unter den vielen Methoden etwa nur eine zugleich der endlichen Lebensfunktion der Erkenntnis und der unendlichen Aufgabe der Wahrheitssuche gerecht werden? Und weiter: Sollte es eine reale Entwicklungstendenz in der Geschichte geben, welche die Lebensfunktion der Erkenntnis, d. h. die Stabilisierung der Überzeugung als Verhaltensdisposition, schließlich mit der Aufgabe der Wahrheitssuche von sich her konvergieren läßt?

Mit diesen Fragen dürfte der Problemhorizont der neuen »Theorie der Forschung« umrissen sein, die Peirce 1872/73 entwickelt und zuerst in dem Aufsatz »Die Festlegung einer Überzeugung« (1877) veröffentlicht hat.

a) Dieser für die pragmatistische Wendung der neuen »Theorie der Forschung« symptomatische erste Aufsatz der »Popular Science Monthly«-Serie ist von M. Murphey mit einigem Recht als »eine der seltsamsten und am wenigsten befriedigenden ⟨Arbeiten⟩, die Peirce jemals verfaßt hat«, bezeichnet worden.[235] Mit gleichem Recht darf er aber auch zu den interessantesten und philosophiegeschichtlich fruchtbarsten Arbeiten von Peirce gerechnet werden. Beide Einschätzungen haben ihren Grund letztlich in der im vorigen angedeuteten Spannung zwischen zwei gegensätzlichen Motiven, die in dem Aufsatz anzutreffen sind. Diese Problematik führt unmittelbar in die später durch W. James ausgelöste Diskussion um den Wahrheitsbegriff. Im ersten Teil des Aufsatzes nämlich, wo Peirce im Anschluß an die neu eingeführte »Belief-Doubt«-Theorie von Bain das Ziel der Forschung (»inquiry«) bestimmt, schreibt er:

»Mit dem Zweifel ... beginnt das Ringen ⟨sc. um neue Gewißheit⟩, und mit dem Aufhören des Zweifels endet es. Daher ist das einzige Ziel der Forschung die Festlegung einer Meinung ⟨›opinion‹⟩.« Und Peirce ergänzt dies dahin: »Sobald eine feste Überzeugung erreicht ist, sind wir völlig zufriedengestellt, ob diese Überzeugung nun wahr oder falsch ist ... Das Äußerste, was behauptet werden kann, ist, daß wir nach einer Überzeugung suchen, welche wir für wahr *halten*. Aber wir halten jede unserer Überzeugungen für wahr, und es ist in der Tat eine bloße Tautologie, dies festzustellen.«[236]

Dieser Passus *scheint* in die Richtung jener später von W. James und J. Dewey vertretenen Wahrheitstheorie zu weisen, nach

235 Murphey, a.a.O. S. 164.
236 5.375 (158).

der das Wahre identisch sein soll mit dem uns Befriedigenden (»satisfying«), d. h. mit dem, was in der jeweiligen Situation fruchtbar ist, weiterhilft, zwischen Mitteln und Zwecken vermittelt usw. – Gegen Schluß des Aufsatzes aber – da, wo Peirce die objektive »Methode der Wissenschaft« als die maßgebende Methode der Forschung einführt – schreibt er:

». . . die Methode muß so beschaffen sein, daß die letzte Konklusion jedes Menschen dieselbe sein wird.« (In der Ergänzung von 1903 wird präzisiert: ». . . dieselbe sein würde, wenn die Forschung hinreichend lange fortgesetzt würde.«) Und Peirce fährt fort: »Derart ist die Methode der Wissenschaft. Ihre fundamentale Hypothese läuft, in einer vertrauteren Sprache formuliert, auf folgendes hinaus: Es gibt reale Dinge, deren Eigenschaften völlig unabhängig von unseren Meinungen über sie sind; diese realen Dinge affizieren unsere Sinne nach der Regel von Gesetzen, und obgleich unsere Sinnesempfindungen so verschieden sind wie unsere Relationen zu den Gegenständen, so können wir gleichwohl, indem wir auch die Gesetze der Perzeption mit in Rechnung stellen, durch schlußfolgerndes Denken zur Gewißheit darüber gelangen, wie die Dinge wirklich und in Wahrheit sind. Und jeder würde, wenn er hinreichende Erfahrung besäße und hinreichend lange über sie nachdenken würde, zu der einen wahren Konklusion geführt.«[237]

Das ist die Wahrheitsdefinition, welche der sinnkritischen Definition der Realität von 1868 und 1871 genau entspricht und in dieser Entsprechung auch in dem folgenden Aufsatz »Wie unsere Ideen zu klären sind« (1878) ausdrücklich wiederholt, und d. h. dort bereits: aus der »Pragmatischen Maxime« als Definition abgeleitet wird.[238] Diese Wahrheitsdefinition sollte schon 1871 die sinnkritische Entsprechung und positive Ergänzung der traditionellen Definition des Realen als des von unseren faktischen Meinungen Unabhängigen sein[239], und ge-

237 5.384 (166 f.).
238 Vgl. 5.407 (205).
239 Vgl. 8.12 (116).

nau so wird sie 1878 als die pragmatistische »Aufhebung« der
abstrakten Definition des Realen charakterisiert. [240] Mit der
gewöhnlich – nach James – so genannten pragmatistischen
Wahrheitsdefinition hat sie offenbar kaum etwas zu tun, da
sie durch ihren normativen Idealcharakter jeder »Reduktion«
auf faktische Meinungen oder auch praktische Bewährungen
von vornherein entzogen ist. Sie steht nicht nur in vollständi-
ger Harmonie mit der absolutistischen Intention des traditionellen Korrespondenzbegriffs der Wahrheit, sondern sie zeigt
darüberhinaus den methodologischen Sinn jener Wahrheitsidee,
welche allen Relativismus der jeweils perspektivischen Sinneserfahrungen (und d. h. Verifikationen) a priori aufheben möchte. Diese regulative Funktion für die Forschung erfüllt die
Peircesche Definition durch das ihr immanente Konvergenzprinzip, das jeder denkbaren Erfahrungsrelativität die Kraft
des schlußfolgernden Denkens »in the long run« entgegensetzt. [241] Wie soll nun diese normative, von rationalistischem
Optimismus getragene Wahrheitsdefinition mit der, aus der
»Belief-Doubt«-Theorie abgeleiteten, These zusammenpassen,
daß wir gar nicht nach der wahren Meinung suchen können,
sondern nur nach einer solchen, die unsere Zweifel hier und
jetzt beseitigt und als feste Überzeugung unser Verhalten
stabilisiert?

Der erste Schlüssel, der sich zur Beantwortung dieser Frage an-
bietet, ist das schon mehrfach erwähnte Prinzip des Fallibilismus. Peirce ist eben davon überzeugt, daß die Meinungen, die
Menschen hier und jetzt (auch in der Wissenschaft) erreichen
können, niemals mit Sicherheit mit der Wahrheit im Sinne
der »final opinion« identifiziert werden können. Daher seine
Behauptung, daß die Menschen mit einer festen Überzeugung
zufrieden sind, »ob diese nun ⟨sc. im Sinne der normativen
Definition⟩ wahr oder falsch ist«. Aber diese Antwort reicht
noch nicht aus, um die spezifische und zweifellos befremdliche

240 Vgl. 5.406 (202 ff.).
241 Vgl. das eindrucksvolle Beispiel der Konvergenz der Erfahrungen des
Blinden und des Tauben in der Berkeley-Rezension (8.12, 115).

Pointe der zitierten Stelle im ersten Teil unseres Aufsatzes völlig verständlich zu machen. Denn Peirce sagt ja nicht: Die Menschen erreichen jeweils nur eine feste Überzeugung, und nicht die Wahrheit; er behauptet: sie suchen auch nur eine sie befriedigende feste Überzeugung, und »das einzige Ziel der Forschung ist die Festlegung einer Meinung«. Hier scheint doch ein eklatanter Widerspruch zwischen dem Anfang und dem Schluß des Aufsatzes offenbar zu werden.

Man kann diese befremdlichen Sätze m. E. in zwei verschiedenen Perspektiven interpretieren: Zunächst einmal kann man die kritische Konjektur einführen, daß Peirce ganz einfach das Resultat der eigenen, distanzierten Beschreibung und Beurteilung des menschlichen Verhaltens mit den genuinen Intentionen der Menschen verwechselt; oder, anders gesagt: daß er vergißt, den Menschen die von ihm selbst geleistete Unterscheidung zwischen dem, was man faktisch erreichen kann (eine feste Überzeugung), und dem, was die absolute Wahrheit wäre (die ideale letzte Überzeugung aller Forscher), ebenfalls zuzutrauen. Dieses methodische Vergessen der eigenen kritischen Leistung pflegt ja für alle naturalistischen Entlarvungen der geistigen (d. h. von Idealen geleiteten) Akte des Menschen [242] charakteristisch zu sein. Daß Peirce 1877 einer subtilen Variante der »naturalistic fallacy« erlegen ist, läßt sich kaum bezweifeln. [243]

Die Art seines Fehlers läßt sich am besten an der Descartes-Kritik studieren, die Peirce unmittelbar aus seiner Definition des Forschungsziels glaubt herleiten zu können:

Bereits in dem zweiten seiner Aufsätze von 1868 hatte Peirce etwa folgendermaßen gegen Descartes' methodischen Zweifel argumentiert [244]: Man kann in der Wissenschaft nicht »mit vollständigem Zweifel« bzw. mit »Von-vornherein-Skeptizismus« beginnen. Dieser »Formalismus« ist bloße »Selbsttäuschung«

---

242 Nach dem Schema: Diese Leistungen sind *nichts als* Befriedigungen der und der Bedürfnisse, – nur ich durchschaue die Wahrheit. Klassiker dieser Denkfigur: Schopenhauer und Nietzsche.
243 Peirce selbst klagt später mehrfach über den Psychologismus der Pragmatismus-Aufsätze von 1877/78.
244 Vgl. 5.265 (40 f.).

und kann niemals zu wirklicher Erkenntniserweiterung führen. Man muß »mit all den Vorurteilen beginnen«, die man wirklich hat, wenn man ein Problem zu studieren beginnt, und auf den »realen Zweifel« warten, der sich im Vollzug des Forschungsprozesses einstellt und zu konkreten Untersuchungen anregt. Der cartesianische Zweifel ist angesichts dieses von realen Zweifeln und substanziellen Überzeugungen ausgehenden Forschungsprozesses »ein so nutzloses Präliminarium wie der Versuch, zuerst zum Nordpol zu gehen, um dann, genau nach einer Regel, auf einem Meridian nach Konstantinopel zu gelangen.« – Diese Argumentation nimmt Peirce in dem Aufsatz von 1877 wieder auf und sucht sie auf das Prinzip zu gründen, daß niemand über eine einmal erreichte feste Überzeugung hinaus, etwa im Hinblick auf die absolute Wahrheit, zweifeln könne.[245] Wenn alle erreichbaren Erfahrungskriterien in einer konkreten Frage erschöpft sind, dann ist die damit erreichte Überzeugung – sei sie nun wahr oder falsch – praktisch unbezweifelbar, und ein bloß formaler oder methodischer Zweifel vermag an der substanziellen Überzeugung nichts zu ändern.

Das positive Gewicht dieser Descartes-Kritik braucht im Zeitalter der Existenzphilosophie und eines historisch-hermeneutischen Denkens kaum betont zu werden.[246] Der methodische Zweifel Descartes' kann in der Tat den real motivierten Zweifel weder ersetzen noch über ihn hinaus ein inhaltliches Motiv des Zweifels mobilisieren; so wenig wie das sogenannte subjektive (reflexive) Evidenzkriterium – das Peirce ebenfalls kritisiert[247] – über die objektiv-inhaltlichen Evidenzkriterien hinaus unsere konkreten Überzeugungen zu stützen vermag. Indessen

245 Vgl. S.376 (158).
246 Nachdem G. B. Vico als erster im Namen der geschichtlich-substanziellen Bildungsvoraussetzungen der Erkenntnis, die im *sensus communis* wirksam sind, an Descartes' radikalem Zweifel Kritik geübt hatte, ist neuerdings, unter ähnlichen Gesichtspunkten, die cartesianische Fiktion einer absoluten Vorurteilsfreiheit im Namen der existenzialhermeneutischen Apriori-Struktur des »Vorverständnisses« (Heidegger) kritisiert worden. Vgl. H.-G. Gadamer: Wahrheit und Methode. Tübingen 1960.
247 Vgl. oben S. 86.

vergißt Peirce bei dieser Argumentation wiederum, daß er doch selbst – als Fallibilist – sehr wohl zu einem kritischen Vorbehalt auch den bewährtesten und also praktisch unbezweifelbarsten Überzeugungen gegenüber in der Lage ist. Sollte dieser prinzipielle, formale Vorbehalt, der nach Peirces wiederholter Versicherung den Geist der Wissenschaft ausmacht, nichts mit dem formalen, methodischen Zweifel Descartes' zu tun haben? – In Wahrheit vergißt Peirce hier einfach, zwischen der philosophischen und der wissenschaftlichen Reflexionsstufe zu unterscheiden: tief engagiert in der Analyse der Bedingungen des konkreten Forschungsprozesses, reflektiert er nicht auf die Bedingungen der Möglichkeit der eigenen wissenschaftstheoretischen Analyse. [248] Dabei wäre noch die weitere Frage zu bedenken, ob der radikale, methodische Zweifel Descartes', wenn er auch als solcher nicht unmittelbar konkrete Forschungen zu motivieren vermag, nicht faktisch eine neue Gesamtdisposition der Menschheit auf höchster Reflexionsstufe erzeugt hat, welche, in der habituellen Bereitschaft zum Bezweifeln von Dogmen aller Art und zu Forschungsunternehmungen, die kaum noch auf besondere äußere Anlässe warten, genau die Situation der offenen Experimentiergemeinschaft geschaffen hat, die Peirce und Dewey verherrlichen. – In der Tat hat Peirce in seiner späten Konzeption des »Critical Commonsensism« dieses Problem noch gesehen und die Möglichkeit des formalen kritischen Vorbehalts gegen alle Überzeugungen mit der praktischen Unbezweifelbarkeit der hinreichend bewährten Überzeugungen zu vermitteln versucht. [249]

Das berechtigte Motiv der Peirceschen Kritik am formalen Zweifel liegt aber vor allem in der Ablehnung des cartesiani-

---

248 Dieser Vorwurf trifft bezeichnenderweise nicht nur den gesamten Pragmatismus, sondern auch die Lebens- und Existenzphilosophie sowie den Marxismus. Die Errungenschaften dieser Philosophien liegen in der konkreten Ausarbeitung der verschiedenen Formen des Erkenntnisengagements. Ihre Grenze liegt in der Blindheit gegenüber jener höchsten Stufe der Reflexion, welche die Bedingungen der Möglichkeit der Philosophie und damit des undogmatischen Denkens schlechthin thematisiert.

249 Vgl. unten, Zweiter Teil, IV, 3, S. 319 ff.

schen Anspruchs, durch diesen Zweifel zu einem »fundamentum inconcussum« zu gelangen, von dem aus sich irgendwelche – oder gar alle – empirisch-inhaltlichen Überzeugungen a priori deduzieren ließen. Hält man sich dies vor Augen, so wird man die oben zitierten befremdlichen Sätze, daß das Ziel der Forschung nicht die (absolute) Wahrheit, sondern (lediglich) die Festlegung einer Überzeugung sei, noch in einem anderen Lichte sehen: Für den fallibilistischen Wissenschaftstheoretiker, der zwischen dem idealen Ziel der Forschung und der faktisch erreichbaren, stets provisorischen Überzeugung unterscheidet, muß sich das Problem stellen, welches praktisch erreichbare Ziel der forschende Mensch sich denn hier und jetzt stellen kann und welche Kriterien für ihn bei der Entscheidung der Frage, ob das Ziel der Forschung praktisch erreicht ist, maßgebend sein können. Von dieser Fragestellung her möchte Peirce offenbar zu einer Definition des Forschungsziels gelangen, die zunächst einmal gegenüber der geschichtlichen Differenzierung der Methoden neutral ist, gleichzeitig aber für das Verständnis dieser Differenzierung den nötigen Spielraum eröffnet. Eben diese anthropologisch neutrale Definition findet er in der bereits zitierten Bestimmung: Die Menschen suchten faktisch zu einer befriedigenden Festlegung ihrer Überzeugung zu gelangen. Peirce gibt sogar eine nähere Bestimmung der Kriterien der von allen Menschen erstrebten Überzeugungen, die in dem angedeuteten Sinn gegenüber allen möglichen Methoden der »Festlegung einer Überzeugung« neutral ist und zugleich das reale Motiv einer Differenzierung der Methoden bereits sichtbar macht. Sie lautet:

»Es ist sicherlich am besten für uns, wenn unsere Überzeugungen von der Art sind, daß sie unsere Handlungen zuverlässig zur Befriedigung unserer Wünsche leiten; und diese Überlegung läßt uns jede Meinung verwerfen, die nicht so beschaffen zu sein scheint, als ob sie dieses Ergebnis sicherstellt.« [250]

Mit dieser Formulierung hat Peirce keine Wahrheitstheorie im

250 5.375 (157).

Sinne des Populärpragmatismus aufgestellt, sondern einfach das Kriterium benannt, nach dem der Mensch – lange bevor er über einen philosophischen Begriff der Wahrheit verfügt – seine Überzeugungen bemißt und bemessen muß. Dieses pragmatische Kriterium der Anleitung unserer Handlungen im Sinne einer Befriedigung unserer Handlungsintentionen bleibt aber auch und gerade dann maßgebend, wenn eine normativ gültige, philosophische Definition der Wahrheit gegeben werden soll, die nicht abstrakt bleibt, sondern als regulatives Prinzip der Überprüfung von Überzeugungen soll dienen können. Dies zeigt Peirce in der 1903 unserem Text angefügten Definition der Wahrheit im Sinne der pragmatischen Maxime[251]:

»... Wahrheit ist weder mehr noch weniger als jener Charakter eines Satzes ⟨proposition⟩, welcher darin besteht, daß der Glaube an den Satz uns, bei hinreichender Erfahrung und Reflexion, zu einem solchen Verhalten ⟨conduct⟩ führen würde, wie es zu einer Befriedigung der Wünsche, die wir dann haben sollten, die Tendenz haben würde. Zu sagen, daß die Wahrheit mehr als dies meint, besagt, daß sie überhaupt keinen Sinn hat.« Diese Definition läuft keineswegs auf eine Reduktion der Wahrheit auf beliebige subjektive Nützlichkeit für den Menschen hinaus. Denn erstens beschränkt Peirce die Zweckdienlichkeit der wahren Überzeugung auf genau die praktischen Konsequenzen, die in der fraglichen Überzeugung sinngemäß impliziert sind, wenn sie wahr ist. (Die Überzeugung beispielsweise, daß ich unverwundbar bin, erweist sich nicht dadurch als wahr, daß ich, im Glauben an die Unverwundbarkeit, Wunder der Tapferkeit verrichte – das wäre eine Pointe von W. James –, sondern darin, daß ich im Kampf tatsächlich nicht verwundet werden könnte – das entspricht den von Peirce letztlich ins Auge gefaßten operativen Kriterien einer wissenschaftlichen Verifikation. Eben diese Kriterien müssen das experimentelle Verhalten der Menschen von jeher – im sogenannten »Arbeitswissen« [Scheler] – geleitet haben). Zweitens

251 5.375 (175, Anm. 24).

impliziert die Peircesche Definition der Wahrheit aber auch nicht eine »Reduktion« der Wahrheit auf die objektiven operativen Kriterien der Verifikation einer Überzeugung. Auch das wäre eine Jamessche Pointe. Peirce dagegen formuliert nicht umsonst seine Definition in der komplizierten, grammatischen Form des sogenannten »contrary-to-fact«-*condicionalis* [252]: Die Wahrheit eines Satzes muß sich nicht faktisch in bestimmten praktischen Bewährungen ausweisen, und sie kann sich in solchen faktischen Bewährungen prinzipiell nicht erschöpfend ausweisen; aber sie *würde,* wenn bestimmte Bedingungen erfüllt *würden,* in einer andauernden *Tendenz* zur Befriedigung unserer jeweils logisch berechtigten Wünsche sich ausweisen. Soviel allerdings muß eine pragmatistische Wahrheitsdefinition nach Peirce leisten: sie muß den möglichen Sinn des Satz-Prädikats »wahr« so explizieren, daß die Kriterien angegeben werden, an denen wir in der Praxis erkennen können, ob ein Satz – wahrscheinlich – wahr ist. [252 a] Indem Peirce in dem Aufsatz von 1877 – bzw. in der Ergänzung von 1903 – eine solche operativ brauchbare Wahrheitsdefinition formuliert, liefert er die pragmatistische Ergänzung seiner sinnkritischen Definition der Realität bzw. der Wahrheit in Begriffen der »ultimate opinion«. Er zeigt damit nicht nur, was die Wahrheit letztlich – idealiter – sein würde, sondern auch, wie der Mensch schon hier und jetzt erkennen kann, ob er sich – methodisch – auf dem rechten Weg zur Erreichung jener absoluten Wahrheit befindet.

Die Definition des Ziels der vom realen Zweifel ausgelösten

252 Mit diesem logischen Raffinement, das den weitgespannten synthetischen Ansprüchen seines Systems entsprach, vergraulte Peirce zu seinen Lebzeiten sein Publikum; eben damit legte er aber auch den Grund für seinen wachsenden Ruhm im 20. Jh.
252 a Eben dies leistet weder die traditionelle, aristotelische Adäquationstheorie der Wahrheit noch ihre – wie es heißt – »moderne Präzisierung« in der logischen Semantik A. Tarskis. Der Neopositivismus hat diese Unzulänglichkeit dadurch zugegeben, daß er die Auflösung des Verifikationsproblems von der »Semantik« abtrennte und einer behavioristischen Analyse des Sprachgebrauchs der empirischen Wissenschaftler, d. h. der »pragmatischen Dimension« des Zeichengebrauchs (Morris, Carnap) übertrug.

»Forschungsintention« (im weitesten anthropologischen Sinn) ist aber, wie schon angedeutet, von Peirce so gehalten, daß sie nicht nur die schließliche Ausbildung der experimentellen, wissenschaftlichen Forschungsmethode verständlich macht, sondern auch schon die vorwissenschaftlichen, auf lange Sicht unbefriedigenden Versuche, zu einer »Festlegung der Überzeugung« zu gelangen. Diese Versuche mußten nach Peirce mindestens auch »so beschaffen zu sein« *scheinen,* »daß sie unsere Handlungen zuverlässig zur Befriedigung unserer Wünsche leisten« würden (s. oben S. 126). Diese Überlegung gibt Peirce die Möglichkeit, die bestehenden, wissenschaftlichen und nichtwissenschaftlichen, Methoden der »Festlegung einer Überzeugung« typologisch aus einer anthropologischen Wurzel abzuleiten und darüberhinaus die geschichtliche Entwicklung von den vorwissenschaftlichen zur wissenschaftlichen Methode verständlich zu machen.

Unsere *Einführung* kann die Ableitung und Charakteristik der vier Methoden der »Festlegung einer Überzeugung« nicht im einzelnen interpretieren; sie möchte nur auf die dialektische Bewegung hinweisen, welche die Abfolge der vier Methoden bestimmt: Die – in gewisser Weise naheliegendste und einfachste – »Methode der Hartnäckigkeit«, welche den Einzelnen an der einmal gefaßten Überzeugung gegen alle äußeren Einflüsse festhalten läßt – »bewährt« besonders in jenen intimen Bereichen der Glaubensbildung, die äußerer Verifikation oder Falsifikation schwer zugänglich sind[253] – erweist sich in der Praxis dadurch als unhaltbar, daß sie den Menschen vereinzelt, was mit den sozialen Bedingungen seines Daseins nicht zu vereinbaren ist: »Der soziale Impuls ist gegen sie ... Wenn wir nicht zu Einsiedlern werden sollen, werden wir notwendigerweise einander in der Meinungsbildung beeinflussen. Daher entsteht das Problem, wie eine Überzeugung nicht nur für das Individuum, sondern für die Gemeinschaft festgelegt werden

---

253 Vgl. auch die ironisch-bissige Verbeugung vor dem Entschlossenheitsideal des Tatmenschen am Schluß des Aufsatzes (5.386, 170).

kann.«[254] – Hier nun legt sich für Peirce – gewissermaßen systematisch und historisch gesehen – diejenige Methode nahe, welche das Rezept der Hartnäckigkeit, und d. h. der Abwehr störender Einflüsse, auf den Staat als Subjekt im großen überträgt. Das ergibt die »Methode der Autorität«, welche – wenigstens in den zentralen, weltanschaulichen Überzeugungen – einen »consensus catholicus« durch Institutionen wie »Lehramt«, »Inquisition«, »Zensur« usw. erzwingt und – vielfach in geschickter Anpassung an die peripheren Alltagserfahrungen der Menschen[255] – kontinuierlich aufrechterhält. Peirce läßt keinen Zweifel an seinem Respekt vor den großartigen geschichtlichen Leistungen dieser Methode – die für ihn schon 1868/71 durch das Zeitalter der Scholastik und der Kathedralen repräsentiert war – aufkommen. Vor allem beeindruckt ihn – wie schon 1871[256] – die Leitidee des »consensus catholicus« als solche. Indessen scheitert die »Methode der Autorität« nach Peirce »in the long run« an zwei äußeren Faktoren, die ihrerseits wiederum die inneren Gegenargumente gegen sie mobilisieren: ». . . keine Institution kann es unternehmen, alle Meinungen zu regulieren.«[257] Dieser Umstand führt solange noch nicht zu einer ernsthaften Beeinträchtigung der Funktion der Autoritätsmethode, wie die Menschen an einer Kommunikation über Zeiten und Räume hinweg gehindert sind. Sobald aber diese Kommunikation auch nur von einer kleinen, geistigen Elite realisiert werden kann[258], wird sich bei dieser Elite der Zweifel an der bisher selbstverständlichen Wahrheit der autoritativen Überzeugungen regen. – Die Elite wird zunächst zu der grundsätzlichen Einsicht gelangen, »daß kein Grund dafür existiert, die eigenen Ansichten höher einzuschätzen als die-

254 5.378 (161).
255 Vgl. 5.380 (163).
256 Vgl. 8.12 und 8.16 (116 f. u. 118 f.).
257 5.381 (163).
258 Man möchte hier an die Idee des »hohen Geistergesprächs« bei Petrarca denken, und selbstverständlich realhistorisch an die Leidenschaft des dialektischen Gesprächs in der intellektuellen Elite während der griechischen Aufklärung.

jenigen anderer Nationen oder Jahrhunderte«[259], und sie wird »weiter erkennen, daß solche Zweifel ... sich gegen jede Überzeugung richten müssen, die durch Willkür bestimmt ist, sei es die von Individuen, sei es die jener Mächtigen, welche die populären Meinungen in Kurs gesetzt hatten«.[260] Damit entsteht nun aber eine neue methodologische Forderung für die »Festlegung einer Überzeugung«. Diese soll nicht mehr nur eine Technik der Stabilisierung sein, sondern von sich aus ein Kriterium dafür beibringen, »welcher Satz es verdient, geglaubt zu werden«.[261] Daraus entsteht die Methode des dialektischen Gesprächs, die Erkenntnismethode der spekulativen Philosophie, die sich auf die Vernunft als Maßstab beruft.

Man sollte nach dem bisherigen Gang der Peirceschen Argumentation erwarten, die neue Methode des Gesprächs (»conversation«) und der für alle Menschen maßgeblichen Vernunft (»reason«) müsse, über den, von der Methode der Autorität schon erreichten dogmatischen »Consensus« hinaus, zu einem, nun für alle Menschen verbindlichen »consensus catholicus« führen. Tatsächlich hat Peirce die dritte Methode in der »Logik von 1873« noch die der »öffentlichen Meinung« (»public opinion«) genannt.[262] Seine Argumentation von 1877 zeigt indessen, daß die Methode der spekulativen Vernunft gerade wieder in die Vereinzelung (der Denker und ihrer Systeme) zurückführt, welche bereits für die erste Methode charakteristisch war. Der Grund dafür liegt nach Peirce in dem Umstand, daß die letzte Voraussetzung der spekulativen Methode die Annahme eines einzigen Prinzips ist, aus dem alle gültige Erkenntnis a priori deduziert werden soll. Das letzte Prinzip aber unterliegt, genau betrachtet, einem Kriterium ästhetischer Neigung; es muß für die Vernunft angenehm (»agreeable to reason«) sein.[263] Diese

259 5.381 (164).
260 5.382 (164).
261 Ebda.
262 Vgl. 7.317.
263 5.382 (164) – Es mag schon hier erwähnt werden, daß Peirce am Ende seiner dritten Periode genau dieses ästhetische Kriterium (der Harmonie) als oberstes Prinzip der »normativen Wissenschaften« und damit als

letztlich unkontrollierbare Voraussetzung aber läßt die dritte oder »Apriori-Methode«[264] der Festlegung einer Überzeugung an ihrer Aufgabe scheitern.[265]

Da die Vernunftgründe der Apriori-Philosophen allenfalls die eigenen Zweifel, nicht aber die der anderen zur Ruhe bringen und andererseits eine Rückkehr zum dogmatischen Glauben im Sinne der Methode der Autorität die einmal erregten philosophischen Zweifel auch nicht beschwichtigen kann, so wird der Übergang zu einer ganz neuen Methode der Festlegung von Überzeugungen notwendig:

»Um unsere Zweifel zur Ruhe zu bringen, ist es daher erforderlich, daß eine Methode gefunden wird, mit deren Hilfe unsere Überzeugungen durch nichts Menschliches, sondern durch eine gewisse äußere Permanenz bestimmt werden – durch etwas, auf das unser Denken keinen Einfluß hat (das aber, andererseits, unaufhörlich dahintendiert, unser Denken zu beeinflussen . . .).«[266]

Hier gelangt Peirce dazu, den kategorialen Aspekt der Realität, der sich im äußeren Zwang der Sinneserfahrung zur Geltung bringt (Kategorie »Zweitheit«), mit der von ihm selbst 1868 entwickelten Theorie des synthetischen Erschließens der allgemeinen Struktur der Realität (Kategorie »Drittheit«) zur

regulatives Prinzip seiner eigenen spekulativen Architektonik anerkennt. Freilich verlangt er von der Metaphysik, die selbst keine »normative Wissenschaft« ist, sondern diese in der Logik schon voraussetzt, daß sie – als Erfahrungswissenschaft im großen – empirischen Kriterien der Verifikation und Falsifikation sich unterwirft.

264 5.383 (165 f.).

265 In Peirces Beurteilung liegt eine deutliche Entsprechung zur gleichzeitigen Klage Diltheys über den unaufhebbaren Streit der metaphysischen Systeme oder »Weltanschauungen«. Wie Dilthey meint Peirce, daß auch Kant in der Apriori-Methode befangen bleibt und ein metaphysisches System aus ganz bestimmter weltanschaulicher Motivation heraus errichtet hat. Peirce sieht auch, daß Hegel, auf einer prinzipiell neuen Reflexionsstufe, das Gegeneinander der metaphysischen Standpunkte selbst zum Weg der Wahrheit erheben möchte, aber darin liegt für Peirce nur die letzte Bestätigung der Apriori-Methode als Methode der »natürlichen Vernunftneigungen« (5.382 n, 178 ff., Anm. 30).

266 5.384 (166) – Der Zusatz innerhalb der Klammern findet sich in der Fußnote Peirces von 1903 (S. 325).

Synthese zu bringen.[267] Peirce führt diese Synthese im folgenden ausdrücklich durch: »Unsere äußere Permanenz würde in unserem Sinne nicht wahrhaft extern sein, wenn sie in ihrem Einfluß auf ein Individuum eingeschränkt wäre. Es muß etwas sein, das jeden Menschen affiziert, oder wenigstens affizieren könnte. Und obgleich diese Affektionen notwendigerweise so verschiedenartig sind wie die individuellen Bedingungen, so muß doch die Methode so beschaffen sein, daß die letzte Konklusion jedes Menschen dieselbe sein wird (bzw. dieselbe sein würde, wenn die Forschung hinreichend lange fortgesetzt würde).« [268]

Hiermit hat Peirce seine alte sinnkritisch-normative Definition der Realität bzw. der Wahrheit erreicht, und es wird klar, daß die Synthese dieser Definition der Realität in ihrem allgemeinen, denkbaren Sinn (»Drittheit«) mit der Forderung der experimentellen Methode nach einer externen Bestimmung des Denkens durch zwingende Erfahrungsevidenz (»Zweitheit«) durch das Konvergenzprinzip erreicht wird [269]; diesem zufolge werden die zwingenden, aber relativen Erfahrungsevidenzen »in the long run« durch das schlußfolgernde Denken, das die Erfahrungsdaten samt ihren zugehörigen subjektiven Bedingungen nur als Zeichen wertet, auf die Erkenntnis des Realen, wie es an sich und für uns ist, bezogen. Die Forderung der vierten Methode der Festlegung einer Überzeugung geht also buch-

---

267 Schon 1871 hat Peirce festgestellt: »... we find our opinions constrained ... !«, und die »äußere Permanenz«, von der Peirce in unserem Text spricht, dürfte durch Berkeleys und J. St. Mills Definition der Affizierungspotenz der äußeren Substanzen als »permanent possibilities of sensation« wesentlich bestimmt sein. Vgl. hierzu M. Fisch: Chronicle ... a.a.O. S. 444.

268 5.384 (166). Die Ergänzung in Klammern gibt den Text der Fußnote von 1903.

269 Dies wird bestätigt durch die Konfrontation des Konvergenzprinzips der »Method of Investigation« mit der dialektischen Konvergenzmethode Hegels in der »Logik von 1873«: Während bei Hegel alle entgegengesetzten Meinungen des Anfangs in die Synthese eingehen und sie mitbestimmen, ist bei der »Methode der Wissenschaft« gerade die »final conclusion«, in der zuletzt alle übereinstimmen müssen, vorherbestimmt, »ohne Beziehung zum anfänglichen Stand der Überzeugung« (7.319).

stäblich dahin, das Votum der Natur, die methodisch-experimentell zum Sprechen gebracht wird, in dem Dialog der »unbegrenzten Gemeinschaft«, ihrem unendlichen semiotischen Schlußprozeß, zur Geltung zu bringen. Geschieht dies, dann ist der Mensch auf dem Wege zur »final opinion«, und ein »consensus catholicus«, eine befriedigende Festlegung der Überzeugung, kann, durch Ausschöpfung der verfügbaren Kriterien in der Experimentiergemeinschaft der Forscher, auch schon hier und jetzt, unter prinzipiellem fallibilistischen Vorbehalt, erzielt werden. – Man wird sich kaum dem Eindruck ganz verschließen können, daß Peirce hier – nach dem Zeitalter der großen (notwendigerweise genialen) Einzeldenker, in denen das Absolute jeweils zu sich kommt – »die Zeit (der Wissenschaft) in Begriffe gefaßt« hat, die heute wirklich ist.

Vergleicht man die »Methode der Wissenschaft« unter dem von Peirce eingeführten pragmatistischen Gesichtspunkt mit den vorwissenschaftlichen Methoden der Festlegung einer Überzeugung, so besteht ihr Vorzug darin, daß sie die Lebensfunktion einer Überzeugung, die in der Etablierung einer sich auf lange Sicht bewährenden Verhaltensregel (»habit«) liegt, erstmals voll berücksichtigt. Im Gegensatz nämlich zu allen vorwissenschaftlichen Verfahrensweisen prüft sie bereits vor der Festlegung einer Überzeugung die zur Zeit verfügbaren praktischen Bewährungskriterien der Überzeugung. In dieser Feststellung liegt das pragmatistische Resultat des Aufsatzes über »die Festlegung einer Überzeugung«. Es ist nun aber denkbar, daß man die vorherige Überprüfung der möglichen Bewährungskriterien einer Überzeugung als Verhaltensdisposition nicht erst für ihre »Festlegung«, d. h. für die Beurteilung der Wahrheit einer Meinung, sondern bereits für die Beurteilung ihres möglichen Sinns fordert. Mit diesem Gedankenschritt, der die seit Wittgenstein [270] üblich gewordene scharfe Unterscheidung der Sinnfrage von der Wahrheitsfrage impliziert, läßt sich der Übergang von der ersten

270 Vgl. »Tractatus logico-philosophicus«, Satz 4.024: »Einen Satz verstehen, heißt, wissen was der Fall ist, wenn er wahr ist.« (Man kann ihn also verstehen, ohne zu wissen, ob er wahr ist.)

zu der zweiten, noch berühmteren Geburtsurkunde des Pragmatismus am besten bewerkstelligen.

b) Der zweite Aufsatz der Serie von 1877/78 »Wie unsere Ideen
zu klären sind« hat, im Rahmen der »Theorie der Forschung«,
die Funktion, den sinnkritischen Ansatz der Definition, den
wir in der »Theorie der Realität« von 1868/71 ausgebildet
sahen, so zu ergänzen, daß er der »Methode der Wissenschaft«,
die in dem ersten Aufsatz der Serie charakterisiert wurde, Rechnung trägt. D. h. er hat zu zeigen, wie in der Methode der
Definition bereits die experimentellen Kriterien der wissenschaftlichen Verifikation berücksichtigt werden können. Von
dieser Aufgabe her ergibt sich die partielle Parallele im Aufbau
des ersten und des zweiten Aufsatzes der Pragmatismus-Serie.
In beiden Aufsätzen geht es letztlich um die Herausstellung der
neuen wissenschaftlichen Methode auf dem Hintergrund der
überholten Methoden. In dem zweiten Aufsatz, der die Methode der Definition zum Gegenstand hat, spielen freilich die
vorrationalen Methoden keine Rolle, da sie ja überhaupt keine
Definition kennen. So beginnt der zweite Aufsatz mit der Darstellung der traditionellen Apriori-Methode der Definition bzw.
der Sinnklärung überhaupt. Peirce orientiert sich wie schon
1868 und wiederum 1877 polemisch an Descartes, indem er von
dessen Forderung der »klaren und deutlichen Vorstellungen«
ausgeht. Hatte er früher das subjektive Evidenzprinzip, das bei
Descartes das Autoritätsprinzip der Scholastik ersetzen sollte,
als Wahrheitskriterium diskreditiert, so stellt er es nunmehr
bereits als Sinnkriterium in Frage:
»Da jedoch, offenbar, nicht alle Ideen wahr sind, so wurde er
⟨sc. Descartes⟩ zu der Bemerkung geführt, daß die erste Bedingung der Infallibilität der Ideen darin liegt, daß sie klar
sein müssen. Daß ein Unterschied bestehen könnte zwischen
einer Idee, die klar *scheint,* und einer solchen, die es wirklich
ist, fiel ihm niemals ein.«[271]

271 5.391 (183 f.).

Für Peirce selbst läuft die übliche Definition der Klarheit im Sinne der »Unverwechselbarkeit« einer Idee lediglich auf ein Sichauskennen im normalen Gebrauch der Idee hinaus.[272] Auch Descartes muß, wie Peirce vermutete, bemerkt haben, daß das Bewußtsein klarer Ideen die Menschen nicht daran hindert, damit gegensätzliche Meinungen zu verbinden. Aus diesem Grunde habe er das zusätzliche Kriterium der »Distinktheit« eingeführt, womit er wahrscheinlich gemeint habe, daß die Ideen »den Test einer dialektischen Prüfung bestehen müßten«, die »niemals imstande sein dürfte, dunkle Punkte in dem, was sich mit ihnen verbindet, ans Licht zu bringen«.[273] Diesen letzteren Punkt habe Leibniz zu präzisieren versucht und sei dabei zu der traditionellen Definitionsmethode der Logik zurückgekehrt, indem er die Distinktheit eines Begriffs in der vollständigen Analysierbarkeit seiner Definition habe sehen wollen.[274]

Peirce gesteht zu, daß die abstrakt-analytische Definitionsmethode der traditionellen Logik geeignet ist, »unsere bestehenden Überzeugungen in eine Ordnung zu bringen«, und daß daher die Handbücher der Logik recht daran tun, »wenn sie den ersten Schritt zur Klärung einer Auffassung darin sehen, daß man sich mit einer Vorstellung vertraut macht, und den zweiten darin, daß man sie definiert.«[275] Er selbst möchte aber,

272 S. 389 (182).
273 S. 391 (184).
274 Tatsächlich hat Leibniz in der Reduzierbarkeit aller Begriffsinhalte auf letzte, abstrakte Ideen (»simplices«) die Grundlage seiner Idee einer »ars combinatoria« gesehen, die wiederum als Basis seiner Idee einer »lingua universalis sive philosophica« gedacht war, die dermaleinst alle Mißverständnisse zwischen Philosophen ausschließen sollte. Diese Ideen sind dann, in modifizierter Form, im »Logischen Atomismus« B. Russells und des jungen Wittgenstein und in Carnaps »Logischem Aufbau der Welt« wieder aufgenommen worden. Die weitere Entwicklung des Gedankens der Sinn-bzw. Sprachklärung bei Wittgenstein und im »Logischen Empirismus« hat aber ganz offensichtlich in die Richtung der von Peirce zuerst vorgeschlagenen pragmatisch-operativen Methode geführt, welche nicht Ideen durch Ideen oder Ideen durch Sinnesdaten, sondern Ideen durch ihre Anwendungsmöglichkeiten, einschließlich der möglichen Schlußfolgerungen und der möglichen Bewährung durch Sinnesdaten, zu klären sucht.
275 S. 392 (185).

auf Grund der Prinzipien, die im ersten Aufsatz der Serie aufgestellt wurden, zu einer Definitionsmethode gelangen, die einen
»höheren Grad der Klarheit des Denkens« erreicht als die
»Distinktheit« der Logiker seit Descartes und Leibniz.[276] Im
folgenden rekapituliert Peirce – in sehr feinsinnigen psycho-
logisch-phänomenologischen Beschreibungen – die Prinzipien
der »Belief-Doubt-Theorie«, dabei ist aber jetzt, für den Ansatz der neuen Methode der Sinnklärung, nicht die Frage
wesentlich, wie es zu einer festen Überzeugung kommt (d. h. die
Frage nach den pragmatischen Wahrheitskriterien), sondern die
Frage, was eine feste Überzeugung ihrer Lebensfunktion nach
ist (d. h. die Frage nach ihrem pragmatischen Sinn). Peirce beantwortet diese Frage mit einer Metapher:

Eine Überzeugung »ist die Halbkadenz, die eine musikalische
Phrase in der Symphonie unseres intellektuellen Lebens ab-
schließt . . . Das endgültige Ergebnis des Denkens ist die Ausübung eines Willensentschlusses . . .«

Das Wesen der Überzeugung (»Belief«) als der Halbkadenz
zwischen dem Beginn des Denkprozesses und seinem Endergeb-
nis kann aber nun durch drei Eigenschaften der Überzeugung
charakterisiert werden:

»Erstens ist sie etwas, dessen wir uns bewußt sind, zweitens
bringt sie die Erregung des Zweifels zur Ruhe und drittens
schließt sie die Einrichtung einer Regel des Handelns in unserer Natur ein, – oder kürzer: eine Verhaltensgewohnheit
⟨habit⟩.«[277]

Diese drei Eigenschaften entsprechen, wie sich leicht zeigen
läßt, drei sehr verschiedenen philosophischen Einschätzungen
einer Überzeugung: Das subjektive Bewußtsein der Überzeugung ist der Ausgangspunkt und die Basis einer introspektiven
Evidenzphilosophie im Stile des Descartes[278]; das Zur-Ruhe-

276 5.394 (187).
277 5.397 (190).
278 Peirce selbst hat später – in der um 1900 einsetzenden Begründung
seiner »Phänomenologie« – die Evidenz, allerdings als unmittelbare objektive Gegebenheit der Realität, in der Kategorie der »Erstheit« wieder zu

Bringen der Erregung des Zweifels entspricht (als psychologisch verstandenes Ziel der Forschung) der pragmatischen Wahrheitsproblematik, die der Aufsatz »Die Festlegung einer Überzeugung« behandelt hatte; die Einrichtung einer Regel des Handelns aber bietet den Ansatzpunkt für die pragmatistische Theorie der Definition bzw. der Sinnklärung. In der Tat benutzt Peirce diesen Gesichtspunkt zu einer ersten Einführung der – später so genannten – »Pragmatischen Maxime«, und zwar in der Form, in der er sie auch bereits in der Berkeley-Rezension, mehr spontan und beiläufig, vorgeschlagen hatte:

»Das Wesen der Überzeugung ist die Einrichtung einer Verhaltensweise ⟨»habit«⟩; und verschiedene Überzeugungen unterscheiden sich durch die verschiedene Art der Handlungen, die sie hervorbringen. Wenn Überzeugungen sich in dieser Hinsicht nicht unterscheiden, wenn sie denselben Zweifel zur Ruhe bringen, indem sie dieselbe Regel des Handelns erzeugen, dann können keine bloßen Unterschiede in der Art des Bewußtseins von ihnen sie zu verschiedenen Überzeugungen machen...«[279]

Betrachten wir diese Formulierung der »Pragmatischen Maxime« näher, so finden wir sogleich Anlaß, sie gegen Mißverständnisse in Schutz zu nehmen, die unmittelbar in den Populärpragmatismus und in den groben Behaviorismus hineinführen würden. Wenn man liest: »...verschiedene Überzeugungen unterscheiden sich durch die Art der Handlungen, die sie hervorbringen«, so könnte man daraus schließen, man solle die Frage, ob verschiedene Überzeugungen vorliegen, dadurch entscheiden, daß man beobachtet (und genau beschreibt), welche Handlungen faktisch aus den vorgeblichen Überzeugungen resultieren. Tatsächlich wird dieses Prinzip (»An ihren Früchten werdet ihr sie erkennen!«) in vielen Fällen des Alltags zur Beurteilung menschlicher Überzeugungen ausreichen; und es wird sich sogar als Prinzip

Ehren gebracht und sie mit den beiden anderen Fundamentalkategorien des Pragmatismus: »Zweitheit« (z. B. Erfahrungsanstoß und Zwang) und »Drittheit« (Verhaltensregel, Gesetz) zu versöhnen versucht. Vgl. unten, Zweiter Teil, insbes. II, 2 u. 3 sowie IV, 2.
279 S.398 (191).

behavioristischer Sinnforschung (z. B. in der Linguistik) eignen, wenn man es mit einem durchschnittlichen Verhalten (etwa von Sprachteilnehmern) zu tun hat, das in einem regelmäßigen Zusammenhang mit den in Frage stehenden Sinnäußerungen steht (wie etwa in einem Wittgensteinschen »Sprachspiel« als Einheit von Lebensform, Sprachgebrauch und Sinndeutung der Welt [280].) In diesen Fällen wird aber stillschweigend vorausgesetzt, daß das zu beobachtende Verhalten nach einer Regel mit der zu beurteilenden Sinnäußerung verknüpft ist, die dem normativ richtigen Verständnis der Sinnäußerung genau entspricht. Diese Voraussetzung ist jedoch keineswegs selbstverständlich. Denn in den philosophisch (und geistesgeschichtlich) kritischen Fällen wird ja gerade das rechte Verstehen der Sinnäußerung zum Problem. Steht z. B. zur Diskussion, was die Lehren eines Metaphysikers oder eines Religionsstifters eigentlich meinen, so würde eine Orientierung an den faktischen Konsequenzen ihrer Lehren ja, unter anderem, auch und gerade die leeren Kontroversen oder gar kriegerischen Auseinandersetzungen, welche eine Sinnkritik als grundlos erweisen möchte, als Sinnkriterium legitimieren.

Tatsächlich lag Peirce bei der Einführung der »Pragmatischen Maxime« der Sinnklärung nichts ferner, als das Verstehen des Sinns von Ideen durch das Beobachten oder Beschreiben ihrer faktisch eintretenden Folgen zu ersetzen. Vielmehr setzte er als Logiker voraus, daß die »Art der Handlungen«, welche ein Kriterium für die Art der Überzeugungen darstellen soll, nach einer Regel aus den Überzeugungen folgt, welche dem rechten Verstehen – d. h. für Peirce: der richtigen Interpretation durch Schlußfolgerung – der Überzeugungen entspricht. Hier könnte freilich jemand einwenden: Wenn die »Pragmatische Maxime« der Sinnklärung das rechte Verstehen des Sinns schon voraussetzt, dann kann sie nicht mit Hilfe des Verhaltens, das aus einer Überzeugung folgt, eine methodische Klärung des Sinns

280 Vgl. K. O. Apel: Wittgenstein und das Problem des hermeneutischen Verstehens. In: Ztschr. f. Theologie u. Kirche. 63. Jg. 1966, S. 49–87 (jetzt in: Transformation der Philosophie, a.a.O., Bd. I).

erreichen wollen; kurz: der semantische Pragmatismus als Methode des Verstehens beruht auf einem logischen Zirkel. – Dieses beliebte Argument beruht jedoch im vorliegenden Fall – wie fast immer, wenn es in einem nichttrivialen philosophischen Kontext vorgebracht wird – auf der Verwechslung des legitimen »circulus fructuosus« der synthetischen Logik mit dem allerdings zu vermeidenden »circulus vitiosus« der deduktiven Logik.[281] Tatsächlich liegt die Entdeckung von Peirce gerade darin, daß man das Verständnis des Sinns von Begriffen oder Sätzen durch die, im Gedankenexperiment (nicht in empirischer Beobachtung!) gewonnene, »Vorstellung« der praktischen Konsequenzen (einschließlich der möglichen empirischen Beobachtungen), die sich aus dem rechten Verständnis ergeben »würden«, wesentlich vertiefen kann. Es liegt hier m. E. eine Form des von Dilthey beschriebenen »hermeneutischen Zirkels« oder – mit Hegel gesprochen – der dialektischen »Vermittlung« vor, welche das neue Moment der vorgängigen Vermittlung von Sinnverstehen durch zukünftige Praxis in sich aufgenommen hat.[282]

Peirce hat seine »Pragmatische Maxime« in dem Aufsatz von

281 Diese Unterscheidung läßt sich gerade aufgrund der Peirceschen Idee der synthetischen Logik so begründen, daß sie vielleicht auch für diejenigen Logiker, für die der bekannte »hermeneutische Zirkel« von vornherein unwissenschaftlich ist, plausibler aussieht. Vgl. oben S. 74, Anm. 116 u. S. 83.
282 Eine nahe verwandte Form dieser Denkfigur liegt bei Heidegger vor, für den ja alles Verstehen von »etwas als etwas« auf der wechselseitigen Voraussetzung eines Vorlaufens in die Möglichkeiten des Daseins (»Entwurf«) und der gleichzeitigen Bestimmtheit dieses Vorlaufens durch das zu verstehende Seiende (»Geworfenheit«) beruht. Auch die Marxsche Vermittlung aller Sinngebung der Geschichte durch gesellschaftliches Engagement (Parteiergreifung auf der Linie zukünftiger Praxis) zeigt im Grunde (vor ihrer Dogmatisierung) dieselbe Struktur; nur daß hier, wie im »existenziellen Engagement«, aus der unendlichen Fülle der – nach Peirce – prinzipiell möglichen technisch-praktischen Explikationen eines Sinnes die in der Situation praktisch (ethisch, politisch, existenziell!) relevanten ausgewählt werden müssen und der mögliche Sinn daher letztlich durch eine subjektive Entscheidung – die freilich rational motiviert sein kann – zu präzisieren ist. (Etwa der Sinn des Satzes »wir besitzen Atomwaffen«.) – In dem hiermit postulierten Vergleich dreier Formen der Vermittlung von Sinnverständnis durch zukünftige Praxis liegt m. E. der Schlüssel zu dem zu Beginn dieser Studie exponierten Problem der heute funktionierenden Arbeitsteilung zwischen Pragmatismus, Existenzialismus und Marxismus.

1878 noch nicht mit jenem logischen Raffinement eingeführt, mit dem er sie später – im Namen des »Pragmatizismus« – gegen populäre Simplifikationen zu verteidigen suchte. Gleichwohl läßt sich zeigen, daß auch die Formulierungen des Pragmatismus von 1878 nur auf der Linie einer – 1903 explizit so genannten – »normative science« interpretiert werden dürfen. Das gilt z. B. für die folgende, zweite grundsätzliche Formulierung, welche auch ein Ausgangspunkt für den Populärpragmatismus-Behaviorismus gewesen zu sein scheint:

»Um die Bedeutung eines Gedankens zu entwickeln, haben wir daher einfach zu bestimmen, welche Verhaltensweisen er hervorbringt, denn was ein Ding bedeutet, besteht einfach in den Verhaltensweisen ⟨habits⟩, die es involviert.« [283]

Die zweimalige Verwendung des Wortes »einfach« suggeriert dem Leser leicht, daß hier eine naturalistische »Reduktion« von Sinn vorgenommen werden soll. Hinzu kommt, daß er die »Verhaltensweisen« (»habits«), die Peirce der »Bedeutung« eines Gedankens als äquivalent zuordnet, nach dem Sprachgebrauch Humes bzw. des Behaviorismus als beobachtbare Tatsachen zu interpretieren geneigt ist, und nicht, nach dem Sprachgebrauch von Peirce, als Verhaltens*regeln,* in denen sich Universalien realisieren, denen nichts Empirisches kategorial korrespondieren kann. Daß Peirce sagt: wir haben zu »bestimmen« (nicht etwa: zu beobachten oder zu beschreiben!), welche Verhaltensweisen der Gedanke hervorbringt, wird ebenso leicht übersehen wie der Umstand, daß das Wort »involviert« am Schluß des Satzes nicht besagt »faktisch zur Folge hat«, sondern »nach einer Regel zur logischen Konsequenz haben würde«. Peirce hat indessen schon in den unmittelbar anschließenden Erläuterungen seiner provozierenden Formeln jenes logische Raffinement entwickelt, das zur Verteidigung seines Pragmatismus später erforderlich wurde. Er fährt fort: »Nun hängt die Identität einer Verhaltensweise davon ab, wie sie uns zum Handeln anleiten k ö n n t e, nicht bloß unter solchen Umständen, wie sie wahr-

283 5.400 (193).

scheinlich eintreten werden, sondern unter solchen, wie sie
möglicherweise eintreten könnten, wenn sie auch noch so
unwahrscheinlich sein mögen.« [284]

Hier ist ganz klar zum Ausdruck gebracht, daß die Verhaltensweise (»habit«), die für Peirce sozusagen das Geheimnis der
Bedeutung enthält, nicht eine faktische Konsequenz ist, deren
Eintreten man als wahrscheinlich abwarten könnte, sondern
eine normative Anleitung für mögliches Handeln, deren universale Regelungsfunktion der Interpret einer Idee in einem
Gedankenexperiment antizipieren kann und muß. In einer
Fußnote von 1893 verschärft Peirce noch einmal die Unterscheidung des »habit« als eines »contrary to fact«-*condicionalis*
von den zu erwartenden faktischen Folgen durch den ergänzenden Nebensatz: »Selbst wenn sie ⟨sc. die Umstände⟩ im Gegensatz zu aller vorherigen Erfahrung stehen würden.« Auch dann
nämlich würde die Verhaltensweise, die in einem universalen
Begriff impliziert ist, an den Umständen ihre Identität als
Regel (als »Vermittlung« der Tatsachen im Sinne der »Drittheit«) zur Geltung bringen. Hierin ist bereits impliziert, daß
das richtige Interpretieren von Ideen, das sich in der Installie-
rung einer menschlichen Verhaltensdisposition bezeugt, die
Funktion hat, die faktische, empirisch beschreibbare Welt im
Sinne der interpretierten Idee zu verändern, d. h. wie Peirce
später sagen wird: die Vernunft mehr und mehr in ihr zu realisieren, in Gestalt neuer – durch menschliches Denken vermittelter – Gesetze. [285]

In dem folgenden Text, in dem die Explikation des Begriffs
der »Verhaltensweise« (habit) fortgesetzt wird, deutet Peirce
zum ersten Mal die Synthese des von Bain her kommenden
protopragmatistischen Motivs der Verhaltensdisposition mit
dem von Ch. Wright (bzw. Berkeley und Mill) inspirierten
empiristischen Verifikationsprinzip durch die Konzeption eines

284 5.400 (193). (Sperrungen im Text nicht von Peirce).
285 Zu der hier von Peirce ins Auge gefaßten Metaphysik der Evolution
vgl. unten, Zweiter Teil, III, 2.

logischen Konditionalgefüges an, in dem mögliche Handlungen und Sinnesdaten als mögliche Auslöser oder Resultate von Handlungen aufeinander bezogen sind:

»Was die Verhaltensweise ist ⟨d. h. worin die Regelung des Verhaltens besteht⟩, hängt davon ab, *wann* und *wie* sie uns zu handeln veranlaßt; was das *Wann* angeht, so ist jeder Antrieb zur Handlung von der Wahrnehmung abgeleitet, was das *Wie* angeht, so ist der Zweck jeder Handlung der, irgendein sinnlich wahrnehmbares Resultat hervorzubringen.«[286]

Peirce gibt im folgenden ein Beispiel, in dem die möglichen Beziehungen der Sinneserfahrung zu dem vom »Habit« geregelten praktischen Verhalten illustriert werden. Angesichts des dogmatischen Streites der Katholiken und der Protestanten (gemeint sind die Reformierten) über die Bedeutung der Abendmahlslehre sucht Peirce zunächst einmal festzustellen, wie wir uns im Rahmen einer möglichen Überzeugung einen Begriff von »Wein« machen können. Dabei unterscheidet er zwei mögliche Satzformen:

1. »Dies, jenes oder etwas anderes ist Wein«
2. »Jener Wein besitzt gewisse Eigenschaften«

Der erste Satz hat gewissermaßen die Funktion, eine Sinneserfahrung als Auslöser (»stimulus«) für ein mögliches Handeln anzuzeigen (z. B. durch den »Index«: »Diesda«); welches Handeln in Betracht kommt, wird durch den regelnden »Habit«, der dem Prädikat »ist Wein« entspricht, bestimmt. »Diesda ist Wein« könnte demnach u. a. bedeuten: »Diesda könnte man trinken«. Der zweite Satz expliziert nun die Bedeutung des Begriffs »Wein« durch weitere Prädikate, welche die Eigenschaften des Weins angeben. D. h. aber: der Satz fordert den durch den indikatorischen Satz »Diesda ist Wein« bereits zum Handeln Animierten dazu auf, sich die »sensible effects« seiner möglichen Handlungen (z. B. des Trinkens) im einzelnen vorzustellen. Die Beziehung der Handlungen zu ihren möglichen Zwecken wird durch die Angabe der Eigenschaften von Din-

286 5.400 (193).

gen im vorhinein als diejenige der Erwartung von möglichen Resultaten expliziert, und damit wird ein erfolgskontrolliertes Verhalten möglich gemacht. Peirce faßt die in den beiden zitierten Sätzen implizierten Beziehungen zwischen möglicher Sinneserfahrung und möglichen Handlungen in dem folgenden Satz zusammen:

»Solche Überzeugungen sind nichts als Selbstverständigungen darüber, daß wir bei Gelegenheit gegenüber von etwas, von dem wir überzeugt sind, daß es Wein ist, gemäß den Eigenschaften handeln sollten, von denen wir überzeugt sind, daß Wein sie besitzt. Die Gelegenheit einer solchen Handlung würde eine sinnliche Wahrnehmung sein, ihre Absicht, ein sinnlich wahrnehmbares Resultat hervorzurufen.« [287]

Aufgrund dieser pragmatistischen Analyse muß Peirce den dogmatischen Anspruch, etwas sei Wein, d. h. habe »alle Eigenschaften von Wein und sei doch in Wirklichkeit Blut« als »sinnloses Gerede« bewerten. [288] (Dabei setzt er voraus, daß die Substanz des Weins nicht, wie in der katholischen Dogmatik angenommen wird, von ihren Eigenschaften getrennt aufgefaßt und so als einer »Transsubstantiation« unterworfen gedacht werden kann. Die Substanz läßt sich für Peirce zwar nicht, wie für Berkeley, restlos auf die sinnlich wahrnehmbaren Eigenschaften reduzieren, aber sie »hat auch kein Sein außer dem Subjekt-von-Qualitäten-Sein ... Wenn alle ihre Qualitäten weggenommen würden ..., so würde sie nicht nur nicht existieren, sie würde auch keinerlei positive, bestimmte Möglichkeit haben ...« [289] Hier wird erstmals sichtbar, daß die pragmatische Methode der Bedeutungsanalyse zugleich geeignet sein könnte, ein Kriterium zur Unterscheidung sinnvoller und sinnloser Sätze zu liefern – ein Gesichtspunkt, den Peirce später explizit und prinzipiell zum Ausdruck gebracht hat. [290]

287 5.401 (194).
288 Ebda.
289 1.527 (Diese Stelle stammt aus einem Vorlesungsmanuskript zur Kategorienlehre von 1903. Ich wurde auf sie durch die Arbeit von Peter Krausser aufmerksam gemacht).
290 S. unten S. 145.

Im unmittelbaren Anschluß an das Beispiel von der möglichen Bedeutung des Weins gelangt Peirce zu der maßgebenden Formulierung der »Pragmatischen Maxime«, auf die er später immer wieder zurückkommt. Aus noch zu erörternden Gründen müssen wir sie in englischer und deutscher Fassung wiedergeben:

»Consider what effects, that might c o n c e i v a b l y have practical bearings, we c o n c e i v e the object of our c o n c e p t i o n to have. Then, our c o n c e p t i o n of these effects is the whole of our c o n c e p t i o n of the object.« [291] (»Überlege, welche Wirkungen, die denkbarerweise praktische Relevanz haben könnten, wir dem Gegenstand unseres Begriffes in unserer Vorstellung ⟨ = Gedankenexperiment⟩ zuschreiben. Dann ist unser Begriff dieser Wirkungen das Ganze unseres Begriffs des Gegenstandes.«)

In dieser Formulierung der »Pragmatischen Maxime«, die weder zu den klarsten noch zu den aufschlußreichsten gehört, wird in erster Linie der Begriff der zu erwartenden sinnlich erfahrbaren Wirkungen eines Gegenstands (z. B. des Weins) für die Explikation der Bedeutung des Gegenstands herangezogen; die mögliche konditionale Vermittlung dieser Erwartungen durch ein geregeltes menschliches Verhalten bzw. die mögliche Auslösung von zweckbezogenen Handlungen durch die »sensible effects« der Gegenstände wird durch den eingeschobenen Nebensatz »die denkbarerweise praktische Relevanz ⟨bearings⟩ haben könnten« nur recht unzulänglich angedeutet. Interessanter ist die fünfmalige Verwendung von Ableitungen des Verbums »conceive«, die im englischen Text sofort auffällt. Auf diesen auffallenden Wortgebrauch hat Peirce sich in der Fußnote zur »Pragmatischen Maxime« von 1906 mit vollem Recht berufen, um dem Verdacht entgegenzutreten, er habe 1878 den »Begriffssinn« (»intellectual purport«) von Symbolen auf etwas, das nicht selbst den universalen Charakter von Begriffen hat (z. B. Sinnesdaten oder faktische Handlungen) »redu-

291 5.402 (195). (Sperrungen im Text nicht von Peirce).

zieren« wollen. [292] Tatsächlich hat das Wort »conveive« mit seinen Ableitungen in allen Texten seit den Kantstudien des jungen Peirce immer die verstandesmäßige (schlußvermittelte) begriffliche Erkenntnis im Gegensatz zur »sensation« (=»intuition«) des Nominalismus-Empirismus bezeichnet. Diese letztere konnte für Peirce stets nur im Rahmen der synthetischen Funktion der universalen »conception« als induktive Verifikation hic et nunc (»Zweitheit« innerhalb der »Drittheit«) fungieren.

Die in der »Pragmatischen Maxime« von 1878 tatsächlich vollzogene Gleichsetzung von Begriffen der Dinge mit – im Gedankenexperiment – zu gewinnenden Begriffen der Wirkungen der Dinge entspricht implizit einer fortgeschritteneren, satzanalytischen Formulierung der »Pragmatischen Maxime«; diese schreibt die äquivalente Umformung von assertorischen Sätzen über Dinge und ihre Eigenschaften in konditionale Sätze vor, welche von den zu erwartenden »sensible effects« der Dinge in bezug auf mögliche menschliche Handlungen reden. In den physikalisch orientierten, aber bewußt populär gehaltenen Beispielen, die Peirce im Anschluß an die definitive Formulierung der »Pragmatischen Maxime« gibt, kommt bereits eine erste Annäherung an die satzanalytische Maxime zustande. So, wenn Peirce vorschlägt: »Laßt uns fragen, was wir damit meinen, wenn wir ein Ding *hart* nennen. Offenbar dies: daß es durch viele andere Substanzen nicht geritzt werden wird.« [293] Oder: »Zu behaupten, ein Körper sei schwer, meint einfach, daß er, wenn keine entgegengesetzte Kraft auf ihn einwirkt, fallen wird.« [294]

Hier wird die »Wenn . . ., dann . . .«-Struktur der satzanalytischen Formel des Pragmatismus bereits sichtbar; es ist aber zu bemerken, daß Peirce hier noch nicht die vom Menschen auszuführende Operation in den »Wenn«-Satz einsetzt, sondern mögliche Kausalwirkungen von Naturprozessen. In der experimentellen Naturwissenschaft gilt indessen – implizit seit

292 Vgl. 5.402 n. 3, 1906 (212 ff., Anm. 20).
293 5.403 (195).
294 Ebda.

Galilei – der Grundsatz, daß wir erst dann ein kontrollierbar-allgemeingültiges Wissen über einen Naturvorgang besitzen, wenn wir den Vorgang im Experiment produzieren können. [295] Umgekehrt setzt freilich dieses Produzierenkönnen des Naturvorgangs – z. B. schon das Fallenlassen eines »schweren Gegenstandes«, soll es den Charakter einer experimentellen Operation haben – die theoretische Kenntnis der Ursachen und Wirkungen des zu produzierenden Vorgangs voraus. [296] Daraus ergibt sich, daß eine satzanalytische Form der »Pragmatischen Maxime«, welche als »operative Definition« in der Physik dienen kann, nicht nur die möglichen menschlichen Handlungen in den »Wenn«-Satz eines Konditionalgefüges einsetzen muß, sondern darüberhinaus diese möglichen »Handlungen« als »Operationen«, die ein exaktes Wissen implizieren, genau vorschreiben muß. Später hat Peirce eine solche Formulierung der »Pragmatischen Maxime« gegeben, die zugleich ihre Funktion als Sinnkriterium zum Ausdruck bringt. Er sagt z. B. 1905 von der Geisteshaltung des »typischen experimentellen Wissenschaftlers«:

»... welche Behauptung man auch immer aufstellen mag, er wird als Bedeutung derselben entweder dies verstehen: daß, *wenn* eine bestimmte Vorschrift für ein Experiment möglich ist

295 Darin liegt eine Konkretisierung des von Cusanus über Cardanus und Vico bis zu Kant die neuzeitliche Wissenschaftstheorie leitenden Prinzips, daß wir nur das verstehen, was wir machen können. Kant ergänzt bereits in seinen »Reflexionen« (Nr. 395): »wenn uns der Stoff dazu gegeben würde«. Ein Analogon zu der pragmatistischen Konkretisierung des Machens im »Stoff« findet sich in Fr. Engels Beispiel von der Alizarinsynthese, wo es heißt: »Wenn wir die Richtigkeit unserer Auffassung des Naturvorgangs beweisen können, indem wir ihn selbst machen, ihn aus seinen Bedingungen erzeugen, ihn obendrein unseren Zwecken dienstbar werden lassen, so ist es mit dem Kantschen unfaßbaren ›Ding an sich‹ zu Ende« (in: »Ludwig Feuerbach . . .«, Philos. Bibl. Bd. 230, Leipzig 1946, S. 15). Es braucht kaum betont zu werden, daß Peirce mit Engels' realistischen Konsequenzen völlig übereinstimmt, obwohl er kein Materialist war.
296 Auch hier liegt wieder eine interessante Form des »Zirkels« vor, die besonders bei Bridgmann aktuell (wenn auch m. E. nicht geklärt) wurde. Vgl. hierzu K. R. Poppers Kritik des reduktiven »Operationalismus« in »Conjectures and Refutations« (London 1963, S. 62) sowie in »The Logic of Scientific Discovery« (London 1960, S. 440 f.).

und ausgeführt wird, *dann* eine bestimmt umschriebene Erfahrung folgen wird, oder er wird überhaupt keinen Sinn in dem, was man sagt, erkennen.« [297]

In demselben Jahre, in dem Peirce dies niederschrieb, erschien im Band 17 der »Annalen der Physik« Albert Einsteins grundlegende Arbeit zur »speziellen Relativitätstheorie«, in der die Tragweite der in den operativen Definitionen der Grundbegriffe der Physik enthaltenen »semantischen Revolution« (Ph. Frank) sichtbar wurde. Wir können auf die Bedeutung des Peirceschen Operationalismus für die Grundlagenprobleme der Physik und der Mathematik erst anhand der späteren Dokumente näher eingehen. Im folgenden werfen wir anhand einiger problematischer Textstellen der Geburtsurkunde des Pragmatismus einen kurzen Blick auf die ungelösten Fragen der Philosophie des jüngeren Peirce, die den Ausgangspunkt für die spätere »Revision« des Pragmatismus im Namen des »Pragmatizismus« darstellten.

3. Die ungelösten Probleme der zweiten Periode (ein Ausblick)

Unmittelbar anschließend an die pragmatische Interpretation des Satzes »Ein Ding ist hart« in dem Aufsatz »Wie wir unsere Ideen klären können« stellt Peirce die erstaunliche Behauptung auf: »Es besteht absolut kein Unterschied zwischen einem harten und einem weichen Ding, solange sie nicht einem Test unterworfen worden sind.« [298] Mit dieser These scheint Peirce der bisher entwickelten Grundkonzeption seiner Philosophie in den wesentlichen Punkten zu widersprechen:

1. Die Unterscheidung der Bedeutung der Prädikate »hart« und »weich« wird von der faktischen Ausführung eines Experiments abhängig gemacht. Das widerspricht der Explikation des Sinns von allgemeinen Begriffen durch die logisch-grammatische Denkform eines »contrary-to-fact«-*condicionalis*, die

297 5.411 (427 ff.).
298 5.403 (195).

wir bisher als Pointe der Peirceschen Sinntheorie ansehen konnten. [299]

2. Damit wird auch die Wahrheit der Sätze »Das Ding ist hart« bzw. »Das Ding ist weich« von der faktischen Verifikation durch den Test abhängig gemacht. Das widerspricht der von Peirce stets behaupteten Unabhängigkeit der Eigenschaften des Realen von der faktischen Erkenntnis der Menschen; der sinnkritische Realismus, insbesondere der darin implizierte Universalienrealismus, scheint zugunsten eines sensualistischen Positivismus aufgegeben. Alles dies sind Thesen, die zu dem Protopragmatismus von Ch. Wright und zu dem späteren populären Pragmatismus von W. James passen, die aber den fundamentalen Ansatz der Peirceschen Philosophie zunichte machen. Handelt es sich hier – wie man vermuten könnte – nur um eine unvorsichtige Formulierung? Diese Vermutung wird durch den folgenden Text enttäuscht, in dem Peirce seine Behauptung an einem Beispiel erhärtet:

»Nimm an, daß ein Diamant in der Mitte eines Baumwollkissens kristallisiert werden könnte und dort bliebe, bis daß er schließlich verbrannt wäre. Würde es falsch sein zu sagen: der Diamant war weich?« Peirce präzisiert die Frage: »Was hindert uns zu sagen: alle harten Körper bleiben vollkommen weich, bis daß sie berührt werden, wobei ihre Härte mit dem Druck anwächst, bis daß sie geritzt werden?« Man könnte erwarten, daß Peirce jetzt seinen Universalienrealismus mobilisieren würde, um zu erklären, was uns an dem vorgeschlagenen Sprachgebrauch hindert. Indessen gibt Peirce zur Antwort: »Es würde nichts *Falsches* in solchen Redeweisen liegen. Sie würden eine Modifikation unseres gegenwärtigen

<hr>

299 Tatsächlich hat Peirce selbst die Satzform des »contrary-to-fact-*condicionalis*« (das berühmte »would be«) bereits in den Schriften der 1. und 2. Periode gewissermaßen instinktiv angewandt. Erst in der letzten Periode aber hat er daraus ein Prinzip gemacht und nachträglich alle indikativischen Formulierungen der zu erwartenden Konsequenzen eines Testes durch »would-be«-Formulierungen ersetzt. Vgl. hierzu die Anmerkungen der Editoren der »Collected Papers« über Textänderungen, die wir in unserer Ausgabe übernommen haben.

Sprachgebrauchs hinsichtlich der Wörter ›hart‹ und ›weich‹ involvieren, nicht aber eine Modifikation der eigentlichen Bedeutung der Wörter. Denn sie stellen keine Tatsache anders dar als sie ist; ... die Frage, was sich ereignen würde unter Umständen, welche nicht aktuell eintreten, ist keine Frage der Tatsachen, sondern lediglich eine Frage des verständlichsten sprachlichen Arrangements der Tatsachen.«[300]

Hier bekennt sich Peirce eindeutig zum Nominalismus, und zwar nimmt er diejenige Form des Nominalismus vorweg, die von R. Carnap im 20. Jahrhundert entwickelt wurde, für den z. B. die Frage, ob die Welt aus Sinnesdaten oder aus materiellen Dingen besteht, durch die Frage ersetzt werden soll, ob eine sensualistische oder eine physikalistische Wissenschaftssprache zweckmäßiger ist. Daß hier ein Rückfall in den Nominalismus von der angedeuteten Art vorliegt, hat der späte Peirce bestätigt.[301] Die Frage erhebt sich jedoch, wie es zu einem solchen nominalistischen Lapsus nach der Berkeley-Rezension von 1871 kommen konnte. Aufschluß darüber läßt sich aus der »Logik von 1873« gewinnen, in der Peirce das Diamanten-Beispiel auch bereits ausführlich erörtert.

Hier stellt Peirce richtig fest: Wenn wir sagen »Das Tintenfaß ist schwer«, so »meinen wir lediglich: wenn ihm die Unterlage entzogen wird, wird es zu Boden fallen. Dies mag vielleicht niemals geschehen – und doch sagen wir, daß es die ganze Zeit hindurch wirklich schwer ist«.[302] Aber er wundert sich über diesen Sprachgebrauch und sieht darin eine Paradoxie, die er am Beispiel vom Diamanten folgendermaßen expliziert: »...obwohl die Härte (sc. des Diamanten) völlig durch die Tatsache konstituiert wird, daß ein anderer Stein gegen den Diamanten gerieben wird, so verstehen wir sie doch nicht dahin, daß der Diamant erst beginnt, hart zu sein, wenn der andere Stein gegen ihn gerieben wird.«[303]

300 5.403 (195 f.).
301 Vgl. 5.453–5.458 (467 ff.) und 8.208 (577 ff.). Dazu unten, Zweiter Teil, IV, 3.
302 7.341.
303 7.340.

Die Schwierigkeit, auf die Peirce hier stößt, beruht – im Lichte seiner eigenen Philosophie betrachtet – offenbar auf folgendem kategorialen Fehler, der in der Formulierung der vorgeblichen Paradoxie enthalten ist: Die Härte des Diamanten, die mit dem Diamantsein zugleich beginnt, wird nicht durch irgendwelche »tatsächlichen« Tests konstituiert, sondern durch das reale »Gesetz«, demzufolge in allen Tests, die einer bestimmten Vorschrift gehorchen, bestimmte »sensible effects« auftreten *würden*. In bezug auf diese real möglichen Tests ist die Härte des Diamanten eine reale Möglichkeit in den Dingen, die sich in den Tests lediglich aktualisiert. – Diese Lösung wird Peirce indessen erst nach 1900 im Rahmen einer modallogischen Vertiefung seines Universalienrealismus explizit begründen können. [304]

Der Kontext des Diamantenbeispiels in der Logik von 1873 verrät jedoch eine noch tiefer liegende Schwierigkeit in der Peirceschen System-Konzeption – oder, besser gesagt, in dem bis dahin erreichten reflektierten Bewußtsein dieser Konzeption: Peirce versucht eine Auflösung der »Paradoxie«, die ihn beschäftigt, in der folgenden allgemeinen Form: »Der Gegenstand der Überzeugung existiert zwar nur, weil die Überzeugung existiert; aber das ist nicht dasselbe wie zu sagen: er beginnt erst zu existieren, wenn die Überzeugung zu existieren beginnt.« [305]

Diese Formulierung ist offenbar noch keine Auflösung der Paradoxie; und der Grund dafür liegt darin, daß Peirce sich dem Berkeleyschen Idealismus und zugleich Empirismus, den er 1871 kritisierte, offenbar noch nicht gänzlich entwunden hat: Der Gegenstand der Überzeugung existiert keineswegs, weil irgendeine Überzeugung existiert – auch nicht, weil die Existenz einer »letzten Überzeugung«, in der er erkannt sein würde, postuliert werden muß, sondern seine Existenz muß in jeder Überzeugung schon vorausgesetzt werden, wie Peirce selbst schon 1868 richtig erkannt hatte. Abhängig von möglichen Über-

304 Vgl. hierzu unten, Zweiter Teil, IV, 3.
305 7.340.

zeugungen der denkenden Wesen ist lediglich – in einem gewissen Sinn – der mögliche Sinn des Realen, also seine »Realität« oder »Gegenständlichkeit«.[306] Diese ist aber – nach Peirces Definition der Realität – auch nicht von faktisch existierenden Überzeugungen abhängig, sondern nur von der normativ-idealen letzten Überzeugung, auf die aller Sinn des Realen uns Menschen jetzt schon, sooft wir eine »sinnkritische« Definition versuchen, als universaler Sinn hinweist.

Um die hier vorliegende Problemsituation zu klären, mußte Peirce seine Kategorienlehre, die freilich seit 1867 im Ansatz konzipiert war, in der Weise ausarbeiten, wie es seit 1885 geschah. Diese Ausarbeitung führte ihn zu einer klaren Unterscheidung der »Realität«, sofern sie unter die Kategorie der »Drittheit« fällt (zusammen mit »Gesetz«, »Gedanke«, »Vermittlung«, »Kontinuität«, »Universalität«), von der »Existenz« des Realen, die nicht erkannt, d. h. gedanklich bewiesen, sondern nur als Willenswiderstand erlebt und durch die situationsabhängigen »indices« der Sprache angezeigt werden kann. (»Existenz«, Erlebnis des Willenswiderstandes, Indikationsfunktion der Sprache – im Gegensatz zur »symbolischen Repräsentation« –, alles, was schlechthin als Tatsache sich ereignet, begegnet, uns zustößt, ohne daß »Vermittlung« durch Sinn vorausgesetzt wird, fällt unter die Kategorie der »Zweitheit«.)[307]

Peirces Pragmatismus – das mag aus den zuletzt angedeuteten Schwierigkeiten deutlich geworden sein – entstand aus der fruchtbaren Spannung seines sinnkritischen Realismus (der in erster Linie ein transformierter Kantianismus, in zweiter Linie ein sehr moderner Scotismus war) mit den dauernden Anregungen seiner empiristisch-nominalistisch orientierten Freunde und der angelsächsischen Tradition, die in der Zeit des »Metaphysical Club« ihren Höhepunkt erreichte.[308] Daß seine

306 Diese Unterscheidung, die wir hier im Sinne der Peirceschen Kategorienlehre vornehmen, entspricht soweit der »ontisch-ontologischen Differenz« bei Heidegger. Vgl. aber den nächsten Satz!
307 Vgl. oben, Anm. 54.
308 Vgl. hierzu die treffende Charakteristik dieser Situation in Peirces »Vorwort zu: Mein Pragmatismus« von 1909 (meine Ausgabe, S. 141 ff.).

Freunde, vor allem W. James, den Pragmatismus anders verstanden, als er – vor dem Hintergrund der Peirceschen Systemkonzeption – verstanden werden muß, kann unter diesen Bedingungen nicht überraschen. Aber vielleicht wird auch dies schon aus der hier vorliegenden Interpretation und Dokumentation verständlich: daß auch der späte Peirce – nicht nur für James, sondern auch für die inzwischen in Amerika herangewachsene Generation minutiöser Kenner seiner zahllosen »opuscula« – ein unerschöpflicher Quell fruchtbarer Mißverständnisse geblieben ist.

Zweiter Teil
Peirces Denkweg vom Pragmatismus zum Pragmatizismus

I. Vorblick: Der späte Peirce
Die beiden letzten Perioden seines Denkweges

Im Frühjahr 1884 wurde der 45jährige Ch. S. Peirce ohne öffentliche Angabe der Gründe – aber, wie heute feststeht[1], aufgrund einer Beratung des Executive Committee der Johns Hopkins-Universität über eine gewisse »Information«, betreffend Mr. Peirce – aus dem seit 1879 bestehenden Dozentenverhältnis entlassen. Damit fand die vielversprechende[2] akademische Karriere des originellsten amerikanischen Philosophen ihr Ende. Trotz seiner glänzenden Familienbeziehungen – als Sohn des berühmten Harvard-Mathematikers Benjamin Peirce (1809-1880) und Bruder des dean of Harvard College James Peirce (1834-1906) – erhielt Ch. S. Peirce nie mehr eine Universitätsposition. Nachdem er sich 1887 mit Hilfe einer kleinen Erbschaft ein Haus in Milford (Pennsylvania) gebaut hatte, lebt er dort zunächst in »nahezu völliger Isolation«.[3] Dennoch haben wir Anlaß, schon von der Lebensgeschichte her zwei Perioden des späten Peirce zu unterscheiden; denn der einsame Denker wurde gegen Ende des Jahrhunderts noch einmal ins

1. Vgl. Murphey: The Development of Peirce's Philosophy, Cambridge, Mass. 1961, S. 291 f.
2 Peirce hatte in der Johns Hopkins-Universität sein Ideal einer *Community of scholars* realisieren können. Mit einer Klasse von Schülern, unter denen besonders Christine Ladd und O. H. Mitchell, der Mitbegründer der Quantorenlogik, hervorragten, erarbeitete er die »Studies in Logic by Members of the Johns Hopkins University« (Boston 1883). Als akademischer Lehrer und als Leiter des 1879 von ihm begründeten »Metaphysical Club« (nach dem Vorbild des berühmten »Metaphysical Club« von 1871 ff., in dem der Pragmatismus geboren wurde!) hatte er Einfluß auf eine Elite von jungen amerikanischen Forschern, darunter Thomas Craig, Josiah Royce, John Dewey, Thorstein Veblen. (Vgl. Max Fisch and Jackson J. Cope: »Peirce at the Johns Hopkins University«. In: *Studies* I, a. a. O., S. 277-311).
3 Murphey, a. a. O., S. 292.

Scheinwerferlicht der Öffentlichkeit zurückgeholt, und diese letzte psychologisch bedeutsame Wendung im äußeren Lebensgeschick hatte auch eine neue Epoche in Peirces Philosophie zur Folge[4].

Nachdem Peirce in der Einsamkeit in Milford seit etwa 1890 seine Metaphysik der Evolution ausgearbeitet und im Zusammenhang damit vergebens versucht hatte, ein umfassendes System der Philosophie zu publizieren[5], wurde er durch die »California-Address« von W. James über »Philosophical Conceptions and Practical Results« im Jahre 1898 plötzlich als Begründer des »Pragmatismus« berühmt gemacht.[6] Diese neue Rolle, die ihm von dem treuen Freund W. James gewissermaßen zugespielt wurde, zwang ihn, auf einen Ansatz zurückzukommen, den er selbst immer nur als Maxime im größeren Rahmen einer Logik der Forschung, jedenfalls nicht als positive Grundlage und *ratio sufficiens* einer Philosophie oder gar »Weltanschauung« eingeschätzt hatte. Die ersten Reaktionen Peirces auf die Pragmatismus-Diskussion zeigen deutlich, wie fremd ihm die Pointen seiner von James zur Geburtsurkunde des Pragmatismus ernannten Aufsätze von 1877 und 1878[7] in mancher Hinsicht geworden waren[8]; und noch die große von James in der

4 Vgl. oben, S. 37 ff.
5 Vgl. oben, S. 30, Anm. 28, und S. 40.
6 Am 10. Nov. 1900 schrieb Peirce an James: »Wer erfand den Terminus Pragmatismus, ich oder Du? Wo erschien er zuerst im Druck? Was verstehst Du darunter?« Und James antwortete auf einer Postkarte vom 26. Nov. 1900: »Du erfandest den Terminus ›Pragmatismus‹ und ich gab Dir dafür vollen Kredit in einer Vorlesung mit dem Titel ›Philosophische Begriffe und praktische Folgen‹, von der ich Dir vor ein paar Jahren zwei Kopien schickte, die Du nicht bestätigt hast« (8.253, meine Ausgabe, S. 543). Vgl. dagegen die genauen Erinnerungen Peirces an die Zeit des »Metaphysical Club« von 1907 (5.13, meine Ausgabe, S. 500 f.) und 1909 (meine Ausgabe, S. 141 ff.).
7 »The Fixation of Belief« und »How to Make Our Ideas Clear«, s. meine Ausgabe, S. 149 ff.
8 In der von James arrangierten populären Vorlesung von 1898 über »Philosophy and the Conduct of Life« (1.616–677) stellte sich der »Vater des Pragmatismus« dem erstaunten Publikum mit den Worten vor: »I stand

Harvard-Universität arrangierte Pragmatismus-Vorlesung von 1903 ist derart kompliziert mit dem Systemprogramm des späten Peirce verflochten, daß James in ihr den »Pragmatismus« kaum wiederzuerkennen vermochte und angesichts der Unverständlichkeit der Vorlesung von einer Veröffentlichung dringend abriet.[9] Erst in der Serie von drei Abhandlungen in *The Monist* von 1905 antwortet Peirce in annähernd genauer Beschränkung auf die Fragen, die das Publikum seit den Veröffentlichungen von W. James mit dem Begriff »Pragmatismus« verknüpfte. Eben hier fand er es aber nötig, seine Antwort auf diese Fragen, die jetzt ausdrücklich als authentische Interpretation der eigenen Arbeiten von 1877/78 vorgetragen wird, von der Antwort der übrigen Pragmatisten abzusetzen und sie durch den bewußt häßlichen, neuen Titel »Pragmatizismus« vor weiteren »Kindsräubern« zu schützen.[10]

In einer Einführung in den Pragmatismus von Peirce anhand einer begrenzten Auswahl von Texten könnte man versucht sein, von der Erörterung der klassischen Periode der Geburt des Pragmatismus in den 70er Jahren des 19. Jahrhunderts unmittelbar zu den »Pragmatizismus«-Aufsätzen von 1905/06 überzugehen und die dazwischen liegende Periode der Aufsätze zur Metaphysik und der ehrgeizigen Systemprogramme des einsamen Milford-Denkers unberücksichtigt zu lassen. In einem

before you an Aristotelian and a scientific man, condemning with the whole strength of conviction the Hellenic tendency to mingle philosophy and practice« (1.618). Er machte damit seinem Ärger darüber Luft, daß er nicht, seinem eigenen Vorschlag entsprechend, über »Objective Logic« (d. h. Logik der Evolution), sondern über »topics of vital importance« sprechen sollte (vgl. 1.623). Noch 1902 schrieb Peirce in seinem Beitrag über »Pragmatic and Pragmatism« in Baldwin's »Dictionary of Philosophy and Psychology«: »The doctrine appears to assume that the end of man is action – a stoical axiom which, to the present writer at the age of sixty, does not recommend itself so forcibly as it did at thirty.« (5.3; meine Ausgabe, S. 316); vgl. unten S. 168, 287 ff.

9 Vgl. Peirces Brief an Mrs. Ladd-Franklin vom 20. 10. 1904 (meine Ausgabe, S. 421, Anm. 1). James charakterisiert die Vorlesung in seiner Pragmatismus-Vorlesung von 1908 mit den Worten: »flashes of brilliant light relieved against Cimmerian darkness.« (Zitat nach CP, V, S. 11).

10 5.414 (432). Wir werden im folgenden die Texte der letzten »Monist«-Serie als »Pragmatizismus-Aufsätze« zitieren.

gewissen – populärerweise »pragmatisch« zu nennenden – Sinne würde das die Arbeit der Edition und der Einführung wesentlich erleichtern. Wir haben jedoch schon oben, im Ersten Teil, Wert darauf gelegt, den »philosophischen Hintergrund« gerade des *Peirce*schen Pragmatismus freizulegen und ihn von den zu Beginn dieses Jahrhunderts in Deutschland gängigen Vorstellungen zum Thema Pragmatismus hinreichend deutlich abzusetzen. So haben wir den Versuch gemacht, den Peirceschen Pragmatismus der 70er Jahre aus der Überwindung des neuzeitlichen Nominalismus im sinnkritischen Realismus der späten 60er Jahre verständlich zu machen, ohne die bedeutsame Anregung Peirces durch die nominalistischen Protopragmatisten des »Metaphysical Club«, N. St. J. Green und Ch. Wright, zu unterschätzen.[11] Ebenso wollen wir jetzt versuchen, den Pragmatizismus der 4. und letzten Periode des Peirceschen Denkweges auf dem Hintergrund der bis 1903 entwickelten Systemkonzeption Peirces tiefer verständlich zu machen, als das sonst möglich wäre.

Die Berücksichtigung der Zwischenzeit zwischen den Pragmatismus- und den Pragmatizismus-Aufsätzen empfiehlt sich schon deshalb, weil die Metaphysik der Evolution, die Peirce in der dritten Periode ausarbeitet, gerade den Zusammenhang der 1. und der 2. Periode, der »Theory of Cognition and Reality« von 1868 ff. mit der »Theory of Inquiry« von 1871 ff., zu explizieren und kosmologisch zu fundieren versucht.[12] Indessen genügt eine Interpretation der Metaphysik der Evolution, die Peirce in der »Monist«-Serie von 1891-93 publizierte, noch keineswegs, um die große Pragmatismus-Vorlesung von 1903, in der sich die Rückkehr Peirces zum Thema seiner »Logik der Forschung« dokumentiert, verständlich zu machen. Auch für

11 Vgl. oben, Erster Teil, IV. Zu wenig berücksichtigt wurde von uns die Beziehung zwischen der pragmatistischen Bedeutungstheorie, wie sie zuerst 1871 in der Berkeley-Rezension zum Durchbruch kommt, und der 1869/70 von Peirce in Anknüpfung an A. De Morgan ausgearbeiteten Logik der Relationen. Vgl. M. Murphey, a. a. O., S. 151 ff. Vgl. unten S. 224 ff.
12 Zur Unterscheidung der vier Perioden des Peirceschen Denkweges vgl. oben, S. 38 ff.

Peirce selbst war es anscheinend nicht möglich, unmittelbar von seiner um 1898 erreichten metaphysischen Position her zu dem von W. James exponierten Thema des Pragmatismus Stellung zu nehmen. Es bedurfte dazu vielmehr einer Reorganisation seiner auf Kant zurückgehenden »architektonischen« Systemkonzeption, die auf eine neue Grundlegung seiner »Logik der Forschung« im Rahmen einer umfassenden Hierarchie der Wissenschaften hinausläuft. Wir möchten die Problematik dieser um 1903 abgeschlossenen, letzten Systemkonzeption, die das schwierigste Thema der Peirce-Interpretation darstellen dürfte[13], zunächst vorwegnehmend skizzieren, bevor wir uns einer Interpretation der ausgewählten Texte in chronologischer Reihenfolge zuwenden. Wir gehen dabei von der Überzeugung aus, daß die Systemkonzeption von 1903 den Schlüssel zum späten Peirce liefert, indem sie die Metaphysik der 3. Periode an ihren systematischen Ort stellt und die Voraussetzungen für den »Pragmatizismus« der 4. Periode sichtbar macht.

II. Die Systemkonzeption des späten Peirce

Zu den von Kant übernommenen fundamentalen Voraussetzungen der Peirceschen Philosophie gehört das Prinzip der »Architektonik«.[1] Ihm zufolge konnte Peirce weder die »Logik« noch die empirischen Einzelwissenschaften als metaphysisch neutral ansehen, wie es sein Lehrer Ch. Wright empfahl und wie es heute weitgehend dem Usus eines praktischen Positivismus (und konventionalistischen Pragmatismus) entspricht. Vielmehr mußte er, mit Kant, daran festhalten, daß die »formale Logik« die Basis einer »metaphysischen Deduktion« der Kategorien darstellt, welche die Bedingungen der Möglichkeit

13 Vgl. Murphey, Kap. XVII.

1 Vgl. Kant: Kr. d. r. V. (A 832 f., B. 860 f.). Vgl. Peirce, 5.7–12 (498 ff.) u. 1.176–179. Das Prinzip der »Architektonik« wurde von Murphey als heuristische Hypothese seiner imponierenden »Entwicklungsgeschichte der Peirceschen Philosophie« zugrundegelegt.

aller empirischen Wissenschaft bilden. An die Stelle der »transzendentalen Deduktion« der Kategorien aus dem »höchsten Punkt« Kants, der »transzendentalen Synthesis der Apperzeption«, trat bei Peirce, wie wir früher zu zeigen versuchten[2], die »Logik der Forschung«, welche aus dem sinnkritischen Postulat (und »regulativen Prinzip«) des notwendigen Consensus einer »unbegrenzten Gemeinschaft der Forscher« die objektive Geltung der synthetischen Schlußverfahren (Induktion und Abduktion) im Rahmen der experimentellen Wissenschaft zu deduzieren hatte.

Die Resultate der dritten Periode im Zusammenhang mit der Reaktualisierung der Pragmatismus-Problematik durch W. James zwangen Peirce nun zu einer Differenzierung der soeben skizzierten Architektonik in zweifacher Hinsicht: Einerseits mußte das Verhältnis der pragmatistischen Logik im weiteren Sinn, welche als Logik der Forschung und Semiotik das Erbe der transzendentalen Logik Kants übernommen hatte, zur Metaphysik der Evolution und, durch diese vermittelt, zu den Einzelwissenschaften, insbesondere zur Psychologie, neu bestimmt werden; andererseits mußte das Problem einer metaphysischen Deduktion der Kategorien aus der formalen Logik noch viel deutlicher als bei Kant von dem Problem der transzendentalen *Erkenntnis*logik unterschieden werden, indem es auf die vorphilosophische Basis der neubegründeten mathematischen Logik der Relationen umgestellt wurde. Um aber die Beziehung zwischen der mathematischen Logik und der quasitranszendentalen[3] Logik der Forschung im Sinne einer philosophischen Kategorienlehre wiederherzustellen, sah Peirce sich

2 Vgl. oben, S. 73 ff.
3 Man tut gut daran, die im Sinne der Frage nach den Bedingungen der Möglichkeit der Erfahrung transzendentale Problematik der »Logik der Forschung« (insbesondere der 1869 und 1878 in Anspruch genommenen »transzendentalen Deduktion« der Geltung der synthetischen Schlußverfahren) von dem von Peirce stets abgelehnten »Transzendentalismus« scharf zu unterscheiden. Unter dem letzteren verstand Peirce jene Metaphysik eines transzendentalen Subjekts, seiner Vermögen und apriorischen Funktionen, welche die Möglichkeit und Notwendigkeit synthetischer Urteile a priori unterstellte und durch Unterscheidung einer vom Subjekt konstituierten

gezwungen, zwischen beide Disziplinen noch eine neue philosophische Disziplin einzuschieben: die »Phänomenologie« bzw. »Phaneroskopie«, in der die formalen Kategorien der Relationslogik noch nicht als empirisch gültig erwiesen, wohl aber bereits im Sinne einer möglichen materialen Bedeutung schematisiert vorgestellt wurden:

Was die zuerst genannte Problematik betrifft, so wurde Peirce sich um 1900 der Notwendigkeit einer Akzentuierung des normativen Charakters der Logik der Forschung bewußt – und zwar im Gegenzug sowohl gegen die vorwiegend anthropologisch-psychologische Behandlung ihrer Funktion in den durch James berühmt gewordenen Pragmatismus-Aufsätzen von 1877/78 wie auch gegen die in den 90er Jahren ausgearbeitete kosmologisch-evolutionistische Fundierung eben der anthropologischen Funktion der Logik.[4] Die hier geforderte Vermittlung einer empirisch-genetischen Perspektive, deren Verabsolutierung auf eine »naturalistic fallacy« hinausgelaufen wäre[5], mit der von Anfang an von Kant übernommenen normativen Perspektive (der sinnkritischen Postulate und regulativen Prinzipien, nicht zuletzt der »Pragmatischen Maxime« selbst) gelang Peirce im wesentlichen durch die Unterscheidung zwischen unbewußten und daher unkontrollierbar und unkritisierbar vorauszusetzenden Schlußprozessen einerseits, kontrollierbaren

Erscheinungswelt von den unerkennbaren Dingen-an-sich erklären will. Von dieser Metaphysik sagt Peirce schon 1859: »There is no need for Transcendentalism« (vgl. Murphey, S. 39). Andererseits verwendet er noch 1893 den Titel »Transcendental Logic« für einen Abschnitt seiner fertiggestellten, aber nicht veröffentlichten »Grand Logic« (vgl. CP, Vol. 8, p. 279).

4 Vgl. den Brief an W. James vom 25. Nov. 1902 (CP, 8.254–257; meine Ausgabe, S. 543 f.).

5 Es soll hier nicht verschwiegen werden, daß sich bei Peirce, zumal in der dritten Periode, zahlreiche Formulierungen finden lassen, die – im Lichte seiner kantisch orientierten »normativen Logik« – auf eine Verwechslung der *quaestio iuris* mit der *quaestio facti* hinauslaufen. Wesentlicher ist jedoch der über Kant hinausgehende Ansatz einer Vermittlung dieser Gegensätze, den es – mit Peirce gegen Peirce – zu rekonstruieren gilt. Überdies hat Peirce, zumindest seit der expliziten Begründung einer »normativen Logik«, die »naturalistic fallacy« ausdrücklich bekämpft, so z. B. in seiner Kritik an Deweys Programm einer Ersetzung der Logik durch »Natural History of Thought« (vgl. 8.239–243; meine Ausgabe, S. 570–574).

und methodisch anleitbaren Schlußverfahren andererseits[6]; anders gesehen: zwischen den durch unbewußte Schlüsse im Zuge der evolutionären Anpassung zustandegekommenen, praktisch unbezweifelbaren Commonsense-Urteilen (dazu gehören konstitutionell bedingte Wahrnehmungsurteile wie andererseits sog. apriorische Wahrheiten im Sinne des »lumen naturale«) und den nach den Regeln einer Logik der Forschung zu bildenden bzw. zu überprüfenden Hypothesen der Wissenschaft.

Durch diese Unterscheidung hat Peirce m. E. die Möglichkeit gewonnen, das Kantische Erbe seiner »Logik der Forschung« mit der implizit bereits 1868 postulierten, explizit 1890 ff. ausgearbeiteten »objektiven Logik« der Evolution (auf den Spuren Hegels und Schellings wie auch Darwins und Lamarcks) prinzipiell in Einklang zu bringen. Nimmt man hinzu, daß Peirces Metaphysik der Evolution selbst sowohl naturalistisch-darwinistisch inspiriert wie andererseits teleologisch auf ein »attraktives« Endziel der »evolutionary love« bezogen war, so zeigt sich sehr deutlich, daß die Proklamation der »normativen« Logik des bewußt kontrollierbaren Forschungsprozesses

6 Diese Unterscheidung begegnet zuerst in einem Manuskript von 1893 »Introduction, Association of Ideas«, zu dem Peirce, wie Murphey (a. a. O., S. 359 f.) vermutet, sowohl durch seine eigenen experimentalpsychologischen Arbeiten mit Jastrow in der Johns Hopkins-Universität über »small differences of sensation« (vgl. bs. 7.21-35) wie insbesondere durch W. James' *Principles of Psychology* (2 vols., New York 1890) angeregt wurde. Peirce schreibt dort: »Alle Schlüsse werden tatsächlich unter dem Einfluß des Assoziationsgesetzes vollzogen. Aber alle psychischen Akte lassen sich in zwei große Klassen einteilen: solche, die unter der *unkontrollierten* Herrschaft der Assoziation vollzogen werden, und solche, bei denen durch die ›Einwirkung‹ (›agency‹) des Bewußtseins – was immer darunter zu verstehen sein mag – die Akte der Selbstkritik und Selbstkontrolle unterworfen werden. Die Akte der letzteren Klassen können als *gut* oder *schlecht* bewertet werden; die der ersteren könnten nicht anders sein, als sie es tatsächlich waren.« (7.444) In den folgenden Paragraphen versucht Peirce in sehr interessanten Illustrationen, die allmähliche graduelle Differenzierung der Bewußtseinskontrolle, von den unbewußten Schlüssen der Tiere (im Sinne der Kontiguitätsassoziation) über die dem Menschen vorbehaltenen partiell bewußten Ähnlichkeitsassoziationen (Analogieschlüsse), die besonders im mythischen Denken eine große Rolle spielen sollen, bis zu den logisch kontrollierten Schlüssen und ihrer Sedimentierung in professionellen Verhaltensgewohnheiten (»habits«), verständlich zu machen.

die Funktion übernimmt, der teleologischen Metaphysik in Gestalt eines regulativen Prinzips oder normativen Postulats eine kritische Grundlage im Sinne Kants zu geben.

Tatsächlich liegen Peirces spekulative Interpretationen des selbstkontrollierten Verhaltens im Sinne der »evolutionary love« weithin auf der Linie jener spekulativen Form des kategorischen Imperativs, in der Kant die Allgemeinverbindlichkeit des Sittengesetzes definiert[7] und damit zugleich das regulative Prinzip einer Interpretation der Naturgeschichte im Lichte ihrer bewußten und verantworteten Fortsetzung durch die menschliche Geschichte an die Hand gibt. Dabei mußte die Vermittlung zwischen normativer Logik der Forschung, Ethik der Logik und Metaphysik der Evolution bei Peirce insofern über Kant hinausgehen, als er die Kantische Unterscheidung von Phainomena und Noumena als sinnlos ablehnte. Die von uns so genannten Naturgesetze konnten für Peirce nicht nur für eine bloße Erscheinungswelt Geltung besitzen (da man dies nur unter der Voraussetzung einer schlechten, durch Kant selbst diskreditierten, nominalistischen Metaphysik der Hinterwelt denken kann), sie mußten vielmehr, wie vorläufig und konventionell fixiert sie auch immer von uns erkannt werden, prinzipiell metaphysisch real sein und insofern ein Kontinuum bilden

---

7 Vgl. Kant (Gr. d. M. d. S., A u. B, S. 52): »Weil die Allgemeinheit des Gesetzes, wonach Wirkungen geschehen, dasjenige ausmacht, was eigentlich Natur im allgemeinsten Verstande (der Form nach) heißt, d. i. das Dasein der Dinge, heißt, sofern es nach allgemeinen Gesetzen bestimmt ist, so könnte der allgemeine Imperativ der Pflicht auch so lauten: handle so, als ob die Maxime deiner Handlung durch deinen Willen zum allgemeinen Naturgesetz werden sollte.« Vgl. ebda. A u. B, S. 66: »Der Grund dieses Prinzips ⟨sc. des kategorischen Imperativs⟩ ist: die *vernünftige Natur existiert als Zweck an sich selbst.*« Ferner A u. B, S. 80: »... eine vollständige Bestimmung aller Maximen geschieht durch jene Formel, nämlich daß alle Maximen aus eigener Gesetzgebung zu einem möglichen Reich der Zwecke, als einem Reiche der Natur, zusammenstimmen sollen.« Dazu merkt Kant an: »Die Teleologie erwägt die Natur als ein Reich der Zwecke, die Moral ein mögliches Reich der Zwecke als ein Reich der Natur. Dort ist das Reich der Zwecke eine theoretische Idee, zur Erklärung dessen, was da ist. Hier ist es eine praktische Idee, um das, was nicht da ist, aber durch unser Tun und Lassen wirklich werden kann, und zwar eben dieser Idee gemäß, zu Stande zu bringen.«

mit dem von den Menschen durch moralisch-logische Selbstkontrolle in Gestalt von Verhaltensgewohnheiten (»habits«) zu verkörpernden »Sittengesetz« Kants. In diesem Kontinuum, das von Kant nur in der Weise einer Als-ob-Fiktion gedacht werden konnte, lag für Peirce die sinnkritisch zu unterstellende reale Möglichkeit eines im Sinne der »konkreten Vernunft« (»concrete reasonableness«) zu vollendenden Universums.

Bei der normativen Begründung dieser Vision ergaben sich indessen für Peirce weitere Probleme einer Reorganisation seiner Systemkonzeption, die es erforderlich machten, die »Logik der Forschung« in den Begründungszusammenhang aller »normativen Wissenschaften« zu stellen. Peirce sah sich gezwungen, die hypothetischen Überlegungen im Sinne der »pragmatischen Maxime« schließlich zugunsten einer spekulativen Betrachtung des letzten Zwecks der logisch kontrollierten menschlichen Handlungen zu transzendieren und zu diesem Zweck neben der Logik zwei weitere »normative Wissenschaften« in Anspruch zu nehmen, die er bislang wenig beachtet hatte: Ethik und Ästhetik.

1. Die »Pragmatische Maxime« und die Begründung der »Normativen Wissenschaften«

Wenn die »Logik der Forschung« – als normative Anleitung der bewußten Fortsetzung eben des Schlußprozesses, der zufolge einer unbewußten »objektiven Logik« bereits die Evolution des Universums bestimmt – eine teleologische Metaphysik kritisch begründen sollte, dann mußte offenbar die Logik der praktisch relevanten Forschung die Ethik der Handlungsnormen voraussetzen. Diese Konsequenz lag bereits in der Aufhebung der Kantischen Unterscheidungen zwischen Phainomena und Noumena, konstitutivem und regulativem Verstandesgebrauch, theoretischer und praktischer Vernunft durch eine Philosophie, welche davon ausging, daß »in the long run« der normativ richtig *geregelte* Forschungsprozeß *konstitutiv* sein würde nicht nur für die *theoretisch* wahre Meinung der Community über das Universum, sondern zugleich damit für die

praktische Verkörperung der Vernunft in den Verhaltensgewohnheiten, welche der wahren Überzeugung entsprechen. Mit
anderen Worten: Die richtige logische Regulierung des Forschungsprozesses war für Peirce a priori moralisch relevant,
weil sie metaphysisch relevant war. Darüberhinaus ergab sich
die Voraussetzung der Ethik durch die normative Logik aus
dem Umstand, daß zwar die Konvergenz aller Resultate des
Forschungsprozesses – und damit zugleich die praktische Rationalisierung des Universums – sinnkritisch postuliert werden
konnte und mußte[8], damit aber die faktische Fortsetzung etwa
des von den Menschen auf der Erde eingeleiteten Forschungsprozesses keineswegs garantiert war.[9] Der Forschungsprozeß
verlangt also von den Mitgliedern der »unbegrenzten Gemeinschaft der Forschenden«, die seine normativen Prinzipien bewußt in allen ihren Konsequenzen anerkennen, ein moralisches
Engagement ohne Garantie des Erfolgs: »Glaube, Liebe, Hoffnung«.[10]
Die Pointe dieser Ethik der Logik hatte Peirce in der Tat schon
in der vorpragmatistischen Periode bei dem ersten Versuch, die
»Gründe der Gültigkeit der Gesetze der Logik« darzulegen,
intuitiv erfaßt und im Prinzip der sozialen Verwurzelung der
Logik ausgesprochen.[11] Inzwischen hatte Peirce aber als nor-
mative Maxime der Explikation aller möglichen sinnvollen
Überzeugungen das Prinzip des »Pragmatismus« aufgestellt;
und er hatte, wie er später erklärte, dieses Prinzip deshalb
»Pragmatismus« und nicht »Praktikalismus« genannt, weil die
Explikation des Sinns einer wissenschaftlich relevanten Über-

---

8 Es sei hier daran erinnert, daß eine Divergenz der Resultate der Forschung
nach der pragmatischen Maxime deshalb nicht möglich ist, weil durch sie die
Evidenzkriterien der Kohärenz von Theorien einerseits, ihrer experimentellen Bewährung andererseits a priori semantisch vermittelt sind: Wenn etwa
zwei konkurrierende, konsistente Theorien *in the long run* genau die gleichen experimentellen Phänomene erklären, dann sind sie – der pragmatischen Maxime zufolge – ihrem Sinn nach identisch.
9 Vgl. 5.357 (102 f.).
10 Vgl. 2.655 (220 f.); vgl. 6.357.
11 Vgl. 5.354 ff. u. 2.654 f. (101 ff. u. 218 ff.); vgl. oben, S. 102 ff.

zeugung stets auf einen hypothetischen Imperativ hinauslaufe, der empirische Situationsbedingungen und mögliche praktische Zwecksetzungen in Beziehung setzt. Unbedingte Imperative, wie sie das Reich des »Praktischen« nach Kant bilden, werden durch die pragmatische Maxime der Sinnklärung a limine ausgeschlossen – als ein »Bereich des Gedankens, in dem kein Experimentalistenverstand jemals sicheren Boden unter die Füße bekommen kann«.[12] Wie aber nun, wenn der normative Logiker den Sinn seiner Wissenschaft gerade nicht in der »ekelhaften Nützlichkeit«[13] für subjektive praktische Zwecke, sondern in der Beförderung der Rationalisierung des Universums als eines eschatologischen *summum bonum*[14] erblickt? Wie konnte er seiner leitenden Überzeugung im Rahmen des Pragmatismus überhaupt Sinn verleihen?

Hier liegt zweifellos ein »crucial problem« des gesamten von Peirce herkommenden amerikanischen Pragmatismus. W. James[15] scheint oft den praktischen Zweck, in dem er nach Peirce den Sinn aller Begriffe sieht, mit der psychologischen Wirkung auf den Benutzer bzw. mit dessen Verhaltensreaktion gleichzusetzen; darüberhinaus kennt er als Endzweck aller Praxis offenbar nur den individuellen Nutzen einschließlich des Seelenheils. J. Dewey – der konsequente »Instrumentalist«, der zuvor von Hegel die Logik der Vermittlung angesichts der Ohnmacht und »schlechten Unendlichkeit« absoluter Sollensforderungen angeeignet hatte – suchte schon der Entstehung der Frage nach dem Endzweck bewußt aus dem Wege zu gehen,

12 5.412 (429); vgl. oben S. 108, Anm. 214. In dem unveröffentlichten Manuskript von 1906 »Basis of Pragmatism« nennt Peirce die Ethik als Wissenschaft vom normgerechten Handeln in der Tat »Practics« (vgl. 1.573 f.).

13 1898 – im Jahr der überraschenden Erinnerung an den »Pragmatismus« – schrieb Peirce: »Ethics ... is as useless a science as can be conceived. But it must be said, in favour of ethical writers, that they are commonly free from the nauseating custom of boasting of the utility of their science« (1.667). Vgl. auch 1.635, 1.637, 1.653, 1.672 – alle Stellen von 1898!

14 Vgl. 5.3–4 (315 ff.), 5.433 (448); die früheste Stelle ist wohl 2.116 (1900).

15 Vgl. Peirces Brief an James von 1897 (bs. 8.251) und 1902 (bs. 8.256), meine Ausgabe, S. 541 ff.

indem er die »intelligent mediation of means and ends« je in der intersubjektiv verbindlichen sozialen Situation zum Entstehungsort der »creative valuation« aus den natürlichen Bedürfnissen der Menschen zu verstehen suchte. Dabei blieb freilich »the growth of humanity« – oder, um mit Kant zu reden: die Beförderung der Entfaltung der menschlichen Gattung als des absoluten moralischen Zwecks der Natur[16] – eine selbstverständliche Voraussetzung seines politisch-pädagogischen Engagements und seines evolutionistischen Optimismus. Peirce – der normative Logiker Kantscher Herkunft und Eschatologe des regulativen Prinzips der »indefinite Community« – konnte das Problem so nicht auflösen. Im direkten Gegensatz zu der später von Dewey vertretenen Position erklärt Peirce 1903: »Das einzige moralische Übel besteht darin, kein letztes Ziel zu haben.«[17] Und er macht ausdrücklich die Geltung des Pragmatismus von der Voraussetzung einer *in the long run* absoluten ethischen Zielsetzung abhängig: »Wollen wir den Pragmatismus gut genug verstehen, um ihn vernünftiger Kritik unterwerfen zu können, so obliegt es uns nachzuforschen, welches letzte Ziel so beschaffen ist, daß es die Möglichkeit bietet, es zu verfolgen, selbst wenn der Handlungsverlauf unbegrenzt verlängert wird.«[18] Hier wird von Peirce offensichtlich der von ihm selbst im »Pragmatismus« umgrenzte Bereich des »Experimentalistenverstandes« zugunsten des »Praktischen« im Sinne Kants überschritten. Andererseits entspricht das Postulat eines letzten Ziels, das *in the long run* von einer *unbegrenzten Community* verfolgt werden kann, offenbar jener Ethik der Logik, die Peirce schon vor der Begründung des Pragmatismus in seiner ersten Periode auf der Linie einer Gleichsetzung von regulativen Prinzipien des Fortschritts der Wissenschaft mit moralischen Postulaten der praktischen Vernunft ins Auge gefaßt hatte. Peirce sah sich jetzt gezwungen, diese seine älteste Philosophie mit dem im »Metaphysical Club« der 70er Jahre ent-

16 Vgl. oben Anm. 7.
17 S.133 (388).
18 S.135 (389).

wickelten »Pragmatismus« zusammenzudenken. So wird es verständlich, daß er 1902 – in einem Lexikon-Artikel, in dem er zum ersten Mal offiziell als Begründer des Pragmatismus auftrat –, den dritten Grad der Gedankenklärung, den er 1878 für seine Pragmatische Maxime, im Vergleich mit Descartes' und Leibniz' Definitionsmethode, in Anspruch genommen hatte[19], durch einen vierten Grad zu überhöhen versuchte:

»Die Lehre ⟨sc. von 1878⟩ scheint anzunehmen, daß der Zweck des Menschen in seinen Handlungen besteht – eine stoische Maxime, die dem Verfasser heute, im Alter von sechzig Jahren, nicht mehr so zwingend sich empfiehlt wie im Alter von dreißig Jahren. Wenn man, im Gegenteil, zugesteht, daß Handlungen ein Ziel erfordern, und daß dieses Ziel in einer allgemeinen Beschreibung muß bestimmt werden können, dann würde der Geist der Maxime selbst, daß wir nämlich auf die Konsequenzen vorblicken müssen, um unsere Begriffe richtig zu verstehen, uns auf etwas anderes verweisen als auf praktische Tatsachen, nämlich: auf allgemeine Ideen als auf die wahren Interpreten unserer Gedanken.«

An dieser Stelle hat es den Anschein, als ob Peirce die Pragmatische Maxime überhaupt zugunsten der traditionellen Methode der Definition mit Hilfe abstrakt-allgemeiner Begriffe aufgeben wollte. Aber dies ist nicht seine Intention, denn der Text fährt fort:

»Er ⟨sc. der Verfasser⟩ möchte die Empfehlung wagen, daß man sie ⟨sc. die Pragmatische Maxime der Gedankenklärung⟩ stets mit gewissenhafter Sorgfalt anwenden sollte, daß aber dann – und nicht eher – ein noch höherer Grad der Gedankenklarheit erreicht werden kann, indem man bedenkt, daß das einzige letzte Gut ⟨ultimate good⟩, dem die faktischen Handlungen, auf welche die Pragmatische Maxime die Aufmerksamkeit richtet, dienen können, darin besteht, die Entwicklung der konkreten Vernünftigkeit ⟨concrete reasonableness[20]⟩ zu befördern; derart, daß der Sinn der Begriffe überhaupt nicht in irgendwelchen individuellen Reaktionen[21] liegt, sondern in

19 Vgl. 5.392 und 5.394 (185 u. 187); vgl. oben S. 134 f.
20 Vgl. 5.433 (448).
21 Dies richtet sich gegen W. James' Interpretation der Pragmatischen Maxime. Vgl. meine Ausgabe, S. 527.

der Art und Weise, in welcher diese Reaktionen zu jener Entwicklung beitragen.«[22]

Peirce empfiehlt also, daß man zunächst den Sinn von Begriffen durch Übersetzung der sie enthaltenden Sätze in Konditional-Sätze sich klar macht, die – gemäß dem Kontinuum von experimentellem und technologischem Wissen – hypothetischen Imperativen äquivalent sind. Anschließend soll man sich klarmachen, daß in den hypothetischen Imperativen bestimmte Handlungszwecke immer schon vorausgesetzt sind, die selbst wieder in der allgemeinen »Art und Weise«, in der die Handlungen zur Entwicklung der »konkreten Vernünftigkeit« als *des* obersten Zwecks aller Handlungen (der »in einer allgemeinen Beschreibung muß bestimmt werden können«) beitragen, begründet sein sollten. In dem zweiten Anlauf des Vorlaufens unserer hermeneutischen Einbildungskraft in die Konsequenzen eines Gedankens soll der neue, der vierte Grad der Gedankenklärung liegen. Diese Empfehlung sprengt offensichtlich den instrumentalistischen Rahmen des Pragmatismus im engeren Sinne.[23] Gleichwohl wird das Prinzip einer Vermittlung der Gedankenklärung durch Anvisieren praktischer Konsequenzen nicht aufgegeben; denn die dem *Summum Bonum* dienende allgemeine »Art und Weise« der Beförderung der »konkreten Vernünftigkeit« hat nicht den Charakter eines abstrakten allgemeinen Begriffs, wie es zunächst scheinen konnte, sondern den Charakter einer im menschlichen Verhalten verkörperten Regel, d. h. für Peirce: eines realen Universale. Es handelt sich, wie der Kenner des frühen Peirce sogleich bemerkt, um die »Verhaltensgewohnheit« (»habit«), in der das Begriffsallgemeine als Regel möglichen Verhaltens gewissermaßen inkarniert sein muß, wenn der Mensch den Sinn einer Aussage nicht nur verstanden, sondern die Verbindlichkeit dieser Aussage zu seiner Überzeugung gemacht hat.[24]

22 5.3 (316). Vgl. dazu die im Grundtenor nahezu gleichsinnige Anmerkung von 1893 zu 5.402 (211, Anm. 19).
23 Vgl. oben S. 166.
24 Vgl. oben, S. 112 ff.

Freilich macht sich Peirce nicht völlig klar, *inwiefern* er mit der Konzeption solcher »Habits«, welche als Verhaltensdispositionen zur Entwicklung der »konkreten Vernünftigkeit« beitragen, den Rahmen seines instrumentalistischen Pragmatismus sprengt. Denn er reflektiert offenbar nicht auf den prinzipiellen Unterschied zwischen solchen Verhaltensregeln, welche ein Gesetzeswissen in technisches Können umsetzen, und jenen von ihm jetzt ins Auge gefaßten Verhaltensdispositionen, die als gewohnheitsmäßige Verkörperung der »Art und Weise« moralisch relevanter Zwecksetzungen fungieren sollen. Wie der Text durchgehend zeigt, glaubt Peirce, den Rahmen eines »stoischen« Nützlichkeitspragmatismus schon dadurch zu verlassen, daß er den Schwerpunkt des pragmatischen Gedankenexperiments von der Vorstellung »individueller Reaktionen« auf die einer normativ-allgemeingültigen Regelung des Verhaltens verlegt. Indem er dem nominalistischen Pragmatismus eines James einen normativen und universalienrealistischen Standpunkt entgegensetzt, der »auf der Realität der Gegenstände von allgemeinen Ideen in ihrer Allgemeinheit bestand«[25], glaubt Peirce auch bereits von solchen Verhaltensweisen zu handeln, welche der Verköperung des letzten Zweckes und höchsten Gutes dienen. Er erliegt hier letzten Endes doch der szientistisch-technologischen Denkweise des von ihm in Frage gestellten instrumentalistischen Pragmatismus, jener Ideologie des Sozialingenieurs, welche in der Gewährleistung des zweckrationalen Verhaltens aufgrund der Einsicht in die Naturgesetze bereits jene »konkrete Vernünftigkeit« zu begreifen glaubt, welche im Sinne Kants auf eine Fortsetzung der Naturgesetze durch die Verkörperung des kategorischen Imperativs hinauslaufen würde. Peirce hat sich niemals völlig klargemacht, daß seinem Versuch, die dritte Stufe der Gedankenklärung von 1878 durch eine vierte Stufe zu überhöhen, eine entsprechende Überhöhung der *Belief-Doubt*-Theorie von 1877 zugeordnet war. Im Rahmen des instrumentalistischen Pragmatismus konnte jene Theorie nur so gedeutet werden, daß der Zweck aller »Forschung«

25 5.3 (317); vgl. 5.430 ff. (445 ff.); dazu unten S. 325 ff.

in der von Fall zu Fall notwendigen Wiederherstellung der durch Zweifel gestörten »Belief-Habits«, d. h. in der Wiederanpassung des Organismus an sein Milieu liege. Eine Mitverantwortung des Menschen für den Zweck der Naturentwicklung selbst konnte aus dieser Interpretation nicht hergeleitet werden. Darum ging es Peirce aber bereits 1869 in seinem Prinzip der Ethik der Logik und des logischen Sozialismus, und eben darum ging es ausdrücklich in der Metaphysik der Evolution von 1890 ff. und in der Begründung der normativen Wissenschaften im Rahmen der Systemkonzeption von 1902/03. Man könnte dieses Problem – vor das sich heutzutage auch die kybernetisch orientierte Theorie »adaptiver Systeme« gestellt sieht – vielleicht folgendermaßen charakterisieren: Beim Menschen, der sich selbst bereits durch seine Arbeit, und d. h. letztlich durch seine Technologie, vom Tier unterscheidet, geht es nicht sosehr um die Anpassung an die Natur als vielmehr um die Anpassung der Natur an seine vernünftigen Bedürfnisse, d. h. aber: um die Ergänzung der Naturgesetze durch nicht nur instrumentell, sondern teleologisch relevante »Habits«.

Indessen: das Problem einer Bestimmung des Endzwecks aller Handlungen durch die normative Logik im Sinne einer »allgemeinen Beschreibung« (s. oben) war durch die skizzierte Erweiterung der Pragmatischen Maxime auch für Peirce noch keineswegs gelöst. Peirce sah zwar nicht den Unterschied zwischen technologisch relevanten und den von ihm faktisch postulierten politisch-moralisch relevanten Verhaltensregeln; aber er sah um so deutlicher einen anderen Unterschied: Auch diejenigen Verhaltensdispositionen (»habits«), die Peirce als allgemeine Basis unserer jeweiligen, besonderen Zwecksetzungen postuliert, sind nicht unmittelbar identisch mit dem höchsten Gut als dem Endzweck aller Handlungen und damit der Evolution. Genauer gesagt: Solange sie als bestimmte Verhaltensdispositionen (»habits of action«) betrachtet werden, müssen sie, wie Peirce erkennt, auch so formuliert werden können, wie sie auf Situationsbedingungen anwendbar sind, d. h. in Gestalt konditionaler Sätze, welche den letzten Zweck alles Handelns schon voraussetzen. Es handelt sich hier um eine letzte Differenz zwischen konkretisierbaren Handlungsregeln und dem höchsten Gut, die auch derjenige anerkennen muß, der – über Peirce hinaus – die moralisch relevanten von den lediglich instrumentell relevanten Verhaltensdispositionen unterscheidet. Der letztere Unterschied nämlich liegt allerdings darin, daß die eine Moral verkörpernden Verhaltensdispositionen nicht nur wie technologische Vorschriften Mittel und Zwecke in Beziehung setzen, sondern implizit – sozusagen in der Weise eines sozialen Lebensstils[26] – den letzten moralischen Zweck aller Handlungen mit den jeweiligen Situationsbedingungen seiner Realisierung. Dadurch verschwindet aber nicht die prinzipielle Differenz zwischen bestimmten Verhaltensdispositionen (»habits«) und dem allgemeingültigen letzten Zweck. In der Tat ist es dem endlichen Menschen – und auch einer endlichen menschlichen Gesellschaft – gar nicht möglich, ein schlechthin universales Sittengesetz so in den Willen aufzunehmen, daß es, wie der Pragmatismus – und der Existenzialismus – das von einer echten Überzeugung verlangt, in Haltung und Lebensstil konkret verkörpert würde. Immer wird sich hier eine spezifische Differenz ergeben, die das kulturphilosophische Gesetz der Individualisierung zum Ausdruck bringt. Dieser Schwierigkeit entspricht in Peirces Logik der Forschung die Inkommensurabilität von praktisch unbezweifelbaren konkreten Überzeugungen und sinnkritisch postuliertem Ideal der Wahrheit als Überzeugung der »unbegrenzten Gemeinschaft«. Dennoch bleibt jede endliche *Konkretisierung* der Vernunft als Konkretisierung der *Vernunft* auf das unendliche Ideal bezogen. Peirce hat dieses für ihn schlechthin charakteristische Problem der Vermittlung des Endlichen und Unendlichen niemals – wie sonst im Pragma-

26 Daß und wie »Kulturen als Lebensstile« in verschiedener Weise auf das Summum Bonum bezogen sind, hat E. Rothacker, im Rahmen des relativistischen Historismus, eindrucksvoll gezeigt. Vgl. besonders: »Probleme der Kulturanthropologie«, Bonn 1948. – J. Dewey hat die Idee der habitualisierten *value beliefs* entwickelt, die man am ehesten mit den von Peirce 1902 postulierten, der Verkörperung der *concrete reasonableness* dienenden *habits* gleichsetzen könnte.

tismus und Existenzialismus üblich – zugunsten der individuellen Konkretisierung abgespannt.[27] In einem solchen Finitismus hat er stets (im Sinne des älteren H. James, der von Swedenborg, Schelling und Böhme inspiriert war) die Wurzel der Idiosynkrasie und, moralisch-religiös gesehen, der Sünde schlechthin erblickt: als Versteifung auf die Individualität und Absage an die »evolutionäre Liebe«.[28]

Um so dringender mußte sich für Peirce das Problem stellen: Wie kann das *Summum Bonum* bzw. der Endzweck aller Handlungen überhaupt zum Gegenstand einer als praktisch sinnvoll explizierbaren Idee gemacht werden? Anders gefragt: Wie kann die Vision eines Endzwecks – und eine solche Vision hatte Peirce ja bereits in seiner Metaphysik der Evolution zum Ausdruck gebracht – mit den Mitteln der normativen, semiotischen Logik als *sinnvolle* Hypothese gerechtfertigt werden? – Dieses Problem tritt seit etwa 1902 in den Mittelpunkt der Peirceschen Spekulation über die »Normative Sciences«.[29]

In Anknüpfung an die sinnkritische Theorie der Realität und der Wahrheit, die der junge Peirce entwickelt hatte, könnte man etwa so argumentieren: Realität läßt sich nicht anders definieren denn als Korrelat des Konsensus einer »unbegrenzten Gemeinschaft«. (Denn nur so kann, wie es der sinnkritische Realismus fordert, die Unabhängigkeit des Realen von jedem faktischen Gedachtwerden als identisch gedacht werden mit der prinzipiellen *Erkennbarkeit* des Realen!) Damit ist bereits ein ethisch relevantes Ideal für jedes Mitglied der »Gemeinschaft der Forscher« aufgestellt; denn die Einsicht in den prinzipiell sozialen Charakter der möglichen Erkenntnis des Realen zwingt zur ethischen Solidarisierung des einzelnen Forschers mit der Gemeinschaft, in der allein das Ziel seines Forschens erreicht werden kann. Bereits 1869 hatte Peirce diese Position

27 Es läßt sich nachweisen, daß alle bedeutenden und mit letztem Einsatz der Logik durchdachten Theoreme Peirces in den Paradoxien des Unendlichen oder, mit Peirce gesagt: im Problem der »Kontinuität« oder des »Synechismus« konvergieren. Vgl. unten S. 216, 240, 243, 278.
28 Vgl. oben, S. 103 ff.; vgl. unten S. 266, Anm. 74.
29 Vgl. 1.575–1.584, 1.585–1.590, 1.591–1.615; ferner 5.121–5.136 (383 ff.).

des »logischen Sozialismus« erreicht.[30] Der Pragmatismus der 2. Periode und die Metaphysik der 3. Periode erbringen durch ihre Vermittlung von Erkenntnisprozeß und realer Lebenspraxis eine inhaltliche Ergänzung des Ideals: Die Realisierung des Wahrheitskonsensus in der unbegrenzten Gemeinschaft bedeutet zugleich die Vollendung der Evolution des Realen in Gestalt einer endgültigen Ordnung von realen Verhaltensweisen, die den wahren Überzeugungen entsprechen würden. Demnach könnte man die Ethik, welche der Logik der Forschung zugrundeliegt, auf folgende *hypothetische* Verhaltensregel festlegen: *Wenn* das Ziel der Erkenntnis und damit zugleich der letzte Zweck des Handelns erreicht werden soll, *dann* muß jedes Mitglied der Gemeinschaft der Forschenden die »logische Notwendigkeit der völligen Selbstidentifikation des eigenen Interesses mit dem der Gemeinschaft«[31] zur Maxime seines Verhaltens machen. Umgekehrt gilt dann: *Wenn* jedes Mitglied der unbegrenzten Gemeinschaft der Forscher so verfahren würde, wie es die Maxime des Logischen Sozialismus vorschreibt, *dann* würde, unter der Voraussetzung, daß die übrigen methodologischen und metaphysischen Bedingungen des postulierten realen Forschungsprozesses erfüllt werden, »in the long run« das Ziel der Erkenntnis und damit zugleich des Handelns erreicht. Damit wäre eine Formulierung gewonnen, die das Prinzip des Logischen Sozialismus als eine sinnvolle Hypothese gemäß den Interpretationsbedingungen der Pragmatischen Maxime ausweisen würde.

Indessen, man könnte weiter fragen: Warum soll denn überhaupt das Ziel einer Realisierung des Wahrheits-Consensus und der entsprechenden endgültigen Ordnung der Verhaltensgewohnheiten angestrebt werden? Daß man sich an der Rationalisierung des Universums im Rahmen der »Indefinite Community« beteiligen soll, wird offenbar in der soeben skizzierten Begründung einer allgemeinen ethischen Maxime als nicht weiter begründbar oder – anders gesagt – als in sich selbst attrak-

30 Vgl. 5.353 ff. (meine Ausgabe, S. 100 ff.).
31 So Peirce selbst 1869 (5.356, meine Ausgabe, S. 10).

tives *summum bonum* vorausgesetzt.[32] Und nur dank dieser
Voraussetzung eines letzten unbegründbaren Zwecks scheint die
Ethik als Wissenschaft vom rechten Handeln selbst noch in rationalen Maximen, d. h. als hypothetisch explizierbaren Sätzen,
sich etablieren zu können. – In dieser Überlegung konzentriert
sich, wie mir scheint, das Problem einer Grundlegung der »normativen Wissenschaften«, vor das sich Peirce um 1902 gestellt
sah. Die Antwort, die Peirce fand, war für ihn selbst ebenso
überraschend wie für sein Publikum. Sie deutet sich zuerst in
einem Manuskript von 1902/03 an:
»... was Logik und Ethik zu eigentümlich normativen Wissenschaften macht, ist dies: daß nichts logisch wahr oder moralisch
gut sein kann ohne einen Zweck, im Hinblick auf den es so
genannt werden kann. Denn ein Satz, und insbesondere die
Konklusion eines Arguments, die nur zufällig wahr wäre, ist
nicht logisch.«[33] Peirce interpretiert hier zunächst die methodische Selbstkontrolle des logischen Denkens pragmatisch als
Zweckbezogenheit und gewinnt dadurch die Möglichkeit, sie
als Spezialfall des moralisch guten Handelns aufzufassen. Dann
aber fährt er fort: »Auf der anderen Seite ist etwas schön oder
häßlich ganz ohne Rücksicht auf einen Zweck.«[34] Und er kommt
zu dem Schluß: »Reine Ethik, philosophische Ethik, ist nicht
normativ, sondern prae-normativ.«[35]
Peirce sieht sich hier, bei der Frage nach dem letzten Zweck,

32 Bereits 1877 hatte Peirce die Entscheidung zugunsten der wissenschaftlichen Methode der »Fixation of Belief« als »eine Wahl« charakterisiert,
»die weit mehr ist als die Annahme irgendeiner intellektuellen Meinung,
sondern die eine der maßgebenden Entscheidungen des Lebens ist...«
(5.387, meine Ausgabe, S. 170 f.). 1902(3) heißt es: »... was ist gut. Dies
ist kaum eine normative Frage: sie ist pränormativ. Sie fragt nicht nach
den Bedingungen der Erfüllung eines definitiv akzeptierten Zwecks, sondern nach dem, was zu suchen ist, *nicht* aus einem Grund, sondern jenseits
jeden Grundes.« (1.577) – Hiermit zu vergleichen wäre K. Poppers Forderung einer Option für den »kritischen Rationalismus« in einer »irrationalen«, »moralischen Entscheidung«, einem »act of faith« (»The Open Society and Its Enemies«, London 1945, vol. II, p. 231 ff.).
33 1.575; vgl. 5.131 (387) und 1.573.
34 1.575.
35 1.577.

der nicht wiederum von einem Zweck hergeleitet werden kann, über den Bereich des begründbar Normativen ins Pränormative verwiesen. Und bei dem Versuch, sich das pränormative, letzte, in sich selbst begründete Worumwillen vorzustellen, stößt er auf das Schöne.

Hier ergab sich aber nun für Peirce, der sich selbst das »logische Tier« nannte, eine prinzipielle Schwierigkeit: In seiner Erkenntnistheorie von 1868 hatte er die Möglichkeit einer unmittelbaren, intuitiven Erkenntnis bestritten[36], und in seiner Logik der Forschung von 1877 hatte er der »Apriori-Methode« der vorwissenschaftlichen Philosophie vorgeworfen, sie gewinne ihre letzten Voraussetzungen aus dem, nicht weiter herleitbaren Geschmacksurteil, daß sie »agreable to reason« seien. Eine solche Begründung der Erkenntnis hatte er damals als bloß subjektive Autorität abgelehnt.[37] Genau in diese Richtung sah er sich nun selbst bei der normativen Begründung seiner eigenen Logik jener wissenschaftlichen Forschung, welche die Apriori-Methode ablösen sollte, verwiesen. – Hinzu kam – und dieser Punkt trat für ihn um 1903 in den Vordergrund –, daß die Frage des pränormativen letzten Worumwillen aller Zwecksetzung, das selbst nicht mehr rational zu begründen war, auf das Angenehme im Sinne einer Befriedigung der sinnlichen Bedürfnisse hinauszuführen schien.[38] Und genau diese Pointe der sogenannten »Satisfaktionstheorie« des Wahren und Guten bekämpfte er am Vulgärpragmatismus am entschiedensten.[39]

---

36 Vgl. 5.213–5.263 (13–39); vgl. oben S. 85 ff.
37 Vgl. 5.382–5.383 (164 f.); vgl. oben, S. 129 f., bs. Fußnote 263).
38 Vgl. 1.582, ferner 5.111 ff.
39 In einer unveröffentlichten Auseinandersetzung mit dem »Pluralistischen Pragmatismus« von W. James von 1906 bemerkt Peirce:
»Versteht man unter dem Befriedigenden ⟨satisfactory⟩ alles das, was ein eigentümliches Gefühl der Befriedigung erregt? In diesem Fall läuft die Lehre einfach auf Hedonismus hinaus, sofern sie das Gebiet der Erkenntnis betrifft. Denn wenn Hedonisten von ›Vergnügen‹ ⟨›pleasure‹⟩ sprechen, meinen sie nicht das, was in der Umgangssprache so genannt wird, sondern das, was ein Gefühl der Befriedigung erregt.
Aber zu sagen, daß eine Handlung oder das Resultat einer Handlung befriedigend ist, heißt einfach, daß das Resultat mit dem Ziel jener Handlung

Auf der anderen Seite kam Peirce nicht um die Schlußfolgerung herum, daß das an sich Gute, das als letztes Ziel alles Handelns ins Auge zu fassen wäre, nicht mehr durch eine *Relation* (auf einen Zweck) begründbar sein konnte. In der Terminologie seiner Kategorienlehre hieß das: das *summum bonum* mußte unter die Kategorie »Erstheit« fallen, d. h. es mußte als reines Sosein in einem vom Wirklichkeitsbezug freien Fühlen erfaßbar sein. Eben diese Kategorie der »Erstheit« hatte Peirce zumeist durch die Sinnesempfindungen bzw. ihre Qualitäten illustriert. Nur in seiner Frühzeit, zur Zeit der ersten Konzeption der drei Fundamentalkategorien, hatte er die »Erstheit« durch die reine, abstrakte Idee als »Grund« der Wortbedeutung im platonischen Sinne exemplifiziert.[40] Die Frage nach dem Charakter und der Erkennbarkeit des *summum bonum* führte ihn nun auf eine neue Illustration der »Erstheit«, die nicht zufällig in der Dimension lag, in der schon Platon, Kant, Schiller und Schelling die Vermittlung zwischen Idee und Sinnlichkeit gesucht hatten: im Bereich des Ästhetischen. So kam es, daß Peirce 1903, ausgerechnet in der von James arrangierten Harvard-Vorlesung über »Pragmatismus«, die folgende Lösung des Problems der normativen Wissenschaften vortrug:

»Ein logischer Denker ist ein Denker, der große Selbstkontrolle in seinen intellektuellen Operationen ausübt; und daher ist das logisch Gute einfach eine besondere Art des moralisch Guten. Ethik... ist die normative Wissenschaft *par excellence*, weil ein Zweck – der wesentliche Gegenstand der normativen Wissenschaft – auf den Willensakt, wie auf nichts anderes sonst, primär bezogen ist... Andererseits muß ein letzter Zweck einer *vorbedachten* – d. h. vernünftig erwogenen – Handlung eine Sachlage sein, welche *sich selbst durch*

konguent ist. Folglich muß das Ziel bestimmt werden, bevor entschieden werden kann, sei es in Gedanken oder tatsächlich, daß das Resultat befriedigend ist. Eine Handlung, die kein anderes Ziel hätte als das, zur Kongruenz des Resultats mit dem Ziel zu gelangen, würde überhaupt kein Ziel haben und würde keine frei überlegte Handlung ⟨deliberate action⟩ sein... Nun ist es *denkbar*, daß eine Handlung aufgrund ihres Ziels mit keiner anderen in Zusammenhang steht. Eine solche Handlung könnte nach der hedonistischen Lehre kein anderes Ziel haben als das, ihr eigenes Ziel zu befriedigen; das aber ist absurd.« (5.559–561, meine Ausgabe, S. 494 ff.).
40 Vgl. 1.551. Vgl. Murphey, S. 74 ff., S. 88, S. 129.

sich selbst, unabhängig von jeder weiteren Überlegung, *auf vernünftige Weise empfiehlt.* Er muß ein *bewunderungswürdiges Ideal* sein, d. h. er muß die einzige Art von Güte besitzen, die ein derartiges Ideal besitzen *kann:* ästhetische Güte. Unter diesem Gesichtspunkt erscheint das moralisch Gute als eine besondere Art des ästhetisch Guten.«[41]

Was es Peirce möglich machte, die Gefühlsqualität des Schönen als Manifestation des *summum bonum* zu akzeptieren – ungeachtet seiner Ablehnung des Hedonismus –, war der Umstand, daß er die ästhetische Qualität kategorial als »Erstheit« der »Drittheit«, d. h. als qualitativ einheitlichen und daher intuitiv wahrnehmbaren Ausdruck des Allgemeinen, des Kontinuierlichen, der Ordnung, ja: der konkreten Vernünftigkeit des zukünftigen Universums auffaßte:

»Es gelingt mir nicht, genau zu sagen, *was* es ist, aber es ist ein Bewußtsein, das zur Kategorie der Repräsentation ⟨also ›Drittheit!‹⟩ gehört und doch etwas in der Kategorie der Gefühlsqualität ⟨Erstheit!⟩ repräsentiert.«[42]

»Im Lichte der Kategorien möchte ich sagen, daß ein Gegenstand, um ästhetisch gut zu sein, eine Vielheit von Teilen besitzen muß, die so aufeinander bezogen sind, daß sie ihrer Ganzheit eine positive, einfache, unmittelbare Qualität verleihen.«[43]

Peirce, der immer wieder seine Inkompetenz auf ästhetischem Gebiet betont[44], kommt hier durchaus auf traditionelle Vorstellungen zurück. Die besondere Bedeutung seiner Konzeption des ästhetischen Bewußtseins im Kontext seiner Spätphilosophie liegt indessen darin, daß die Idee einer »Intuition«, die er als Anspruch unmittelbarer Erkenntnis sinnlicher oder auch rationaler Prinzipien der Philosophie in der ersten Periode seines Denkwegs so nachdrücklich abgelehnt hatte, nach 1900 in ein ganz neues Licht gerät. Hatte Peirce früher jede Erkennt-

---

41 5.130 (386 f.). Vgl. 5.36; 1.91; 1.612 f.; 2.199. Vgl. auch die Anmerkung von 1905 zur Pragmatischen Maxime (5.402, n., meine Ausgabe, S. 212, Anm. 20). Hier wie an mehreren anderen Stellen bezieht sich Peirce in diesem Zusammenhang auf Schillers »Ästhetische Briefe«, die erste philosophische Schrift, die der Fünfzehnjährige gelesen hatte.
42 5.113.
43 5.132.
44 Vgl. 5.113, 5.129 (384 f.), 5.132.

nis, auch die einer scheinbar unmittelbaren Sinneswahrnehmung, auf einen unendlichen Schlußprozeß zurückgeführt, der
allein die Kontinuität unserer Erkenntnis qua Approximation
der Wahrheit verbürgen sollte, so wird jetzt eher umgekehrt
die Notwendigkeit einer sinnlichen Wahrnehmung der realen
Kontinuität der unendlichen rationalen Vermittlung betont:
statt »Drittheit« der »Erstheit« also »Erstheit« der »Drittheit«.
Hatte Peirce früher selbst die Sinneswahrnehmung auf unbewußte Rationalität zurückgeführt[45], so gründet er jetzt selbst
die rationalen Deduktionen der Mathematik und Logik auf –
»diagrammatische« – Beobachtung.[46] Charakteristisch für die
neue Problemsituation ist der folgende Paragraph der Pragmatismus-Vorlesung von 1903:
»Wenn man einwendet, daß es kein unmittelbares Bewußtsein
der Allgemeinheit geben kann, so gebe ich das zu. Wenn man
hinzufügt, daß man keine direkte Erfahrung des Allgemeinen
haben kann, gebe ich das ebenso zu.« Nach dieser Bestätigung
seiner Position von 1868 fährt Peirce jedoch fort: »Allgemeinheit, Drittheit, ergießt sich über uns eben in unseren Wahrnehmungsurteilen ⟨perceptual judgments⟩, und alles schlußfolgernde Denken, sofern es auf notwendigen Schlüssen, d. h.
mathematischen Schlüssen, beruht, läuft auf Wahrnehmung der
Allgemeinheit und Kontinuität bei jedem Gedankenschritt hinaus.«[47]
Das Phänomen, das Peirce hier vor Augen hat, ist offenbar
dasselbe, das Platon die Allgemeingültigkeit der geometrischen
Wahrheiten, die sich einer sinnlich wahrnehmbaren Zeichnung
entnehmen lassen, als Hinweis auf die Teilhabe des Sinnlich
Gegebenen an den Ideen interpretieren ließ. Indessen: für Platon blieben die Bereiche der sinnlich wahrnehmbaren, vorüber-
gehenden Erscheinungen und der ewigen Ideen, trotz Teilhabe
der ersteren an den letzteren, getrennt – wobei die Trennung

45 Vgl. 5.219–5.223, 5.291–5.292 (17 ff. u. 60 ff.).
46 Vgl. z. B. 2.81, 5.162 (395 f.). Vgl. unten S. 242, Anm. 216.
47 5.150, vgl. 5.157: »Thirdness pours in upon us through every avenue
of sense.«

gerade dadurch bewirkt wird, daß die Schau der Ideen letztlich in Analogie zur sinnlichen Wahrnehmung und ihrer Gegenstände gedacht ist. Peirce dagegen lehnt eine unmittelbare Ideenschau nach wie vor ab; er zielt auf eine Kontinuitätsphilosophie, in der einerseits die Wahrnehmung und ihr Gegenstand als Grenzfall der Rationalität[48], andererseits die Rationalität selbst noch als Gegenstand sinnlicher Wahrnehmung[49] gedacht werden soll. Sofern die Wahrnehmung, wie schon in der ersten Periode, als Grenzfall der Rationalität – sozusagen als »vermittelte Unmittelbarkeit« – begriffen werden soll, werden Leibniz und Hegel für den späten Peirce zum Vorbild seiner Philosophie der Kontinuität. Sofern andererseits die Rationalität selbst noch wahrgenommen werden soll, kommt es zum Primat des ästhetischen Bewußtseins als »Erstheit der Drittheit«.[50]

Daß die »Erstheit der Drittheit«, die sinnliche Transparenz der noch im Werden befindlichen allgemeinen Ordnung des Universums im ästhetischen Bewußtsein, bei Peirce – im Gegensatz zu Hegel – nicht in die Drittheit des Begriffs »aufgehoben« werden kann, ist letztlich durch das Verhältnis des Pragmatismus zur Zeit bedingt. Die drei Fundamentalkategorien werden zwar von Peirce ausdrücklich Hegels »Stufen des Gedankens« gleichgesetzt[51], sie sind jedoch zugleich unverrückbar den drei Dimensionen der Zeit zugeordnet[52] und lassen sich sowenig wie diese durch den Gedanken »aufheben«. »Drittheit« – als Kategorie der unendlichen Kontinuität als des realen Allgemeinen – ist für Peirce primär auf die Zukunft bezogen, in der sie als regulatives Prinzip menschlichen Handelns die Vollendung der realen Gesetzmäßigkeit des Universums verbürgt. Sie kann den mit ihr zugleich postulierten Prozeß des unendlichen »Wachstums der konkreten Vernunft« nicht selbst als Vergangenheit begreifen, ohne ihn dadurch auf ein »Faktum« im Sinne der

48 Vgl. 5.181–5.185 (403 ff.).
49 Vgl. 5.194, 5.205, 5.209 ff. (415 ff.).
50 Vgl. 5.113, 5.119 (382 f.), 5.132, 5.150, 5.157.
51 Vgl. 5.38, 5.43 (344 ff.), 8.213 (583 f.).
52 Vgl. 5.458 ff. (473 ff.).

»Zweitheit« zu reduzieren[53] und sich selbst aufzuheben: So bleibt, angesichts der unendlichen Zukunft, die letzte Sinnorientierung menschlicher Praxis auf eine ästhetische Vision angewiesen:

»Das Sein des Allgemeinen, der Vernunft, besteht darin, daß sie die individuellen Ereignisse beherrscht. So liegt es denn im Wesen der Vernunft, daß ihr Sein niemals vollendet sein kann. Es muß immer in einem Zustand des Beginns, des Wachstums sein. Es ist wie der Charakter eines Menschen, der in den Ideen besteht, die er konzipieren wird, und in den Anstrengungen, die er machen wird, und der sich nur in dem Maße entwickelt, als sich aktuell dazu Gelegenheiten ergeben. Aber in seiner gesamten Lebensspanne hat noch kein Sohn Adams jemals, was in ihm angelegt war, völlig manifestiert. So verlangt denn die Entwicklung der Vernunft mehr individuelle Ereignisse, als jemals geschehen können. Sie verlangt, außerdem, die Nuancierung aller Gefühlsqualitäten, und darunter auch der Freude. Diese Entwicklung der Vernunft besteht also, wie man bemerken wird, in ihrer Verkörperung, d. h. in ihrer Manifestation. Die Schöpfung des Universums, die nicht während einer gewissen geschäftigen Woche im Jahre 4004 vor Chr. stattfand, sondern noch heute weitergeht und niemals vollendet sein wird, besteht eben in der Entwicklung der Vernunft. Ich vermag nicht zu sehen, wie es ein befriedigenderes Ideal des Bewundernswerten geben könnte als die so verstandene Vernunftentwicklung. Das einzige, dessen Bewunderungswürdigkeit auf keinen weiteren Grund zurückgeht, ist die Vernunft selbst in all ihrer Fülle verstanden, soweit wir sie verstehen können. Im Sinne dieser Konzeption wird das Ideal des Verhaltens darin bestehen, daß wir unsere kleine Funktion im Werk der Schöpfung erfüllen, indem wir dazu beitragen, die Welt, ›wann immer es an uns ist‹ – wie man zu sagen pflegt –, vernünftiger zu machen.«[54]

Nach dieser »Begründung« der normativen Wissenschaften im ästhetischen Ideal kommt Peirce 1905, in einer letzten Fußnote

[53] In solcher Reduktion des Allgemeinen auf ein individuelles Faktum – und sei es das der Weltgeschichte – liegt für Peirce bereits Nominalismus. Und so kann er 1902, in seinem Beitrag über »Pragmatic and Pragmatism« zu Baldwins *Dictionary of Philosophy and Psychology,* bemerken: »Der Nominalismus, bis hinauf zu dem Hegels, blickt retrospektiv auf die Realität. Alle moderne Philosophie leugnet, daß es ein *esse in futuro* gibt« (CP, VIII, S. 292). – Vgl. auch 5.90 ff. (373 f.) die Auseinandersetzung mit dem Hegelianismus als Verabsolutierung der »Drittheit«. Gerade die Verabsolutierung der Vernunft läuft also für Peirce auf eine Reduktion ihrer Allgemeinheit auf etwas bloß Faktisches hinaus.

[54] 1.615 (1903).

zur Pragmatischen Maxime von 1878, noch einmal auf den Versuch zurück, durch Erwägung des letzten Zwecks aller Handlungen einen vierten Grad der Klärung von Gedanken vermittels ihrer antizipierten Konsequenzen zu erreichen[55]:

»Für den Pragmatizismus besteht das Denken in der lebendigen Umwandlung von Symbolen durch Schlußfolgerungen; und der Bedeutungsgehalt der Symbole liegt demzufolge in konditionalen allgemeinen Entschließungen zum Handeln. Was den letzten Sinn des Denkens angeht, welcher der Sinn von allem sein muß, so liegt er jenseits menschlichen Verstehens. Aber der Stufe entsprechend, bis zu der mein Denken sich ihm näherte – mit Hilfe von vielen Denkern, von denen ich Royce (mit seinem Werk *World and Individual*), Schiller (mit *Riddles of the Sphinx*) ebenso erwähnen möchte wie, nebenbei, auch den berühmten Dichter [Friedrich Schiller] (mit seinen *Ästhetischen Briefen*) und Henry James den Älteren (mit *Substance and Shadow* und in seinen Gesprächen) gemeinsam mit Swedenborg selbst –, läßt sich soviel darüber sagen: Durch die unbegrenzte Anwendung von Selbstkontrolle auf Selbstkontrolle wird der *vir* gezeugt; und durch Handeln, mittels Denken, erwächst ihm ein ästhetisches Ideal; nicht bloß zum Nutzen seines armseligen Hirns, sondern als Anteil, den Gott ihm an seinem Werk der Schöpfung zu nehmen erlaubt.
Dieses Ideal modifiziert das Handeln, indem es die Regeln der Selbstkontrolle modifiziert, und damit auch die Erfahrung, sowohl die eigene als auch die von anderen, und diese zentrifugale Bewegung fällt so wieder in eine neue zentripetale Bewegung zurück usw., und das Ganze ist ein Stück von dem, was, wie anzunehmen ist, in einem Zeitraum vor sich geht, im Vergleich zu dem die Summe der geologischen Zeitalter sich wie die Oberfläche eines Elektrons im Vergleich zu der eines Planeten verhält.«[56]

In dieser letzten Erläuterung zur Pragmatischen Maxime von 1878 kulminiert der Versuch Peirces, seinen Pragmatismus im Sinne seiner teleologischen Metaphysik der Evolution zu erweitern und den von ihm so genannten stoischen Nützlichkeitspragmatismus zu transzendieren. Der Versuch war insofern nicht erfolgreich, als der Schritt, der über die Pragmatische Maxime von 1878 hinausführen sollte, einen im Sinne des Prag-

55 Vgl. 5.3 (315 f.).
56 Anmerkung von 1905 zur Pragmatischen Maxime (5.402 n., meine Ausgabe, S. 212, Anm. 20).

matismus nicht mehr rational explizierbaren Sinn ins Auge fassen mußte. Dabei zeigt sich eine Parallele der Peirceschen Aporie mit einer charakteristischen Schwierigkeit Kants in dem Problem der rationalen Rechtfertigung der quasi-sinnlichen Affektion des Gemüts durch das »bewunderungswürdige Ideal«. Auch für Kant stellte sich in der »Grundlegung der Metaphysik der Sitten« das Problem, wie die Vernunft, um praktisch zu werden, die Sinnlichkeit des Menschen im Sinne eines nicht »pathologischen«, sondern »reinen Interesses« affizieren könne. Seine – aporetische – Auskunft lautet:

»Um das zu wollen, wozu die Vernunft allein dem sinnlich-affizierten vernünftigen Wesen das Sollen vorschreibt, dazu gehört freilich ein Vermögen der Vernunft, ein *Gefühl der Lust* oder des Wohlgefallens an der Erfüllung der Pflicht *einzuflößen*, mithin eine Kausalität derselben, die Sinnlichkeit ihren Prinzipien gemäß zu bestimmen. Es ist aber ganz unmöglich, einzusehen, d. i. a priori begreiflich zu machen, wie ein bloßer Gedanke, der selbst nichts Sinnliches in sich enthält, eine Empfindung der Lust oder Unlust hervorbringe; denn das ist eine besondere Art von Kausalität, von der, wie von aller Kausalität, wir gar nichts a priori bestimmen können, sondern darum allein die Erfahrung befragen müssen. Da ... hier aber reine Vernunft durch bloße Ideen (die gar keinen Gegenstand der Erfahrung abgeben) die Ursache von einer Wirkung, die freilich in der Erfahrung liegt, sein soll, so ist die Erklärung, wie und warum uns die *Allgemeinheit der Maxime als Gesetzes,* mithin die Sittlichkeit, interessiere, uns Menschen gänzlich unmöglich.«[57]

Kant hatte sich durch die transzendentallogische Restriktion des Kategoriengebrauchs auf den Bereich möglicher Erscheinungen im Sinne der theoretischen Naturwissenschaft selbst die Möglichkeit genommen, eine Affizierung des Gemüts durch die Idee des Sittengesetzes zu *erklären*. Peirce hatte in seiner sinnkritischen Transformation der transzendentalen Logik zwar die Unterscheidung zwischen »Erscheinungen« und »Dingen an sich« aufgehoben; aber auch er hatte in seiner pragmatistischen Forschungslogik die Möglichkeit der Kausalerklärung sinnlicher Affizierung auf einen Bereich (der naturwissenschaftlichen Erkenntnis und der instrumentellen Theorie-Praxis-Vermittlung)

57 Kant, GMS, A u. B, S. 123 f.

eingeschränkt, in dem das unbedingte Sittengesetz bzw. das »herrliche Ideal eines allgemeinen Reiches der *Zwecke an sich selbst* (vernünftiger Wesen), zu welchem wir nur alsdann als Glieder gehören können, wenn wir uns nach Maximen der Freiheit, als ob sie Gesetze der Natur wären, sorgfältig vorbereiten«[58], nicht in *Erscheinung* treten konnte. So war er 1902/03, um die Affizierung des Gemüts durch das »bewunderungswürdige Ideal« verständlich zu machen, gezwungen, den transzendentallogischen Rahmen des Pragmatismus zu transzendieren in Richtung auf eine ästhetische Begründung jener teleologischen Kosmologie, die er als metaphysische Hypothese bereits in der dritten Periode entwickelt hatte. – Hiermit mag es zusammenhängen, daß Peirce, der noch 1903 in seiner großen Pragmatismus-Vorlesung in der Harvard-Universität versucht hatte, alle Aspekte seiner Philosophie in den Beweis der Wahrheit des Pragmatismus zu integrieren, 1904 an W. James schrieb:

»Ich möchte auch bemerken, daß letzten Endes der Pragmatismus kein die Realität betreffendes Problem löst. Er zeigt lediglich, daß unterstellte Probleme keine realen Probleme sind ... Der Effekt des Pragmatismus liegt einfach darin, daß er unseren Geist offen macht für die Aufnahme jeglichen Beweismaterials; aber er selbst liefert kein neues Beweismaterial.«[59]

Wir wollen hier nicht länger bei der normativen Problematik der Peirceschen Systemkonzeption von 1902/03 verweilen, sondern die weiteren Konsequenzen ins Auge fassen, die mit der Akzentuierung der Kategorie »Erstheit«, wie sie in der Entdeckung des ästhetischen Bewußtseins sich bezeugt, zusammenhängen. Diese Konsequenzen weisen, wie schon angedeutet, in die Richtung einer Rehabilitierung der intuitiven Erkenntnis, die wiederum zu einer Revision der semiotischen Grundlagen der Erkenntnislogik führt. Erst auf der Basis dieser Revision gelangt Peirce zu einer ihn befriedigenden Vermittlung der

58 Kant, GMS, A u. B, S. 127. Vgl. dazu jetzt J. Habermas: Erkenntnis und Interesse, Frankfurt a. M. 1968, Kap. 9.
59 8.259 (545).

normativen Logik der Forschung mit der in der dritten Periode konzipierten »objektiven Logik« der Evolution.

2. Die Revision der semiotischen Grundlagen der Logik der Forschung und deren Vermittlung mit der Metaphysik der Evolution

Bereits 1885 sah Peirce sich gezwungen, seine semiotische Theorie der möglichen »Repräsentation« des Realen, welche als sinnkritische Theorie von dem antizipierten Endresultat des methodischen Forschungsprozesses ausging, in bedeutsamer Weise zu ergänzen: Anlaß dazu gab der Einwand des absoluten Idealisten J. Royce, daß eine Feststellung von Irrtümern durch Identifizierung des Subjekts falscher und richtiger Urteile und somit eine approximative Korrektur von Hypothesen in dem von Peirce postulierten Sinn gar nicht möglich wäre, wenn nicht ein unendlicher Geist, mit dem wir uns identifizieren können, jetzt schon, als aktueller Garant der ewigen Wahrheit, das Subjekt jedes Urteils in seiner vollständigen prädikativen Bestimmung zu denken vermöchte.[60] Diesem Einwand gegenüber wies Peirce darauf hin, daß die »Indices« unserer Sprache (z. B. Demonstrativpronomina) uns jederzeit einen realen Kontakt mit den individuellen Subjekten unserer Sätze gestatten; sie leisten also gewissermaßen eine nicht kognitive, vorläufige Identifikation des Realen, dessen Repräsentation vermittels allgemeiner Bestimmungen Inhalt der letzten Überzeugung der unbegrenzten Gemeinschaft der Forscher sein würde. Die »Indices« erfüllen also innerhalb der Kategorie »Drittheit«, d. h. innerhalb der dreistelligen Vermittlungs- bzw. Repräsentationsfunktion der Sprache, die Funktion der Kategorie »Zweitheit«, indem sie in einer prinzipiell situationsabhängigen Form der Sprachverwendung den denotativen Kontakt mit den existenten Tatsachen herstellen. Die »Indices«

---

60 Vgl. 8.39 ff. (253 ff.). Für eine genauere Interpretation der Royce-Rezension von 1885 vgl. unten S. 247 ff.

ermöglichen die Zuwendung der Aufmerksamkeit auf ähnliche Phänomene und dadurch die induktive Konfirmation von Hypothesen durch Aufzählung der bestätigenden Fälle.[61] Damit schien der empiristische Aspekt der Logik der Forschung, die Möglichkeit einer aktuellen Erfahrung des Realen, unbeschadet der Vorläufigkeit aller begrifflichen Repräsentation, semiotisch, u. d. h. zugleich kategorialanalytisch, hinreichend begründet zu sein.

Im Zusammenhang der endgültigen Systemkonzeption gelangte Peirce aber zu der Überzeugung, daß der *ersten* Kategorie, die er 1867 in seiner »New List of Categories« aus der Zeichenfunktion (als dem Äquivalent der transzendentalen Apperzeption Kants) deduziert hatte[62], der Kategorie »Qualität« (später relationslogisch als »Erstheit« formalisiert), ebenfalls eine unentbehrliche Funktion innerhalb der Logik der Forschung zufiel.[63] Der qualitative Gehalt der Wahrnehmung und ihrer

61 Diese Auffassung der Index-Funktion war bereits 1868 vorbereitet, aber die entsprechende ontologische Unterscheidung zwischen index-bezogener »Existenz« des Individuellen und in allgemeinen Begriffen repräsentierbarer »Realität« fehlte noch. Vgl. 5.287, 5.296, 5.352 (56 f., 67, 99 f.).
62 Vgl. oben, S. 46 f. und S. 78 f.
63 Bereits 1885 schreibt Peirce: »Wir finden heute, daß außer allgemeinen Begriffen zwei andere Arten von Zeichen für jedes Schlußfolgern völlig unerläßlich sind« (8.41; meine Ausgabe, S. 256). Damals scheint Peirce aber die Ikone noch nicht für den Ausdruck eines empirischen Gehalts von Sätzen, sondern lediglich für die anschauliche Spiegelung der logischen Satz-Form im Sinne »diagrammatischer Beobachtung« für notwendig zu halten; denn er führt sie in einem »Beitrag zur Philosophie der Notation« folgendermaßen ein: »Mit diesen beiden Arten von Zeichen allein ⟨sc. den Symbolen und den Indices⟩ kann jedes Urteil ⟨propositon⟩ ausgedrückt werden; aber das genügt noch nicht, um aufgrund von Sätzen Schlüsse zu ziehen, denn das Schlußfolgern beruht auf der Beobachtung, daß da, wo gewisse Relationen bestehen, gewisse andere zu finden sind, und macht es daher erforderlich, daß die zu denkenden Relationen in einem Ikon sich zeigen« (3.363). Bedenkt man, daß nach Peirce auch Erfahrungsurteile (synthetische) Schlußfolgerungen sind, so liegt es allerdings hier schon nahe, einen ikonischen Gehalt der Erfahrungsdaten zu postulieren, der in die Erfahrungsurteile eingehen muß. So wie die ikonische Zeichenform unserer Sprache dem logischen Kalkül einen »Ariadnefaden« (Leibniz) liefert, so muß gewissermaßen bereits eine ikonische Sprache der Natur der impliziten Hypothesenbildung unserer Erfahrungsurteile einen Anhalt bieten. Zu eben diesem Schluß gelangt Peirce 1903 (5.119; meine Ausgabe, S. 382).

186

sprachlichen Repräsentation konnte sich nicht in der zufälligen prinzipiell auswechselbaren »materiellen Qualität« der Sprachzeichen[64] bzw. in der ebenso zufälligen Materie der Sinnesempfindungen als auswechselbarer Vehikel von »Informationen« für die »Gemeinschaft aller Verstandeswesen«[65] erschöpfen, wie es Peirce in der »Theory of Cognition« von 1868 bis 1871 suggeriert hatte. Es ergaben sich nämlich aus der Logik der Forschung zwei miteinander verwandte Probleme, welche die Erklärung des wahrheitsapproximativen Forschungsprozesses allein aus der postulierten Geltung des synthetischen Schlußfolgerns, in Verbindung etwa mit einer mechanischen Selektion der brauchbaren Hypothesen durch die Begegnung mit den »brute facts«, als unbefriedigend erscheinen ließen:

1. Bereits in der Bestätigung bzw. Falsifikation von Hypothesen geschieht mehr, als der mechanische Zwang des erfolgreichen oder nicht erfolgreichen Zusammentreffens eines existierenden Beobachters mit den existierenden Tatsachen erklären kann: Ohne einen Vergleich der Prädikate (nicht nur der Eigenschaftsprädikate, sondern auch der Relationsprädikate) mit dem qualitativen Sosein der Phänomene vermag der existierende und schlußfolgernde Forscher nicht festzustellen, ob die ihm sinnlich begegnenden Dinge sich so verhalten, wie es die Hypothese erwarten läßt, oder nicht. Von dieser Überlegung her mußte die Funktion der Wahrnehmungsurteile (perceptual judgments), die Peirce 1868 als hypothetische Resultate unendlicher Vermittlung durch abduktive Schlußfolgerungen interpretiert hatte, erneut problematisch werden. Es konnte nicht genügen, durch mathematische Überlegungen die Vereinbarkeit der unendlichen Vermittlung der Wahrnehmungsurteile mit der Möglichkeit eines Anfangs der Erkenntnis in der Zeit sicherzustellen[66], sondern es mußte erklärt werden, inwiefern gerade die Urteile, die auf Sinneswahrnehmungen beruhen, die Fähigkeit besitzen, in ihren Prädikaten das qualitative Sosein der

64 Vgl. 5.291 (61 f.).
65 8.13 (117); vgl. auch 5.289 und 5.300 (59 f.).
66 Vgl. 5.263 (34 ff.); vgl. oben S. 90 ff.

Realität unmittelbar zum Ausdruck zu bringen[67], so daß sie die Funktion erster Prämissen für die induktive Bestätigung unserer Theorien übernehmen können.[68]

2. Das gleiche Problem einer qualitativen Bestimmung unserer Erfahrung durch die Realität schon vor der begrifflichen Repräsentation der Realität und im Interesse einer positiven Orientierung auf dem approximativen Wege zur »ultimate opinion« stellte sich aber auch für die ingeniösen Gesetzeshypothesen, welche der naturwissenschaftlichen Theoriebildung zugrundeliegen. Auch diese Hypothesen, die, ebenso wie Wahrnehmungsurteile, auf abduktiven Schlüssen beruhen, können in ihrem Zustandekommen für den späten Peirce nicht allein durch das rationalistische Kohärenzprinzip in Verbindung mit mechanischer Selektion der brauchbaren von den zufälligen Einfällen erklärt werden.[69] Denn – so fragt Peirce sich immer wieder mit Staunen –: wie ist es möglich, daß der Mensch unter den zahllosen, nach dem Zufallsgesetz möglichen Einfällen, verhältnismäßig rasch und sicher diejenigen als natürlich (im Sinne des *Commonsense* oder des *lumen naturale*) zu Tage fördert, welche eine kognitive Affinität mit der Realität be-

67 Bereits in der Berkeley-Rezension von 1871 (8.16, meine Ausgabe, S. 119) hatte Peirce – bei Gelegenheit der Abwehr der Behälter-Theorie des Bewußtseins und ihres Immanenz-Phänomenalismus – die Lehre der »unmittelbaren Wahrnehmung« der Außenwelt adoptiert, ohne zu erklären, wie diese Lehre mit der 1868 so nachdrücklich betonten Vermitteltheit aller Wahrnehmungsurteile zu vereinbaren sei.

68 Die Schwierigkeit lag für Peirce – wie später für den Neopositivismus und für Popper – darin, daß die Wahrheit von Hypothesen nur durch Sätze (die selbst wieder Hypothesen sind usw. ad infinitum) und nicht etwa durch Vergleich von Sätzen mit sogenannten Tatsachen *bewiesen* werden kann; denn – wie Peirce in einer brillanten Argumentation der 6. Lovell Lecture von 1903 bemerkt: ». . . you look at an object and say, ›That is red‹. I ask you how you prove that. You tell me you see it. Yes, you see something; but you do not see *that it is red*; because *that it is red* is a proposition . . .« Gleichwohl mußte Peirce zeigen, daß und wie die Auszeichnung der Wahrnehmungsurteile als praktisch nicht hintergehbarer Prämissen darauf beruht, daß die wahrgenommenen Bilder (die sog. »percepts«) als Informationszufluß in die Prädikate der Wahrnehmungsurteile eingehen.

69 Vgl. unten S. 270, 278 ff. über die Auseinandersetzung mit Darwinismus und Lamarckismus.

sitzen.[70] Diese Frage nach dem Zustandekommen der Hypothesen ist nicht mit der quasi-transzendentalen Frage nach der objektiven Gültigkeit der synthetischen Schlußverfahren *in the long run* zu verwechseln, die Peirce 1868/69 auf der Linie seines sinnkritisch postulierten Konvergenzprinzips beantwortet hat[71], aber sie muß, wie Peirce jetzt erkennt, zusätzlich – und zwar durch die Logik der Forschung in Verbindung mit der Metaphysik der Evolution – beantwortet werden, da die »transzendentale Deduktion« der Geltung der synthetischen Schlußverfahren allein nicht zu zeigen vermag, wie Erfahrung überhaupt möglich ist.[72]

Auf die soeben explizierten zentralen Fragen der Peirceschen Forschungslogik schien eine Antwort möglich, wenn man in der Natur wie innerhalb der sie repräsentierenden Zeichenfunktion qualitative »Erstheit« nicht nur im Sinne zufälliger, auswechselbarer materieller Informationsvehikel unterstellte[73], sondern darüberhinaus als anschaulich-bildhaften Ausdruck rationaler Strukturen. Die kategorialanalytische Schwierigkeit, die sich hier für Peirce ergab, war im Grunde die gleiche wie im Falle der Einbeziehung der Begegnung mit den »brute facts« in den Erkenntnisprozeß: Ebenso wie diese – als »Illustration für Zweitheit« – hatte Peirce auch die Sinnesqualitäten – als Illustration für Erstheit – als völlig irrational charakterisiert und sie dadurch von der eigentlichen Erkenntnisfunktion geschieden.[74] Im Falle der Zweitheit war diese Schwierigkeit dadurch

70 Vgl. 5.172 f. (400 ff.), 5.591, 5.603 ff, 6.10 (268 f.), 6.474 ff.
71 Vgl. oben, S. 73 ff. u. S. 96 ff.
72 Vgl. dagegen 5.348–5.352 (97 ff.): 1869 identifizierte Peirce die Frage nach den Bedingungen der Möglichkeit der Erfahrung im Sinne Kants mit der transzendentallogischen Frage nach der Geltung der Erfahrung und diese wiederum mit der Frage nach der Geltung der induktiven Schlüsse *in the long run.* Nunmehr trennt Peirce die Frage nach dem Zustandekommen der Hypothesen (der abduktiven Schlüsse, die auch noch den zur induktiven Bestätigung vorausgesetzten Wahrnehmungsurteilen zugrunde liegen) von der Frage nach der Geltung der Erfahrung, die durch die Induktionstheorie zu beantworten ist.
73 Peirce stellte daher 1903 auch die traditionelle Lehre von der Subjektivität der Sinnesqualitäten ernsthaft in Frage, vgl. 5.116 ff., vgl. unten S. 306.
74 Vgl. 1.420, 1.357, 2.85, 5.289 (59 f.).

überwunden worden, daß sich eine sprachliche Repräsentation derselben in Gestalt der »Indices« fand: Diese gehören als sprachliche Symbole zur Kategorie Drittheit, denn sie werden im Rahmen der Aussage rational interpretiert; zugleich aber repräsentieren sie innerhalb der Sprache, d. h. innerhalb der Drittheit, die Zweitheit des faktischen Zusammenhangs der Sprache mit der realen Welt in der Situation, und ihre Interpretation ist von diesem Situationsbezug abhängig. So konnte Peirce die Index-Funktion der Sprache als semiotische Bedingung der Möglichkeit der Identifikation individueller Gegenstände im Rahmen der Erkenntnis, z. B. der forschungslogischen Funktion der Enumeration existierender Fakten zum Zwecke der induktiven Bestätigung, in Anspruch nehmen. In ähnlicher Weise mußte er jetzt nach einer Repräsentation der qualitativen Erstheit in der Sprache Ausschau halten, und es lag nahe, dafür die schon 1867 postulierte[75] Ikon-Funktion der Sprache in Anspruch zu nehmen. Der Durchbruch dieser Auffassung war für Peirce im Grunde gleichbedeutend mit der Entdeckung des ästhetischen Bewußtseins.[76]

---

75 Unter dem Namen »likeness« wird sie erstmals in »The New List of Categories« der Kategorie des »Ersten« (First) zugeordnet (vgl. 1.558); vgl. auch 5.283 (54).

76 Peirce faßt jetzt als kognitive Korrelate der »Erstheit« (der »Drittheit«) solche Phänomene bzw. Topoi zusammen wie ästhetisches Bewußtsein, natürliche »Einsicht«, »Commonsense«, »lumen naturale« und vor allem immer wieder die tierischen »Instinkte«, als deren Transformationen die auf Qualität bezogenen »divinatorischen« Erkenntnisfunktionen des Menschen verstanden werden. Diesen Funktionen entspricht in der synthetischen Logik die abduktive Schlußweise, durch die allein neue Einsichten zu Tage gefördert werden. Demgegenüber wird die Induktion jetzt nur noch als Methode der Konfirmation bzw. Falsifikation durch Begegnung mit den existierenden Fakten (»Zweitheit«!) verstanden und der darwinistischen Selektion in der Evolution zugeordnet. – Die Entwicklung der Peirceschen Theoriebildung am Leitfaden seiner drei Fundamentalkategorien zeigt hier eine interessante Parallele mit A. Gehlens Anthropologie, der ja ebenfalls zunächst nur die Adaption in Versuch und Irrtum des »experimentierenden Verhaltens« für die Kulturentwicklung verantwortlich machte, später aber eine Theorie der – dem »darstellenden Verhalten« zugeordneten – ästhetisch-numinosen Qualitäten entwickelte, die er als Entdifferenzierung der – den tierischen Instinkten zugeordneten – Auslöserqualitäten versteht (vgl. A. Gehlen: Urmensch und Spätkultur, Bonn 1956).

Bereits 1883 und in seiner Metaphysik von 1891 ff. beantwortete Peirce prinzipiell die Frage nach der Affinität der menschlichen Erkenntnis und der Natur im Sinne eines objektiven Idealismus, welcher die kategoriale Struktur der Natur als unbewußte Vorstufe und Entsprechung zur kategorialen Struktur der bewußt angewandten semiotischen Logik der Forschung interpretierte. Schon hier wurde zuletzt – in der Theorie des »Agapasmus« – die Erklärung der erfolgreichen Erkenntnis allein aufgrund zufälliger Einfälle und mechanischer Auslese des Brauchbaren als unbefriedigend betrachtet und eine sympathetisch-divinatorische Einfühlung in die finale Tendenz der Evolution postuliert.[77] Aber erst der ausdrückliche Rekurs auf das ästhetische Bewußtsein im Rahmen der Grundlegung der »Normativen Wissenschaften« machte es Peirce möglich, die kategoriale Konzeption einer »Erstheit der Drittheit«, d. h. einer quasisinnlichen, qualitativen Wahrnehmung und ikonischen Expression der sich entwickelnden idealen Ordnung des Universums semiotisch zu artikulieren. In einem Paragraphen seiner Pragmatismus-Vorlesung von 1903 faßt er diese Konzeption folgendermaßen zusammen:

»... wenn man mich fragt, welche Rolle Qualitäten in der Ökonomie des Universums spielen können, so antworte ich: das Universum ist ein gewaltiges Zeichen ⟨a vast representamen⟩, ein großes Symbol für Gottes Intention, indem es deren Konklusionen in lebendigen Realitäten ausarbeitet. Nun muß jedes Symbol, als organisches Zubehör, seine Indices, welche Reaktionen ⟨der faktischen Umgebung⟩ anzeigen, und seine Ikone, welche Qualitäten ausdrücken, besitzen. Und eben die Rolle, welche diese Reaktionen und diese Qualitäten in einem Argument spielen, spielen sie natürlich auch im Universum – denn das Universum ist, genau gesagt, ein Argument. Und in dem Bißchen, das Du oder Ich von dieser hohen Demonstration entziffern können, sind unsere Wahrnehmungsurteile die Prämissen *für uns,*

77 Vgl. z. B. 6.307: »Die agapastische Entwicklung des Gedankens ist die Adoption gewisser geistiger Tendenzen, und zwar nicht völlig unbedacht, wie im Tychasmus, auch nicht völlig aufgrund blinden Zwangs der Umstände oder der Logik, wie im Anankasmus, sondern aufgrund einer unmittelbaren Attraktion durch die Idee selbst, deren Natur, bevor der Verstand sie besitzt, durch die Macht der Sympathie, d. h. aufgrund der Kontinuität alles Geistigen, erahnt wird ...«

und diese Wahrnehmungsurteile haben Ikone als Prädikate, in denen ikonische Qualitäten unmittelbar repräsentiert sind.«[79]

Hier versucht Peirce, die semiotischen Bedingungen der Möglichkeit einer qualitativen Bestimmung des Erkenntnisprozesses durch die sinnlich erfahrbare Welt anzugeben. Wie zuvor schon die – zumeist im Satzsubjekt repräsentierte – Indexfunktion der Sprache die Einbeziehung der reinen Faktizität in den rationalen Interpretationsprozeß ermöglicht, so soll jetzt die Ikonfunktion der Sprache im Satz-Prädikat[78], d. h. als Erstheit in der Drittheit der prädikativen Synthesis der Aussage, den qualitativen Ausdruck der Welt gewissermaßen einfangen und dem rationalen Interpretationsprozeß einverleiben. Die kognitive Funktion der Erstheit in der Drittheit ist jedoch metaphysisch tiefergreifend als die der bloßen Einbeziehung der Faktizität: sie trägt als Soseinserhellung unmittelbar zur intensionalen Struktur der Begriffe (von Peirce »depth« genannt) bei, und sie vermittelt daher zwischen der Logik der Forschung und dem Sosein der Natur, wie es Peirce in der Metaphysik divinatorisch-heuristisch postuliert hatte. Von hier aus wird es verständlich, daß Peirce mit Hilfe der Ikonfunktion die metaphysische Analogie zwischen dem Schlußprozeß der Natur und dem kontrollierbaren Schlußprozeß der Forschung deutlich zu machen versucht:

»Aber was für uns das erste ist, das ist nicht das erste in der Natur. Die Prämissen des logischen Prozesses der Natur sind all jene unabhängigen und ursachlosen Tatsachenelemente, welche die Mannigfaltigkeit der Natur ausmachen, von der der Nezessitarier annimmt, daß sie von der Begründung der Welt an existiert hat, die jedoch der Tychist als Produkt eines kontinuierlichen Wachstumsprozesses versteht. Diese Prämissen der Natur sind zwar nicht die *Wahrnehmungstatsachen*, welche für uns Prämissen sind, aber sie müssen diesen nichtsdestoweniger darin gleichen, daß sie Prämissen sind. Wir kön-

---

78 Hierbei ist nicht nur an die ikonische Expressivität einfacher Prädikate zu denken, sondern auch – und in der Wissenschaft gerade – an die Strukturabbildung der Realität in mehrstelligen Relationsprädikaten, die selbst wiederum an die Ikon-Funktion von technischen Modellen und mathematischen Diagrammen anknüpfen; vgl. unten S. 226 ff.

79 5.119 (382 f.).

nen uns von ihnen nur dadurch ein Bild machen, daß wir sie mit den Prämissen für uns vergleichen. Als Prämissen müssen sie Qualitäten involvieren.

Nun zu ihrer Funktion in der Ökonomie des Universums. Das Universum als ein Argument ist notwendig ein großes Kunstwerk, ein großes Gedicht – denn jedes schöne Argument ist ein Gedicht und eine Symphonie – genau wie jedes wahre Gedicht ein gutes Argument ist. Doch laßt uns das Universum lieber mit einem Gemälde vergleichen – etwa mit einem impressionistischen Seestück –; dann ist jede Qualität in einer Prämisse eins der elementaren Farbpartikel des Gemäldes; ihrer aller Sinn liegt darin, daß sie zusammenwirken, um die intendierte Qualität zu konstituieren, welche dem Ganzen als Ganzem zugehört. Jener Gesamteffekt liegt ⟨sc. beim Universum⟩ außerhalb unseres Gesichtskreises; aber wir können ihn in gewissem Maße einschätzen als aus den Qualitäten von Teilen des Ganzen resultierend – d. h. aus Qualitäten, welche ihrerseits aus Kombinationen elementarer Qualitäten resultieren, die zu den Prämissen gehören.«[79]

In dieser ikonisch akzentuierten Vision des Universums als eines Zeichens oder Arguments, das in seiner bewußten Fortsetzung in der menschlichen Wissenschaft zur Repräsentation seiner selbst gelangt, vollendet sich der objektive, semiotische Idealismus des späten Peirce, der bereits in der Auffassung des Menschen als eines Zeichens von 1868 angelegt war[80] und in der »Theorie des wahrscheinlichen Schließens« von 1883[81] zuerst als Lehre vom unbewußten Schlußfolgern der Natur im Detail durchgeführt wurde. Dort hieß es:

»Wir begreifen die Natur so, als ob sie unausgesetzt deduktive Schlüsse im Modus *Barbara* vollzöge. Dies ist unsere natürliche und anthropomorphe Metaphysik. Wir begreifen, daß es Gesetze der Natur gibt, die ihre Regel oder allgemeinen Prämissen sind. Wir begreifen, daß unter der Voraussetzung dieser Gesetze Fälle eintreten; diese Fälle bestehen in der Prädikation, oder dem Vorkommen, von *Ursachen*, welche den Mittelbegriff der Syllogismen der Natur darstellen. Schließlich begreifen wir, daß das Vorkommen von Ursachen, kraft der Gesetze der Natur, Wirkungen zur Folge hat, welche die

---

80 Vgl. 5.313 ff. (78 ff.). Hier zeigt sich eine Linie der Peirceschen Spekulation, die geradeswegs auf N. Wieners Konzeption des Menschen als »Nachricht« und des Universums als eines Informationsprozesses hinzudeuten scheint.

81 2.711–713 (84 ff.).

Konklusion der Syllogismen ⟨der Natur⟩ sind. Indem wir die Natur in dieser Weise begreifen, kommen wir auf natürliche Weise dazu, drei Aufgaben der Naturwissenschaft ⟨science⟩ ins Auge zu fassen: – 1. die Entdeckung von Gesetzen, was durch Induktion geschieht; 2. die Entdeckung von Ursachen, was durch hypothetisches Schließen geschieht; 3. die Voraussage von Wirkungen, was durch Deduktion geschieht. Es scheint mir höchst nützlich, ein System der Logik auszuwählen, welches alle diese natürlichen Begriffe bewahrt.«[82]

In der Metaphysik der Evolution wurde dieses »anthropomorphe« Verständnis der Natur zunächst ohne Berücksichtigung der semiotischen Logik und ihres Verhältnisses zur Natur ausgearbeitet.[83] In der Systemkonzeption von 1902/03 erst wird dieser Zusammenhang ausdrücklich hergestellt, wobei die Ikonfunktion der menschlichen Sprache und der ihr entsprechenden und vorausgehenden »Sprache der Natur« die entscheidende Verbindung zwischen dem qualitativen Sosein der Natur und den Prädikaten der menschlichen »Wahrnehmungsurteile« als dem »für uns ersten« herzustellen hat. Erst dieser ikonische Kontakt zwischen Natur und semiotisch verstandener Erkenntnis, zwischen unbewußter und bewußter »Argumentation«, erlaubte es Peirce, seine normative Logik der Forschung mit seiner Metaphysik zu vermitteln und sie durch diese Vermittlung selbst zu komplementieren: Während die sinnkritische Theorie der Realität von 1868 den Forschungsprozeß in der begrifflichen Repräsentation des Realen aufgrund rationaler Schlüsse (»Drittheit«) aufgehen zu lassen schien und die Index-Theorie von 1885 nur den »denotativen« Kontakt mit den »existierenden Fakten« in der experimentellen Bestätigung (»Zweitheit«) berücksichtigte, bot erst die Ikon-Theorie der Wahrnehmungsprädikate die Möglichkeit, den qualitativen Vergleich der sprachlich formulierten Erkenntnis mit dem Sosein des Realen und vor allem die primäre Wahrnehmung dieses Soseins als empirische Informationsfunktion im Rahmen der begrifflichen Repräsentation zur Geltung zu bringen. Auch das »anthropomorphe« Weltverständnis selbst, auf das sich

82 2.713.
83 Vgl. z. B. 6.189 ff. Vgl. unten S. 268 ff.

Peirce als Ausdruck der »Affinität der menschlichen Seele zur Seele des Universums«[84] immer wieder beruft, muß als heuristischer Horizont aller wissenschaftlichen Hypothesen nach Peirce auf die Ikon-Funktion der semiotisch verstandenen Erkenntnis zurückgeführt werden.

Durch diese Komplementierung der Semiotik war es Peirce auch möglich, seine drei Schlußarten, wie 1883 postuliert, dem sinnlich erfahrbaren Naturgeschehen zuzuordnen. Dabei ergab sich, entsprechend der semiotischen Akzentuierung der »Erstheit« in der ikonischen Repräsentation, eine neue und für Peirce endgültige Profilierung der Funktion des abduktiven Schlusses: Die Deduktion hat mit der Erfahrung der Realität nichts zu tun, sie erhält ihre Gültigkeit allein dadurch, »daß der Mensch die Fähigkeit besitzt, seine eigene Bedeutung ⟨sc. die Bedeutung von Symbolen⟩ zu explizieren«[85], sie »entwickelt nur die notwendigen Konsequenzen einer Hypothese«[86]; Induktion hat ihren Realitätskontakt in der »Indikation« bzw. »Denotation« der hier und jetzt als existent begegnenden Fakten, d. h. aber: sie entdeckt nicht das qualitative Sosein von etwas (auch nicht das Sosein eines Gesetzes, wie noch 1883 suggeriert!), sondern dient nur der »Wertung«[87] von schon bestehenden Hypothesen durch Konfirmation bzw. Falsifikation. Abduktion »ist die einzige Operation, welche eine neue Idee einführt«[88], indem sie als im Grenzfall unbewußter Schluß, der schon der Wahrnehmung – und entsprechend jeder wissenschaftlichen »Intuition« – zugrundeliegt, die ikonischen Qualitäten der Natur in einer sprachlich formulierten Hypothese zum Ausdruck bringt.[89] Abduktion ist daher das erste Stadium aller Forschung, das als spontane, divinatorische Antwort des Menschen auf die An-

84 5.47 (350); vgl. 5.212 (418 ff.), 5.536, 6.477.
85 6.474.
86 5.171 (400).
87 5.171 (400); vgl. 5.145 (393 f.) u. 6.475.
88 5.171 (400); vgl. 5.145 (393 f.).
89 Hier denkt Peirce jenen Grenzfall der diskursiven, sprachlich formulierten Erkenntnis, den B. Croce in der Gleichung »intuitione = espressione« mit der Kunst identifizierte. Vgl. auch oben Anm. 76.

mutung der Umgebung die Entsprechung zum tierischen Instinkt darstellt.[90]

Die Analogisierung des Naturprozesses mit dem semiotischen Denkprozeß, die der angedeuteten Vermittlung von Logik und Metaphysik zugrundeliegt, mag, wie Peirce selbst 1883 bemerkt, »auf den ersten Blick sehr phantastisch erscheinen«[91]. Man kann in ihr einen Rückfall des pragmatistischen Wissenschaftstheoretikers in die vortranszendentale, im amerikanischen Sinn »transzendentalistische« Metaphysik seiner Frühzeit sehen. In der Tat sind die Motive der »Natur als Sprache«, des »Ausdrucks« eines weltschaffenden »Logos« in dieser Natursprache und in den Prädikaten der sie interpretierenden Menschensprache bereits dem ganz frühen Peirce (vor 1867) geläufig[92]. Sie bezeugen hier noch einen Traditionszusammenhang, der von der Logos- und Natursprachenlehre der Renaissance und des Barock (Cusanus, Böhme, Leibniz, Berkeley) bis zu Emerson[93] reicht. Es läßt sich jedoch andererseits nicht übersehen, daß Peirce durch seine semiotische Transformation der Erkenntnistheorie und die zugehörige sinnkritische Transformation der Kantischen Transzendentalphilosophie mit innerer Folgerichtigkeit auf den Weg seiner semiotischen Ontologie gebracht wurde. Die wesentlichen Denkschritte seien hier kurz resümiert:

1. Nachdem das unerkennbare Ding-an-sich als eine sich selbst widerlegende Hypothese sinnkritisch aufgelöst und statt dessen das Reale als das »in the long run« durch die »Community of investigators« Erkennbare definiert war, bestand für Peirce keine Möglichkeit mehr, die ontologische Realität seiner sprachlogischen Kategorien durch die – wie immer geheime – Kontrasthypothese einer unerkennbaren Hinterwelt prinzipiell ein-

90 Vgl. 5.171 ff. (400 ff.), 5.181 (403 ff.) u. 6.475–477.
91 2.711.
92 Vgl. Murphey, a. a. O., Part One.
93 Emerson stellte in »Nature, Addresses and Lectures« (Boston 1885, p. 31) drei berühmte Thesen auf: 1. Words are signs of natural facts. 2. Particular natural facts are symbols of particular spiritual facts. 3. Nature is the symbol of spirit« (Zitat nach Murphey, S. 51).

zuschränken. Eine Einschränkung ihrer Geltung konnte, wie bei allen wissenschaftlichen Hypothesen, nur noch im Sinne des fallibilistischen Vorbehalts erfolgen; also im Sinne der Korrigierbarkeit aller Erkenntnis; d. h. aber im Sinne einer Erkenntniskritik, welche die prinzipielle Realgeltung der semiotischen Erkenntniskategorien *in the long run* gerade voraussetzt. Da die Allgemeinheit der Begriffe ein unentbehrliches Konstituens aller semiotisch verstandenen Erkenntnis, aller wahren »Repräsentation« ist, so folgt hieraus unmittelbar die Anerkennung des Universalienrealismus[94]; dieser gehört zur Konzeption des sinnkritischen Realismus, während die sinnwidrige Hypothese der unerkennbaren Hinterwelt als das πρῶτον ψεῦδος alles Nominalismus entlarvt wird.

2. Mit der sinnkritischen Auflösung der unerkennbaren Hinterwelt verband sich für Peirce aber die Einbeziehung der Erkenntnis selbst in die empirisch erforschbare reale Welt. Die Erkenntnis war nicht länger – wie bei Kant – eine Grenze der empirischen Welt[95], eine Funktion transzendentaler Bewußtseinsvermögen, die auf geheimnisvolle Weise mit den sie affizierenden Dingen-an-sich in Verbindung stehen (eine Problematik, die Kant zur Einführung eines analogischen Sprachgebrauchs zwang[96]); Erkenntnis war jetzt ein sprachlich und gesellschaftlich manifester geschichtlicher Prozeß, der hinsichtlich seiner unbewußten Fundamente mit dem evolutionären Naturprozeß ein Kontinuum bildet, hinsichtlich seiner bewußten Spitze aber der »Selbstkontrolle« durch die normative Logik unterliegt. An die Stelle der Kantischen Unterscheidung des Gegenstandsbereiches möglicher Erfahrung von dem uneigentlichen Gegenstandsbereich einer transzendentalen Metaphysik (die von der transzendenten Metaphysik der Dinge-an-sich sich

94 Vgl. 8.14 f. (118); vgl. oben, S. 61 ff.
95 Dieser transzendentale Dualismus Kants erfährt seine sprachanalytische Transformation und zugleich paradoxe *reductio ad absurdum* im »Tractatus logico-philosophicus« des frühen Wittgenstein, wo das Subjekt ohne jede Möglichkeit der Selbstreflexion mit der Sprachform ineins die »Grenze der Welt« bildet.
96 Vgl. E. K. Specht: Der Analogiebegriff bei Kant und Hegel, Kantstudien, Erg. Heft, 66, Köln 1952.

nicht zu lösen vermag) trat bei Peirce die methodologische Unterscheidung der Fragestellungen empirischer Wissenschaft und normativer, semiotischer Logik der Forschung. Die erstere ist als heuristische »Gesamtschau« *(Coenoscopy)*, die nicht selbst experimentelle Forschung betreibt[97], Metaphysik der Evolution des Universums, ehe sie sich in die »idioskopischen« Einzelwissenschaften zerlegt, welche die heuristischen Weltbildhypothesen der Metaphysik indirekt einer empirischen Bewährung unterwerfen.[98] Die letztere untersucht die Geltungsbedingungen der bewußt praktizierten Forschungsmethoden (deduktive und synthetische Schlußverfahren einschließlich zugehöriger Experimentierverfahren und Kommunikationsverfahren) und tritt insofern das Erbe der transzendentalen Logik Kants an. Hieraus ergibt sich das Verhältnis Peirces zur nachkantischen Philosophie:

3. Indem Peirce mit der Auflösung der unerkennbaren Dinge-an-sich zugleich die transzendentale Bewußtseinsproblematik in die zu erkennende Welt einbezieht, und zwar als ein Thema ihrer Entwicklungsgeschichte, beschreitet er mit innerer Konsequenz denselben Weg, den die nachkantische Philosophie des deutschen Idealismus mit Schelling und Hegel einschlug. Indessen: die Identifizierung der Erkenntnis mit dem evolutionären Naturprozeß (hinsichtlich ihrer unbewußten Voraussetzungen) bzw. mit dem gesellschaftlich-geschichtlichen Prozeß (hinsichtlich der prinzipiell kontrollierbaren Voraussetzungen) vollzieht sich bei Peirce nicht wie im deutschen Idealismus durch Zurückführung der empirisch erforschbaren Prozesse auf den transzendentalphilosophisch konstruierbaren Bewußtseinsprozeß, sondern durch Einbeziehung aller nicht transzendentallogischen Aspekte der Erkenntnis in die Problematik empirischer Hypothesenbildung. Dies zeigt sich am deutlichsten in der Behandlung der Alternative von Idealismus (Spiritualismus) und Materialismus in Peirces kosmologischer Metaphysik[99]:

97 Vgl. 6.6, 1.241.
98 Vgl. unten S. 261 ff.
99 Vgl. 6.24 f. (277).

Die von Peirce in der dritten Periode getroffene Entscheidung zugunsten des objektiven Idealismus (oder vielleicht besser Spiritualismus) ist eine empirische Hypothese im Sinne der metaphysischen *Coenoskopie*. Sie ist prinzipiell unabhängig von der in der 1. und 2. Periode erreichten und im Pragmatizismus der 4. Periode durchaus bestätigten Position des sinnkritischen Realismus; d. h. die vom *Common Sense* vorausgesetzte Unabhängigkeit der Existenz und des Soseins des Realen von allen Meinungen begrenzter Subjekte über das Reale, die vom *Critical Commonsensism* mit der Erkennbarkeit des Realen durch die unbegrenzte Gemeinschaft aller denkenden Wesen identifiziert wird, bleibt unberührt durch die *metaphysische* Hypothese Peirces (für die er sich auf Schelling beruft[100]), daß Materie erstarrter Geist (Geist qua Gefühl = »Erstheit«) und die Naturgesetze erstarrte Verhaltensgewohnheiten (Geist als regelndes Prinzip = »Drittheit«) seien. Ja, die Unabhängigkeitsthese des Realismus wird gerade dadurch bestätigt, daß auch die unbewußten Fundamente der Erkenntnis (insbesondere die unbewußten abduktiven Schlüsse, welche nach Peirce den Wahrnehmungsurteilen zugrundeliegen[101]) durch normative Logik absolut unkontrollierbar sind, u. d. h. zur erkenntnisunabhängigen Realität gerechnet werden müssen.[102] – An dieser Stelle zeigt sich nun allerdings eine Vereinbarkeit der metaphysischen Hypothese des objektiven Idealismus mit dem sinnkritischen Realismus, die über die wechselseitige Unabhängigkeit beider Theoreme Peirces hinausweist auf eine Betrachtungsweise, die beide Theoreme einander fordern läßt. Und von hier aus scheint mir in der Tat die Vermittlung zwischen Metaphysik und normativer Erkenntnislogik verständlich zu werden, die Peirce 1903 im Sinne einer spekulativen Semiotik vollzog:

5. Der sinnkritische Realismus von 1868, welcher das Reale als Gegenstand der begrifflichen Repräsentation in der letzten

100 Vgl. unten S. 277 ff., bs. Anm. 105, 126 u. 127.
101 Vgl. 5.181 ff. (403).
102 Vgl. 5.55, 5.212 (418 ff.).

Konklusion eines unbegrenzten Forschungs- und Kommunikationsprozesses definierte, mußte die in der Begegnung mit der Außenwelt lediglich indizierbare individuelle Hier-und-jetzt-Existenz des Realen ebenso wie die Erlebnisqualitäten, mit denen der Organismus im privaten Bewußtsein auf die begegnende Außenwelt reagiert, als prinzipiell irrationale, präkognitive Momente des Forschungsprozesses behandeln, die gleichwohl als Informationsquellen das unentbehrliche empirische Substrat der synthetischen Schlußoperationen (Induktion und Abduktion) darstellen. Die zentrale Aporie, die der Peirceschen Erkenntnistheorie hier erwuchs, lag darin, daß sie etwas voraussetzen mußte – und sogar als Erkenntnisquelle –, das, als prinzipiell irrational, nach dem sinnkritischen Ansatz nicht einmal als real gedacht werden kann. In der rationalistischen »Erkenntnistheorie« (»theory of cognition«) von 1868 hatte Peirce diese Aporie überspielt, indem er lediglich glaubte, nachweisen zu müssen, daß die Erlebnisqualitäten (die »feelings«), sofern sie denkbar sind, immer schon begrifflich interpretiert und, sofern sie unmittelbar gegeben sind, gar nicht gedacht werden können und insofern irrelevant für die sinnkritische Erkenntnistheorie sind.[103] Aber es ist klar, daß Peirce sich damit selbst widersprach; denn er selbst dachte die relationsfreien Erlebnisqualitäten ja ausdrücklich (in der Kategorie der »Erstheit«); und in der »Logik der Forschung« von 1872/73 mußte er bereits die unentbehrliche Funktion der nicht rationalen Momente (»Erstheit« und »Zweitheit«) als der informationskonstitutiven Elemente der empirischen, experimentellen Erkenntnis berücksichtigen.[104] In der spekulativen Semiotik von 1903 nun konnte Peirce nicht nur die in der Erfahrung begegnenden »brute facts« als induktiv verwertbare Signale noch nicht begriffener, aber prinzipiell begreifbarer Naturvorgänge in die Repräsentation des Realen integrieren, sondern darüberhinaus

103 Vgl. 5.289 (59); Peirce steht hier Hegels Interpretation der »sinnlichen Gewißheit« sehr nahe, gegen die er später die semiotische Interpretation des »Diesda« und des »unmittelbaren Sinns« der Wahrnehmung ausspielen kann. Vgl. 5.44 (346 f.), 5.92 (374).
104 Vgl. 7.328.

und vor allem die Erlebnisqualitäten, welche als ikonische Qualitäten in die Prädikate der Wahrnehmungsurteile eingehen, als Ausdruck der Affinität unbewußter Schlußprozesse der äußeren Natur einerseits, der inneren Natur des Menschen andererseits.

Man könnte freilich einwenden: diese Spekulation löse nur dann die erwähnte zentrale Aporie der Peirceschen Erkenntnistheorie, wenn man zugesteht, daß die Elemente von »Erstheit« und »Zweitheit«, welche das empirische Fundament der Erkenntnis und das kontingente und irrationale Element des sich entwickelnden Universums bilden, »in the long run« durch das rationale Element der »Drittheit« — qua begriffliche Repräsentation und qua Vollendung der Weltorganisation in den »habits« der denkenden Wesen – total vermittelt und d. h. – mit Hegel – »aufgehoben« würden. Diese Forderung – so könnte man argumentieren – sei in der sinnkritischen Definition des Realen als des Erkenn*baren* bzw. als des Gegenstands der »ultimate opinion« einer »indefinite community of investigators« impliziert. Mit andern Worten: Peirces Metaphysik des »objektiven Idealismus« und der sinnkritische Realismus seiner Erkenntnistheorie würden einander nicht nur fordern, sondern sie würden für die wahre Erkenntnis im Sinne der metaphysischen Hypothese zusammenfallen: Die irrationalen Erfahrungswiderstände und sinnlich-anschaulichen Erlebnisqualitäten wären sozusagen nur die – freilich im Falle der Erlebnisqualitäten schon sich selbst erhellenden – Symptome des noch Unerwarteten in der Erfahrung, und d. h. der *Noch-nicht*-Angemessenheit unserer begrifflichen Erkenntnis des Realen.

Viele Gedankenreihen im Werk des späten Peirce scheinen zwingend auf dieses Resultat hinzudeuten.[105] Und man könnte

---

105 Vgl. z. B. 8.103 (1900): »Aber jene blinden Zwänge ⟨der im Sinne der Zweitheit erfahrenen Tatsachen⟩ sind Anzeichen ⟨glimpses⟩ eines unbekannten Gegenstandes. Nun ist aber das Unbekannte, nach unserer Theorie, eben das, dessen Bestimmung es, wie wir hoffen, ist, in der Zukunft sich zu offenbaren. Jene blinden Zwänge können also als Aktionen der Zukunft auf die Vergangenheit betrachtet werden. Von diesem Gesichtspunkt aus erkennt man, daß sie sinnlos ⟨brute⟩ und blind sein müssen, und ferner, daß man im

meinen, Peirce habe sich eine solche Schlußfolgerung um so eher leisten können, als er – im Gegensatz zu Hegel – den absoluten Konvergenzpunkt seines Systems nicht in die logosmystische Vollendung der Reflexion, sondern in die unendliche Zukunft verlegt und die »Aufhebung« der irrationalen Weltelemente in die Erkenntnis für ihn nicht ein Werk philosophischer Spekulation, sondern empirisch verifizierter Wissenschaft sein sollte. Auch würde die totale Rationalisierung des Universums für Peirce ja nicht nur oder primär eine Angelegenheit der Theorie, sondern zugleich eine solche theoretisch vermittelter Praxis sein. Indessen: Genau die soeben aufgezählten Umstände, welche dem Hegelschen Gedanken der »totalen Vermittlung« das Odium des Hybriden zu nehmen scheinen, hindern offenbar Peirce daran, die Möglichkeit einer Aufhebung der »Erstheit« und »Zweitheit« in der »Drittheit« anzuerkennen. Peirce bleibt als Erkenntnistheoretiker Kantscher Herkunft, der in regulativen Prinzipien einer normativen Logik der Forschung denkt, an den Ort der geschichtlichen Situation gebunden, für den die »Ekstasen der Zeit« (Heidegger) transzendentale Geltung besitzen: Der Pragmatismus – wie auch der Existentialismus und der Marxismus – ist keine Reflexionsphilosophie, die sich ans Ende der wirklichen – oder auch nur der möglichen – Weltentwicklung stellen könnte; für ihn ist der Zukunftsbezug konstitutiv für so etwas wie Sinn. Solange aber der Zukunftsbezug besteht und für unser Verstehen von etwas als etwas konstitutiv ist, solange ist, zumindest in der empirischen Wissenschaft und im Commonsense-Verständnis der Lebenspraxis, Erlebnisqualität und Faktizität von Ereignissen und Willenshandlungen nicht ins Allgemeine des Begriffs aufzuheben; vielmehr setzt das Allgemeine als Gesetzesbegriff die zukünftige Bestätigung (bzw. die darin zu erweisende Beherrschung der Fakten) und als Verhaltensregel die zu leitenden Willenshandlungen voraus, die selbst wiederum

Laufe der Zeit sehen muß, wie sie sich selbst rationalisieren und sich in dem Maße auflösen, in dem die Erkenntnis sich entwickelt.«

die Erlebnisqualitäten voraussetzen.[106] Selbst das absolute Ziel der normativ zu postulierenden und als real möglich zu denkenden Weltentwicklung denkt der reife Peirce nur als ein »would be« und macht dadurch das »esse in futuro« der Drittheit von nicht voraussetzbaren kontingenten Fakten (»Zweitheit«) und spontaner Freiheit (Erstheit) abhängig.[107]

3. »Phänomenologie« als prima philosophia

Die bisher skizzierten Aspekte der Systemkonzeption des späten Peirce lassen sich noch ohne allzu große Schwierigkeiten als Konsequenzen der Grundkonzeption verstehen, die schon in der ersten und zweiten Periode angelegt war. In mancher Hinsicht stellen sie geradezu Rückgriffe des von den Freunden des »Metaphysical Club« isolierten Einsiedlers von Milford auf zentrale Tendenzen der Frühzeit dar[108]; das gilt, wie schon betont, für die Ausbildung der normativen Wissenschaften im Hinblick auf den Kantischen Ansatz des »Logischen Sozialismus« von 1868, und es gilt sogar für die Metaphysik der Evolution und die spekulative Semiotik, die in der »New List of Categories« von 1867 und in der semiotischen Anthropologie und Geistlehre von 1868 deutlich präfiguriert waren.[109] Die neue Akzentuierung der Kategorie »Erstheit«, und d. h. der Ikon-Funktion der Sprache, der vermittelten *Unmittelbarkeit* des Wahrnehmungsurteils, der Abduktion und des ästhetischen Bewußtseins, läßt sich in diesem Zusammenhang als Komplementierung einer philosophischen Architektonik verstehen, die schon 1867 prinzipiell auf drei Fundamentalkategorien festgelegt war und 1903 sozusagen ihre integrale Gestalt erreicht.[110]

Mit den bisher skizzierten Aspekten ist aber nur die erste, gewissermaßen die obere Hälfte der »architektonischen« System-

106 Vgl. 5.436 (450 f.) und 5.91 (374).
107 Vgl. die Auseinandersetzung mit Hegels »Anankasmus« in der Metaphysik der Evolution: 6.63 (307 f.), vor allem 6.218 ff. u. 6.305.
108 Vgl. oben, S. 35 ff.
109 Vgl. bs. 5.313 ff. (78 ff.).
110 Vgl. dazu Peirces Ansatz zu einer Typologie der philosophischen Systeme auf der Basis der drei Fundamentalkategorien (5.77 ff., meine Ausgabe, S. 365 ff.).

konzeption von 1902/03 charakterisiert: Die Metaphysik der Evolution und die von ihr vorausgesetzten normativen Wissenschaften (Logik, Ethik, Ästhetik), die sich in verschiedener Weise auf die reale Welt (einschließlich ihrer realen Möglichkeiten) beziehen, setzen ihrerseits noch zwei abstraktere Wissenschaften voraus, die sich überhaupt nicht mit der realen Welt beschäftigen; davon rechnet Peirce die eine – die sog. »Phänomenologie« oder »Phaneroskopie« – noch zur Philosophie, während die zweite, – die von der Phänomenologie noch vorausgesetzte formale Logik der Relationen nicht mehr zur Philosophie, sondern zur Mathematik gehört, die damit in die Funktion einer formalen Voraussetzung der Philosophie einrückt. Dieser Teil der Peirceschen »Klassifikation der Wissenschaften« von 1902/03 ist nicht nur am unklarsten durchgeführt; er stellt auch zweifellos den Peirce-Interpreten, zumal wenn er in Peirce den Begründer des Pragmatismus sieht, vor die größten Schwierigkeiten.

Schon von seinen vagen Vorurteilen her wird der Kenner der Philosophiegeschichte geneigt sein, phänomenologisches und pragmatistisches Denken auf zwei entgegengesetzte Pole zu verteilen: Berufung auf intuitive Evidenz, eidetische Bedeutungstheorie, Wesensschau, radikale Voraussetzungslosigkeit einerseits, Berufung auf Machenkönnen, Operationale Bedeutungstheorie, Konstruktionismus, Anerkennung der Voraussetzungen eines sprachlichen und situativen Kontextes der Lebenspraxis andererseits scheinen die beiden Pole in etwa zu kennzeichnen. Und die beiden klassischen Modelle philosophischer Phänomenologie, Hegels »Phänomenologie des Geistes« und Husserls »Phänomenologie« des »reinen Bewußtseins«, kommen nicht zufällig in der Tendenz überein, jeden willentlichen Aktionismus (etwa im Sinne Fichtes) aus der Begründung der Philosophie zu verbannen und stattdessen – in der Weise radikaler Reflexion – die griechische Idee der reinen *Theoria* als kontemplativer Sachhingegebenheit wieder zur Geltung zu bringen. Unter den neuzeitlichen Bedingungen radikaler Reflexion scheint auch dies letzten Endes nicht zufällig zu sein, daß sowohl Hegels wie Husserls »Phänomenologie« auf eine Bewußtseinsphilosophie hinauslaufen, welche das zentrale Motiv Descartes' bestätigt und bei Husserl geradezu in einen Neukartesianismus mündet. Wie sollte unter diesen Auspizien eine Vermittlung von Pragmatismus und Phänomenologie möglich sein?

Es ist nicht zu bezweifeln, daß Peirce, zumindest in seiner ersten und zweiten Periode, seine *Logik der Forschung* im Geiste des soeben charakterisierten antiphänomenologischen Pragmatismus begründet hat: Er hat die cartesische (introspektive) Berufung auf Evidenz als Wahrheits- und als Sinnkriterium verworfen, die Intuitionsphilosophie (empiristischer und eidetisch-aprioristischer Provenienz) diskreditiert, die klassische eidetisch-intensionale Bedeutungs- und Definitionstheorie (platonischer Herkunft) durch eine operationalistisch-experimentalistische ersetzt, Erkenntnis als Lebensfunktion begriffen und die radikale Voraussetzungslosigkeit als Illusion des »paper doubt« bezeichnet; und er hat vor allem die auf ein transzendentales Bewußtsein und seine Vermögen bzw. Funktionen gegründete »Erkenntnistheorie« Kants in eine semiotische Logik der Forschung transformiert, welche – bei radikaler Durchführung des Ansatzes von 1868[111] – das individuelle Bewußtsein selbst nur als ein ikonisches Zeichen (Gefühlsqualität) versteht, mit dem der Organismus des »Mensch-zeichens« auf seine »Umgebung reagiert« (»Zweitheit«), – ein Zeichen, das nur dadurch für die Erkenntnis relevant wird, daß es durch den überindividuellen Schlußprozeß der synthetischen Logik in jenen Forschungs- und intersubjektiven Interpretationsprozeß (»Drittheit«) integriert wird, der zur »ultimate opinion« der »indefinite community of investigators« hinführt und zugleich die gesetzliche Ordnung des Universums in den »habits« der Menschen (genauer: der zur Kommunikation fähigen Wesen) als den »ultimate logical interpretants« aller Zeichen vollendet.

111 Vgl. 5.289 f. u. 5.313 ff. (59 f. u. 78 ff.); vgl. (aber) 5.440 f. u. 5.492 f. (454 f. u. 528 f.).

Dennoch hat Peirce 1902 ff.[112], im Rahmen seiner endgültigen »Klassifikation« der Wissenschaften, eine »Phänomenologie« (seit 1904 »Phaneroskopie« genannt) als *prima philosophia* begründet, oder besser: programmatisch postuliert, die offenbar die folgenden Bedingungen erfüllen soll:

1. Ihre Erkenntnisweise ist intuitiv, d. h. reine (qualitative) Anschauung, die frei von allen interpretativen Voraussetzungen beschreibt, was unmittelbar vor Augen liegt:

»Was wir als Studierende der Phänomenologie zu tun haben, ist ... einfach die Augen des Geistes zu öffnen, uns das Phänomen gut anzusehen und zu sagen, was die Charakteristika sind, die ihm niemals fehlen, gleichgültig, ob dieses Phänomen nun etwas sei, das die äußere Erfahrung unserer Aufmerksamkeit aufzwingt, oder ob es der wildeste der Träume oder die abstrakteste und allgemeinste der Konklusionen der Wissenschaft sei.«[113]

»Die erste und vornehmste ⟨sc. Fähigkeit des Phänomenologen⟩ ist jene seltene Fähigkeit, das zu sehen, was einem in die Augen springt, und zwar genau so, wie es sich einem darstellt, unverstellt durch jede Interpretation ...«[114]

»Phänomenologie handelt von den universalen Qualitäten der Phänomene in ihrem unmittelbaren phänomenalen Charakter, aber von den Phänomenen für sich als Phänomene genommen. Sie handelt somit von den Phänomenen in ihrer Erstheit.«[115]

2. Sie scheint eine Art Wesensschau, d. h. eidetische Verallgemeinerung, die unabhängig von der Anzahl der individuellen Daten ist, in Anspruch zu nehmen:

»Die zweite Fähigkeit ist ein unbeirrbares Unterscheidungsvermögen, das sich wie eine Bulldogge an das besondere Merkmal heftet, das wir gerade studieren ... Die dritte Fähigkeit ... ist das Vermögen,

---

112 Zuerst in der »Minute Logic« (1902), CP, 2.120. 1901 erschien der 2. Bd. von Husserls »Logischen Untersuchungen« unter dem Titel »Untersuchungen zur Phänomenologie und Theorie der Erkenntnis«. Trotz erheblicher Parallelen in der Sache erscheint zwischen diesen beiden Begründungen kein historischer Zusammenhang nachweisbar. Vgl. Herbert Spiegelberg: »Husserl's and Peirce's Phenomenologies: Coincidence or Interaction«, in: Philos. and Phenom. Research, 17, 1956, p. 164-185.
113 5.41 (343 f.).
114 5.42 (344); vgl. 1.287.
115 5.122 (384).

Verallgemeinerungen vorzunehmen, wie es der Mathematiker tut, der die abstrakte Formel aufstellt, die eben das Wesen des zu prüfenden Merkmals so versteht, wie es rein von allen Beimischungen äußerlicher und irrelevanter Begleiterscheinungen ist.«[116]

3. Ihre Einsichten sind, obgleich sprachlich unvermittelt, von zeitloser, intersubjektiver Allgemeingültigkeit, und sie setzen eine Art reines »Bewußtsein überhaupt« voraus:

»Phaneroskopie ist die Beschreibung des *Phaneron;* unter *Phaneron* verstehe ich das kollektive Ganze alles dessen, was in irgendeiner Weise oder in irgendeinem Sinne dem Geist ⟨mind⟩ gegenwärtig ist, ganz ohne Rücksicht darauf, ob es einem realen Ding entspricht oder nicht. Fragst du, *wann* gegenwärtig und *wessen* Geist gegenwärtig, so antworte ich, daß ich diese Fragen unbeantwortet lasse; ich habe indessen niemals einen Zweifel darüber gehegt, daß jene Züge des Phaneron, die ich in meinem Geist gefunden habe, zu allen Zeiten allen Geistern gegenwärtig sind.«[117]

Wer diese Charakteristik einer voraussetzungslosen, insbesondere sprachfreien intuitiven Erkenntnis der ersten Philosophie mit der Peirceschen Begründung aller übrigen wissenschaftlichen Erkenntnis durch die semiotische Logik der Schlußoperationen konfrontiert, der wird nicht umhin können, genau jenen polaren Gegensatz der letzten Voraussetzungen, den wir im vorigen zwischen »Phänomenologie« und »Pragmatismus« feststellten, innerhalb der Systemkonzeption des späten Peirce festzustellen. Und die Annahme ist naheliegend, daß W. James die Pragmatismus-Vorlesungen Peirces von 1903 insbesondere deshalb so unverständlich fand, weil Peirce dort, für das Publikum völlig überraschend, die phänomenologische Kategorialanalyse als wesentliche Voraussetzung des Pragmatismus einführt.[118] Peirce konnte freilich seinem Freund entgegenhalten, daß seine »Phänomenologie« dem sehr nahe komme, was dieser »reine Erfahrung« (im Sinne des später von James proklamierten Standpunktes eines »radikalen Empirismus«) nannte, aber er mußte ihm zugleich andeuten, daß diese »reine Er-

116 5.42 (344).
117 1.284.
118 Vgl. H. Spiegelberg, a. a. O., S. 168 ff.

fahrung« nicht Erfahrung im üblichen Sinne sei und mit der Psychologie nichts zu tun habe.[119]

Bei dieser Gelegenheit macht Peirce klar, daß man seine Konzeption der Phänomenologie auch nicht einfach als Verallgemeinerung der – im vorigen charakterisierten – Lehre vom »Wahrnehmungsurteil« verstehen darf, die in der spekulativen Semiotik von 1903 so große Bedeutung erhält. Mit dieser Lehre nämlich, so sehr sie die »Erstheit« der qualitativen Einsicht betont, wollte Peirce doch offenbar im Rahmen seiner Logik der Forschung bleiben; denn er verstand das Wahrnehmungsurteil als unbewußten Grenzfall des abduktiven Schließens und die wahrgenommene Qualität (percept) als ikonisches Zeichen, das nur dadurch in die »Erfahrung« eingehen kann, daß es in den semiotischen Schlußprozeß integriert wird.[120] Eine solche Begründung durch die semiotische Erkenntnistheorie lehnt Peirce indessen für die phänomenologische Anschauung ausdrücklich ab: »Percepts are signs for psychology; but they are not so for phenomenology.«[121] Die gleiche Situation ergibt sich beim Vergleich der phänomenologischen mit der ästhetischen Anschauung: Zwar nimmt Peirce sowohl für die spekulative (qualitative) Anschauung des Universums wie für die Phänomenologie das Erkenntnisvermögen des Künstlers in Anspruch[122] und rubriziert die Phänomenologie ebenso wie die Ästhetik ausdrücklich unter die Kategorie »Erstheit«[123] (die

119 Vgl. 8.295, 8.297, 8.301 (561 f.). Auch Husserls Unterscheidung von Phänomenologie und Psychologie in den »Logischen Untersuchungen« (2. Bd.) genügte Peirce offenbar nicht; denn 1906 schreibt Peirce: »How many writers of our generation (... let it be in this case the distinguished Husserl), after underscored protestations that their discours shall be of logic exclusively and not by any means of psychology (almost all logicians protest that on file), forthwith become intent upon those elements of the process of thinking which seem to be special to a mind like that of the human race, as we find it, to too great a neglect of those elements which must belong as much to any one as to any other mode of embodying the same thought« (4.7). Vgl. Spiegelberg, a. a. O., S. 183 f.
120 Vgl. 5.119 (382 f.) u. 5.181 ff. (403 ff.).
121 8.300 (562).
122 Vgl. 5.42 (S. 344) u. 5.119.
123 Vgl. 5.122 ff. (384) u. 5.129 (384 f.).

erstere im Rahmen der Trias »Phänomenologie«, »Normative Wissenschaft«, »Metaphysik«, die letztere im Rahmen der Trias »Ästhetik, Ethik, Logik«); aber die Affinität der phänomenologischen Anschauung zur ästhetischen Kontemplation genügt doch nicht, um sie in den Geltungsbereich der semiotischen Erkenntnistheorie zurückzubringen, sowenig wie die Affinität zum Wahrnehmungsurteil. Vielmehr besteht Peirce darauf, daß die Anschauung der Phänomenologie als reine Anschauung überhaupt keine »Erfahrung« ist, die zu einer wahren Aussage über die reale Welt führt.[124]

Wie kann diese Konzeption einer »ersten Philosophie« überhaupt mit dem architektonischen System der Peirceschen Wissenschaftstheorie in Einklang gebracht werden? Oder – bescheidener gefragt –: Wie kann sie aus der Entwicklung der Peirceschen Philosophie heraus verständlich gemacht werden?

Der aktuelle Anlaß zur Forderung einer »Phänomenologie« als erster Philosophie im Rahmen einer systematischen Klassifikation der Wissenschaften erwuchs Peirce offenbar aus der Begründung der (semiotischen) Logik (der Forschung) im Rahmen der normativen Wissenschaften. Der Umstand, daß der dualistische Charakter aller normativen Wissenschaften (welche die »Schafe von den Böcken zu trennen« haben)[125] und die triadische Einteilung der normativen Wissenschaften[126] selbst schon Fundamentalkategorien zur Voraussetzung haben, zeigte Peirce, daß die Logik der Forschung nicht selbst Kategorienlehre sein konnte, sondern diese – als die abstraktere Wissenschaft – schon voraussetzt.[127] Somit wurde also der Terminus *Phänomenologie* von Peirce als Titel für eine Sache eingeführt, die längst zuvor einen Platz in seiner Philosophie hatte, als Titel nämlich für die Kategorienlehre.[128] – Freilich wurde der Terminus Phänomenologie nicht lediglich als ein neuer Name ein-

124 Vgl. besonders 2.197: »It can hardley be said to involve reasoning; for reasoning reaches a conclusion, and asserts to be true however matters may seem.«
125 Vgl. 5.37.   126 Vgl. 5.129 (384 f.).
127 Vgl. Murphey, a. a. O., S. 366.
128 Vgl. 1.280, 5–37, 5.43 (344 ff.).

geführt, sondern als begriffliches Resultat einer methodologischen Reflexion. Und diese gibt uns den entscheidenden Hinweis auf den Zusammenhang der Peirceschen Phänomenologie mit seiner semiotischen und pragmatistischen Logik der Forschung: In der Forderung einer phänomenologischen Begründung der Kategorienlehre vollzieht sich de facto bei Peirce erstmals die Reflexion auf den Umstand, daß eine semiotische Logik der experimentellen »Forschung«, welche diese aus dem Zusammenspiel der drei Fundamentalkategorien (der qualitativen und der Reaktions-»Erfahrung« mit der sie vermittelnden rationalen »Interpretation«) begründet, noch keineswegs sich selbst als semiotische Logik begründet hat. – An dieser Stelle müssen wir noch einmal auf das zentrale Problem der »Architektonik« in der Entwicklung der Peirceschen Philosophie zurückkommen.[129]

Die Kategorienlehre Peirces entstand zusammen mit seiner Semiotik bereits in den Arbeiten zur »New List of Categories« (1867), der spekulativen Keimzelle der gesamten Peirceschen Philosophie.[130] Damals hatte Peirce die drei Fundamentalkategorien (die 1885 in formalisierter Gestalt aus der Logik der Relationen hergeleitet wurden) ineins mit der Unterscheidung der drei Zeichenrelationen – Beziehung auf Gegenstände (denotatio), Beziehung auf eine abstrakte Idee als Grund der Bedeutung (significatio bzw. connotatio bzw. meaning) und Beziehung auf »Interpretanten« – und ineins mit der entsprechenden Einteilung der Zeichen in »indices«, »icons« und »symbols« aus der Repräsentationsfunktion des Zeichens (später »semiosis« genannt) abgeleitet.[131] Diese Ableitung bildete für Peirce zusammen mit der entsprechenden Ableitung der drei Schlußformen und ihrer Geltung[132] das lange gesuchte Analogon zu Kants transzendentaler Deduktion der Kategorien bzw. der objektiven Geltung der Erfahrungsurteile. Dieser sehr einheitliche Grundansatz der Peirceschen Philosophie voll-

129 Vgl. oben S. 159 f.   130 Vgl. Murphey, Kap. III.
131 Vgl. 1.558 f.; vgl. auch 5.283 ff. (54 ff.).
132 Vgl. 1.559 und 5.318–5.356 (88–105).

zog sich im Geiste der Transformation der transzendentalen Erkenntniskritik in eine semiotische und sinnkritische Logik der Forschung, deren »höchster Punkt« nicht mehr die »transzendentale Synthesis der Apperzeption« und damit die Einheit des Gegenstand-Bewußtseins überhaupt ist, sondern die Einheit einer konsistenten semiotischen Weltrepräsentation (die letztlich nur in einer unbegrenzten Experimentier- und Kommunikationsgemeinschaft erreicht werden kann).[133]

In der Systemkonzeption von 1902/03 scheint Peirce nun diesen ganzen Ansatz zurückzunehmen, indem er als Voraussetzung der Semiotik und der Kategorienlehre eine Erkenntnisweise in Anspruch nimmt, die selbst nicht auf die interpretative Vermittlung ihrer Resultate im unbegrenzten Kommunikationsprozeß angewiesen ist, sondern lediglich auf die Intuition des Einzelbewußtseins, die eo ipso allgemeingültig sein soll: Er scheint damit das von Kant übernommene architektonische Systemprogramm, demzufolge die Kategorien aus der Logik herzuleiten sind, preiszugeben. J. v. Kempski sieht darin seine These bestätigt, daß Peirce schon im Ansatz seiner Kategorienlehre durch sein mangelndes Verständnis der »transzendentalen Synthesis der Apperzeption« hinter Kant zurückgefallen sei: Die Einführung der »Phänomenologie« zeige lediglich, daß Peirce vor der Aufgabe einer transzendentalen Deduktion der Kategorien kapitulieren müsse und auf ein bloßes »Aufsuchen« der Kategorien zurückfalle.[134] Peirce steht damit nach von Kempski im epochalen Zusammenhang jener »Wendung zu den Phänomenen«, die in Husserls »Logischen Untersuchungen« kulminiert, einer Bewegung, die gerade in ihrer subjektivistischen Wendung beim späteren Husserl letztlich nur verständlich werde aus dem Versagen der Philosophie des 19. Jahrhunderts angesichts der Aufgabe einer Rekonstruktion der »Kritik der reinen Vernunft«.[135]

133 Vgl. oben, S. 84, Anm. 125.
134 Vgl. J. v. Kempski, a. a. O., S. 58 ff. Vgl. oben, S. 33, Anm. 33; S. 52, Anm. 68.
135 J. v. Kempski, a. a. O.

Nun berücksichtigt von Kempski aber offenbar nicht, daß Peirce 1902/03 keineswegs vor dem Kantischen Problem des Übergangs von der Logik der Forschung zur Metaphysik kapituliert – eben dieses Problem glaubt er in seiner spekulativen Semiotik von 1903 endgültig gelöst zu haben[136] –, sondern das ganz neue, auf einer höheren Reflexionsstufe sich stellende, Problem aufgreift: wie seine seit 1867 ausgearbeitete semiotische Logik und spekulative Kategorienlehre selbst möglich sei. Man mag nun zur Peirceschen Transformation der transzendentalen Logik Kants in seiner semiotischen Logik der Forschung stehen, wie man will: gewiß wird man nicht behaupten können, daß Kant in seiner transzendentalen Deduktion der Kategorien der »Erfahrung« schon die Frage beantwortet habe, wie seine Transzendentalphilosophie selbst möglich sei. Daß hier ein Problem liegt, das auf die Peircesche Idee einer phänomenologischen Anschauung, die nicht schon »Erfahrung« des Realen ist, führen kann, bestätigt von Kempski selbst unfreiwillig, wenn er versichert: »Es geht bei ihm ⟨sc. bei Kant⟩ darum, ob Vorstellungen hinsichtlich ihrer objektiven Gültigkeit bestimmbar sein müssen, und er zeigt (oder versucht zu zeigen), daß ... die Notwendigkeit der Möglichkeit objektiver Erkenntnis – mit dem (denkenden) Ich identisch ist. Das ist, in knapper Formulierung, der p h ä n o m e n o l o g i s c h e ⟨Sperrung von v. Kempski!⟩ Tatbestand, von dem Kant ausgeht, den er voraussetzt, den er beschreibt und nicht irgendwie ableitet.«[137] – In der Tat: ob man die transzendentale Synthesis der Apperzeption oder die Einheit der semiotischen Weltrepräsentation als den »höchsten Punkt« einer Erkenntnislogik ansieht: feststeht, daß die Voraussetzung dieses »höchsten Punktes«, verglichen mit der transzendentalen Deduktion, ein neues – sozusagen »metatheoretisches« – Problem darstellt.[138] Sofern

136 S. oben S. 194 ff.
137 J. v. Kempski, a. a. O., S. 63.
138 Diesen Punkt hat W. Jung in seiner Rezension v. Kempskis (Philos. Rdsch., 4. Jg., 1956, S. 148 f.) scharf herausgearbeitet; er scheint mir freilich zu weit zu gehen, wenn er Peirces phänomenologische Position »bei weitem klarer als die Kants« nennt, und vor allem scheint mir der Hinweis auf

Peirce überhaupt auf die Erkenntnisweise der ersten Philosophie reflektiert, fällt er nicht hinter Kant zurück, sondern geht grundsätzlich über ihn hinaus – nicht anders als die moderne Phänomenologie und nicht anders als zuvor schon Hegel in seiner »Phänomenologie des Geistes«. Eine andere Frage ist freilich die, ob Peirce sich überhaupt klar gemacht hat, daß seine Frage nach der Erkenntnisweise der »ersten Philosophie« den Charakter der Reflexion hat und ob seine Konzeption der reinen phänomenologischen Anschauung die adäquate Antwort auf die Frage nach den Bedingungen der Möglichkeit der »ersten Philosophie« darstellt.

Der Umstand, daß Peirce 1868 und noch 1905 die Möglichkeit der Introspektion scharf abgelehnt hat[139], scheint mir noch nicht ohne weiteres, wie Spiegelberg meint[140], ein Argument gegen den Reflexionscharakter der Peirceschen Besinnung auf die Notwendigkeit einer ersten Philosophie darzustellen; wiewohl der Unterschied der Peirceschen Phänomenologie zu der Akt-Phänomenologie Husserls dadurch wesentlich bedingt sein dürfte. Das Problem der Reflexionsstufen in der Wissenschaftstheorie, das mit Notwendigkeit zum Problem der methodologischen Selbstreflexion der Philosophie führt, hat m. E. mit der Introspektion im psychologischen Sinne unmittelbar nichts zu tun. Das läßt sich schon daraus entnehmen, daß die viel zitierte Erkenntnis, daß die psychologische Introspektion das Selbst

Peirces Satz »we directly perceive the continuity of consciousness« (6.182, Jung, a. a. O., S. 157), den er als den »höchsten Punkt« der »Phaneroskopie« selbst charakterisiert, noch keine Erklärung dafür zu liefern, daß Peirce die phänomenologische Erkenntnis der Philosophie ohne semiotische Begründung lassen kann. Die »Kontinuität des Bewußtseins« mag der höchste Punkt der metaphysischen »Vermittlung« zwischen Erkenntnis und Realität im Sinne der Peirceschen Kategorie der »Drittheit« sein: das enthebt die »Phänomenologie« der Drittheit qua Kontinuität noch nicht der Aufgabe, ihre eigene Geltung, wie zuvor die Geltung der empirischen Forschung, aus dieser Drittheit semiotisch zu begründen. Vgl. unten S. 217.
139 Vgl. 5.244 ff. (28 ff.) und 5.462 (477). Vgl. dagegen 5.71 ff. (360 ff.), wo Peirce das Selbstbewußtsein mit dem unendlichen System einer sich selbst mitrepräsentierenden Landkarte vergleicht. Vgl. auch 8.288 ff. (557 ff.) über die drei kategorialen Aspekte des Bewußtseins.
140 Vgl. H. Spiegelberg, a. a. O., S. 174.

nicht zum Gegenstand machen kann, da dieses sich im Akt der Introspektion stets vorwegbleibt, selbst eine gültige Aussage auf philosophischer Reflexionsebene über das Selbst darstellt, – ein Umstand, der selbst wieder – wie soeben geschehen – durch Reflexion auf die Reflexionsweise der Philosophie eingesehen werden kann. Indem Peirce jene augustinisch-cartesische Form der Selbstreflexion diskreditiert, welche sich – im Sinne des methodischen Solipsismus – als private Introspektion versteht und sich auf diese Weise aus der öffentlichen Kommunikation herausreflektiert zu haben glaubt, scheint er mir zunächst einmal der genuinen philosophischen Reflexionsproblematik vorgearbeitet zu haben. Darüberhinaus gibt es einen Hinweis, aus dem man zunächst entnehmen könnte, daß Peirce der Reflexionsproblematik nicht völlig verständnislos gegenüberstand: An der Stelle nämlich, wo er die Notwendigkeit einer »Phänomenologie« zum ersten Mal ausführlich begründet, geschieht dies mit Berufung auf Hegels »Phänomenologie des Geistes« und mit dem – von nun an ständig wiederholten – Hinweis, daß die drei Fundamentalkategorien Hegels »drei Stufen des Gedankens« (»three stages of thought«) entsprechen.[141] In der Tat formuliert Peirce seine drei Fundamentalkategorien jetzt in einer gewollten Anspielung auf Hegels dialektische Trias als »Unmittelbarkeit« des Gegenwärtigen, »Streit« (bzw. »Dualität« von »Ich« und »Nichtich«) und »Vermittlung«, und er geht soweit, zuzugestehen, daß »Drittheit« als »Vermittlung« »die Ideen der Zweiheit und Erstheit involviert« und daß »es niemals möglich ist, irgendeine Zweiheit oder Erstheit im Phänomen anzutreffen, die nicht von Drittheit begleitet wäre.«[142]

An dieser Stelle freilich erweist sich auch, daß Peirce gerade den Reflexionscharakter der Hegelschen »Phänomenologie des Geistes« ablehnt; denn er wendet sich, wie im vorigen schon erwähnt, gegen die Vorstellung, daß die dritte Kategorie die

141 Vgl. 5.37 f., 5.43 ff. (344 ff.), 5.90 ff. (373 ff.), 5.436 (450 f.), 8.213 (583 f.), 8.267 ff. (550 ff.), 8.297 f. (561 f.), 8.329.
142 5.90 (373 f.).

beiden ersten in sich »aufheben« könne, indem sie die Welt in ein Faktum verwandelt, das der Vergangenheit angehören würde.[143] Als reflektierende Wissenschaft des sich »erscheinenden Bewußtseins« würde die Phänomenologie nach Peirce ihren Gesichtskreis auf die »aktuellen Erfahrungen des Geistes« verengen, den »Unterschied zwischen Essenz und Existenz« ignorieren und das weite Feld der möglichen Erfahrung aus dem Blick verlieren.[144] Da nun die Phänomenologie nicht den Charakter der Reflexion hat, so hat sie auch nicht den Charakter der rationalen Vermittlung; vielmehr »blickt« sie auf »Vermittlung« ebenso wie auf »Unmittelbarkeit«, »Streit« und »Vermittlung« als auf unzerlegbare Elemente möglicher Erfahrung und zugleich möglicher Gegenstände der Erfahrung. Reine Anschauung aber hat nach Peirce selbst den Charakter der relationsfreien »Erstheit«[145] – ohne daß gesagt wird, woher die reine Anschauung um diesen ihren Charakter *weiß*. Es zeigt sich hier eine Parallele zu der bereits behandelten Charakteristik der ikonischen Vision der Entwicklung des Universums bzw. des höchsten Zwecks aller Handlungen: Ebenso wie bei jener ästhetischen Vermittlung von »normativer Wissenschaft« und »Metaphysik« geht Peirce auch bei der Charakteristik der phänomenologischen Erkenntnisweise nicht wie Hegel auf die Drittheit, d. h. – erkenntnistheoretisch – auf die rationale Vermittlung als letzte Instanz einer abschließenden Realitäts- und Erkenntnisreflexion, zurück, sondern auf die »Erstheit der Drittheit«, d. h. auf die Gegebenheit auch noch der rationalen Vermittlung in der »reinen Anschauung«.

Mit dieser Wendung zur »Erstheit« der Anschauung macht Peirce nun aber jene Aporie seines späten Systems vollends sichtbar, die er beim Wahrnehmungsurteil noch verschleiern konnte, indem er es nicht nur als Unmittelbarkeit der Vermittlung (z. B. als Anschauung des Allgemeinen als Kontinuität[146]),

143 Vgl. oben S. 180 f.
144 5.37.
145 Vgl. 5.121–124 (383).
146 Vgl. 5.181 (403 ff.) u. 5.209 ff. (417 ff.).

sondern zugleich als »vermittelte Unmittelbarkeit« (nämlich als unbewußten Grenzfall abduktiven Schließens[147]) verstand. Wenn sowohl »Drittheit« (Allgemeinheit, Gesetz, Regel, Rationalität, Kontinuität, Vermittlung, Begriff u.s.w.) in der Anschauung qualitativ gegeben sein kann (als »Erstheit«), wie umgekehrt diese Anschauung qua Erkenntnis selbst noch als Fall der Drittheit *verstanden* werden kann, so mag man darin einen Triumph jenes Modells – bzw. jener Chiffre – des »Kontinuums« erblicken, die nach der übereinstimmenden Meinung der besten Kenner die letzte Klammer der Peirceschen Systemkonzeption darstellt.[148] Nun kann aber die reine, voraussetzungslose (interpretationsfreie) Anschauung der Phänomenologie nach Peirce kaum als vermittelte Unmittelbarkeit begriffen werden. Was aber nicht vermittelt ist, hat nach Peirces semiotischer Erkenntnistheorie keine Bedeutung, die über den Moment der Gegenwart hinausweisen, und d. h. wiederum: interpretiert werden könnte.[149] Somit ist nicht abzusehen, wie Phänomenologie eine Wissenschaft sein könnte, die sinnvoller Sätze fähig wäre. Peirce spricht diese Aporie selbst aus:

»It ⟨sc. das phänomenologische Denken als a »singular sort of thought«⟩ can hardly be said to involve reasoning; for reasoning reaches a conclusion, and asserts it to be true however matters may seem; while in Phenomenology there is no assertion except that there are certain seemings; and even these are not, and cannot be asserted, because they cannot be described. Phenomenology can only tell the reader which way to look and to see what he shall see.«[150]

Die Auflösung der Schwierigkeit könnte darin gesehen werden, daß die phänomenologische Anschauung – im Unterschied zur

147 Vgl. S.181 ff. (403).
148 Vgl. oben S. 173 u. 180, unten S. 243 u. 278.
149 Vgl. 5.289 (59 f.), 5.428 (443), 5.467 (503), 5.475 f. (512 f.), 5.501, 5.541 ff. (324 ff.) u. ö.
150 2.197; vgl. 1.287: »The student's effort is not to be influenced by any tradition, any authority, any reasons for supposing that such and such ought to be the facts, or any fancies of any kind, and to confine himself to honest, singleminded observation of the appearances. The reader, upon his side, must repeat the author's observation for himself, and decide from his own observations whether the author's account of the appearances is correct or not.«

Wahrnehmung und auch zur ästhetischen Vision – es ja gar nicht mehr mit der realen Welt zu tun hat, sondern allenfalls mit dem Charakter der »Realität« im Unterschied zu anderen ontologischen Charakteren. Aus diesem Grunde – so könnte man folgern – unterliegt sie auch nicht der semiotischen Logik, welche den Sinn von »Aussagen« (»assertions«)[151] an ihrer Interpretierbarkeit im Vorblick auf mögliche Verifikation mißt. Aber wie sollte »Phänomenologie« als allgemeingültige Wissenschaft auftreten können, ohne auf wahre und sinnvolle Aussagen angewiesen zu sein? – Peirce nähert sich mit seiner zuletzt angeführten Charakteristik der »ersten Philosophie« der mystischen Rede des frühen Wittgenstein über das, was sich nur »zeigt«, aber nicht ausgesagt werden kann. Die Schwierigkeit, in der beide Denker sich befinden, liegt offenbar darin, daß gerade die Bedingungen der Möglichkeit der sinnlichen Erfahrung und der sprachlichen Verständigung über Tatsachen der realen Welt – bei Peirce sind dies die drei Fundamentalkategorien der semiotischen Logik, bei Wittgenstein sind es die »internen Relationen«, die den »logischen Raum« der Sprache und der Welt bestimmen – selbst noch von der Philosophie (sei es als Ontologie, sei es als Transzendentalphilosophie) beschrieben und ausgesagt werden sollen. Die formalen Bedingungen der Möglichkeit sinnvoller und wahrer Rede scheinen nicht selbst noch als ein Thema sinnvoller und wahrer Rede gedacht werden zu können. Andererseits kann eine private Beobachtung (»singleminded observation«), die nicht mitgeteilt werden könnte, offenbar nicht als Grundlage einer phänomenologischen Wissenschaft dienen. Hier scheint mir Peirce – nicht anders als später Wittgenstein – ein Problem aporetisch sichtbar gemacht zu haben, das über den Bereich einer Logik der Erfahrungswissenschaften in der Tat hinausreicht: das Problem der Bedingungen der Möglichkeit der Philosophie als Reflexion mit der Sprache auf die sprachlichen Bedingungen der Möglichkeit der Erfahrung.[152] Die Aporie aber, in die Peirces Konzeption der

151 Vgl. 5.32 (341 f.), 5.543 ff. (329 ff.), 5.546 ff. (334 ff.).
152 Vgl. K.-O. Apel: Wittgenstein und Heidegger. Die Frage nach dem

Phänomenologie als unvermittelter und unvermittelbarer Anschauung sich verwickelt, indem sie in einen unvermittelten
Gegensatz zu seiner semiotischen Erkenntnislogik tritt, ist offenbar nur eine Potenzierung jener Aporie, in die sich bereits
seine semiotische Logik verwickelte, wenn sie zuerst das Irrationale (z. B. das Ding-an-sich) als undenkbar entlarvte, her-
nach aber die Möglichkeit einer »Aufhebung« von »Erstheit«
der Anschauung und »Zweitheit« der Faktizitätsbegegnung in
die »Drittheit« der rationalen Vermittlung prinzipiell bestritt.
Von hier aus fällt daher für denjenigen, der philosophische Systematik, insbesondere eine solche, die von ihrer eigenen Methode Rechenschaft geben kann, noch ernst nimmt, ein helles
Licht auf die spekulative Notwendigkeit eines *kritisch* erneuer-
ten Hegelianismus.

4. Mathematische Logik als formale Bedingung der Möglichkeit der Philosophie

Nach J. von Kempski hat Peirce auf der Grundlage seiner formalen Logik der Relationen – genauer: durch Anwendung dieser Relationslogik auf die von Peirce entdeckten »Rhemata«
(die von Russell so genannten »Satzfunktionen«) – ein Gegenstück zu Kants »Metaphysischer Deduktion« der Kategorien
zustandegebracht[153], diese Ableitung der Kategorien aber 1903
zugunsten der Phänomenologie aufgegeben, weil er das bei
Kant zugeordnete Problem der »transzendentalen Deduktion«
der Kategorien in Ermangelung des Leitfadens der transzendentalen Synthesis der Apperzeption nicht zu lösen vermochte.[154] J. von Kempski übersieht indessen, daß Peirce 1903 keineswegs schlechthin die Phänomenologie der Logik voraussetzt,
sondern eher die Logik teilt und die Phänomenologie zwischen

Sinn von Sein und der Sinnlosigkeitsverdacht gegen alle Metaphysik (Philos. Jb., 75. Jg., 1967, S. 56-94), II. Teil. Ferner ders.: Sprache und Reflexion (in: Akten des XIV. Internation. Kongr. f. Philosophie, III, Wien
1969, S.417-29). Beide Aufsätze jetzt in K.-O. Apel, Transformation der
Philosophie, Frankfurt 1973.
153 J. v. Kempski bezieht sich auf 3.422 ff. (1892).
154 J. v. Kempski, a. a. O., S. 56 f.

die beiden Teile der Logik einschiebt.[155] Nicht die »formale« Logik der Relationen, sondern nur die semiotische Logik der Forschung, in der sich m. E. das Peircesche Gegenstück zur »transzendentalen Deduktion« der Kategorien antreffen läßt[156], setzt nach der Klassifikation der Wissenschaften von 1902/03 die Phänomenologie voraus. Diese selbst aber setzt als erste Philosophie noch die Mathematik voraus, zu der Peirce jetzt auch die formale Logik der Relationen rechnet.[157] Und es läßt sich durchaus zeigen, daß die »Architektonik« des Fundierungsverhältnisses zwischen »Metaphysik«, semiotischer »Logik der Erkenntnis«, »Phänomenologie« und sog. »Mathematik der Logik« beim späten Peirce insgesamt immer noch das Problem des Zusammenhangs von »metaphysischer Deduktion« des Ursprungs der Kategorien aus den »allgemeinen logischen Funktionen des Denkens«[158] und der »transzendentalen Deduktion« der objektiven Geltung der Kategorien im Auge behält.

Peirce begründet die Voraussetzung der »Mathematik (der Logik)« durch die Philosophie, d. h. unmittelbar durch die Phänomenologie, folgendermaßen:

»Phänomenologie ist meiner Ansicht nach die fundamentalste der positiven Wissenschaften. D. h. sie ist, was ihre Prinzipien angeht, nicht auf irgendeine andere *positive Wissenschaft* gegründet ... Nichtsdestoweniger muß die Phänomenologie, wenn sie selbst in angemessener Weise begründet werden soll, von der konditionalen oder hypothetischen Wissenschaft der *reinen Mathematik* abhängig gemacht werden, deren einziges Ziel darin besteht, zu entdecken, nicht wie die Dinge sich in Wirklichkeit verhalten, sondern wie sie sich, wenn nicht in unserer, so in irgendeiner anderen Welt, verhalten könnten.« Und Peirce ergänzt mit einem Seitenblick auf Hegels Phänomenologie: »Eine Phänomenologie, welche nicht mit der reinen Mathematik rechnet, ... wird auf die gleiche elende und hinkende ⟨club-footed⟩ Angelegenheit hinauslaufen, wie Hegel sie produzierte.«[159]

Hier wird noch deutlicher als bisher, warum Peirce in der re-

155 Vgl. M. Murphey, a. a. O., S. 368.
156 Vgl. oben S. 16, vgl. oben, S. 46, 52, 73 ff.; vgl. unten S. 240 ff.
157 Vgl. »The Simplest Mathematics« (1902), 4.227–323. (= Kapitel 3 der unvollendeten »Minute Logic«, in der auch der Terminus »Phänomenologie« zuerst eingeführt wird. Vgl. oben S. 206, Anm. 112); vgl. 1.247 (1903).
158 So Kant, Kr. d. r. V., 2. Aufl., S. 159.   159 5.39 f.

flexiven Konzeption der »Phänomenologie« als einer Wissenschaft von der Erfahrung des Bewußtseins (mit sich selbst) eine unzulässige Begrenzung des Blickfeldes der ersten Philosophie sieht: Gegen Hegels Aufhebungsstandpunkt (am Ende der Weltgeschichte!) möchte Peirce nicht nur die mögliche Erfahrung als Erfahrung des »esse in futuro« retten, sondern er möchte darüberhinaus – im Zurücktreten gewissermaßen von der realen Welt überhaupt – alle möglichen Erfahrungen möglicher Welten in seiner Phänomenologie im vorhinein berücksichtigen. Dazu bedarf es aber offenbar eines Leitfadens für die phänomenologische Anschauung; diesen soll die Mathematik als Wissenschaft von der formalen Struktur aller möglicher Welten liefern. Die Mathematik ist die letzte formale Bedingung der Möglichkeit aller phänomenologischen Anschauung, weil sie es allein mit den »Schöpfungen unseres eigenen Geistes« zu tun hat[160], damit zugleich aber auch mit den Bedingungen der hypothetischen Imagination überhaupt. Hier kommt Peirce noch einmal auf ein Motiv Kants zurück (und über dieses vermittelt auf den alten Topos vom *mathematicus creator alter deus,* in dessen Geist die Philosophie der neuzeitlichen Mathematik von Cusanus bis Leibniz angetreten war).[161]

Wenn nun aber die Mathematik als formale Bedingung aller Imagination von der Phänomenologie vorausgesetzt wird, so zeigt sich, daß Peirce übertreibt, wenn er die phänomenologische Anschauung als völlig voraussetzungslose bzw. als völlig passive Hinnahme[162] der Phänomene charakterisiert. In der Tat präsentiert Peirce 1905 in »The Basis of Pragmatism« folgende Einleitung seiner »Phänomenologie«:

»Wir finden *apriori,* daß drei Kategorien unzerlegbarer Elemente im Phaneron zu erwarten sind: solche, die einfach positive Ganzheiten ⟨positive totals⟩ sind, solche, die Abhängigkeit ⟨dependence⟩,

160 Vgl. 5.166 (398).
161 Vgl. K.-O. Apel: Die Idee der Sprache in der Tradition des Humanismus von Dante bis Vico, Bonn 1963, S. 321 ff.
162 Vgl. z. B. 1.357: »What the world was to Adam on the day he opend his eyes to it, before he had drawn any distinctions, or had become conscious of his own existence . . .«

aber keine Kombination involvieren, solche, die Kombination involvieren. Wir wollen uns nun dem Phaneron zuwenden und zusehen, was wir tatsächlich finden.«[163]

Hier erklärt Peirce ganz eindeutig, daß die Phänomenologie, ehe sie als erste der positiven Wissenschaften an die Beschreibung der Phänomene gehen kann, eine apriorische Herleitung der drei Fundamentalkategorien schon voraussetzt. Tatsächlich handelt es sich bei dieser Voraussetzung um die relationslogische Herleitung der »Erstheit«, »Zweitheit« und »Drittheit«, die Peirce in endgültiger Form 1885 vorgenommen hatte[164] und die J. von Kempski in ihrer Anwendung auf Satzfunktionen als Gegenstück zu Kants »metaphysischer Deduktion« der Kategorien charakterisiert. Die Pointe dieser Deduktion *more mathematico* liegt darin, daß genau drei Fundamentalkategorien notwendig und zureichend sind. Peirce begründet sie folgendermaßen: »... während es unmöglich ist, eine echte Drei durch irgendeine Modifikation des Paares zu bilden, ohne dabei etwas einzuführen, das in seiner Natur von Einheit und Paar verschieden ist, können vier, fünf und jede höhere Zahl durch bloße Komplikationen der Dreiheiten gebildet werden.«[165]

Wie kann Peirce dies beweisen? – 1885 gibt er eine diagrammatische Illustration in Gestalt der folgenden Figur:

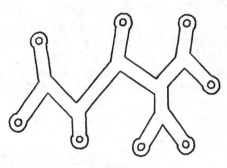

163 1.299; vgl. Murphey, a. a. O., S. 367.
164 In: »One, Two, Three: Fundamental Categories of Thought and of Nature« (vgl. Murphey, S. 296 ff.); Teile dieses Aufsatzes sind ediert in 1.369–372 und 1.376–378.
165 1.363; vgl. 1.369 ff., 1.515.

Wenn in dieser Figur die Terme der Relationslogik durch die ringförmig zu sich selbst zurückkehrenden Wege gekennzeichnet sind, dann zeigt sich: »... keine Kombination von Wegen ohne Gabelung kann mehr als zwei Terme haben; aber jede beliebige Zahl von Termen kann durch Wege verknüpft werden, welche nirgendwo einen Knoten von mehr als drei Wegen haben.«[166]

Radikaler ist die begriffliche Interpretation, die Peirce 1890 gibt: »In der Tat, die Idee der Kombination selbst involviert die Idee der Drittheit, denn eine Kombination ist etwas, das, was es ist, nur dank der Teile ist, die es in wechselseitige Beziehung bringt.«[167] Gibt man dies zu, dann kann die moderne logistische Reduktion der triadischen Relation auf Dyaden[168] jederzeit widerlegt werden; denn die Reduktion kann in diesem Fall selbst nur in einer Analyse bestehen, welche auf Elemente *und eine kombinatorische Relation* zurückführt. Andererseits kann jede mehr als dreistellige Relation durch Kombination von Triaden aufgebaut werden. (Peirce exemplifiziert diese Deduktion der Notwendigkeit und Vollständigkeit seiner Kategorientafel u. a. durch die Beispiele »A gibt B an C« einerseits, »A verkauft B an C für den Preis D« andererseits: Das erste Beispiel kann nicht reduziert werden auf die beiden dyadischen Relationen »A trennt sich von B« und »C nimmt B an sich«; das zweite Beispiel dagegen kann reduziert werden auf: »A nimmt mit B eine Transaktion (E) vor« und »E besteht in dem Ankauf durch B für den Preis D«.[169])

Man könnte hier grundsätzlich gegen Peirce einwenden, daß mit der Voraussetzung der Drittheit in Gestalt der *Kombination* eine philosophische Interpretation der Methode der Mathematik in diese hineingetragen und, als Resultat verkleidet, der Mathematik wieder entnommen wird. In der Tat ist nicht schwer zu erkennen, daß Peirce in seinem Begriff der *Kombi-*

166 1.371.
167 1.363; vgl. 1.515 (1896).
168 Willard V. Quine: Mathematical Logic (Cambridge, Mass., 1951), p. 198 ff. Vgl. Murphey, S. 304 f.
169 Vgl. 1.363 u. 1.371.

nation die charakteristische Pointe seiner Kategorienlehre seit 1867 zur Geltung bringt: die *Idee der Dreistelligkeit aller geistigen Operationen,* die ihm zuerst an der semiotisch verstandenen Erkenntnis-Relation aufging. Die eindrucksvollsten Beispiele für die von Peirce gemeinte Nichtreduzierbarkeit der Drittheit auf Zweitheit und Erstheit liefert daher die Kritik der in naturalistischen Philosophien üblichen »Reduktion« der Phänomene des Geistigen im weitesten Sinne: So etwa läßt sich im Lichte der Peirceschen Kategorienlehre zeigen, daß *Bewußtsein von Etwas* als *Erkenntnisphänomen* weder auf das Sinnesdatum (Humes »impression«) noch auf die zweistellige Subjekt-Objekt-Relation (etwa als Begegnung des Ich mit dem Willenswiderstand der »brute facts«) noch auf ein bloßes Zugleich von Sinnesqualitäten und faktischen Außenweltbegegnungen zurückgeführt werden kann.[170] Erst die Vermittlung eines Außenweltgegenstandes durch eine Zeichenfunktion, die den Gegenstand als etwas für ein interpretierendes Bewußtsein bestimmt, konstituiert die – dreistellige – Erkenntnisrelation. (Verglichen mit der unmittelbaren Sinneserfahrung – sei es als Erlebnisqualität, sei es als Begegnung mit dem Nichtich im Hier und Jetzt – ist die bloße, sprachimmanente Intention von Etwas, als Zeichenvermittlung, immerhin bereits potentielle Erkenntnis; und sie bedarf, um als aktuelle Erkenntnis zu gelten, d. h. um eine wahre »Repräsentation« zu sein, nicht der »Erfahrung« oder auch nur der »Vorstellung« des sprachlich intendierten Sachverhalts durch das Bewußtsein dessen, der die Erkenntnis besitzt[171]; das »Subjekt« der Erkenntnis als wahrer Repräsentation ist vielmehr die Kommunikationsgemeinschaft der Forscher – streng genommen, im Sinne des Fallibilismus, die »unbegrenzte Gemeinschaft«, praktisch, im Sinne des *Cri-*

---

170 Vgl. 5.90 (S. 373 f.).
171 Mit M. Schlick über Peirce hinausgehend könnte man für die Erkenntnisse der modernen theoretischen Physik sogar behaupten, daß sie als wahre Repräsentationen gelten können, ohne für irgendjemandes Bewußtsein unmittelbar durch Erfahrung evident oder auch nur in anschaulich schematisierbare Vorstellung umsetzbar zu sein. Vgl. oben, S. 53, Anm. 70.

tical Commonsensism, die jeweils zuständige Gemeinschaft der Experten. Freilich – und hier bringt der späte Peirce gegenüber dem Rationalismus der 1. Periode die Kategorien Zweitheit und Erstheit zur Geltung – genügt der überindividuelle Schluß- bzw. Interpretationsprozeß allein nicht, um zu erklären, daß es zu einer wahren Repräsentation kommen bzw. daß diese sich bewähren kann. Dazu bedarf es vielmehr der qualitativen Wahrnehmungen und der enumerablen Faktenbegegnungen der einzelnen Bewußtseinsträger; deren Erfahrungen können nach Peirce nicht in die rationale Vermittlung »aufgehoben« werden, müssen freilich, um zur Erkenntnis als wahrer Zeichen- repräsentation beitragen zu können, vermittels der Ikon- und Index-Funktion der Sprache gewissermaßen aus der Erstheit und Zweitheit der puren Sinneserfahrung in die Drittheit der symbolischen Repräsentation eingeführt und den abduktiven bzw. induktiven Schlüssen als Informationsgehalt zugeführt werden.)

Beispiele wie die soeben skizzierten zeigen die Fruchtbarkeit der Peirceschen Kategorialanalyse; aber unsere Illustration hat offenbar längst den Rahmen einer formalen – oder gar mathematischen – Logik der Relationen überschritten und müßte von Peirce – im Sinne seiner »Klassifikation der Wis- senschaften« – der »Phänomenologie« zugerechnet werden. Gleichwohl ist es nicht unwesentlich oder gar sinnlos, wenn Peirce 1903 aus der Entwicklung der formalen – mathemati- sierbaren – Logik der Relationen, in der er selbst seit 1870 den bedeutendsten Beitrag zur modernen Logik im engeren Sinne geleistet hatte[172], die Konsequenz zog, daß in ihr die formale Bedingung der Möglichkeit der Philosophie als phänomenolo-

---

172 Nachdem 1866 A. De Morgan »den unbekannten Anfänger in der Phi- losophie ... durch Übersendung einer Kopie seiner Denkschrift ›On the Logic of Relations ...‹ geehrt hatte« (1.562), veröffentlichte Peirce zuerst 1870 seinen originalen und weiterführenden Beitrag »Description of a Notation for the Logic of Relatives ...« (3.45-149), der den Relationen- Kalkül von E. Schröder wesentlich bestimmte. Vgl. C. I. Lewis: A Survey of Symbolic Logic (Berkeley, 1918), p. 79 ff.; J. M. Bochenski: Formale Logik (München, 1956), S. 436 ff.; M. Murphey, a. a. O., S. 151 ff.

gischer Kategorialanalyse zu erblicken sei. Dies läßt sich am besten an dem Paradebeispiel Peircescher Phänomenologie, der Analyse der Zeichenfunktion, verdeutlichen: Hatte Peirce 1867 (in »The New List of Categories«) in Analogie zu Kants transzendentaler Deduktion die Notwendigkeit der drei Fundamentalkategorien aus der Notwendigkeit der Zeichenrepräsentation – als Analogon zur transzendentalen Synthesis der Apperzeption – hergeleitet, so setzt die relationslogische Formalisierung dieser Kategorien Peirce in den Stand, umgekehrt alle nur möglichen Relationen, und unter ihnen auch die Zeichenrelation, unter die drei irreduziblen Klassen von Relationen zu subsumieren. Welche Vorteile der Leitfaden der Relationslogik für die phänomenologische Analyse der Zeichenfunktion mit sich bringt, sei im folgenden kurz verdeutlicht[173]:

Peirce unterscheidet formal zwischen *echten* und *degenerierten* zweistelligen und dreistelligen Relationen. Die ersteren sind so beschaffen, daß die einzelnen Glieder nur dann Subjekte der betreffenden Relation sind, wenn die Existenz der zugehörigen Subjekte der Relation vorausgesetzt ist. Die letzteren erfüllen diese Bedingung nicht. Eine *echte Dyas* ist in diesem Sinne für Peirce z. B. die Relation »Bruder von«, eine *degenerierte Dyas* die Relation »ebenso blau wie«.[174] *Triaden* können in diesem Sinne *einfach und doppelt degeneriert* sein, je nachdem, ob lediglich dyadische Relationen innerhalb der Trias unabhängig von der Existenz des dritten Gliedes bestehen oder sogar alle einzelnen Glieder unabhängig von der Existenz der anderen ihre Eigenschaften als Glieder der triadischen Relation behalten.[175] Die Anwendung dieser relationslogischen Gesichtspunkte auf die Analyse der Zeichenfunktion liefert nun die folgenden, bemerkenswerten phänomenologischen Resultate:

Die Zeichenrelation *(repraesentatio, signhood, semiosis)* als solche ist prinzipiell dreistellig, d. h. sie besteht, grob gesagt,

---

173 Vgl. zum folgenden 5.73–76 (362–364).
174 Vgl. 1.365, 1.358; vgl. Murphey, S. 304.
175 Vgl. 1.366 f.; 1.370–372.

aus dem Zeichen im engeren Sinn, dem bezeichneten Gegenstand und dem *Interpretanten*. Schon diese lapidare Feststellung hat bedeutende kritische Konsequenzen, z. B. hinsichtlich der Semantik des Logischen Positivismus, wie noch zu zeigen sein wird. Die Zeichenrelation stellt aber nur als solche von *Symbolen* im strengen Sinne eine *echte* Trias dar; insofern ist die Zeichenrelation der menschlichen *Sprache* prinzipiell eine *echte* Trias (jedoch mit Einschränkungen, die noch zu behandeln sind). Indessen gibt es außerhalb der menschlichen Sprache Phänomene, die – gewissermaßen durch Einbeziehung in die sprachliche Weltinterpretation – einen *degenerierten* Zeichencharakter erhalten[176]: So können einzelne Naturphänomene für uns als Bilder *(icons)* oder strukturelle Modelle anderer (etwa komplizierterer) Naturphänomene figurieren (und wir können dergleichen Bilder oder Modelle[177] künstlich herstellen!). Hier handelt es sich um Fälle einer *doppelt degenerierten* Zeichenfunktion; denn die einzelnen Bilder oder Modelle behalten – der Potenz nach – ihren Charakter auch unabhängig von der Existenz ihrer Korrelate (der üblicherweise so genannten »Modelle«) und der menschlichen Interpreten, d. h. sie sind potentielle Bilder oder Modelle allein aufgrund ihres qualitativen Soseins (Erstheit!).[178] Neben solchen *doppelt degenerierten* Zeichen gibt es außerhalb der Sprache – d. h. in der Natur und in der Technik als der von uns herzustellenden zweiten Natur – noch *einfach degenerierte* Zeichen, von Peirce *indices* genannt. Ihre potentielle Zeichenfunktion beruht auf der faktischen, dynamisch-physischen Relation zu bestimmten Naturvorgän-

176 Die folgenden Analysen der Ikon- und Index-Funktion außerhalb der Sprache im engeren Sinn dürften mögliche Rationalisierungen der alten Topoi von der »Natursprache« (J. Böhme) und der »Signaturenschrift« der Natur (Paracelsus) an die Hand geben, zumal wenn man – mit Peirce – weitere Kombinationen, z. B. zwischen Ikon- und Index-Funktion, zwischen beiden und der Symbol-Funktion u. s. w. herstellt.
177 Man bemerkt hier schon, daß der semiotische »Ikon«-Begriff einen Oberbegriff für die verschiedenen Verwendungen des Terminus »Modell« – für unsere Theorien bzw. technischen Konstruktionen (incl. Diagramme und Kunstsprachen) einerseits, für die möglichen Illustrationen unserer Theorien oder Konstruktionen andererseits – zu liefern vermag.
178 Vgl. auch 5.73 f. (362 f.).

gen, d. h. aber: sie behalten ihren Zeichencharakter unabhängig von der aktuellen Existenz der Interpretanten als des dritten Gliedes der Zeichenrelation, setzen aber die Korrelate der dyadischen Relation als aktuell existierend voraus. Beispiele für *Indices* außerhalb der Sprache sind der Rauch, der Feuer anzeigt, der Wetterhahn, der Pulsschlag und das Thermometer, alle »Symptome« im Sinne der Medizin und der Ausdruckswissenschaften[179], ferner die rein technisch simulierbaren Vorgänge der »Information«, die in der Kybernetik unterstellt werden.[180]

Verglichen mit den soeben skizzierten Beispielen der *Ikon*- und *Index*-Funktion ist die menschliche Sprache, wie schon erwähnt, prinzipiell aus *Symbolen* aufgebaut, die ihre Bedeutungsfunktion erst und nur durch die konventionelle *Interpretation* (aufgrund der impliziten oder expliziten Vorverständigung über den Zeichengebrauch in der Sprachgemeinschaft als »Interpretations-Gemeinschaft«[181]) besitzen. Indessen weist Peirce nach,

179 Nach Peirce sind echte *Indices* in sich dual, d. h. sie implizieren, außer der raumzeitlichen Verknüpfung mit ihrem Objekt, noch eine ikonische Repräsentation desselben, durch die sie Information vermitteln (vgl. 5.75; meine Ausgabe, S. 363 f.). Demnach müßte ein Kontinuum bestehen zwischen den »Symptomen« im Sinne der Medizin (z. B. Puls) und denen der Ausdruckswissenschaften, etwa der Graphologie, bei denen die Ikonfunktion für den Interpreten ganz im Vordergrund zu stehen scheint. In der Hermeneutik, z. B. bei der Interpretation von Kunstwerken, wäre mit komplizierten Kombinationen von Ikon-, Index- und Symbol-Funktion zu rechnen.

180 So etwa die *Information* als Steuerungsprozeß in der Genetik oder in der Radarlenkung von Geschossen. – Auch die »Beeinflussung des Verhaltens von Organismen durch Zeichen«, wie sie im Rahmen der zwischenmenschlichen Kommunikation faktisch stattfindet und von der kybernetischen Theoriebildung erfaßt wird, ist, im Lichte der Peirceschen Semiotik, nur ein im Sinne der *Zweitheit* degenerierter Modus der Zeichenfunktion, da hier der »logical interpretant« (die auf rechtem Verstehen beruhende Umsetzung der Zeichenbedeutung in eine Verhaltens-*Regel*) auf den »dynamical interpretant« (den faktischen Erfolg der Kommunikation) reduziert ist. Freilich muß nach Peirce auch der Unterschied einer Steuerung durch Zeichen von einem bloßen Kausalprozeß im Sinne der Mechanik betont werden. Darin liegt die Konsequenz, daß die kybernetische Simulation von Kommunikationsprozessen, ebenso wie die Ikon- und Index-Funktion, nur im Rahmen der menschlichen Verständigung, als degenerierter Modus derselben, gewürdigt werden kann. Vgl. unten S. 230 ff.

181 Dieser Begriff ist der Sache nach in Peirces Begriff der »Community«

daß die Sprache, wenn sie aus reinen Symbolen bestünde, ihre
Verständigungsfunktion nicht erfüllen könnte, weil sie von
den Menschen nicht in Gebrauch genommen werden könnte.[182]
Dazu bedarf es einer gewissermaßen vorsymbolischen oder jedenfalls einer nicht ausschließlich durch die Konvention deter-
minierten Bedeutungsfunktion, die *innerhalb der Sprache* bzw.
ihres Gebrauchs die degenerierte Zeichenfunktion der *Ikone*
und der *Indices* zur Geltung bringt. So müssen die einfachen
(monadischen) Prädikate der lebendigen Sprache, um in Wahrnehmungsurteilen fungieren zu können, auch einen ikonischen
Abbild- oder qualitativen Ausdruckscharakter haben, womit
zugleich die ästhetische Seite der Sprache charakterisiert ist[183];
die mehrstelligen Prädikate fungieren darüberhinaus als Ikone
im Sinne der Strukturabbildung der Realität und können dadurch den Zusammenhang der Sprache mit mathematischen
Diagrammen und technischen Modellen herstellen[184]; und die
Subjekt-Terme der sprachlichen Sätze müssen mittelbar oder

impliziert; als Terminus, der mit einer über Peirce hinausgehenden Entfaltung der hermeneutischen Intersubjektivitätsdimension einhergeht, findet er
sich erst im Spätwerk von J. Royce. Vgl. unten S. 246 ff.

182 Reine Symbole sind nach Peirce nur die Argumente, die – im Gegensatz
zu den Sätzen und Begriffen – zwar die rationale Interpretation eindeutig
festlegen, nicht aber – wie die Sätze – in der Weise echter Indices definitive
Information über ein Sosein hic et nunc vermitteln oder – wie Begriffe –
in der Weise von Ikonen und degenerierten Indices Bilder eines Soseins
assoziativ erwecken. Vgl. hierzu 5.76 (364).

183 Vgl. oben S. 190 ff. Die in Anm. 76 u. 89 erwähnte Beziehung zu B.
Croce bzw. A. Gehlen wäre zu ergänzen durch Hinweise auf G. Vicos Idee
des »universale fantastico« und seine Bedeutung für die archaische Sprach-
struktur und auf W. v. Humboldts These, daß die Worte im »rednerischen«
Gebrauch immer zugleich »Zeichen«- und »Abbild«-Charakter besitzen –
im Unterschied zum wissenschaftlichen Sprachgebrauch (wo freilich der Ab-
bildcharakter des syntaktischen Gefüges der Zeichen um so stärker zur Geltung gebracht werden kann).

184 Hier nimmt Peirces Semiotik virtuell alle jene Tendenzen der Geschichte der Sprachphilosophie auf, welche entweder die kognitive Funktion der
Wissenschaftssprache auf Strukturabbildung und »blindes Denken« am
»Ariadnefaden« der »diagrammatischen Anschauung« der Zeichen-Form zurückführen wollen (Leibniz, früher Wittgenstein) oder aber die Naturab-
bildung durch Zeichnungen und mathematische Diagramme gegen die Un-
wahrheit der konventionellen Sprache ausspielen (Leonardo da Vinci,
P. Valéry).

unmittelbar als »*Indices*«[185] fungieren können, welche die Sprache – im situationsabhängigen Gebrauch – gewissermaßen an der sinnlich erfahrbaren Realität der hier und jetzt begegnenden individuellen Fakten festmachen. Diese letztere Funktion wird von den sogenannten *Pronomina*[186] (unmittelbar von den Demonstrativpronomina, mittelbar von den Relativpronomina und von den von Peirce auch »selektive Pronomina« genannten Quantifikatoren[187] der Logik), von adverbialen und präpositionalen Ausdrücken der Orientierung in Raum und Zeit, von Eigennamen (mittelbar und unmittelbar) und auch noch (mittelbar) von den Allgemeinnamen in Subjektfunktion übernommen.[188]

Aber auch abgesehen von dieser Notwendigkeit einer Vermittlung zwischen Sprache und Situationserfahrung vermöge der

185 Die »*Indices*« wurden zuerst 1867 von Peirce eingeführt (1.558); trotz ihrer kategorialanalytischen Unterscheidung von den Symbolen wurden sie aber damals noch als Begriffe für »the present in general« (1.547) verstanden. Erst 1885 – im Zusammenhang mit der Entdeckung der »Quantifikatoren« (s. Anm. 187) – wurden die »*Indices*« auf das Individuelle im Sinne der »haecceitas« des Duns Scotus bezogen, für das es nach Peirce einen Begriff nicht geben kann. Peirce sagt dazu in seiner Royce-Rezension von 1885 (8.41; meine Ausgabe, S. 256): »Er (Royce) scheint zu denken, das reale Subjekt eines Satzes könne durch einen allgemeinen Terminus des Satzes bezeichnet werden ... neuere Studien in der formalen Logic ⟨s. Anm. 187⟩ haben die Sache in ein klares Licht gestellt. Wir finden jetzt, daß, außer allgemeinen Termini, zwei andere Arten von Zeichen in allem Denken völlig unentbehrlich sind. Eine dieser Arten ist der Index.« – Vgl. auch 3.363.
186 1903 (5.153) schreibt Peirce: »Das Pronomen, das als Redeteil, welcher die Funktion eines *Index* zu erfüllen intendiert ist, definiert werden kann, ist niemals durch sich selbst, unabhängig von den Umständen seiner Äußerung, verständlich; und das Nomen, das man als Redeteil, der an die Stelle des Pronomens gesetzt wird, definieren könnte, bleibt immer der Äquivokation ausgesetzt.« – Vgl. 2.287n. (zur Geschichte der Grammatik).
187 Die Entdeckung der »Quantifikatoren« durch Peirce und seinen Schüler Mitchell erfolgte während ihrer Zusammenarbeit an der Johns Hopkins-Universität. Vgl. O. H. Mitchell: »On a New Algebra of Logic« in: Peirce (ed.): »Studies in Logic« (Boston, 1883); vgl. 3.351-354, 3.393 ff., 3.361 ff., dazu Murphey, a. a. O., S. 298 ff. Bereits 1879 hatte G. Frege in seiner »Begriffsschrift« die Entdeckung vorweggenommen, ohne aber vorerst Beachtung zu finden (vgl. Bochenski, a. a. O., S. 402 ff.).
188 Für eine ausführliche Darstellung der komplizierten Verhältnisse vgl. CP, II, Book II: »Speculative Grammar«, ferner die Korrespondenz mit Lady Welby (8.327-8.379).

Einbeziehung der Ikon-Funktion und der Index-Funktion in die Symbolfunktion ergibt die relationslogische Analyse der echten triadischen Zeichenfunktion sprachphilosophische Resultate von höchster kritischer Relevanz:

Für Peirce gilt, wie oben schon angedeutet, prinzipiell, daß in einer echten Trias 1. die einzelnen Glieder ihre Funktion nicht unabhängig von der Existenz und Funktion der übrigen Glieder besitzen können, 2. eine dyadische Relation zwischen einem beliebigem Paar der Glieder nicht unabhängig von der Existenz und Funktion des dritten Gliedes bestehen kann. Auf die Zeichenrelation angewendet besagt dies: 1. Die drei Glieder der Semiosis: Zeichen im engeren Sinne (die materiellen Vehikel der Zeichenfunktion), bezeichnete Gegenstände (*Denotata* bzw. *Designata*) und *Interpretanten* sind, was sie sind, nur kraft der *Semiosis* als triadischer Funktionseinheit, 2. die drei möglichen dyadischen Relationen innerhalb der Zeichenfunktion werden durch das jeweils fehlende dritte Glied begründet, d. h.: die Relation zwischen Zeichen und bezeichnetem Gegenstand durch den *Interpretanten,* die Relation zwischen Interpretant (z. B. dem menschlichen Bewußtsein) und dem Gegenstand durch die Vermittlung des Zeichens, schließlich die Relation zwischen dem Zeichen und seinem Interpretanten durch die Existenz des Gegenstandes bzw. der Gegenstände, welche den allgemeinen *Wert* des Zeichens im *extensionalen* Bereich ausmacht.[189]

Diese Analyse muß wenigstens in einer Hinsicht noch differenziert werden: der »*Interpretant*« – der charakteristische Begriff der Peirceschen Semiotik, der die pragmatistische Bedeutungstheorie zu tragen hat – muß selbst noch im Lichte der drei Fundamentalkategorien analysiert werden. Es ergibt sich dann nach Peirce, daß zwischen dem »emotionalen« oder »unmittel-

189 Darin liegt, daß fiktive *Designata* ohne extensionalen Denotationsbereich, wie z. B. Einhörner, die triadische Zeichenfunktion nicht begründen können; sie sind in der Tat *als fiktive* nur verständlich unter der Voraussetzung der Existenz realer *Designata.* Wenn alle *Designata* bloße Fiktionen wären, würde der Ausdruck »bloße Fiktion« seinen Sinn verlieren; und darin zeigt sich die Abhängigkeit der Zeichenfunktion von der Existenz einer realen, als etwas repräsentierbaren Welt.

baren Interpretanten« (der im Sinne des Sprachgebrauchs charakteristischen Bedeutungsqualität), dem »energetischen« oder »dynamischen Interpretanten« (dem individuellen psychophysischen Effekt der Kommunikation) und dem »normalen« oder »logischen Interpretanten« (der normativ richtigen begrifflichen Interpretation), letztlich – im »ultimate logical interpretant« – der als Gewohnheit realisierten Verhaltensregel (»habit«) unterschieden werden muß.[190]

Die kritische Relevanz dieser relationslogischen Kategorialanalyse der Zeichenfunktion läßt sich, wie mir scheint, sehr eindrucksvoll an der sogenannten »logischen Analyse« der Sprache, wie sie im »logischen Atomismus« (B. Russell, Wittgensteins »Tractatus«) und im Anschluß daran im »logischen Positivismus« durchgeführt wurde, verdeutlichen:

Zunächst wäre festzustellen, daß die Funktion eines ungedeuteten Zeichenkalküls im Lichte der Peirceschen Semiotik lediglich derjenigen eines doppelt degenerierten Zeichens entspricht, genauer: der Funktion eines ikonischen Modells, durch das Strukturen »abgebildet« werden können. Eine Simulierung der Sprache durch einen derartigen Zeichenkalkül wäre nur dann denkbar, wenn eine allgemeingültige Abbildungsvorschrift für das Verhältnis eines universalen Zeichenkalküls zur Welt formuliert werden könnte, derart daß jede mögliche *Index*- und *Symbol*-Funktion der Sprache durch die *ikonische* Abbild-Funktion des Zeichenkalküls a priori festgelegt würde; mit anderen Worten: wenn ein Sprach-System begründet werden könnte, das allein aufgrund der doppelt degenerierten Zeichenfunktion des *Ikons,* d. h. unabhängig von der situationsbezogenen *Index*-Funktion und von der interpretationsbezogenen *Symbol*-Funktion, als eindeutiges und universales Bezeichnungsinstrument gelten und als solches gewissermaßen jederzeit in Gebrauch genommen werden könnte. Diese Vorstellung kennzeichnet in der Tat die zentrale Idee der *lingua universalis* qua *calculus ratiocinator* und *characteristica universalis* von

190 Vgl. 5.482 (518 f.), 5.491 (527 f.), 8.315 (563 ff.); dazu unten S. 327 ff.

Leibniz, die in Wittgensteins »Tractatus« in ihren paradoxen Konsequenzen (Unmöglichkeit der Reflexion und infolgedessen der Verständigung über die Sprache, welche die logische Struktur der Welt spiegelt) ausgearbeitet wurde. Wird diese geheime Metaphysik der Isomorphie-Relation und der zugehörigen *diagrammatischen Anschauung* der Zeichenform (Leibniz-Peirce[191]) auf die Ikon-Funktion im Sinne Peirces zurückgeführt, so zeigt sich, daß der Zeichenkalkül lediglich insoweit ein Teilmodell der Sprache darstellt (in dem die syntaktischen Beziehungen der Zeichenvehikel die logischen Beziehungen eines axiomatischen Systems spiegeln und so allerdings die Widerspruchsfreiheit der Sprache garantieren), als er mit Hilfe der schon in Gebrauch befindlichen Sprache *gedeutet* werden kann.

In dem Begriff der *Deutung* oder *Interpretation* eines Ikons verbirgt sich aber nun wiederum eine Vieldeutigkeit, die im Lichte der Peirceschen Trias von *Ikon-, Index-* und *Symbol*-Funktion zu analysieren ist: Deutung kann zunächst lediglich das Feststellen einer Abbild-Beziehung – im Extremfall einer Isomorphie-Beziehung – zwischen einem ikonischen Modell und einem strukturierten Gegenstand bedeuten. In diesem Fall handelt es sich aber um einen doppelt *degenerierten Modus der Deutung,* was sich darin äußert, daß allein aufgrund der festgestellten Abbildbeziehung auch ein imaginativer Gegenstand als Modell für die Deutung eines Ikons fungieren kann. Allein aufgrund der Ikonfunktion kann die Existenz eines realen Modells nicht festgestellt werden. Damit z. B. ein Porträt als das eines existierenden Menschen gedeutet werden kann, muß jemand sich durch das Porträt auf einen bestimmten Menschen hinweisen lassen und etwa sagen: »Dieser ist es«. In diesem Falle wird die *Ikon*-Funktion des Porträts *(Erstheit)* in die aktuelle Zeichenfunktion integriert, indem sie mit der *Index*-Funktion, die das Zeichen mit der Realität hier und jetzt verknüpft *(Zweitheit),* durch die *Interpretations*-Funktion, die von dem Menschen ausgeübt wird, der sich durch das Porträt auf den Porträtierten verweisen läßt, vermittelt wird *(Drittheit).*

191 S. unten S. 242, Anm. 215.

Die spekulative Deutung der universalen Kalkülsprache, welche in der Ontologie (besser: Onto-Semantik) des »Tractatus logico-philosophicus« impliziert ist, scheint mir einer doppelt degenerierten Ikon-Interpretation im Sinne einer Nichtberücksichtigung der Index-Funktion gleichzukommen. (Das zeigt sich z. B. darin, daß der junge Wittgenstein das Sinnkriterium der Verifikation als Implikation des richtigen Verständnisses der »logischen Form« der Sprache und der Welt einfach postuliert, ohne die *Existenz* von »Elementarsätzen«, die »elementare Tatsachen« abbilden, oder auch nur von »Namen«, die elementare »Gegenstände« bezeichnen, nachzuweisen.)

Wenn nun bei der Deutung eines Zeichen-Kalküls zwar die Index-Funktion der Sprache berücksichtigt, ihr Verhältnis zur Abbildungsfunktion aber als unabhängig von der Interpretations-Funktion gültig gedacht wird, so könnte man im Sinne der Peirceschen Analyse von einer einfach degenerierten Interpretation reden. Eine solche Vorstellung scheint mir in der Tat die stillschweigende Voraussetzung der neopositivistischen Semantik zumindest bis zur Rezeption der dreidimensionalen Semiotik von Ch. Morris zu kennzeichnen. Hier wurde zwar schnell die Unzulänglichkeit der rein syntaktischen (also der ikon-immanenten) Sprachanalyse erkannt, zumal diese dem empiristischen Ideal der philosophischen Analyse widersprach. Eben das empiristische Ideal verführte aber dazu, die sogenannte semantische Deutung zunächst einmal als zweistellige Relation im Sinne der Beziehung des Zeichensystems auf die sinnlich erfahrbaren Fakten zu projizieren. Ein in diesem Sinne semantisch gedeutetes Zeichensystem sollte als logisch *und* empirisch zuverlässige Wissenschaftssprache gewissermaßen nachträglich in Betrieb genommen werden.

Die Schwierigkeit einer solchen Reduktion der Deutung auf Ikon-Funktion + Index-Funktion war schon zuvor in B. Russells »Logischem Atomismus« illustriert worden, als er versuchte, zuerst die Eigennamen und sodann die deiktischen Pronomina als die »logischen Namen« der Dinge zu verstehen, die diesen als ihren »Bedeutungen« prinzipiell unabhängig von der

Interpretationssituation zugeordnet wären und zusammen mit der Abbildung ihrer externen Relationen (der »Tatsachen«) im Satz und der syntaktisch gespiegelten logischen Form der Sprache ein gebrauchsfertiges semantisches System liefern würden. Für die konstruktive Semantik des Neopositivismus wiederholte sich dieselbe Schwierigkeit in der Problematik der »Protokollsätze«, die aufgrund ihrer Abbildstruktur (Erstheit) und aufgrund der Einführung identifizierender Funktionen (Zweitheit) zeigen sollten, daß gewisse reale Dinge hier und jetzt sich »so verhalten, wie sie es aussagen« (vgl. Tarskis Schema möglicher Wahrheitsdefinitionen).

Angesichts dieser aporetischen Situation der neopositivistischen Semantik, die durch K. Poppers Hinweis auf die prinzipielle Konventionsbedingtheit der »Basissätze« bereits transzendiert worden war, brachte Ch. Morris in seiner dreidimensionalen Semiotik[192] die Peircesche Analyse der triadischen Zeichenfunktion zur Geltung, wobei die Pointe in der Fundierung der abstrakten, eindimensionalen »Syntaktik« und der, immer noch abstrakten, zweidimensionalen »Semantik« in der dreidimensionalen, die konkrete *Semiosis* erfassenden »Pragmatik« lag.[193] Die mangelnde Einsicht der neopositivistischen Sprachanalyse in den triadischen Charakter der Zeichenfunktion zeigte sich indessen auch bei der Morris-Rezeption durch Carnap noch darin, daß die pragmatische Zeichendimension, in der die Interpretation durch den Gebrauch allererst die semantische Be-

---

192 Ch. Morris: Foundations of the Theory of Signs, Chicago 1938.
193 Diese pragmatistische Pointe wird freilich durch das übliche Schema der Dreistrahligkeit verdeckt, in dem gewissermaßen eine Gleichschaltung von syntaktischer, semantischer und pragmatischer Zeichendimension im Sinne zweistelliger Relationen suggeriert wird (s. Figur):

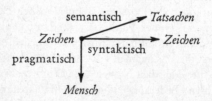

zeichnungsrelation begründet (wie sie freilich auch selbst als Interpretation des Zeichens durch dessen Bezeichnungsfunktion allererst möglich wird und als Weltverständnis allererst durch die Vermittlungsfunktion des Zeichens), als Gegenstand empirischer (objektsprachlicher) Wissenschaft aus der philosophischen (metasprachlichen) Analyse ausgeklammert werden sollte[194] – als ob die Selbstverständigung des Philosophen, der ein semantisches System konstruiert, nichts mit der pragmatischen Dimension des interpretierenden Zeichengebrauchs zu tun hätte, – oder schlimmer: als ob die zur Interpretation qua Selbstverständigung gehörige Verständigung mit Kommunikationspartnern – zu denen auch die Wissenschaftler gehören, die eine rekonstruierte Wissenschaftssprache anwenden und bewähren sollen – jemals Gegenstand einer rein empirischen (behavioristischen) Wissenschaft werden könnte.[195]

Da die moderne – vom Neopositivismus inspirierte – »Wissenschaftslogik« (Logic of Science) mit Peirces »Logik der Forschung« (Logic of Inquiry) den semiotischen bzw. sprachanalytischen Ausgangspunkt gemeinsam hat (in Kontradistinktion zur älteren, psychologistisch-empiristischen und transzendentallogischen »Erkenntnistheorie«), so ist es nicht verwunderlich,

---

194 Vgl. R. Carnap: Introduction to Semantics (Cambridge, Mass., 1942), §§ 5 u. 39. – Die grundsätzliche Bedeutung der triadischen Struktur der Zeichenfunktion scheint mir auch dann verkannt, wenn man den Begriff »Zeichen-Pragmatik« auf die faktische Sprachverwendung (»parole« im Sinne Saussures) beschränkt und das Sprachsystem (»langue« im Sinne Saussures) als semantisches System im Sinne einer zweistelligen Relation glaubt zureichend analysieren zu können. Man ist dann – bei konsequenter Durchführung – gezwungen, die Bedeutung der Zeichen im Sinne der Extensionalitätsthese als Bezeichnung der unabhängig von der Sprache bestehenden Tatsachen zu verstehen und die Deutung der Tatsachen »als etwas«, die mit einem Sprachsystem – gleichsam als intensionale Kollektivleistung – gegeben ist, zu übersehen. Hier scheint mir die sogenannte »inhaltsbezogene Sprachwissenschaft« (L. Weisgerber u. a.) die richtige Abstraktion der »langue« im Sinne der triadischen Zeichenfunktion vorzunehmen, wenn sie die Interpretation der Zeichen (und über sie vermittelt der Welt) durch den Menschen nicht als schlechthin systemfremd betrachtet, sondern ihr gleichsam erstarrtes Produkt im System – als W. v. Humboldts sprachliche »Weltansicht« – wiederfindet.
195 Vgl. unten Anm. 201 über P. Winch und N. Chomsky.

daß die mangelnde Einsicht in die triadische Struktur der Zeichenfunktion den Grundansatz der modernen Wissenschaftslogik beeinträchtigt. Dies zeigt sich u. a. darin, daß man versucht, das Phänomen der Wissenschaft allein aufgrund logisch-syntaktischer und logisch-semantischer Systemtheorien[196] und darauf bezogener Konfirmationstheorien zu begreifen. Der Mensch als praktizierendes, insbesondere fragendes und interpretierendes Subjekt der Wissenschaft wird dabei, um die Problematik einer als antiquiert geltenden Transzendentalphilosophie zu vermeiden, zum nur mehr empirisch zu erforschenden Objekt der Wissenschaften erklärt, nach deren Subjekt als Subjekt nicht mehr gefragt werden kann. Der Mensch ist dann – im Sinne Peirces betrachtet – nicht mehr auf intersubjektive Kommunikation in der Gemeinschaft angewiesenes Vollzugsorgan der triadischen Interpretationsfunktion, deren Sinn die Umsetzung wissenschaftlicher Erkenntnis in selbstkontrollierte Verhaltenspraxis ist, sondern Objekt in einem zweistelligen System, das scheinbar überhaupt keinen »Interpretanten« voraussetzt. Zu den schwerwiegendsten Folgen einer solchen – relationslogisch illegitimen – »Degeneration«[197] der triadischen Struktur aller Erkenntnis gehört m. E. die Ausschaltung der gesamten intersubjektiven Verständigungsproblematik aus der respektablen Wissenschaftstheorie (und selbstverständlich der in der Dimension intersubjektiver Verständigung operierenden hermeneutischen Disziplinen – der traditionellen »Geisteswissenschaften«[198]).

196 Das hier Gesagte gilt nicht für die kybernetisch inspirierten »System-Theorien«, die den Menschen als pragmatisches Subjekt des Zeichengebrauchs und der wissenschaftlichen Weltorientierung durchaus berücksichtigen, – freilich nach vorheriger Reduktion seiner *Praxis* auf »adaptives Verhalten« mit dem Ziel des Überlebens.

197 Legitim wäre die »Degeneration« im Sinne Peirces dann, wenn man sich des Abstraktionscharakters der wissenschaftslogischen Analysen – z. B. der Analyse des Problems der »Erklärung« *(explanation)* anhand einer formalisierten Sprache – bewußt bliebe und sie etwa durch erkenntnisanthropologische Analysen der Situationen, in denen sich der Sinn der »Warum«-Frage pragmatisch konstituiert, ergänzen und gegebenenfalls korrigieren würde. Vgl. dazu jetzt G. Radnitzky: Contemporary Schools of Metascience (Göteborg 1968) I, S. 146 ff.

198 Vgl. dazu K.-O. Apel: Die Entfaltung der »sprachanalytischen« Philo-

Es sei hier nicht verschwiegen, daß die Form, in der Peirces triadische Semiotik im Zusammenhang des *Unified Science-*Programms von Ch. Morris zur Geltung gebracht wurde, mit dazu beitrug, die ganze Tragweite des Unterschiedes zwischen einer dreistelligen und einer zweistelligen Basis der Analyse sog. geistiger Phänomene (Peirce: *Thought*) zu verschleiern. Morris glaubte nämlich selbst, die triadische Funktion des »zeichenvermittelten Verhaltens« von Menschen zu realen Gegenständen (bzw. der »Interpretation« von Zeichen aufgrund der gemeinten Gegenstände bzw. der Designationsfunktion der Zeichen aufgrund der »Interpretation« im menschlichen Zeichengebrauch) im Sinne des Behaviorismus als Thema empirischer Beobachtung und Deskription verstehen zu können. Es ist aber klar, daß eine streng behavioristische Deskription das Interpretations-Verhalten auf zweistellige Relationen, wie sie zwischen reinen Objekten der Erkenntnis bestehen können, reduzieren muß. *Beobachten* im Sinne des Behaviorismus läßt sich z. B. die *Stimulus-Reaction-Relation* zwischen den Zeichenvehikeln und den Vorgängen an menschlichen Organismen[199], nicht aber die dreistellige Relation der *Interpretation* einer zeichenvermittelten *Intention*, durch die der Empfänger einer Nachricht sich als Ko-Subjekt des Senders in Kommunikation mit diesem auf einen durch das Zeichen gemeinten Sachverhalt bezieht. Diese dreistellige Relation aller geistigen Akte läßt sich nur aufgrund einer zumindest virtuellen Teilnahme an der Kommunikation »verstehen«, d. h. aber: aufgrund der

sophie und das Problem der »Geisteswissenschaften« (Phil. Jb., 72. Jg., 1965, S. 239-89); ders.: Szientistik, Hermeneutik, Ideologiekritik (Wiener Jb. f. Philos., Bd. I, 1968, S. 15-45); ders.: Szientismus oder transzendentale Hermeneutik: Zur Frage nach dem Subjekt der Zeicheninterpretation in der Semiotik des Pragmatismus (in: »Hermeneutik und Dialektik«, Tübingen 1970). Alle Aufsätze jetzt in: Transformation der Philosophie, a. a. O.; vgl. ferner: Zur Idee einer transzendentalen Sprachpragmatik, in: Aspekte und Probleme der Sprachphilosophie, hrsg. v. J. Simon, Freiburg 1974.

199 Entsprechend zerfällt für den strengen Behaviorismus bereits die triadische Relation *A verschenkt B an C* in die beiden dyadischen Relationen *A trennt sich von B* (oder besser: *B sondert sich von A*) und *C nimmt B an sich* (oder besser: *zwischen B und C findet eine Vereinigung statt*).

dreistelligen Basis einer Wissenschaftstheorie, welche die traditionelle Subjektproblematik nicht eliminiert, sondern sie als Problematik der menschlichen Kommunikationsgemeinschaft erneuert.

Mit der behavioristischen Reduktion der pragmatischen Dimension der Semiotik hängt es aufs engste zusammen, daß Ch. Morris nicht, wie Peirce[200], zwischen dem »dynamical interpretant« und dem »logical interpretant« eines Zeichens unterscheidet, sondern den letzteren auf den ersteren praktisch reduziert. Daß hier ein kategorialer Fehler (mit Peirce gedacht: eine Reduktion der prinzipiell zukunftsoffenen Interpretation qua Drittheit auf einen im Sinne der Zweitheit degenerierten Modus der Interpretation) unterläuft, kann man sich am besten dadurch klarmachen, daß man als Kommunikations*teilnehmer* die Morrissche Reduktionsformel auf die zu interpretierende Bedeutung der gehörten Sprachäußerungen anzuwenden versucht; etwa durch den Satz »Die Bedeutung des Gehörten liegt in dem Verhalten, das bei mir als zeichenvermittelte Wirkung zu beobachten sein wird«. Um mit dieser Definition etwas anfangen zu können, müßte der Kommunikationsteilnehmer seine, erst durch Selbstverständigung im Rahmen der intersubjektiven Verständigung zu erbringende, Interpretationsleistung im vorhinein als *Faktum* (nach Peirce: *Zweitheit*) erfahren können; er müßte in der Lage sein, aus dem – durch Praxis fortzusetzenden – Kontinuum der intersubjektiven Verständigung (*Drittheit*) herauszutreten und gleichwohl zu verstehen.

Dieser Widerspruch wird nur scheinbar gemildert durch den Hinweis darauf, daß der Akzent der Morrisschen Theorie auf der generalisierenden Beschreibung der normalen Bedeutung von Zeichen mit Hilfe der Beschreibung des durchschnittlichen Verhaltens der Zeichenbenutzer liegt; denn 1. können allein aufgrund äußerer Beobachtung und statistischer Zuordnung der beobachteten Merkmale die Regeln des zeichenvermittelten Verhaltens überhaupt nicht festgestellt werden[201]; positiv gesagt:

200 S. oben S. 230 f.
201 Vgl. hierzu P. Winch: Die Idee der Sozialwissenschaft und ihr Verhält-

auch die distanzierte Beschreibung des zeichenvermittelten Verhaltens setzt bereits eine gewisse intersubjektive Verständigung – gleichsam eine Kommunikation im defizienten Modus – zwischen dem beschreibenden Forscher und seinem »Objekt« voraus; 2. muß dieser, für die Linguistik methodisch relevante, defiziente Kommunikations-Modus einer quasi-objektiven Deskription der durchschnittlichen pragmatischen Zeicheninterpretation sofort wieder in das für alle Interpretation fundamentale Verhältnis intersubjektiver Verständigung übergehen, wenn das hermeneutische Geschäft der Interpretation bestimmter Sprachäußerungen (z. B. kulturgeschichtlich bedeutsamer Texte) in Frage steht. Es geht dann nicht um die durchschnittliche Wirkung der Symbole auf das Verhalten der Empfänger (die – z. B. im Falle schwieriger oder weltanschaulich belasteter Begriffe – durchaus auf einem kollektiven Mißverständnis beruhen kann), sondern um die in den Symbolen normativ involvierten »logical interpretants«. Diese nun kann auch der Kommunikationsteilnehmer (oder derjenige, der sich mit sich selbst über die Bedeutung seiner eigenen Gedanken zu verständigen hat) mit Peirce als die allgemeine Regel sich vorstellen, die »im überlegten, selbstkontrollierten Verhalten« bei jedem Interpreten sich als Verhaltensdisposition (»habit« als »ultimate logical interpretant«) etablieren *sollte* oder – im Falle rechten Verstehens – etablieren *würde*.[202]

Das soeben skizzierte, nichtreduzierte Verständnis der *Interpretation* als des konstitutiven Elements der triadischen Struktur der Zeichenfunktion oder *Repräsentation* impliziert allerdings für Peirce das Postulat der Unendlichkeit einer offenen Zukunft, da allein diese das Allgemeine des Sinns in der Praxis zu realisieren vermag.[203] An diesem Punkt vollzieht sich im

nis zur Philosophie (Frankfurt a. M. 1966) und, speziell für die Sprachwissenschaft, N. Chomskys Kritik an Skinner und der Bloomfield-Schule in: J. A. Fodor u. J. J. Katz (Hrsg.): »The Structure of Language (Englewood Cliffs 1964).
202 Vgl. 5.403 n⁹ (212, Anm. 20); 5.453 (467 f.); 5.491 (527 ff.); 8.315; vgl. auch unten S. 327.
203 Vgl. 8.208 (577 ff.).

Zeichen der »Drittheit« in Peirces spätem System der Übergang vom Leitfaden der Mathematik qua Relationslogik zum Leitfaden der *Mathematik der Kontinua*[204]; diese kann in unserem Zusammenhang als formale Bedingung der Möglichkeit jener metaphysischen Systemkonzeption charakterisiert werden, die der späte Peirce *Synechismus* nannte.[205] Wir werden darauf bei der Behandlung der Metaphysik der Evolution zurückkommen.[206] An dieser Stelle mag der Hinweis auf diesen Zusammenhang genügen, um die Stellung zu beleuchten, die Peirce der Mathematik als der abstraktesten Wissenschaft in seiner Klassifikation der Wissenschaften von 1902/03 zuwies. Wir kommen damit wieder auf das zentrale Problem der »Architektonik« zurück, das Peirces späte Systemkonzeption immer noch mit Kants Problem der metaphysischen bzw. transzendentalen Deduktion der Kategorien verknüpft.

Bereits 1896, als er die relationslogische Deduktion der Fundamentalkategorien noch nicht »Mathematik der Logik«, sondern »Logik der Mathematik« nannte, war das Verhältnis dieser formalen Klassifikation der Kategorien zu ihrer Anwendung in der Metaphysik ersichtlich so konzipiert, daß die neue Wissenschaft der Phänomenologie zwischen formale Logik und Metaphysik eingeschoben werden mußte, um jenen Übergang zwischen der »metaphysischen Deduktion« des Ursprungs der Kategorien a priori aus den »allgemeinen logischen Funktionen des Denkens« und der »transzendentalen Deduktion« der objektiven Geltung der Kategorien zu bewerkstelligen, für den Kant immerhin den »Schematismus des reinen Verstandes« als Vermögen der Veranschaulichung von Begriffen einführte.[207]

---

204 Vgl. zur Einteilung der Mathematik 1.185 u. 1.285. Vgl. Murphey, a. a. O., Kapitel XI, XII, XIII, XVIII.

205 In einem Brief an F. C. S. Schiller vom 12. Mai 1905 schreibt Peirce: »Der Allgemeinheit in der *nonrelative logic* entspricht die Kontinuität in der *relative logic;* und die Entwicklung des Prinzips der Kontinuität im Lichte jener logischen Perspektive und die Annahme derselben als zentrales Prinzip der Metaphysik ist ein Hinweis auf das, was ich unter Synechismus verstehe.« (Zitat nach Murphey, a. a. O., S. 397)

206 S. unten S. 278 ff.

207 Vgl. oben S. 160 f.

Peirce schrieb damals:

»Die metaphysischen Kategorien der Qualität, der Tatsache und des Gesetzes sind Kategorien der Materie der Phänomene und entsprechen daher nicht genau den logischen Kategorien der Monade, der Dyade, und der Polyade oder höheren Menge; denn diese sind Kategorien der Formen der Erfahrung.«[208]

Wir haben nun im vorigen zu illustrieren versucht, wie Peirce die mit Hilfe der Mathematik abgeleiteten formalen Kategorien Erstheit, Zweitheit und Drittheit mit Hilfe der Phänomenologie auf die *Semiosis* oder Zeichenfunktion anwendet, die selbst wieder die transzendentale Bedingung der Möglichkeit aller empirischen Erkenntnis der Realität, somit der Metaphysik und der Einzelwissenschaften ist. Für Peirce realisierte sich damit um 1902 die von Kant hergeleitete Idee der »Architektonik«[209] seines Systems in Gestalt einer Hierarchie der Wissenschaften, die nach dem Prinzip der Voraussetzung der abstrakteren durch die konkreteren aufgebaut war.[210]

Mit diesem Klassifikationsprinzip gelang Peirce aber nur scheinbar die ihm wohl vorschwebende Begründung seines Systems ohne Zirkularität[211]; denn die alte quasitranszendentalphilosophische Konzeption einer Herleitung der Bedingungen der Möglichkeit und Gültigkeit aller Erkenntnis aus dem »höchsten Punkt« der semiotischen Repräsentation lag weiterhin in ungeschlichtetem Streit mit dem linearen Aufbau des Systems aufgrund allein der – im Sinne Kants – »metaphysischen Deduktion« der Kategorien aus der formalen Logik bzw. Mathematik der Relationen. Bereits im Falle der Phänomenologie haben wir die Spannung zwischen dem Bedürfnis einer phänomenologischen Reflexion der Semiosis und der Notwendigkeit einer Rechtfertigung der phänomenologischen Erkenntnis mit Hilfe der semiotischen Logik der Erkenntnis hervorge-

208 1.452.
209 Vgl. die §§ 5.7–12 des Aufsatzes »The Architecture of Theories« von 1891 (S. 460 ff.) und 1.176–179.
210 Vgl. 1.180–1.283. – Peirce folgte mit seinem Klassifikationsprinzip A. Comtes »Philosophie positive« (vgl. 3.428).
211 Vgl. M. H. Thompson: The Pragmatic Philosophy of C. S. Peirce (Chicago 1953), S. 156–162. Vgl. Murphey, S. 368.

hoben. Eben diese Spannung wechselseitiger Begründungsansprüche wiederholt sich in noch komplizierterer Form in der Problematik des Verhältnisses von Philosophie und Mathematik: Zwar versichert Peirce nachdrücklich, daß die Mathematik als »Wissenschaft, welche notwendige Schlüsse zieht«[212] vermöge ihrer *logica utens* aller Philosophie qua *logica docens* vorausgeht und von ihr daher nicht begründet werden kann.[213] Aber diese Feststellung ist ersichtlich selbst eine *philosophische Rechtfertigung* des Primats der Mathematik. In der Tat bekräftigt sie lediglich die Einsicht von 1869, daß der Versuch, die Logik *deduktiv zu begründen* auf eine *petitio principii* hinausläuft, da alle deduktive Begründung der Logik die Geltung der Logik schon voraussetzt.[214] Diese Einsicht hindert Peirce aber nicht, die Mathematik – als Wissenschaft, welche das von allen anderen Wissenschaften vorausgesetzte logische Denken praktiziert und in seinen Möglichkeiten entfaltet –, wie 1869 die Logik, zum Thema *philosophischer Reflexion* auf die Bedingungen ihrer Möglichkeit und Gültigkeit zu machen.

Dabei reflektiert Peirce nicht lediglich darauf, daß die *Mathematik* als kreative Entfaltung der *logica utens* in der hypothetischen Imagination die formalen Bedingungen aller Wissenschaften, darunter auch der Philosophie, bereitstellt, sondern auch darauf, daß die mathematische Erkenntnis ihrerseits die reine Anschauung der *Phänomenologie* als *diagrammatische Beobachtung* impliziert[215], – und schließlich noch darauf, daß die Mathematik im Bereich der reinen Imagination des Möglichen mit Hilfe der diagrammatischen Konstruktion und Beobachtung gewissermaßen Experimente anstellt[216]; insofern

---

212 Diese Definition übernahm Ch. S. Peirce von seinem Vater Benjamin Peirce. Vgl. Murphey, S. 229.
213 Vgl. 1.245 ff., 1.417 u. ö.
214 Vgl. 5.319 (89). Hier zeigt sich wiederum, daß Peirce die von ihm selbst, insbesondere 1869, so virtuos praktizierte Methode der Reflexion auf die unentbehrlichen Voraussetzungen aller Argumentation (die sinnkritische Transformation der transzendentalen Erkenntniskritik!) niemals als die spezifische Begründungsmethode seiner Philosophie erkannt und in Besitz genommen hat.
215 Vgl. 5.148 f., 5.162 ff. (395 ff.) u. ö.   216 5.162 ff., 3.363, 3.556 u. ö.

unterliegen ihre Hypothesen, nicht anders als die Aussagen aller übrigen Wissenschaften (außer denen der Phänomenologie?), der normativen *Logik der Forschung,* insbesondere der pragmatistischen Sinnkritik anhand operationaler und verifikationistischer Kriterien.[217] Schließlich würde Peirce kaum bestreiten, daß auch die mathematische Erkenntnis, die sich operational verifizieren läßt, zur Etablierung menschlicher Verhaltensdispositionen (»habits«) beiträgt, deren letzter *metaphysischer* Sinn (wie er dem 1902 postulierten vierten Grade der Gedankenklarheit entspricht) in der progressiven Rationalisierung des Universums liegen würde.

Spätestens hier wird deutlich, daß die *Architektonik* der Peirceschen Philosophie, wie sie in der reifen Systemkonzeption von 1902/03 sich entfaltet, nur sehr oberflächlich und unzulänglich durch das von Comte inspirierte lineare Schema einer Hierarchie der Wissenschaften charakterisiert ist. In einer tieferen Schicht ihrer operativen *logica utens* ist sie noch immer durch das Kantische Erbe einer Spannung zwischen formallogischer (bei Peirce schließlich: mathematischer) und erkenntnistheoretischer (bei Peirce: phänomenologischer und semiotischer) Herleitung der Kategorien bestimmt; und die heuristische Anwendung der drei Fundamentalkategorien auf die Charakteristik auch der Wissenschaften, mit deren Hilfe die Kategorien abgeleitet bzw. inhaltlich entfaltet werden, bringt es mit sich, daß bei Peirce de facto eine Kombinatorik der Perspektiven, welche alles in allem vorausgesetzt sieht (z. B. *Erstheit* in der Wahrnehmung der Drittheit als konkreter Vernunft und *Drittheit* in der rationalen Vermittlung auch noch der Wahrnehmung), das letzte Wort behält. Vielleicht könnte man versuchen, diese Eigenart des Peirceschen »Systems« (besser: der »Systematik« Peirces) selbst noch als Ausdruck seiner Idee des absoluten Kontinuums bzw. seines *Synechismus* zu interpretieren, in dem viele Kenner den beherrschenden Gedanken des späten Peirce sehen wollen.[218]

217 Vgl. 5.8, 5.32 f. (341 ff.); vgl. unten S. 291 ff.
218 Vgl. oben S. 173, 180 u. 216, unten S. 278, 311 ff. Vgl. Murphey, a. a. O., Kap. XVIII.

Wir beenden mit dieser vagen Spekulation die Darstellung der Systemkonzeption des späten Peirce. Im folgenden wollen wir versuchen, im Lichte des gewonnenen Vorblicks auf das Ganze die von uns ausgewählten Texte der beiden letzten Phasen der Peirceschen Philosophie[219] in chronologischer Reihenfolge zu interpretieren. Dabei soll insbesondere der rote Faden des jeweiligen Gedankengangs herausgearbeitet und der – in unserer fragmentarischen Dokumentation fehlende – innere Zusammenhang der Texte sichtbar gemacht werden.

III. Zur dritten Periode: Vom Pragmatismus zur Metaphysik der Evolution (ca. 1885–1898)

1. Vorspiel von 1885: Die Verteidigung des sinnkritischen Realismus gegen Royces absoluten Idealismus und das Programm einer Metaphysik der Evolution

Aufgrund unserer Periodisierung des Peirceschen Denkweges liegt es nahe, die Rezension von J. Royces Werk »The Religious Aspect of Philosophy«, die von den Herausgebern auf das Jahr 1885 datiert wird, mit der großen Berkeley-Rezension von 1871 zu vergleichen, die zwischen der 1. und der 2. Periode Peirces vermittelt und die erste Formulierung der Pragmatischen Maxime bringt. Der äußere Unterschied, daß die am Beginn der dritten Periode stehende Royce-Rezension im Gegensatz zur Berkeley-Rezension nicht zur Veröffentlichung angenommen wurde[1], mag dabei ein Licht auf die veränderten Öffentlichkeitsbeziehungen des Rezensenten nach Beendigung seiner Universitätskarriere werfen. Wesentlicher ist in unserem Zusammenhang ein Vergleich der beiden Rezensionen in philosophiehistorischer Absicht.

In beiden Fällen handelt es sich um die Konfrontation mit

219 Vgl. oben S. 155 ff., unten S. 286 ff.
1 Vgl. Peirces Brief an W. James vom 28. Okt. 1885 (dazu meine Ausgabe, S. 264, Anm. 1).

einem Vertreter einer theistisch-idealistischen Metaphysik, in denen der zentrale Ansatz des frühen Peirce, der sinnkritische Realismus, auf dem Spiel steht. In beiden Fällen muß sich der Peircesche Standpunkt, der auf der Radikalisierung der Grundidee der transzendentalen Analytik Kants, der Restriktion der Sinngeltung von Begriffen über das Reale auf *mögliche Erfahrung*, beruht, mit idealistischen Positionen auseinandersetzen, die der eigenen oft verwirrend nahekommen und jedenfalls nicht überwunden werden können, ohne den sinnkritischen Realismus selbst in eine neue Phase kritischen Selbstverständnisses zu überführen, die jeweils auf ein neues philosophisches Programm hinausläuft:

Die Berkeley-Rezension von 1871 zwang Peirce dazu, sich über den Unterschied zwischen einer nominalistischen Reduktion von Realität auf aktuelle Erfahrung und einer universalienrealistischen Reduktion von Realität auf mögliche Erfahrung klar zu werden und als Alternative zur Berkeleyschen Sinnkritik an solchen Begriffen, die nicht auf Sinnesdaten reduzierbar sind, eine Sinnkritik vorzuschlagen, die es erlaubte, Unterschiede zwischen allgemeinen Ideen durch Unterschiede in den Regeln praktischen Verhaltens zu explizieren und somit auch für allgemeine Ideen eine reale Geltung in Anspruch zu nehmen.[2] Darin lag das Programm des »Pragmatismus«, dessen virtuelle Überwindung des Berkeleyschen Nominalismus-Idealismus freilich ihrer selbst noch keineswegs sicher war, wie die Behandlung des Diamantenbeispiels in der »Logik von 1873« und in »How to Make Our Ideas Clear« zeigt.[3] Um die virtuelle Überwindung des Idealismus durch einen sinnkritischen Realismus, der die Idee einer Restriktion des Realitätsbegriffs auf den Bereich möglicher Erfahrung mit der Unabhängigkeit der Realität des Realen von jeder faktischen Erfahrung in Einklang bringt, geht es im Grunde auch in der Royce-Rezension von 1885. Hier handelt es sich freilich bereits um eine Selbstverteidigung der Peirceschen Position, die von dem 1882 zum Har-

2 Vgl. 8.33 (129 f.).
3 Vgl. oben, S. 146 ff.

vard-Professor avancierten ehemaligen Johns Hopkins-Studenten[4] Josiah Royce (1855-1916) vom Standpunkt eines absoluten Idealismus aus angegriffen worden war.

Dieser absolute Idealismus, der wesentlich durch Royces Studienjahre in Deutschland inspiriert war[5] und von Royce in ständiger Auseinandersetzung mit dem Harvard-Kollegen W. James zu einer der klassischen Positionen der amerikanischen Philosophie ausgearbeitet wurde, sollte für den älteren Peirce mehr und mehr zum entscheidenden Gesprächspartner im Sinne einer religiös-spekulativen Metaphysik werden.[6] Und nachdem der Bischof Berkeley als Vertreter der englischen Variante des Idealismus Peirces Kreation des Pragmatismus wesentlich mitbestimmt hatte, provozierte Royces Werk seit 1885 wesentlich die weitere Entwicklung der Peirceschen Philosophie im Sinne einer religiös gestimmten Metaphysik der Evolution, welche den Ansatz der pragmatistischen Wissenschaftstheorie ebenso wie die Resultate der empirischen Wissenschaften – insbesondere der Biologie – in sich aufheben sollte. Seit etwa 1900 steht auch Royce seinerseits in steigendem Maße unter dem Einfluß Peirces, von dem er mit erstaunlichem Erfolg zum Studium der modernen mathematischen Logik aufgefordert wurde.[7] Und im 2. Band seines letzten Werkes »The Problem of Christianity« (1913) hat Royce schließlich in seiner Idee der »Interpretationsgemeinschaft« vielleicht den wichtigsten Beitrag zu einer hermeneutisch-sozialphilosophischen Auswertung der Peirceschen Semiotik geliefert.[8]

4 Vgl. oben S. 155, Anm. 2.
5 Vgl. hierzu K.-Th. Humbach: Das Verhältnis von Einzelperson und Gemeinschaft nach J. Royce, Heidelberg 1962, Einleitung.
6 Vgl. die Rezension von Royces »The World and the Individual« von 1900/02 (8.100-131) und Peirces Berufung auf Royce in der letzten Anmerkung zur »Pragmatischen Maxime« von 1905 (5.402 n., meine Ausgabe, S. 212, Anm. 2).
7 Vgl. den Brief Peirces an Royce vom 27. 5. 1902 (8.117 n.10) und Royces »The Principles of Logic« im 1. Bd. der »Enzyclopädie der philosophischen Wissenschaften« (Tübingen 1912), bs. S. 78, wo er sich auf Peirce als seinen Lehrmeister in der Logik beruft.
8 Vgl. K.-Th. Humbach, a. a. O., S. 110 ff.; ferner: J. Smith: Royce's Social Infinite; an Analysis of the Theory of Interpretation and Community

Mit seiner Logik und Semiotik konfrontiert Peirce den idealistischen Dialektiker Royce auch schon in der Rezension von 1885. Freilich geht es hier nicht sosehr um das Prinzip der Dreistelligkeit der Zeichen-*Interpretation* als Vermittlung, das der Hegelianer Royce implizit immer schon berücksichtigte und 1913 explizit mit Hilfe der Peirceschen Relationslogik begründet, sondern vielmehr um das Prinzip der zweistelligen, präkognitiven Erfahrung des »Zusammenpralls mit der Außenwelt«, des Ich-Willens mit dem Widerstand des Nichtich, das nach Peirce im Rahmen der dreistelligen Interpretationsfunktion der Sprache durch die »Indices« vertreten wird. Von diesem Prinzip sagt Peirce bereits 1885, daß es von Hegel »fast völlig ignoriert« worden sei, daß es »in alle Erkenntnis« als »unmittelbares Bewußtsein, zu treffen und getroffen zu werden«, eingeht und dazu dient, »diese etwas Reales meinen zu lassen«.[9] Schon Kant – dies deutet Peirce lediglich an – habe diesem Prinzip, daß der reale Gegenstand der Erfahrung hier und jetzt nicht durch allgemeine Begriffe von anderen Gegenständen unterschieden werden kann, durch den Hinweis auf die Notwendigkeit der raumzeitlichen Anschauung Rechnung getragen[10]; »neuere Studien in formaler Logik« hätten aber darüberhinaus gezeigt, daß das »reale Subjekt eines Satzes auch nicht durch allgemeine Begriffe bezeichnet zu werden braucht«, daß vielmehr »außer allgemeinen Begriffen noch zwei andere Zeichenarten für jedes Schlußfolgern völlig unerläßlich sind«.[11]

Peirce bezieht sich hier grundsätzlich auf die von ihm schon 1867 unterschiedenen drei Arten von Zeichen: Symbole (für allgemeine Begriffe), Indices (»deren Relation zu den Gegenständen in einer faktischen Korrespondenz besteht«[12]) und

(New York 1950); ferner K. O. Apel: Szientismus oder transzendentale Hermeneutik: Zur Frage nach dem Subjekt der Zeicheninterpretation in der Semiotik des Pragmatismus (in: R. Bubner, Hrsg.: »Hermeneutik und Dialektik«, Tübingen 1970, I, S. 105–144). Dazu unten S. 308 ff.
9 8.41 (258).
10 8.41, Anm. 7 (264).
11 8.41 (254 ff.), vgl. oben Anm. 185.
12 1.558.

Ikone; unter den »neueren Studien in formaler Logik« aber versteht er, wie seine Fußnote anzeigt[13], die Entdeckung der Quantifikatoren durch seinen Schüler O. H. Mitchell von 1883[14] und seine eigene semiotische Auswertung dieser Entdeckung in einem »Beitrag zur Philosophie der Notation« von 1885[15]. Bei dieser Gelegenheit nämlich scheint Peirce erst die ganze Tragweite der »Index«-Funktion für die sprachliche Beziehung der allgemeinen Begriffe der Erkenntnis auf das in der Situation gegebene Individuelle aufgegangen zu sein:

»Die wirkliche Welt«, so schreibt er in dem Beitrag von 1885, »kann von einer imaginären Welt nicht durch irgendeine Beschreibung unterschieden werden. Daher sind Pronomina und Indices notwendig, und je komplizierter der Gegenstand, um so notwendiger sind diese. Die Einführung der Indices in die Algebra der Logik ist das größte Verdienst von Mr. Mitchells System. Er schreibt F_1 und meint damit, daß der Satz F in Bezug auf *jeden* Gegenstand im Universum wahr ist, und mit F_u meint er, daß derselbe Satz mit Bezug auf *irgendeinen* Gegenstand wahr ist. Diese Unterscheidung kann nur in einer derartigen Weise zum Ausdruck gebracht werden.«[16]

Die Überlegung, daß das Individuelle als das in der Situation identifizierbare Reale nicht durch Symbole, d. h. Zeichen für allgemeine Begriffe, wohl aber durch Indices bezeichnet und dergestalt zum Subjekt eines wahren oder auch falschen Urteils gemacht werden kann, – dieses Fazit der »logischen Studien« an der Johns Hopkins-Universität dient Peirce, wie früher bereits angedeutet[17], dazu, das Hauptargument Royces gegen den sinnkritischen Realismus, den Beweis der Existenz eines absoluten, die Realität setzenden Wissens aus der Existenz des Irrtums[18], als logisch überholt abzulehnen:

13 8.41, Anm. 8 (264).
14 O. H. Mitchell: »On a New Algebra of Logic«, in: »Studies in Logic, by Members of the Johns Hopkins University«, ed. Ch. Peirce, 1883, p. 72–106.
15 3.359–403.
16 3.363.
17 Vgl. oben S. 185 f.
18 Es handelt sich um die durch Hegel hindurch vermittelte Variante eines Gottesbeweises, der sich vor allem bei Leibniz vorgezeichnet findet und der sein genaues Gegenstück in Berkeleys theistischer Wendung des Phänomenalismus hat.

»Dr. Royces Hauptargument ... ist abgeleitet aus der Existenz des Irrtums. Das Subjekt eines irrigen Satzes könnte nämlich nicht mit dem Subjekt des korrespondierenden wahren Satzes identifiziert werden, außer wenn es völlig erkannt wäre, und bei jener Erkenntnis wäre kein Irrtum möglich. Die Wahrheit muß daher dem aktuellen Bewußtsein eines Lebewesens gegenwärtig sein.«

Auf dieses Argument antwortet Peirce:

»Wenn das Subjekt der Rede von anderen Dingen, wenn überhaupt, dann durch einen allgemeinen Begriff, d. h. durch seine speziellen Merkmale, unterschieden werden müßte, so würde es ganz richtig sein, daß man, um es völlig herausheben zu können, eine vollkommene Erkenntnis seiner Merkmale brauchte und damit Unwissenheit ausgeschlossen wäre. Aber der Index, der faktisch allein das Subjekt des Satzes bezeichnen kann, bezeichnet es, ohne überhaupt irgendwelche Merkmale zu implizieren. Ein blendendes Aufleuchten eines Blitzes erzwingt meine Aufmerksamkeit und lenkt sie auf einen gewissen Zeitpunkt mit einem nachdrücklichen ›Jetzt!‹. Unmittelbar darauf, mag ich urteilen, wird es einen fürchterlichen Donnerschlag geben; und wenn dieser nicht eintritt, erkenne ich, daß ich mich geirrt habe.«[19]

Peirce verwendet hier offenbar den Index »jetzt« im Sinne von »hier-jetzt-dies« als Bezeichnung eines individuellen, realen Subjektes bzw. Satzgegenstandes. Er unterstellt dabei nicht einfach Raum und Zeit als *principium individuationis,* denn er weiß, daß »ein Zeitpunkt ... an sich genauso wie jeder andere Zeitpunkt, ein Punkt des Raumes wie jeder andere Punkt« ist[20]; die Individuation, die sich im situationsabhängigen Gebrauch der Indices ausspricht, ergibt sich vielmehr für Peirce erst aus dem faktischen Zusammenprall des Ich-Willens mit dem Nicht-ich. Ebendeshalb ist Peirce aber auch nicht, wie später B. Russell, der Meinung, daß die »Indices« unabhängig vom Kontext der Rede in theoretischen Atom-Sätzen wie etwa »Diesda neben demda« als »logische Eigennamen« eindeutig bezeichneter Elemente des Realen fungieren könnten. Von solchem »logischen Atomismus« ist die pragmatistische Semiotik Peirces vor allem durch die Überwindung des methodischen

19 8.41 p. 41 (257).
20 8.41 (257).

Solipsismus geschieden, die sie mit der Sprachspieltheorie des späten Wittgenstein gemeinsam hat:

Vom Standpunkt des methodischen Solipsismus aus, den B. Russell in seinem »Principle of Aquaintance« vertrat, konnte ein Index, der nach Peirce »wie ein zeigender Finger eine reale physiologische *Kraft*, der eines Hypnotiseurs ähnlich, auf die Aufmerksamkeit ausübt und sie auf ein partikulares Objekt lenkt«[21], durchaus als für den jeweils Betroffenen *eindeutige Bezeichnung* und insofern gewissermaßen als *logischer Name* im Sinne einer *Privatsprache* angesehen werden. Aber Peirce wußte vor Wittgenstein, daß eine Privatsprache nicht denkbar ist, weil die Gedanken nicht »in mir«, sondern ich »in Gedanken«[22] bin; er wußte, daß ein sprachlich fixierbares Welt- und Selbstverständnis, wenn es auch auf deiktische Identifikation der erfahrbaren Gegenstände im Sinne der Kategorie Zweitheit angewiesen ist, gleichwohl durch intersubjektiv gültige Interpretation im Sinne der Kategorie Drittheit *vermittelt* sein muß.[23] Sollte daher der Index das *kommunizierbare Verständnis* des Individuellen vermitteln, sollte er nicht lediglich, wie etwa ein Schmerzensschrei, den Zusammenprall des Ich mit dem Nichtich als Naturereignis ausdrücken[23a], so durfte er nicht im Sinne der zweistelligen Erfahrungsrelation des solipsistischen Empirismus isoliert, sondern mußte – als Beispiel für die Einbezogenheit von Zweitheit in die Drittheit – im Kontext der deskriptiven Symbolfunktion gebraucht werden.[24]

Vor diesem – erst später voll reflektierten – Hintergrund wird die Antwort verständlich, die Peirce auf die von ihm selbst aufgeworfene Frage gibt, »wie zwei verschiedene Menschen wissen können, daß sie von derselben Sache reden«.[25] Wie schon

21 8.41 (256 f.).
22 Vgl. 5.289 n. (84, Anm. 12).
23 Vgl. oben, S. 88 f.
23a Folgt man Wittgenstein, so geht sogar ein Schmerzensschrei ins Sprachspiel (also in die »Drittheit«) ein, da er als »Schmerzbenehmen« erlernbar ist.
24 Vgl. auch 5.448 (463).
25 8.42 (258).

Aristoteles feststellte, muß in diesem Fall die Deskription von Merkmalen mittels allgemeiner Begriffe zu Hilfe genommen werden, ohne daß dadurch die Identifikation des primär gemeinten Realsubjekts durch die vorbegriffliche Funktion der Deixis ersetzt würde: »Einer ⟨sc. der beiden Kommunikationspartner⟩ würde sagen: Ich meine den stark leuchtenden Blitz, dem drei schwächere Blitze vorhergingen, weißt Du.«[26] Hier handelt es sich um eine prinzipiell situationsbezogene Redeweise und nicht etwa um eine schlechthin allgemeingültige Bestimmung des Individuellen, die in der Tat – wie es Cusanus und Leibniz für Gott, Hegel, Royce und Bradley für die begriffliche Erkenntnis überhaupt in Anspruch nahmen – alles in allem begreifen und somit ein absolutes Wissen für die Bezeichnung eines realen Satzsubjektes voraussetzen müßte.

Nach solcher Abwehr des absoluten Idealismus erhebt sich freilich die Frage, ob, unter der Voraussetzung einer letztlich immer nur situationsbezogenen, durch präkognitive Deixis vermittelten Erkenntnis, das zentrale Postulat des sinnkritischen Realismus, die Bestimmung des Realen als des Erkennbaren, genauer: als des Gegenstandes der letzten, nicht mehr situationsbezogenen Überzeugung der unbegrenzten Kommunikationsgemeinschaft der Forscher, überhaupt noch sinnvoll ist. Kant war dieser Fragestellung entgangen[27] durch die Unterscheidung von Ding-an-sich und Erscheinungswelt, d. h. aber um den Preis der paradoxen Unterstellung, daß der eigentliche Gegenstand der Erkenntnis unerkennbar sei. Peirce hatte eben diese widersinnige Unterstellung durch die sinnkritische Unterscheidung zwischen dem Erkennbaren und dem je und je faktisch Erkannten[28] aufzuheben versucht. Welcher Sinn kommt

26 8.42.
27 Die modernen Situationsphilosophien: der Pragmatismus von James und Dewey, der Existentialismus, manche Spielarten des Neomarxismus und der späte Wittgenstein entgehen der Peirceschen Problematik, indem sie theoretisch-metaphysische Fragen wie die nach der absoluten Wahrheit, dem Realen als Gegenstand der Erkenntnis überhaupt und dergl. mehr oder weniger ausdrücklich als sinnlos ansehen.
28 Vgl. 5.257 (33).

aber der Erkennbarkeit des Realen noch zu, wenn das, was je und je *faktisch* erkannt werden *kann*, wegen der Unentbehrlichkeit der Deixis, prinzipiell als situationsbezogen und insofern als nicht allgemeingültige Repräsentation des Realen gekennzeichnet werden muß?

Welche Bedeutung kommt dem Begriff der *möglichen* Erfahrung bzw. Erkenntnis in diesem Zusammenhang eigentlich zu? Ist er bzw. der mit seiner Hilfe definierte Begriff des Realen zweideutig, je nachdem, ob an das hier und jetzt erfahrbare Reale oder an das begrifflich erkennbare Reale zu denken ist?

Diese Fragen stellen sich Peirce 1885 noch nicht in voller Schärfe, aber er wendet sich doch ersichtlich dieser Problematik sogleich nach der ersten Abwehr der Kritik Royces als der eigentlich bedrängenden Aufgabe zu.[29] Royce gegenüber möchte er zeigen, daß ihrer beider Philosophien letztlich auf dasselbe hinauslaufen, indem »jeder das als Theorie behauptet, was der andere als Definition akzeptiert«.[30] Royce behauptet in der Tat als Tatsache, was Peirce lediglich in einer »would be«-Definition als Sinn des Begriffs Realität unterstellt: den vollständigen Begriff des Realen in der absoluten Erkenntnis; und Peirce macht zum Gegenstand seiner Theorie des möglichen empirischen Forschungsprozesses, was Royce als Definition der Erkenntnis (im Sinne des »spekulativen Satzes« von Hegel) unterstellt: ihren prinzipiellen Bezug auf das (absolut) Reale.

Diese Andeutung Peirces ist insofern bemerkenswert, als sie dazu führen kann, zwei Probleme grundsätzlich zu unterscheiden, die von vielen Peirce-Interpreten[31] vermengt werden: die

29 Vgl. 8.43 ff. (259 ff.).
30 8.41 (254 ff.).
31 Dazu gehört m. E. auch ein so hervorragender Peirce-Kenner wie M. G. Murphey, wenn er die Haltbarkeit der Peirceschen Definition des Realen und damit des sinnkritischen Ansatzes davon abhängig macht, daß Peirce zuvor die »Existenz« einer realen Welt überhaupt, ferner die Existenz von »other minds« und schließlich sogar die Existenz eines unbegrenzten Forschungsprozesses beweist (vgl. Murphey, a. a. O., S. 141 u. S. 301 ff.). – Die Schwierigkeiten, die Murphey analysiert, lösen sich m. E. nicht durch Aufgabe der Definition des Realen in Begriffen möglicher Erfahrung, sondern

Frage nach einer sinnkritisch angemessenen *Definition* des Realen in *would-be*-Sätzen und die Frage nach der theoretisch erweisbaren *Existenz* der als real postulierten Voraussetzungen der Erkenntnis des Realen, z. B. der unbegrenzten Gemeinschaft der Forscher bzw. des unbegrenzten Forschungsprozesses. Peirce braucht m. E. – nach dem Beweis der Sinnlosigkeit jedes Versuchs, die Existenz einer realen Welt überhaupt zu leugnen[32] – die Geltung seiner Definition des Realen nicht davon abhängig zu machen, daß eine unbegrenzte reale Gemeinschaft der Forscher existiert und durch sie die wahre Überzeugung faktisch erreicht wird. In der »Logik von 1873« begeht er diesen Fehler – einer reductive fallacy – tatsächlich und verwickelt sich dadurch in eine paradoxe Interpretation des Diamanten-Beispiels[33]; später unterscheidet er mit Hilfe der Kategorienlehre zwischen der nur faktisch zu erfahrenden *Existenz* des Realen und seiner – nur als Sinn interpretierbaren – *Realität,* zwischen dem, was mit mehr oder weniger großer Wahrscheinlichkeit als Faktum eintreten *wird,* und dem, was im Sinne eines *would be* postuliert werden muß, wenn der Sinn von Realität oder auch nur der Sinn einer realen Eigenschaft eines bestimmten realen Gegenstandes durch mögliche Erfahrung definiert werden soll. Diese Unterscheidung wirft dann allerdings ihrerseits das Problem auf, welche Bedeutung der sinnkritisch angemessenen De-

durch eine Präzisierung dieser Definition mit Hilfe von *would-be*-Sätzen, die sie von der Beantwortung der Frage nach den Chancen des Erkenntnisprozesses unabhängig macht. Die *Reduktion* der Realität auf die »opinion ultimately agreed upon« mußte Peirce freilich, wie Murphey feststellt, aufgeben. Für die Beurteilung des faktischen Erkenntnisprozesses konnte die *would-be*-Definition nur als regulative Prinzip Geltung haben, wie Peirce seit 1885 einsieht (s. unten Anm. 44). Und als solches läßt die Definition in Begriffen der absoluten Erkenntnis Raum für die Vergewisserung des Realen in der Deixis bzw. der *Haecceitas* (Zweitheit) und in der 1903 postulierten Anschauung des Allgemeinen als Kontinuität der Erfahrung (»Erstheit« der »Drittheit«, vgl. 5.205 u. 5.209–12, meine Ausgabe S. 415 u. 417 ff., dazu unten S. 314 f.).
32 Eine solche reductio ad absurdum hat Peirce m. E. implizit in seiner Kritik am universalen Zweifel Descartes' von 1868, explizit in 5.352 (99 f.) und vor allem in 5.384, geleistet (vgl. oben, S. 59, Anm. 90, hier Anm. 41). 33 Vgl. 7.341 f. (dazu oben, S. 149 f.).

finition des Realen für die Logik des empirischen Forschungsprozesses zukommt, oder, anders gefragt, welche theoretischen
Hypothesen sich über die Möglichkeit bzw. Wahrscheinlichkeit
einer Erreichung des idealen Ziels der Erkenntnis des Realen
aufstellen lassen.

Von diesen Überlegungen her wird Peirces Rekonstruktion
seiner »Theory of Reality and Cognition« in der Royce-Rezension m. E. einer immanent-kritischen Interpretation zugänglich: Peirce scheint hier *prima facie* das Problem der
Definition des Realen erstmals durchgängig als Problem einer
would-be-Formulierung zu sehen. Seine Antworten auf Royces
Infragestellung eines bloß möglichen Richters über wahr und
falsch, »der, *wenn* es ihn gäbe, den Irrtum sehen *würde*«[34],
zeigen jedoch, daß er hinsichtlich des logischen Verhältnisses
von Realitätsdefinition und Theorie des realmöglichen Erkenntnisprozesses noch nicht zur völligen Klarheit gelangt ist:
Er macht zunächst – entsprechend der Unterscheidung von Definition und Theorie – einen Unterschied zwischen der endgültigen Meinung, »die sich mit Sicherheit als das Ergebnis aus-
reichender Untersuchung einstellen würde«, und dem empirisch
bedingten Umstand, daß die endgültige Meinung »möglicherweise in Bezug auf eine gegebene Frage niemals tatsächlich
erreicht werden ⟨wird⟩, sei es, daß das geistige Leben schließlich ausgelöscht wird, sei es aus einem anderen Grund«.[35]

Wenn man hieraus indessen den Schluß zieht, Peirce werde nun
hinfort die Definition der Realität im Sinne des *would-be*-Po-
stulats klar von der Frage nach der faktischen Erreichung des
postulierten Ziels unterscheiden, so sieht man sich durch den
folgenden Text enttäuscht.

Peirce betont zunächst gegen Royce, daß der Begriff möglicher
Erkenntnis, den er zur Definition der Realität verwendet, nicht
mit dem Begriff nur logischer Möglichkeit zu verwechseln ist,
und setzt dann alles daran, unter Zuhilfenahme »induktiver
Logik«, und d. h. »mit dem höchsten Grad an empirischem

34 8.41 (254); vgl. 8.43 (259 ff.).
35 8.43 (259).

Vertrauen«, zu zeigen, daß Fragen, die im Sinne der Pragmatischen Maxime sinnvoll sind, »endgültige Lösungen erwarten lassen«[36]. (Den dabei vorausgesetzten Fortbestand der Existenz einer realen Gemeinschaft der Forscher glaubt Peirce, auch unabhängig vom Überleben der menschlichen Rasse, als »höchst sicher« annehmen zu dürfen, insofern »das geistige Leben im Universum niemals endgültig aufhören wird«.[37]) Dann aber zwingt ihn eine mathematische Überlegung – der Vergleich der Zuwachsrate der Zahl der gestellten Fragen und der Fähigkeit, sie zu beantworten – zu dem Schluß, daß ein unendlich kleiner Anteil von Fragen niemals faktisch beantwortet wird. Und nun glaubt Peirce zugeben zu müssen, daß »in diesem Falle... jener Begriff der Realität ziemlich mangelhaft ⟨rather faulty⟩ war, denn während es, soweit es sich um eine Frage handelt, die schließlich gelöst wird, ein Reales gibt, gibt es kein Reales für eine Frage, die niemals gelöst wird; denn eine unerkennbare Realität ist Unsinn«. Und angesichts dieser Schwierigkeit scheint Peirce sogar seine sinnkritische Argumentation gegen Kant in Frage stellen zu wollen, denn er fügt hinzu: »Der nicht-idealistische Leser wird bei dieser letzten Aussage ⟨mit seinen Einwänden?⟩ ansetzen.«[38]

In der Tat: Wenn die soeben zitierte Selbstinterpretation Peirces korrekt wäre, dann wäre eine nominalistisch-idealistische Definition der Realität vorausgesetzt, welche das Reale auf das – dermaleinst – faktisch Erkannte bzw. die Realität des Realen – mit Berkeley – auf das faktische Erkanntwerden reduziert.[39] In diesem Falle würde ein Realist mit Recht die Peircesche Definition der Realität im Sinne möglicher Erkenntnis als unzureichend ablehnen, und er müßte angesichts dieser Sachlage Kants Unterstellung eines prinzipiell unerkennbaren

36 8.43 (260).   37 8.43 (261).   38 8.43 (261 f.).
39 Peirce verwickelt sich hier offenbar noch einmal in dieselben »Paradoxien«, die ihm 1872/73 und 1878 bei der Interpretation des Diamantenbeispiels zu schaffen machten (vgl. oben, S. 149 f.). Gegen den Idealisten Royce vermag er so wenig wie gegen Berkeley die eigentliche Pointe seines sinnkritischen Realismus zur Geltung zu bringen. Vgl. dagegen unten S. 336 ff.

Realen als die plausiblere Position empfinden.[40] Aber die
eigentliche Pointe der Peirceschen »Theory of Reality« von
1868, die Pointe des sinnkritischen Realismus, wäre m. E. in
dieser Alternative verfehlt: Es handelt sich nicht darum, entweder das Reale auf das dermaleinst Erkannte reduzieren zu
können oder aber eine prinzipiell unerkennbare Realität denken zu müssen; es handelt sich vielmehr darum, zunächst einmal das normative Eigenrecht der Definition der Realität des
Realen im Sinne eines möglicherweise kontrafaktischen Wenn-
dann-Satzes von der empirisch-hypothetisch zu beantwortenden
Frage nach den Chancen der faktischen Erkenntnis des Realen
zu unterscheiden und erst danach beide Gesichtspunkte in Beziehung zueinander zu setzen. Bei der pragmatistischen Ermittlung des Sinns von Realität geht es m. E. ebensowenig wie bei
der pragmatistischen Ermittlung des Sinns der Härte des Diamanten um den Versuch einer »Reduktion« von Fakten auf
zukünftige Fakten; es geht vielmehr um den Versuch, das rechte
Verständnis des Sinns des hier und jetzt existenten Realen, das
in vager Form immer schon vorausgesetzt wird, durch ein Gedankenexperiment zu vermitteln und zu präzisieren, in dem
die ideale Vollendung des realen Prozesses der Erkenntnis des
Realen, so wie sie durch den vage verstandenen Sinn von Realität *gefordert* ist, vorgestellt wird.[41] Mit anderen Worten:

40 In diesem Sinne hat kürzlich G. Jánoska in seinem Buch »Die Sprachlichen Grundlagen der Philosophie« (Graz 1962) den Versuch, die Realität
im Sinne *möglicher Erfahrung* – und d. h. für ihn zugleich: aufgrund des
Kriteriums der Verifizierbarkeit – zu interpretieren, grundsätzlich dem
Idealismus zugerechnet und insofern mit Recht als gescheitert betrachtet
(a. a. O., S. 16 ff.). Auch die Kritik am Operationalismus Bridgmans hat die
Nichtreduzierbarkeit der Realität des Realen betont (vgl. A. Cornelius Benjamin: Operationism, Springfield/Ill. 1955, S. 79 ff.). – Mir scheint indessen,
daß der Peircesche Ansatz, wenn er konsequent im Sinne des von uns so
genannten »sinnkritischen Realismus« interpretiert wird, einen Ausweg aus
dem Dilemma: Idealismus oder Verzicht auf Sinnkritik (am Begriff des
unerkennbaren Erkenntnisgegenstandes) eröffnet: Selbst der Satz »Die Planeten werden ihren Kreislauf auch nach Auslöschung allen Bewußtseins fortsetzen« (Jánoska mit C. J. Lewis gegen den Verifikationismus) kann m. E.
im Sinne einer kontrafaktischen *would-be*-Formulierung (eines *Contrary to
fact-Conditionalis*) auf mögliche Erfahrung bezogen werden. Vgl. Anm. 43.
41 Es ist zuzugeben, daß die faktische Ausführung der im Gedankenexperi-

Es geht um die Unterscheidung und Vermittlung einer normativen, pragmatistischen Logik der Sinnklärung und einer hypothetisch-induktiven Metaphysik der Evolution, in der die Postulate der normativen Sinnkritik als regulative Prinzipien dienen.

Zu der soeben postulierten Unterscheidung gelangt Peirce erst in seiner Klassifikation der Wissenschaften von 1902/03, und erst 1905 klärt er anhand des Diamantenbeispiels das Verhältment vorgestellten Operationen – z. B. derjenigen, durch die die Härte eines Diamanten überprüft werden soll – zu einer Falsifikation oder Korrektur unserer – stets hypothetischen (auf abduktiven Schlüssen beruhenden) – Interpretation des Realen »als etwas« (mit einer bestimmten Eigenschaft) führen kann (und in der Praxis immer schon geführt hat!). Diese unvermeidliche und höchst fruchtbare – »hermeneutische« (vgl. oben S. 137 f.) – Zirkelstruktur des pragmatischen Methodengefüges von Deduktion, Induktion und Abduktion (Hypothesis) bestätigt aber nur das normative Eigenrecht der deduktiven Phase, in der die praktischen Implikationen eines Sinnverständnisses in *would-be*-Postulaten zu entfalten sind. Hinzukommt, daß die Hypothesis »Es existiert Reales«, um deren Sinn-Explikation in Begriffen möglicher Erfahrung es Peirce letztlich geht, insofern nicht falsifiziert oder korrigiert werden kann, als jede Falsifikation oder Korrektur von Hypothesen die Existenz einer realen Welt schon voraussetzt. Darin liegt der indirekte Beweis der Existenz einer realen Welt, der als sinnkritischer Beweis zugleich die Forderung eines verifizierbaren Beweises der Existenz der Außenwelt – die Murphey an Peirce richtet – als sinnlos erweist (vgl. oben Anm. 31 u. 32).

J. Habermas hat in seiner Peirce-Interpretation in »Erkenntnis und Interesse« (Frankfurt a. M. 1968) den indirekten Beweis der Existenz der realen Welt ebenso wie das sinnkritische Postulat der Erkennbarkeit dieser realen Welt in einem unbegrenzten Forschungsprozeß als *petitiones principii* kritisiert, weil beide Annahmen und ihre wechselseitige Implikation den *transzendentalen Rahmen* der Peirceschen Philosophie ausmachten und nur insofern nicht in Frage gestellt werden könnten (a. a. O., S. 150 f.). Ich würde dagegen geltend machen, daß dieser transzendentale Rahmen kein beliebiger ist, sondern vielmehr in unserer Rede vom Realen notwendig vorausgesetzt wird. Das zeigt sich deutlich an Habermas' Versuch einer Infragestellung dieses Rahmens durch den »perspektivistischen und irrationalistischen Wirklichkeitsbegriff« Nietzsches, der dartut, daß sehr wohl eine Realität *gedacht* werden kann, die in einem Pluralismus von »standortbezogenen Fiktionen aufgeht« (ebda.). Mir scheint, daß eben ein solcher Realitätsbegriff nicht *gedacht* werden kann; entweder muß bei diesem Versuch der Sinn von Realität so verändert werden, daß die angestrebte Pointe zerstört wird (so wie bei dem Satz »Alles ist *nur* mein Traum« die Pointe des Satzes sich selbst aufhebt), oder aber der Peircesche Realitätsbegriff wird bei Verwendung des Begriffs »Fiktion« stillschweigend vorausgesetzt. Vgl. unten S. 339, Anm. 215.

nis der *would-be*-Definitionen der Realität zur Faktizität der in ihnen postulierten Operationen und Erfahrungen auf der Linie des sinnkritischen Realismus.[42] In der Royce-Rezension von 1885 begnügt er sich damit, im Sinne des Commonsense-Pragmatismus darauf hinzuweisen, daß wir aufgrund aller praktischen Erfahrungen »so verfahren müssen, als seien alle ⟨sinnvollen Fragen⟩ zu beantworten«[43], was in der Tat darauf hinausläuft, die Definition des Realen als des Gegenstands der absoluten Erkenntnis »als einen regulativen, nicht aber als einen spekulativen Begriff« zuzulassen.[44]

Aber nicht diese pragmatische Wendung bildet Peirces eigentliche Antwort auf Royces absoluten Idealismus, sondern der

42 Vgl. unten S. 336 ff.

43 8.43 (262). Die m. W. erste Reflexion auf das Verhältnis von »would be« und »will be« findet sich in der Rezension von Royces »The World and the Individual« von 1900: »... nach unserem Verständnis kann das ›would be‹ schnell in eine Hoffnung für ein ›will be‹ aufgelöst werden. Denn wenn wir sagen, daß irgendein Ereignis, B, unter Bedingungen, A, die niemals erfüllt werden, stattfinden *würde*, so meinen wir dies: die letzte Überzeugung, die, wie wir hoffen, hinsichtlich jeder gegebenen Frage (obschon nicht in einer endlichen Zeitspanne hinsichtlich aller Fragen) wirklich erreicht wird, wird gewisse allgemeine Gesetze akzeptieren, aus denen formal logisch folgt, daß die Bedingungen, A, in irgendeiner anderen Welt, in der sie erfüllt werden können und in der jene allgemeinen Gesetze auch gelten, das Stattfinden des Ereignisses, B, involvieren werden.« (8.113). – Peirce unterscheidet hier faktisch die endgültig erkannten Naturgesetze von den kontingenten Antecedens-Bedingungen möglicher prognostizierbarer Kausalprozesse und gründet auf diese Unterscheidung ebenso den Unterschied von »would be« und »will be« wie andererseits die nicht nur logische, sondern reale *Möglichkeit* einer Aufhebung ihres Unterschieds. Wird die *Pragmatische Maxime* Peirces auf dieser Linie interpretiert, so müßte es m. E. möglich sein, einen Satz über die Temperatur im Innern der Sonne, dessen Verifikation in unserer Welt als physikalisch unmöglich angesehen wird, gleichwohl auf *mögliche Erfahrung* zu beziehen und insofern als sinnvoll gelten zu lassen. Ja, sogar der Satz »Die Planeten werden ihren Kreislauf auch nach Auslöschung allen Bewußtseins fortsetzen« müßte sich so als sinnvoll erweisen lassen, da ja die Überzeugung, daß die Planetenbewegungen sich unabhängig von der empirisch feststellbaren Existenz menschlichen Bewußtseins vollziehen, einem allgemeinen *Naturgesetz* entspricht, das sowohl in unserer Welt, wo die Bedingungen ihrer Beobachtung gegeben sind, wie auch in der unterstellten Welt ohne Bewußtsein gelten dürfte. Vgl. unten S. 334 u. 340 ff.

44 8.44 (263); vgl. 1.405 (1890). Vgl. aber unten, S. 265 f. über den unterschiedlichen Stellenwert der »regulativen Prinzipien« bei Kant und Peirce.

Hinweis auf eine »bald in Druck zu gebende« Theorie, in der er das soeben angedeutete regulative Prinzip anzuwenden gedenkt. In ihr soll der traditionellen idealistischen Metaphysik, welche die Realität der Welt in ihrem aktuellen Gedachtwerden durch Gott bestehen läßt, der Gedanke entgegengesetzt werden, daß »die Existenz Gottes ... darin besteht, daß eine Tendenz auf Ziele hin ein notwendiger Bestandteil des Universums ist...«, und »daß Gottes Allwissenheit, menschlich gedacht, in der Tatsache besteht, daß die Erkenntnis in ihrer Entwicklung keine Frage unbeantwortet läßt«.[45] Der Umstand, daß diese »Tatsache« des durch den Weltprozeß und insbesondere durch den menschlichen Erkenntnisprozeß erst noch hervorzubringenden allwissenden Gottes eigentlich noch keine Tatsache ist, sondern dem »Skeptizismus, von dem wir eben sprachen«, unterliegt, steigert nach Peirce noch ihre religiöse Fruchtbarkeit.[46] Man muß sich dafür durch »Glaube, Liebe, Hoffnung« engagieren.[47]

2. Die Metaphysik der Evolution von 1891 ff.

Zu der 1885 angekündigten Veröffentlichung einer Theorie des sich entwickelnden Universums kam es erst in den 90er Jahren in Gestalt einer Serie von fünf Aufsätzen in der Zeitschrift »The Monist«.[48] Ihnen voraus ging ein unvollendeter Buchentwurf »A Guess at the Riddle«[49] (ca. 1890), und es folgten noch im Jahre 1893 drei ehrgeizige Publikationspläne, die aber

45 8.44 (263).   46 Ebda.
47 Vgl. 5.357 (102 f.), 2.652–55 (215–221), ferner den Aufsatz »Evolutionary Love« von 1893 (6.287 ff.; dazu unten S. 278 ff.) und die zweite Royce-Rezension von 1900 (bs. 8.105).
48 Dazu gehören 1. »The Architecture of Theories« (Jan. 1891; CP, 6.7–34, meine Ausgabe, S. 266–285); 2. »The Doctrine of Necessity Examined« (April 1892; CP, 6.35–65, meine Ausgabe, S. 288–309); 3. »The Law of Mind« (Juli 1892; CP, 6.102–163); 4. »Man's Glassy Essence« (Okt. 1892; CP, 6.238–271); 5. »Evolutionary Love« (Jan. 1893; CP, 6.287–317). Hinzukommt die sehr aufschlußreiche Erwiderung Peirces auf die Kritik des Herausgebers von »The Monist«, Dr. Carus: »Reply to the Necessitarians...« (Juli 1893, CP, 6.588–618).
49 Vgl. CP, 1.354–368, 1.373–375, 1.379–416.

sämtlich scheiterten: 1. die »Grand Logic«, die als Buch vollendet, aber nicht veröffentlicht wurde[50], 2. das ebenfalls unveröffentlichte Buch »Search for a Method«, in dem die älteren
Aufsätze zur Wissenschaftslogik mit Revisionen von 1893 zusammengestellt werden sollten[51], 3. die auf zwölf Bände be-
rechnete Konzeption eines Werks »The Principles of Philosophy or, Logic, Physics, and Psychics, considered as a unity, in
the Light of the Nineteenth Century«.[52] Die Aufsätze der
»Monist«-Serie wurden so – ähnlich wie die Aufsatz-Serien
von 1868/69 und 1877/78 – zum bleibenden Dokument einer
Periode des Peirceschen Denkweges. Verglichen mit den frühe-
ren Serien sind sie freilich weit weniger bekannt geworden,
und in der Tat enthalten sie den befremdlichsten Teil der
Peirceschen Philosophie: seine kosmologische Metaphysik.[53]
Bereits der Umstand, daß der Begründer des sinnkritischen
Pragmatismus, der lange vor Wittgenstein und den Neopositivisten einen Sinnlosigkeitsverdacht gegen Sätze der traditionellen Philosophie richtete, *expressis verbis* eine Metaphysik
entwarf, mußte bei vielen seiner modernen Leser Anstoß erregen. Peirce selbst freilich war niemals der Meinung, daß seine
»Pragmatische Maxime«, mochte sie auch Sätze der »ontologischen Metaphysik« – wie z. B. »Kraft ist eine Entität« – als
sinnlos erweisen[54], die Probleme der Metaphysik überhaupt
zum Verschwinden bringen sollte. Vielmehr war er der Überzeugung, daß der Versuch, ohne Metaphysik auszukommen,
nur zu einer schlechten, weil unreflektierten Metaphysik führt[55],
daß der Flug der spekulativen Phantasie niemals gehemmt
werden dürfe, daß die Beachtung der »Pragmatischen Maxime«

50 Vgl. CP, Vol. 8, p. 278 ff.
51 Ebda., p. 280.
52 Ebda., p. 282 ff.
53 W. B. Gallie (»Peirce and Pragmatism«, Penguin Books/Harmondsworth
1952) nennt sie den »weißen Elefanten« der Peirceschen Philosophie. Vgl.
auch M. Murphey: On Peirce's Metaphysics, in: Transactions of the Ch. S.
Peirce Society, Vol. I, 1 (1965), p. 12 ff.
54 Vgl. 8.43 (259 ff.), 5.423 (439 f.).
55 Vgl. 1.129, oben S. 31, Anm. 29.

zu einer gereinigten Metaphysik führen werde[56] und daß gerade die fruchtbare Entfaltung der Einzelwissenschaften, insbesondere der Geisteswissenschaften (»Moral or Psychical Sciences«), auf eine adäquate metaphysische Grundlegung angewiesen ist[57]. Die Comtesche Kritik metaphysischer Hypothesen als experimentell folgenlos, die man als Vorwegnahme des sinnkritischen Pragmatismus ansehen könnte, präzisiert Peirce durchaus im Sinne der sprachanalytischen Philosophie: »Ein metaphysischer Satz in Comtes Sinn ... würde ein grammatisches Arrangement von Wörtern sein, das einen Satz bloß simuliert, aber in Wirklichkeit kein Satz ist, da ihm jeder Sinn fehlt.« Statt hieraus aber Konsequenzen im Sinne Wittgensteins oder Carnaps zu ziehen, fährt Peirce fort: »Comtes Verwendung des Wortes metaphysisch in einem Sinn, der es zu einem Synonym von Unsinn macht, kennzeichnet einfach die nominalistische Tendenz Comtes ...«[58]

Den Schlüssel zu Peirces positiver Einschätzung der Metaphysik liefert einmal sein Universalienrealismus, zum anderen die eigenartige Auffassung der Metaphysik als empirisch überprüfbarer Wissenschaft, wie sie definitiv in der von uns bereits explizierten Klassifikation der Wissenschaften von 1902/03 zum Ausdruck kommt. Der Universalienrealismus ließ Peirce schon 1871 die *Pragmatische Maxime* als Alternative zu Berkeleys nominalistischer Sinnkritik so konzipieren, daß allgemeine Begriffe gerade nicht auf Sense-Data reduziert werden mußten, sondern in »Habits« – und d. h. in der realen Verkörperung des Allgemeinen als kontinuierlicher Regelung der Praxis – ihren Sinn explizieren konnten.[59] Schon in dieser frühesten Konzeption des Pragmatismus lag der Ansatz einer Metaphysik, welche die menschlichen »Habits« als Analogon und Fortsetzung der Naturgesetze sehen ließ. Die Metaphysik der Evolution von 1891 ff. brachte diese Implikation zur Entfaltung.

56 5.423 (439 f.).
57 Vgl. 5.423 (439 f.), 6.2 und 6.4 (1898).
58 7.203 (ca. 1900).
59 Vgl. 8.33 (129 f.).

Die Klassifikation der Metaphysik als empirischer Wissenschaft andererseits zog lediglich die Konsequenz aus dem Umstand, daß die Metaphysik nicht – wie die normative Logik der Forschung – die Pragmatische Maxime als Regel aufstellt, sondern die in der Pragmatischen Maxime postulierte Realität von Begriffen als »Habits« zum Gegenstand der Forschung macht. Als solche Erforschung des realen Prozesses der Forschung als bewußter Fortsetzung der Naturgeschichte konnte die Metaphysik für Peirce nur den Charakter einer Wissenschaft haben, die abduktiv Hypothesen aufstellt, welche, mittels Deduktion ihrer Konsequenzen, einer induktiven Überprüfung unterworfen werden können. Insofern aber unterlagen ihre Sätze a priori der möglichen pragmatistischen Sinnklärung und waren von unsinnigen Sätzen *per definitionem* unterschieden.[60]

Die einzige Alternative zu dieser Peirceschen Konzeption einer Metaphysik, die von der Sinnkritik selbst gefordert wird und gleichsam die Gegenprobe hinsichtlich der von der letzteren immer schon vorausgesetzten Realität liefert, wäre m. E. eine Philosophie, welche, ohne selbst metaphysische Voraussetzungen in Anspruch zu nehmen, metaphysische und nichtmetaphysische Sätze aufgrund eines Sinnkriteriums zu unterscheiden vermöchte. Die sprachanalytische Philosophie des 20. Jahrhunderts hat diesen Versuch unternommen; doch hat sich m. E. gezeigt, daß ihre Sinnkritik entweder eine Metaphysik voraussetzte, die sie selbst nicht anerkennen konnte (so im Falle des Wittgensteinschen »Tractatus logico-philosophicus« und noch des frühen Logischen Positivismus), oder zu willkürlichen Festsetzungen der Kriterien sinnvoller Sätze ihre Zuflucht nehmen mußte (so im Falle der konstruktiven Semantik des späteren Neopositivismus) oder auf jeden theoretischen Anspruch Ver-

60 In 6.6 (Fragment von 1903) gibt Peirce einen Katalog von Fragen, die seiner Meinung nach durch die Metaphysik zu beantworten sind. Einige davon, z. B. die Frage, ob Raum und Zeit eine Grenze haben, finden sich auch in jenem Katalog offenbar sinnloser Fragen, die der Begründer des Operationalismus, P. W. Bridgman in seiner »Logic of Modern Physics« (New York 1927, p. 30 f.) zusammengestellt hat.

zicht leisten muß, was, streng genommen, auch den Verzicht auf Metaphysikkritik impliziert[61] und praktisch leicht auf eine ideologische Verklärung des *Common Use* der *Ordinary Language* bzw. der zu ihr gehörigen sozialen Lebensform hinausläuft[62] (so im Falle der Spätphilosophie Wittgensteins und der von ihm inspirierten britischen Philosophie).

Andererseits scheint gerade die Spätphase der analytischen Philosophie (einschließlich der Schule K. Poppers) zu Positionen zu führen, die Peirces Konzeption der Metaphysik als der kosmologischen Makro-Empirie, deren vage, aber heuristisch unentbehrliche Global-Hypothesen durch die Theoriebildungen der Einzelwissenschaften hindurch sich bewähren oder falsifizieren, sehr plausibel erscheinen lassen. Dazu gehört z. B. die *communis opinio* der modernen Wissenschaftstheorie, daß nicht einzelne Begriffe oder auch Sätze sich empirisch überprüfen lassen müssen, sondern ganze Theorien, die durchaus sehr spekulative Kernbegriffe enthalten können. Löst man diese Einsicht aus dem Zusammenhang einer formalabstrakten Analyse von Theorien und ihrer möglichen Bestätigung, berücksichtigt man, wie es Peirce immer wieder fordert, die geschichtliche Dimension des »Wachstums der Wissenschaft«, so zeigt sich z. B., daß Falsifikationen eine wissenschaftliche Theorie nicht lediglich bzw. nicht ohne weiteres außer Kurs setzen, sondern eher eine Rückbesinnung auf die »paradigmatischen« Voraussetzungen des Sprachspiels, aus dem die Theorie erwuchs, zur Folge haben. Aufgrund dieser Voraussetzungen – z. B. hinsichtlich der Natur des Raumes und der Zeit, der Kausalität und dergl. – erfolgt dann entweder eine Rekonstruktion der problematischen Theorie, oder die »paradigmatischen« Voraussetzungen der »Normal Science« werden selbst – in einer sog.

61 Vgl. K.-O. Apel: Heideggers Radikalisierung der Hermeneutik und die Frage nach dem Sinnkriterium der Sprache, in: »Die hermeneutische Frage in der Theologie«, hrsg. von O. Loretz u. W. Strolz, Freiburg i. Br. 1968, S. 86–152; jetzt in: Transformation der Philosophie, a. a. O., Bd. I.
62 Vgl. H. Marcuses Kritik der »eindimensionalen Philosophie« (in: »Der eindimensionale Mensch«, Neuwied u. Berlin 1967, Kap. 7), die freilich der positiven Bedeutung der Wittgensteinschen Sinnkritik nicht gerecht wird.

Grundlagenkrise – in Frage gestellt.[63] – Im Lichte der Peirceschen Logik der Forschung wären die soeben erwähnten paradigmatischen Voraussetzungen mit den im *Commonsense* bzw.
lumen naturale angesprochenen »instinktiven« Überzeugungen
des Menschen identisch, welche als metaphysischer Hintergrund
aller ingeniösen wissenschaftlichen Hypothesen und Theoriebildungen das Thema einer – selbst hypothetischen – Metaphysik der Evolution bilden.[64] Sofern es die Metaphysik mit diesen
– praktisch unbezweifelbaren – *Commonsense*-Voraussetzun-
gen aller einzelwissenschaftlichen Beobachtungen zu tun hat,
ist sie nach Peirce eine Beobachtungswissenschaft im Sinne der
»Coenoskopie«; denn sie »beruht auf Phänomenen, mit denen
jedermanns Erfahrung so durchtränkt ist, daß er ihnen gewöhnlich gar keine Beachtung schenkt«.[65]

Freilich setzt die Metaphysik nach der transzendentalen Sy-
stem-Architektonik, die Peirce von Kant übernahm[66], noch die
Logik voraus; und d. h. nach der von uns bereits dargestellten
Differenzierung der transzendentalen Architektonik in der
»Klassifikation der Wissenschaften«: normative Logik der Forschung, Phänomenologie und mathematische Logik. Diesen
nicht mehr empirischen Wissenschaften entnimmt die Metaphysik nach Peirce zweierlei Prinzipien, die sie bei der evolutionstheoretischen Erklärung der letzten *Commonsense*-Begriffe bereits heuristisch voraussetzt und zugleich bewährt: 1. die
»regulativen Prinzipien« der normativen Logik der Forschung,
2. die drei Fundamentalkategorien, die ihrem anschaulichen
Gehalt nach in der, ebenso wie die Metaphysik selbst, coeno-
skopischen Phänomenologie, ihren formalen Voraussetzungen
nach in der mathematischen Logik der Relationen sich konstituieren. Hierzu muß im Hinblick auf die Konzeption der
Peirceschen Metaphysik noch einiges angemerkt werden:

63 Vgl. hierzu Th. S. Kuhn: Die Struktur wissenschaftlicher Revolutionen,
Frankfurt a. M. 1967; ferner Stephen Toulmin: Voraussicht und Verstehen.
Ein Versuch über die Ziele der Wissenschaft, Frankfurt a. M. 1968.
64 Vgl. 6.12 f. (270 f.).
65 6.3, vgl. 1.241.
66 Vgl. oben S. 159 ff.

Die regulativen Prinzipien der Metaphysik konzentrieren sich um die von Peirce selbst oft so genannte »soziale Theorie der Realität«.[67] Wir haben im vorigen gezeigt, wie gerade die Verteidigung dieser Theorie gegen den absoluten Idealismus von Royce das Programm einer Metaphysik der Evolution auf die Bahn brachte. Im gegenwärtigen Zusammenhang wäre vor allem zu klären, in welchem Verhältnis Peirces »metaphysischer« Gebrauch der »regulativen Begriffe« zu dem Kants steht: Wenn Peirce die Idee einer Realisierung des adäquaten Begriffs der Realität in einem unbegrenzten Forschungsprozeß als einen »regulativen, nicht aber ... spekulativen Begriff« bezeichnet[68], so könnte man zunächst annehmen, Peirce übernehme hier einfach die Kantische Unterscheidung beider Begriffe. Dies scheint Peirce selbst noch 1890 zu bestätigen, wenn er von dem sinnkritischen Prinzip der prinzipiellen Erkennbarkeit bzw. Erklärbarkeit des Realen sagt: »Dies nennt Kant ein regulatives Prinzip, d. h. eine intellektuelle Hoffnung.«[69] Der Umstand indessen, daß Peirce gerade durch das sinnkritische Prinzip der prinzipiellen Erkennbarkeit des Realen sich von Kants philosophischer Grundkonzeption unterscheidet, weist darauf hin, daß auch sein »metaphysischer Gebrauch« der regulativen Prinzipien sich von dem Kants unterscheiden muß. In der Tat fehlt der Peirceschen Unterscheidung zwischen spekulativen und regulativen Prinzipien vollständig die Fundierung in der Kantischen Unterscheidung zwischen Phainomena und Noumena.[70] Da Peirce diese Unterscheidung als nominalistisch ablehnt, so müssen *unter diesem Gesichtspunkt* seine regulativen Begriffe zugleich spekulativ sein.[71] Wenn Peirce dennoch

67 Vgl. 6.10 (1893!); vgl. auch 2.220 u. 2.654 zur »social theory of logic«.
68 8.44 (vgl. oben S. 258); vgl. auch 1.405.
69 1.405.
70 Vgl. oben, S. 51 ff.
71 So kann Peirce 1896 schreiben: »Metaphysik besteht in den Resultaten der absoluten Akzeptierung der logischen Prinzipien nicht nur als regulativgültig, sondern als Wahrheiten hinsichtlich des Seins. Dem entsprechend muß man annehmen, daß dem Universum eine Erklärung zukommt, deren Funktion wie die jeder logischen Erklärung darin liegt, die Mannigfaltigkeit desselben zu vereinheitlichen.« (1.487).

Kants Unterscheidung übernimmt, so nicht deshalb, weil man a priori einsehen könnte, daß unsere Erkenntnis auf bloße Erscheinungen eingeschränkt ist, sondern deshalb, weil man a priori nicht wissen kann, ob der Erkenntnisprozeß sein Ziel erreichen wird, ja tiefer: ob der Evolutionsprozeß des Realen selbst – durch den Prozeß der Erkenntnis und einer von ihr geleiteten Praxis hindurch – zum realmöglichen Ende gelangen wird.[72] Daher fehlt der auch von Peirce gebrauchten pragmatischen Wendung, wir müßten praktisch so verfahren, *als ob* jede sinnvolle Frage *in the long run* beantwortet werde[73], jene spezifisch fiktionalistische Pointe, die Vaihinger von Kant und Nietzsche her seiner »Philosophie des Als Ob« unterlegt; statt dessen hebt Peirce die praktische Seite der Kantischen Konzeption der »regulativen Ideen« in seinem »Prinzip Hoffnung« auf.[74] – Freilich ergibt sich für den späteren Peirce aus seiner Kategorienlehre ein zwingender Grund, trotz der Ablehnung unerkennbarer Dinge-an-sich auf die genuin Kantsche Konzeption der regulativen Prinzipien zurückzukommen: Da ein »regulatives Prinzip« unter die Kategorie »Drittheit« fällt, die durch die Erkenntnis als rationale »Vermittlung« wie andererseits durch die unendliche Kontinuität des »esse in futuro« illustriert wird, während jede *faktische* Erkenntnis – als empirisch konstatierbare Begegnung von Ich und Nichtich – unter die Kategorie »Zweitheit« fällt, so ist ein regulatives Prinzip ganz unabhängig von der Ungewißheit über die Zukunft etwas,

72 Von hier aus werden Stellen wie die folgende verständlich: »Denken wir also in dieser Weise, daß einige Fragen niemals gelöst werden können, so sollten wir zugeben, daß unser Begriff der Natur als absolut real nur teilweise korrekt ist.« (8.43, 262). – Hier handelt es sich m. E. – im Gegensatz zu der im vorigen (oben S. 255) von uns kritisierten Stelle – nicht so sehr darum, daß die Realität im Sinne eines nominalistischen Idealismus von ihrem faktischen Erkanntwerden abhängig gemacht wird, als vielmehr darum, daß die Vollendung der realen Welt durch den realen Erkenntnisprozeß als ungewiß angesehen werden muß.
73 Vgl. 8.43.
74 Vgl. oben, S. 103 ff. Während W. James 1896 auf der Linie der Peirceschen Ideen von 1869 zum existentiellen Pragmatismus des »Will to believe« gelangt, wird für Peirce der »logische Sozialismus« in seiner dritten Periode zum evolutionistischen »Agapismus«.

dem – wie Kant sagt – »nichts Empirisches korrespondieren kann«. Realität, als das, was in einem *unbegrenzten, kontinuierlichen* Forschungsprozeß erkannt werden *würde,* ist demnach als *faktisch erkannte* gar nicht denkbar.[75] Hier kehren, wie es scheint, die Paradoxien des Kantschen Ding-an-sich bei Peirce in den Paradoxien des Unendlichen wieder.

Mit den zuletzt angeführten Gesichtspunkten haben wir bereits die letzten Voraussetzungen der Peirceschen Systemarchitektonik, die Lehre von den drei Fundamentalkategorien, ins Spiel gebracht. Peirce greift, wie schon angedeutet, auch in seiner Metaphysik der Evolution auf diese Voraussetzungen zurück; ja es darf behauptet werden, daß die Peircesche Metaphysik ihre befremdliche Eigenart letztlich der Kategorienlehre verdankt und jedenfalls ohne ihre Voraussetzung nicht verstanden werden kann. M. Murphey meint, daß die Metaphysik der 90er Jahre als empirische Verifikation der Kategorienlehre geradezu einen Ersatz für die, seiner Meinung nach gescheiterte und von Peirce aufgegebene, transzendentale Deduktion der Universalität und Notwendigkeit der drei Fundamentalkategorien aus dem Urphänomen der Zeichenrepräsentation des Realen (als Transformation der »transzendentalen Synthesis der Apperzeption« Kants) bieten soll.[76] Mir scheint diese Ansicht weder als Peirce-Interpretation noch von der Sache her zwingend. Peirce hat bei der Begründung seiner Metaphysik ebensowenig wie später bei der Begründung seiner Phänomenologie die transzendental-semiotische Deduktion der drei Fundamentalkategorien in der »New List of Categories« von 1867 widerrufen. Dazu besteht m. E. auch kein Anlaß; denn die Herleitung der drei Kategorien aus dem semiotisch verstandenen Urphänomen der Erkenntnis (unter dem Gesichtspunkt, daß, was immer von uns thematisiert werden soll, als *qualita-*

75 Vgl. oben S. 180 f., 201 ff., 214 f. über den Gegensatz Peirces zu Hegel.
76 Vgl. M. Murphey: On Peirce's Metaphysics, a.a.O. Die Phänomenologie betrachtet Murphey – und er stimmt darin mit v. Kempski überein – als einen analogen Versuch, die universale und notwendige Geltung der Kategorien induktiv – in diesem Fall durch eine induktive Untersuchung aller nur möglichen Erfahrung – zu erweisen.

tives Sosein bei Gelegenheit einer *faktischen Begegnung von Ich und Nichtich erfahren* und in einer intersubjektiv gültigen *Aussage symbolisch repräsentiert* werden muß) erscheint mir als eine Alternative zur Kantischen Ableitung, die zugleich die logischen Formen des Urteils auf die drei Formen des logischen Schließens zurückführt, durchaus plausibel[77]; und eine Metaphysik der Evolution, welche eben diesen semiotischen Erkenntnis- und-Schlußprozeß – und damit letztlich die eigene Erkenntnis einschließlich ihrer praktischen Bewährung – als Produkt und kontrollierte Fortsetzung eines zunächst unbewußt verlaufenden Naturprozesses begreifen will, scheint mir, wie früher schon ausgeführt[78], nicht im Widerspruch zu stehen zu einer Transzendentalphilosophie, welche die Erkenntnis selbst und ihren transzendentalen Gegenstand (das Ding-an-sich) nicht als außerweltliche Grenzbegriffe im Sinne des Unerkennbaren, sondern als Grenzbegriffe im Sinne des Erkenn*baren* versteht. Die Metaphysik der Evolution erscheint mir insofern – im Kontext der Peirceschen »Architektonik« – eher als eine empirisch (durch Vermittlung der Einzelwissenschaften) zu bewährende Gegenprobe als eine Alternative zur transzendental-semiotischen Herleitung der Geltung der drei Fundamentalkategorien. Unter diesen heuristischen Gesichtspunkten, die freilich über das um 1890 erreichte methodische Selbstverständnis Peirces hinausgreifen, soll im folgenden eine genauere Interpretation der »architektonischen« Einleitung der Aufsatzserie versucht werden.

a) In dem unvollendeten Buchentwurf von 1890 (»A Guess at the Riddle«) hatte Peirce, wie der »Plan des Werkes« und die erhaltenen Teile zeigen, seine gesamte Philosophie streng architektonisch, d. h. aus der Voraussetzung der Kategorienlehre und gemäß der – bis auf die Phänomenologie – bereits entwickelten Hierarchie der Wissenschaften, aufbauen wollen.

77 Vgl. hierzu K.-O. Apel: From Kant to Peirce: the Semiotical Transformation of the Transcendental Philosophy. In: Proceedings of the 3rd International Kant-Congress, Rochester/N. Y. 1970; dtsch. Übersetzung in: Transformation der Philosophie, a.a.O., Bd. II.
78 Vgl. oben S. 162 f. u. 196 ff.

(Auf die relationslogische Ableitung der Kategorien – »One, Two, Three« – folgt die Darstellung der Kategorien im Rahmen der semiotischen Logik der Forschung – »The triad in reasoning« –, und daran schließen sich weitere Sektionen, welche die »Triade« in der Metaphysik, der Psychologie, der Physiologie, der Biologie, der Physik, der »Soziologie oder Pneumatologie« und schließlich in der Theologie behandeln sollten.[79] In der Einleitung zu seiner Aufsatzserie kommt Peirce nur in unsystematischer, bewußt popularisierender Form auf diesen architektonischen Aufriß seiner Philosophie zu sprechen.[80] Die Kategorien, die zu seinen Lebzeiten und noch lange danach auf das Publikum nur als befremdliche Kuriosität zu wirken pflegten, werden nicht in ihrer grundlegenden Funktion, sondern lediglich in den Schlußparagraphen[81], gewissermaßen als frappierende Anordnung der zuvor illustrierten Thesen und Gesichtspunkte, vorgeführt. Diese selbst gewinnt Peirce eher induktiv, anhand einer Übersicht über die Grundlagenproblematik mehrerer Einzelwissenschaften[82]:

Seine 1. Hauptthese, welche die Notwendigkeit einer Metaphysik der Evolution wissenschaftstheoretisch begründen soll, ergibt sich aus einer Reflexion auf die Entwicklung der grundlegenden Gesetzeshypothesen in der Physik von den Tagen Galileis bis zu der von Peirce selbst mit großer Kompetenz verfolgten Krise der mechanistischen Prinzipien am Ende des 19. Jahrhunderts:

1. An der Entdeckung der Grundgesetze der Mechanik, die, ebenso wie die dabei schon vorausgesetzten Axiome der euklidischen Geometrie, nicht so sehr *aufgrund* von Experimenten als vielmehr mit Berufung auf »common sense« und »il lume naturale« (Galilei) erfolgten[83], verdeutlicht Peirce die – später noch oft wiederholte – erste Ausgangsthese seiner Evolutions-

79 Vgl. 1.354 und die folgenden Paragraphen bis 1.416.
80 Vgl. 6.9 (267 f.).
81 Vgl. 6.32 ff. (283 ff.).
82 Vgl. 6.9, 2. Abschn. (268).
83 6.10 (268 f.).

théorie: Die grundlegenden Vorstellungen der modernen Wissenschaft wurden weder induktiv (d. h. aufgrund einer darwinistischen Selektion unter allen möglichen Theoriebildungen) noch lediglich aufgrund des logisch-mathematischen Formaprioris möglicher Theoriebildungen überhaupt, sondern aufgrund einer vorausgegangenen instinktanalogen Anpassung des menschlichen Verstandes an die zu erkennenden Umweltstrukturen gewonnen:

»... die gerade Linie scheint uns ⟨nur deshalb⟩ einfach zu sein, weil sie, wie Euklid sagt, genau zwischen ihren Endpunkten liegt, d. h. weil sie als Punkt erscheint, wenn man sie von einem Ende aus sieht. D. h. wiederum, weil das Licht sich geradlinig fortbewegt. Nun bewegt sich das Licht aber aufgrund der Rolle geradlinig fort, die die gerade Linie in den Gesetzen der Dynamik spielt. Es ist also so, daß unserem Verstand, da er unter dem Einfluß von Phänomenen gebildet wurde, die den Gesetzen der Mechanik unterliegen, gewisse Begriffe eingeprägt werden, die einen Bestandteil jener Gesetze bilden, so daß wir diese Gesetze leicht erraten können. Hätten wir ohne solche natürliche Eingebung blind nach einem Gesetz zu suchen, das auf die Phänomene paßte, so würden unsere Chancen, ein solches Gesetz zu finden, wie eins zu unendlich stehen.«[84]

2. Was aber für die einfachen Ausgangsvorstellungen der Mechanik galt, gilt nach Peirce nicht mehr für jene Entwicklung der Physik, die mit der Lichttheorie und Elektrodynamik, der kinetischen Gastheorie und der damit einhergehenden Thematisierung der Struktur von Molekülen und Atomen immer weiter »von den Phänomenen, welche die Entwicklung des menschlichen Verstandes beeinflußt haben«, sich entfernte: Beim Vordringen in diese für den Menschen ungewohnten Dimensionen muß damit gerechnet werden, daß wir die zugrundeliegenden Naturgesetze nicht mehr »›einfach‹ finden, d. h. aus wenigen Begriffen zusammengesetzt, die unserem Verstand natürlich sind«[85]. So unterliegt es z. B. für Peirce »ernsthaften Zweifeln, ob die fundamentalen Gesetze der Mechanik für einzelne Ato-

84 6.10 (268 f.); vgl. 6.50 (300 f.), 5.47 u. 5.173 (350 u. 402), 5.445 u. 5.498 (459 ff. u. 485 ff.), 5.586, 5.591, 5.603, 1.118 u. ö.
85 6.10 (269).

me gelten«, und es scheint »ganz wahrscheinlich, daß sie sich in mehr als drei Dimensionen bewegen können«.[86]

Bereits mit diesen kritischen Überlegungen zu den paradigmatischen Prinzipien der Mechanik antizipierte Peirce, wie man heute wohl sagen darf, manche charakteristische Ideen der Diskussion des 20. Jahrhunderts über das Verhältnis der klassischen Physik zur Relativitätstheorie einerseits, zur Quantentheorie andererseits; so etwa die zwischen den Positionen H. Dinglers und der Kopenhagener Schule erzielte Verständigung über ein anthropologisches Apriori der klassischen Prinzipien (einschließlich der euklidischen Geometrie) im Bereich der Experimentalphysik, das gleichwohl die Nichtanwendbarkeit dieser Prinzipien in der theoretischen Repräsentation der Bereiche des Kleinsten und Größten nicht ausschließt.[87] Für Peirce bildeten die skizzierten Überlegungen zur Wissenschaftsgeschichte indessen nur den Ausgangspunkt seiner ersten evolutionstheoretischen Hauptthese, die in der Perspektive der gegenwärtigen Diskussion zum Teil ebenfalls vertraut und plausibel, zum Teil aber auch höchst befremdlich erscheint. Aus der Konfrontation der beiden Thesen über die Entstehung der klassischen Mechanik einerseits, der Grundlagenproblematik der Molekular- und Atomphysik andererseits zieht Peirce den Schluß, daß die instinktnahe Metaphysik des *Commonsense* bzw. des *lumen naturale,* welche der Physik ihre ersten grundlegenden Gesetzeshypothesen lieferte, in der Gegenwart nicht mehr ausreiche, daß gewissermaßen die Funktion dieser naiven Metaphysik nunmehr von einer historischen Metaphysik der Metaphysik, welche auf die naturgeschichtlichen Bedingungen der wissenschaftlichen Hypothesenbildung reflektiert, übernommen werden muß. Diese Metaphysik der Evolution soll die Naturgesetze selbst historisch erklären und uns »zeigen, welche Arten von Gesetzen wir zu erwarten haben«.[88]

86 6.11 (270); vgl. 6.575.
87 Vgl. die Formulierung C. Fr. v. Weizsäckers: »Der Mensch ist früher als die Naturwissenschaft, aber die Natur ist früher als der Mensch.«
88 6.12 (270).

Die Forderung einer Reflexion auf die historischen Bedingungen der Auffindung von Naturgesetzen wird man heute wohl plausibel finden und andererseits auch die Forderung einer Erklärung von Gesetzen, »die der Verstand erfassen kann und deren besondere Form dennoch ohne Grund ist«[89]. Schwierigkeiten bereitet indessen die Identifizierung dieser beiden Forderungen, die Peirce offenbar vornimmt. Als »Erklärung« eines Naturgesetzes wird man normalerweise seine Ableitung aus einem allgemeineren Gesetz verstehen, von einer Reflexion auf die geschichtlichen Bedingungen dagegen wird man in erster Linie ein hermeneutisches Verständnis der Auffindung von Naturgesetzen im Kontext der Geistes- und Sozialgeschichte erwarten, darüberhinaus vielleicht auch – mit Peirce – ein evolutionstheoretisches Verständnis der in ihm enthaltenen erkenntnis-anthropologischen Universalien.[90]

Wenn hier eine Vereinheitlichung im Sinne einer letzten »Erklärung« denkbar sein soll, dann könnte diese Erklärung – der Peirceschen wie der modernen Wissenschaftslogik zufolge – allenfalls in einer Herleitung alles historischen Geschehens aus einem selbst nicht mehr ableitbaren Gesetz und nicht mehr ableitbaren Anfangsbedingungen alles Geschehens bestehen. – Tatsächlich kann Peirces Kosmologie in einigen Einzelzügen als eine solche quasi naturwissenschaftliche Erklärung des Weltprozesses verständlich gemacht werden, als eine historisch-genetische Erklärung gewissermaßen, welche das Hauptgewicht auf den Umstand legt, daß zu einer Erklärung nicht nur Gesetze, sondern auch Anfangsbedingungen gehören, auf die Gesetze angewendet (genauer: als bezogen gedacht) werden können. Peirces wesentliche Intention ist jedoch offenbar radikaler: sie zielt nicht auf Erklärung unter der Voraussetzung von Gesetzen, sondern auf historisch-genetische Erklärung aller

---

89 Ebda.
90 Die gegenwärtige Aktualität dieser Problematik läßt sich z. B. an der sprachphilosophischen Kontroverse zwischen der relativistischen Sapir-Whorff-These über die sprachlichen Weltbilder und der Postulierung syntaktisch-semantischer »Universalien« in der generativen Grammatik N. Chomskys belegen.

Gesetze und der Gesetzlichkeit überhaupt, aus den Anfangsbedingungen der Weltgeschichte, kurz: sie zielt nicht auf eine »Kosmologie«, sondern auf eine »Kosmogonie«[91]:

»Nun ist der einzig mögliche Weg, die Naturgesetze und *die Gleichförmigkeit im allgemeinen* ⟨Hervorhebung von K. O. A.⟩ zu erklären, sie als Ergebnisse der Evolution anzunehmen, d. h. aber anzunehmen, daß sie nicht absolut sind und daß sie nicht präzise befolgt werden. Damit schreibt man der Natur ein Element der Unbestimmtheit, der Spontaneität oder des absoluten Zufalls ⟨chance⟩ zu.«[92]

Was die zuletzt gefolgerte These des Indeterminismus angeht, so ist auch sie im 20. Jahrhundert im Zusammenhang mit der Relativierung der klassischen Mechanik als Grenzfall der statistischen Quanten-Theorie aktuell geworden, d. h. aber wiederum: im Zusammenhang des Versuchs einer Erklärung von Gesetzen aus umfassenderen (allgemeineren) Gesetzen (wobei freilich besondere Randbedingungen für die Herleitung des Grenzfalls unterstellt werden müssen). Auch Peirce verweist immer wieder auf einen neuen Typ statistischer Theoriebildungen, der den Zufall als Bedingung von Erklärung geradezu voraussetzt[93]; aber bei ihm dient die Einführung des Zufalls (chance) bzw. der Spontaneität nicht so sehr dazu, streng deterministische Gesetze gewissermaßen als Grenzfälle eines systematischen Spielraums aus statistischen Gesetzen herzuleiten, sondern eher dazu, Gesetzmäßigkeit überhaupt aus dem Zufall historisch-genetisch zu erklären. Nicht ein Gesetz – so scheint es –, das *sub specie aeternitatis* gilt, sondern »eine Naturgeschichte der Gesetze« behält bei Peirce das letzte Wort.[94]

91 So Peirce selbst 6.33 (285).
92 6.13 (271).
93 Nach Ph. Wiener (s. Anm. 95) war Peirce der erste, der den Zusammenhang zwischen den statistischen Theoriebildungen des 19. Jahrhunderts in der Physik, Soziologie, Ökonomie und Darwins Idee der »Chance Variation« wissenschaftstheoretisch analysierte. 1909 schrieb der alte Peirce: »Anyone who is old enough, as I am, to have been acquainted with the spirit and habits of science before 1860, must admit that... the work of elevating the character of science that has been achieved by a simple principle of probability has been truly stupendous.« (Zitat nach Wiener a. a. O., p. 82.)
94 6.12 (270). – Ähnlich wie Marx und Engels ging Peirce mit Schelling

An dieser Stelle geht Peirce in seinem architektonischen Aufriß von der Geschichte der Physik zur Betrachtung der Evolutionstheorien des 19. Jahrhunderts über, mit denen er sich schon seit den Tagen des »Metaphysical Club«, wenn nicht schon früher, seit dem Erscheinen von Darwins »Entstehung der Arten« (1859), intensiv beschäftigt hatte.[95] Schon 1877 hatte er Darwins Theorie als Anwendung der statistischen Methode auf die Biologie mit Clausius und Maxwells Theorie der Gase verglichen[96], und immer wieder versuchte er, sie mit Hilfe der mathematischen Wahrscheinlichkeitstheorie, wie sie seit Fermat und Pascal am Beispiel der Glücksspiele entwickelt worden war, zu verallgemeinern.[97] Dabei begnügte sich Peirce aber nicht damit, die statistischen Theorien, etwa wie Maxwell oder Darwin selbst, als – eventuell vorläufigen – Ersatz für die aus mangelndem Wissen nicht möglichen deterministischen Erklärungen der individuellen Ereignisse zu betrachten; und ebenso verwarf er auch Spencers Versuch, die Evolution auf mechanistische Prinzipien der Notwendigkeit zurückzuführen.[98] Für Peirce enthielt Darwins Voraussetzung der »Zufalls-Variation« (*Chance-variation, sporting, arbitrary heterogeneity*) einen Hinweis auf ein Prinzip absoluter schöpferischer *Spontaneität* oder *Möglichkeit* im aktiven Sinn, ohne das sich Phänomene wie »Mannigfaltigkeit«, »Heterogeneität«, »Differenzierung«, »Spezifikation«, »Wachstum« nicht erklären ließen.[99] Und die Naturgesetze begriff Peirce selbst noch als Phänomene der Zufalls-Spezifikation, in denen sich das ursprüngliche Möglich-

und Darwin in der Historisierung der Natur über Hegel hinaus und gelangte so, ähnlich wie sein Zeitgenosse B. Croce, zu einer Art »absolutem Historismus«.

95 Vgl. Ph. Wiener: Evolution and the Founders of Pragmatism, Cambridge/Mass. 1949, p. 70 ff.

96 Vgl. 5.364 (151 f.).

97 Vgl. 6.15 (272).

98 Vgl. 6.14 (271 f.).

99 Vgl. 6.553: »The endless variety in the world has not been created by law. It is not of the nature of uniformity to originate variation, nor of law to beget circumstance. When we gaze upon the multifariousness of nature, we are looking straight into the face of a living spontaneity.« Vgl. 6.47 ff. (299 ff.).

keitskontinuum schöpferischer Potenz mehr und mehr begrenzt. So war es ihm möglich, Darwins Evolutionstheorie folgendermaßen zu »verallgemeinern«:

»Jedesmal, wenn es eine große Anzahl von Objekten gibt, die eine Tendenz zeigen, gewisse Merkmale unverändert beizubehalten, diese Tendenz aber nicht absolut ist, sondern für zufällige Variationen Raum läßt, gibt es auch, wenn das Ausmaß der Variation in gewissen Richtungen dadurch absolut begrenzt ist, daß alles, was jene Grenzen erreicht, zugrunde geht, eine allmähliche Tendenz, sich in einer Richtung zu verändern, die von den ursprünglichen Objekten abweicht.«[100]

Diese Verallgemeinerung der Herausbildung von Gattungen und Arten des Lebendigen (im Bereich der menschlichen Geschichte: von Institutionen und Verhaltensgewohnheiten) als Produkt von Chance-Variation und Selektion war für Peirce offensichtlich das Modell für die Entstehung von Naturgesetzen überhaupt.

In vier Argumenten[101] faßte Peirce seine Ablehnung einer mechanistisch-deterministischen (»nezessaristischen«, »anangkistischen«) Erklärung der Evolution zusammen:

1. Das Prinzip der Evolution – gemeint ist das soeben angedeutete schöpferische Prinzip der *Chance Variation*, verstanden als Prinzip des Wachstums – bedarf keiner Erklärung, da es »keine äußere Ursache erfordert«, sondern »die Tendenz zu wachsen selbst aus unendlich kleinem Ansatz heraus zu wachsen begann«.

2. Gesetze bedürfen mehr als alles andere einer Erklärung als Ergebnis der Evolution.

3. Die Mannigfaltigkeit (Heterogeneität, Spezifikation) des Universums kann nicht als notwendiges Resultat der Homogeneität exakt erklärt werden, sondern ist ihrem Wesen nach *Chance-Variation*.

4. Alle Vorgänge, die den Gesetzen der Mechanik unterlie-

100 6.15 (272).
101 Vgl. 6.14 (271 f.) und 6.613 (Antwort auf die Einwände von Dr. Carus).

gen[102], sind umkehrbar; daher ist »Wachstum durch derartige Gesetze nicht zu erklären, selbst wenn sie im Wachstumsprozeß nicht verletzt werden«.[103]

Man wird, wie mir scheint, insbesondere im Lichte der um die Wende des 20. Jahrhunderts ausgebildeten Philosophien einer »évolution créatrice« (Bergson) bzw. einer »emergent evolution« (C. Lloyd Morgan, S. Alexander) die Argumente 1, 3 und 4 nicht unplausibel finden. Im Kontext der Peirceschen Wissenschaftslogik bereitet indessen nach wie vor der im 2. Argument implizierte Gedanke Schwierigkeiten, daß die Naturgesetze evolutionstheoretisch erklärt werden sollen, ohne daß, wie es scheint, dabei schon ein Gesetz in Anspruch genommen werden soll.[104] An dieser Stelle wird es erforderlich, die drei Fundamentalkategorien, die, wie aus dem Buchentwurf von 1890 hervorgeht, die letzten heuristischen Gesichtspunkte der Peirceschen Metaphysik darstellen, als die eigentlichen Voraussetzungen einer »kosmogonischen Erklärung« im Sinne Peirces heranzuziehen. In ihrem Licht wird zunächst das im 1. Argument genannte Prinzip der Evolution (*Chance Variation, Spontaneität*, später auch: undifferenziertes *Kontinuum der Möglichkeiten, Qualitäten oder Gefühle*) als Illustration der Kategorie »Erstheit« erkennbar; das zweite, Darwinsche Prinzip der Selektion des Brauchbaren durch Ausrottung des schlecht

---

102 Peirce identifiziert fälschlich diese Vorgänge mit denen, die dem Gesetz von der Erhaltung der Energie unterliegen, und versucht die irreversiblen Vorgänge – im Sinne des 2. Hauptsatzes der Thermodynamik – im evolutionistischen Sinn dagegen auszuspielen. Vgl. 6.14 (271 f.), 6.69 f. 6.101, 6.213, 6.261, 6.275, 6.298, 6.316.

103 6.14 (272).

104 In seiner Auseinandersetzung mit dem »Monist«-Herausgeber Dr. Carus macht sich Peirce selbst den Einwand, daß »from mere nonlaw nothing necessarily follows, and therefore nothing can be explained« (6.606). Seine Antwort auf diese Schwierigkeit lautet: »... the *existence* of absolute chance, as well as many of its characters, are not themselves absolute chances, or sporadic events, unsubject to general law. On the contrary, these things *are* general laws. Everybody is familiar with the fact that chance has laws, and that statistical results follow from therefrom ... I only propose to explain the regularities of nature as consequences of the only uniformity, or general fact, there was in the chaos, namely, the general absence of any determinate law« (6.606). – Vgl. auch 6.63 (307 ff.).

Angepaßten im »struggle for life« erweist sich als Illustration der Kategorie »Zweitheit« (*Aktion-Reaktion, Zusammenprall, Kampf, Faktizität, Begegnung mit dem Realen* als hier und jetzt *Existentem, Aktualisierung* des Möglichen, theologisch: der *Wille Gottes,* der aus dem Kontinuum seiner Ideen des Möglichen dies wirkliche Universum ins Dasein ruft bzw. – mit Böhme und Schelling gedacht[105] – sich selbst durch »Kontraktion« seiner »Qualen« oder »Quellgeister« aus der Möglichkeit in die Existenz des Realen und seiner Gesetze begrenzt[106]); bei diesem Prozeß setzt Peirce aber von vornherein – nämlich im undifferenzierten *Kontinuum* der Möglichkeiten im Sinne der »Erstheit« – bereits ein drittes Prinzip voraus, durch das bei der *Chance Variation* qua Differenzierung und Wachstum der *Zusammenhang in der Weise der Ähnlichkeit* bewahrt bleibt und das gewissermaßen dafür sorgt, daß sogar der Einbruch der Faktizität (des göttlichen Willens) qua Individuation nicht den Zusammenhang des Universums auflöst, sondern lediglich das ursprüngliche Kontinuum des Seinkönnens im Sinne des differenzierten Kontinuums der Naturgesetze oder Verhaltensgewohnheiten spezifiziert: dieses, uns bereits als Kategorie »Drittheit« vertraute *Prinzip der rationalen Vermittlung* charakterisiert Peirce in seiner Metaphysik als das der zeitlich

---

105 Zu Beginn seines dritten Monist-Aufsatzes bemerkt Peirce selbstironisch: »Ich darf erwähnen . . ., daß ich in der Nachbarschaft von Concord geboren und erzogen wurde . . . zu der Zeit, als Emerson, Hedge und ihre Freunde die Ideen aussäten, die sie von Schelling, und Schelling von Plotin, von Böhme oder von Gott weiß welchen in den monströsen Mystizismus des Ostens verstrickten Geistern übernommen hatten. Aber die Atmosphäre von Cambridge enthielt viele Antiseptika gegen den Concord-Transzendentalismus; und ich bin mir nicht bewußt, irgendwelche von jenen Viren angezogen zu haben. Immerhin ist es wahrscheinlich, daß einige kultivierte Bazillen, eine gewisse wohltätige Form der Krankheit in meine Seele gepflanzt wurde, ohne daß ich mir dessen bewußt war, und daß sie jetzt, nach langer Inkubation, an die Oberfläche kommt, modifiziert durch mathematische Begriffe und Übung in physikalischen Untersuchungen« (6.102). – Unerwähnt bleibt hier noch die Vorliebe Peirces für die stark von Böhme und Swedenborg beeinflußten religiös spekulativen Werke des älteren H. James; vgl. 6.287, 6.507, 5.402 n. (213, Anm. 20).
106 Vgl. 6.191 ff.

realen Allgemeinheit oder »*Kontinuität*«; als »*Law of habit*«[107] fungiert es als stillschweigend vorausgesetztes *Grundgesetz* der Evolution, das Peirce eine »Erklärung« aller besonderen Naturgesetze (und entsprechend der Verhaltensregeln der rationalen Forschung und Praxis) erlaubt.

Unter dem Gesichtspunkt der Kategorienlehre wird es auch verständlich, daß Peirce in seiner Metaphysik der Evolution nicht nur Darwins Theorie heranzieht (bei der die im Sinne Peirces »nominalistisch-materialistischen« Aspekte der Kategorien: *Chance* als blinder Zufall, Selektion als brutaler Zwang) im Vordergrund stehen[108], sondern noch zwei weitere Evolutionstheorien[109]: Cl. Kings Katastrophentheorie und vor allem Lamarcks Theorie der teleologischen Anpassung und Vererbung der Anpassungserrungenschaften. Die Katastrophentheorie interessiert Peirce offensichtlich als Theorie der Stimulierung oder Herausforderung (»Zweitheit«) und somit als Analogon zu der eigenen Theorie der Störung von Verhaltensgewohnheiten im Sinne des Zweifels[110]; er schreibt ihr daher besondere Bedeutung für die Evolution von Institutionen und Ideen zu.[111] Lamarcks Theorie aber liefert Peirce das Analogon zu seiner Theorie positiven Erwerbs von Verhaltensgewohnheiten durch zielbezogene Anstrengung; sie ermöglicht so ein zugleich universalienrealistisches und objektividealistisches Von-innen-Ver-

---

107 Vgl. 6.23 (276). Im Sinne dieses Metagesetzes antwortet Peirce auf den Einwand von Dr. Carus, »that absolute chance could not beget order«, folgendermaßen: ». . . the tendency to take habits, being itself a habit has *eo ipso* a tendency to grow; so that only a slightest germ is needed? A realist, such as I am, can find no difficulty in the production of that first infinitesimal germ of habit-taking by chance, provided he thinks chance could act at all« (6.612). – Vgl. 6.259-263; vgl. auch unten Anm. 132.

108 Bei aller Bewunderung für die geniale Einfachheit der logischen Struktur der Darwinschen Theorie nannte Peirce sie andererseits das »Evangelium der Habgier« (6.294) und bemerkte ideologiekritisch: »Die *Entstehung der Arten* von Darwin dehnt lediglich die politisch-ökonomischen Ansichten über den Fortschritt auf den gesamten Bereich des tierischen und pflanzlichen Lebens aus« (6.293).

109 Vgl. 6.16 f. (272 ff.), 6.296 ff., 1.103 f., 1.173 f.

110 Vgl. »The Fixation of Belief« von 1877 (149 ff.).

111 6.17 (273 f.).

ständnis der Evolution im Sinne der Kategorie Drittheit.[112] Während das Prinzip des Darwinismus als »Tychismus« verallgemeinert und in einem besonderen Aufsatz gegen den mechanistischen »Nezessarismus« verteidigt wird[113], dient das Prinzip Lamarcks als Übergang zur psychologischen Betrachtung des Kontinuitätsprinzips, das in dem Aufsatz »The Law of Mind«[114] im Prinzip des »Synechismus« verallgemeinert wird:

So, wie die Kategorie »Drittheit« in der Logik der Forschung durch die auf das Ziel der Wahrheit bezogene »Vermittlung« von Spontaneität qualitativer Einfälle (»Erstheit«) mit selektiver Bestätigung oder Widerlegung von Einfällen durch die »brute facts« (»Zweitheit«) illustriert wird, so in der biologischen Evolution durch die Vermittlung von *Chance Variation* und Selektion durch das *Habit taking* im Sinne teleologischer Anpassung. Das in diesem Sinn objektiv-idealistische Prinzip Lamarcks soll daher schließlich in der Peirceschen Evolutionstheorie eine Synthese der tychistischen und anankastischen Prinzipien Darwins (und Kings sowie Hegels) im Sinne der sympathetischen Einfühlung der »creative love«, kurz: des »Agapasmus« ermöglichen[115]:

»Die agapastische Entwicklung des Gedankens ist die Annahme gewisser geistiger Tendenzen, nicht völlig unbedacht, wie im Tychasmus, noch aufgrund der blinden Gewalt der Umstände oder aufgrund des Zwangs der Logik, sondern aufgrund einer unmittelbaren Attraktion der Idee selbst, deren Natur, noch bevor der Verstand sie begreift, durch die Kraft der Sympathie, d. h. vermöge der Kontinuität des Geistes überhaupt, erraten wird.«[116]

112 Vgl. 6.16 (272 f.).
113 6.35 ff. (288 ff.).
114 6.102 ff. (1892); vgl. auch 6.21 ff. (276 ff.); dazu oben, S. 259, Anm. 48.
115 Vgl. den letzten Aufsatz der *Monist*-Serie von 1893 (»Evolutionary Love«, bes. 6.296–307).
116 6.306; voraus geht ein Hinweis Peirces im Sinne einer Lerntheorie, welche die »tychastische« und die »anankastische Gedankenentwicklung« (aufgrund von Zufallsspontaneität und Konditionierung durch innere und äußere Zwänge) im Sinne der agapastischen Einsicht zu integrieren hätte (vgl. 6.301 ff.).

Deutlicher wird die heuristische Funktion der drei Fundamentalkategorien in Peirces »Architektonik« beim Übergang zur Psychologie.[117] Die Kategorie der relationsfreien »Erstheit« des Soseins wird hier durch das präkognitive »Gefühl« (»feeling«) illustriert, die Kategorie der »Zweitheit« durch die Sinnesempfindung von »Aktion« und »Reaktion« (aktiv erlebt als Anstrengung und Widerstand, passiv als überraschender Einbruch der Außenwelt, der »brute facts«, des Schicksals, oder auch nur als Wechsel innerer Zustände oder Relation zwischen Vorstellungen, sofern es dabei noch nicht zur Erkenntnis von etwas als etwas kommt), die Kategorie der »Drittheit« schließlich durch den »allgemeinen Begriff«, der durch »das Bewußtsein einer ... Verhaltensgewohnheit« konstituiert wird.[118] Interessant ist in diesem Zusammenhang der Hinweis auf »das einzige primäre und fundamentale Gesetz geistiger Tätigkeit«, das in »einem Streben zur Verallgemeinerung« besteht.[119] Bereits seit 1868 hatte Peirce alle Arten von Ideenassoziation im Sinne der »Drittheit« als rationale Vermittlung durch synthetische Schlüsse, darunter die Induktion als *habit taking*, interpretiert.[120] 1891 wendet Peirce diese Interpretation der Assoziation unter dem Gesichtspunkt der Kontinuität des Geistes ins Kosmologische[121], um die allmähliche Entstehung des Kosmos aus dem Chaos verständlich zu machen.

Zu diesem Zweck war es indessen erforderlich, das Erstheits-Substrat des »Law of Mind«, das Kontinuum der sich am Widerstand der Außenwelt begrenzenden und zu »Habits« assoziierenden Gefühle, als Substrat der *Chance Variation* im Sinne der Kosmogonie zu unterstellen, mit anderen Worten: einen Aspekt der Materie auf dieses Erstheitssubstrat zurückzuführen. Einen kosmogonischen brauchbaren Aspekt von »Erstheit« konnte Peirce hier bereits dem aristotelischen Be-

117 Vgl. 6.18 ff. (274 ff.); vgl. 5.290 (60).
118 6.21 (276).
119 6.21 (276).
120 Vgl. bes. 5.297 (68), 5.367 ff. (153 ff.), 5.397–401 (190 ff.).
121 Vgl. bes. »The Law of Mind«, 6.103, 6.152.

griff der Materie entnehmen: Materie als reine *Möglichkeit* ließ sich als das – von Peirce stets gesuchte – nicht mehr weiter zu erklärende, da von jeder Erklärung vorausgesetzte, Element des Weltanfangs, ja als das absolute Nichts der Schöpfung auffassen.[122] Hier konnte auch der zwar nicht geforderte, aber doch erwünschte Zusammenhang mit der religiösen Überlieferung hergestellt werden.[123] Freilich konnte Peirce als naturwissenschaftlich geschulter Denker nicht die Aspekte der faktischen Existenz und der Determiniertheit durch Gesetze im modernen Begriff der Materie übersehen. Aber gerade sie erlaubten es ihm, das Gesamtphänomen der Materie im Sinne seiner drei Fundamentalkategorien gewissermaßen von innen zu interpretieren. So begriff er, im Sinne der »Erstheit«, die Innenseite des Möglichkeitskontinuums der Materie als Spontaneität, Freiheit und in eins damit als intensives Gefühl oder »Quale-Consciousness«[124], im Sinne der »Zweitheit« die Innenseite der brutal faktischen (widerständigen) Existenz der Materie als Wille bzw. »Contraction« des Vagen[125], und, im Sinne der »Drittheit«, die Innenseite der Gesetzlichkeit als Gewohnheitserstarrung, womit zugleich der für den mechanisti-

122 Vgl. 6.215 ff., 6.265, 6.490, 6.612 f. – Die Pointe des Zusammenhangs der kosmogonischen Erstheitsaspekte wie Materie als Möglichkeit, Freiheit, Spontaneität, Nichts als Seinkönnen, das ebenso den Anfang wie die offene Zukunft der Welt charakterisiert, läßt sich einerseits in der Spätphilosophie M. Heideggers, andererseits in E. Blochs quasimaterialistischer Ontologie des Nochnicht wiederfinden.

123 Vgl. 6.216, 6.490, 6.553, 6.613.

124 In »Man's Glassy Essence« (1892) schreibt Peirce: »Wo immer Chance-Spontaneität angetroffen wird, da existiert in derselben Proportion Gefühl. In der Tat ist Chance nur der äußere Aspekt dessen, was inwendig Gefühl ist« (6.265). 1898 heißt es: »... das Nichts ⟨zero⟩ der reinen Möglichkeit sprang, kraft evolutionärer Logik, in die *Einheit* einer gewissen Qualität.« Peirce interpretiert diesen Sprung als *»quale*-consciousness« als ersten hypothetischen Schluß der Natur (6.220 f.). Die kosmogonische Funktion dieses als unvergleichlich intensiv beschriebenen *»quale*-consciousness« erinnert an Böhmes »Qualen« bzw. »Quellgeister«.

125 Vgl. 6.196 ff.; Peirce knüpft hier – außer an Böhme und Schelling – insbesondere an Duns Scotus an, für den die Natur der Dinge, welche im Geist allgemein ist, durch Gottes Willen in der »Haecceitas« der existierenden Einzeldinge zur Individualität »kontrahiert« ist (vgl. 8.18 u. 8.208).

schen Aspekt der Materie charakteristische Grenzfall der Geist-innerlichkeit und Spontaneität angezeigt ist:

»Die einzige einsichtige Theorie des Universums ist die des objekti-ven Idealismus, daß Materie erstarrter Geist ist, verfestigte Verhal-tensgewohnheiten werden zu physikalischen Gesetzen.«[126]

Später heißt es:

»Wir müssen ... die Materie als Geist ansehen, dessen Verhaltens-gewohnheiten derart verfestigt sind, daß er die Fähigkeit, Gewohn-heiten zu bilden und zu verlieren, verloren hat, während Geist ⟨im engeren Sinn⟩ als eine chemische Gattung von extremer Komplexi-tät und Instabilität zu betrachten ist. Sie hat in bemerkenswertem Grad die Gewohnheit angeeignet, Gewohnheiten anzunehmen und zu verlieren.«[127]

In dieser Formulierung liegt zugleich ein Hinweis darauf, wie Peirce den evolutionsbedingten Unterschied zwischen Naturge-setzen und menschlichen Verhaltensgewohnheiten zu denken versucht. Er hat dies, unter Einbeziehung der Evolution der Gefühle, 1892 – im 4. Aufsatz der »Monist«-Serie – folgender-maßen verdeutlicht:

»... wenn wir zugeben, daß die Phänomene der Materie nur das Er-gebnis einer für unsere Wahrnehmung vollständigen Herrschaft der Verhaltensgewohnheiten über den Geist sind, so bleibt nur noch zu erklären, warum im Protoplasma diese Gewohnheiten in einem klei-nen Ausmaß aufgebrochen sind, derart, daß, gemäß dem Gesetz des Geistes, nach jener speziellen Klausel desselben, die zuweilen das Prinzip der Anpassung genannt wird, das Gefühl intensiviert wird. Nun werden Verhaltensgewohnheiten im allgemeinen auf folgende Weise aufgebrochen. Reaktionen enden gewöhnlich mit der Beseiti-gung eines Reizes; denn die Erregung dauert so lange, wie der Reiz gegenwärtig ist. Dementsprechend sind Gewohnheiten Weisen des Verhaltens, die mit der Beseitigung von Reizen verbunden sind. Wenn aber die erwartete Beseitigung des Reizes ausbleibt, dauert die Erregung an und wächst, und nichtgewohnheitsmäßige Reaktio-nen finden statt; diese tendieren dahin, die Verhaltensgewohnheit zu schwächen. Wenn wir nun annehmen, daß die Materie niemals mit absoluter Präzision ihren idealen Gesetzen gehorcht, daß vielmehr fast unmerkliche zufällige Abweichungen von der Regelmäßigkeit

126 6.25 (278), vgl. 6.101, 6.158, 6.261, 6.264 ff., 6.605.
127 6.101; vgl. 6.23 (276 f.); 6.148.

stattfinden, so werden diese im allgemeinen gleich winzige Wirkungen hervorbringen. Aber Protoplasma ist in einer außerordentlich unstabilen Verfassung; und es ist das Charakteristikum unstabilen Gleichgewichts, daß ... außerordentlich kleine Ursachen überraschend große Wirkungen hervorzubringen vermögen. Hier werden also die gewöhnlichen Abweichungen von der Regelmäßigkeit andere zur Folge haben, die sehr groß sind. Und die großen Zufallsabweichungen vom Gesetz, die so hervorgebracht werden, werden die Tendenz haben, die Gesetze noch weiter aufzubrechen, gesetzt nur, diese sind von der Art von Verhaltensgewohnheiten. Nun wird dieses Aufbrechen der Verhaltensgewohnheit, nach dem Gesetz des Geistes, von einer Intensivierung des Gefühls begleitet sein. Das Nerven-Protoplasma ist aber zweifellos in der unstabilsten Verfassung der Materie überhaupt; folglich wird hier das resultierende Gefühl am stärksten manifest.«[128]

Man könnte nach dieser Beschreibung der Evolution den Eindruck gewinnen, daß die Entwicklung von der Starre und Fühllosigkeit der anorganischen Natur zur immer größeren Flexibilität, Unstabilität und nervösen Gefühlsdifferenziertheit fortschreitet. Dem widerspricht jedoch, wie es scheint, jene andere, im bisherigen schon mehrfach angedeutete Konzeption, wonach die Evolution wesentlich den Charakter einer Begrenzung des ursprünglichen Kontinuums der Möglichkeiten durch Habit-taking hat[129] und wonach gerade im ursprünglichen »Quale-Bewußtsein« die Intensität und Fülle des Gefühls am größten war.[130] – Tatsächlich vertritt Peirce beide Thesen, und er deutet damit ein Denkmodell an, das der Biologie inzwischen sehr vertraut geworden ist: danach ist einerseits alle Evolution als Spezialisierung und damit zugleich Erstarrung des schöpferischen Lebens aufzufassen, zugleich aber die Höherentwicklung als Durchbruch zur ursprünglichen nichtspezialisierten Potenz.[131] Im Bereich der Geistesgeschichte hat Heidegger die-

128 6.264.   129 Vgl. 6.132, 6.191 ff. u. ö.

130 Vgl. 6.265. – Auf dieser zweiten Linie seiner Evolutionstheorie äußert Peirce einen Gedanken, den später Bergson in ähnlicher Form ausgearbeitet hat: »Die Entwicklung des menschlichen Geistes hat praktisch alle ⟨ursprünglichen⟩ Gefühle ausgetilgt, außer wenigen sporadischen Arten wie Klänge, Farben, Gerüche, Wärme und dergl.« (6.132; vgl. 6.197, 1.312).

131 Vgl. z. B. J. Huxley: Evolution in Action, London 1953 (dtsch. Frankfurt a. M. u. Hamburg 1954).

ses Denkmodell ausgearbeitet, insofern für ihn jedes radikale Denken in die Möglichkeit des Zukünftigen zugleich ein »Schritt zurück« in die verfehlten, ungedacht gebliebenen Möglichkeiten der Anfänge unserer Begriffsgeschichte sein muß, um gewissermaßen die »habits« des abendländischen Denkens transzendieren zu können.

So kann Peirce, wie mir scheint, ohne sich in einen Widerspruch zu verwickeln[132], zugleich eine Theorie der »Emanzipation« des schöpferischen Lebens »vom Gesetz«[133] und eine Theorie der Rationalisierung und sogar der Personalisierung des Universums[134] durch *Habit-taking* vertreten. Am Schluß seiner »architektonischen« Einleitung in die Metaphysik hat er sie folgendermaßen skizziert:

Eine »kosmogonische Philosophie« »hätte anzunehmen, daß es im Anfang – unendlich weit zurück – ein Chaos unpersönlichen Fühlens gab, das ohne Verbindung oder Regelmäßigkeit wohl eigentlich keine Existenz haben würde. Dieses Fühlen, das in reiner Willkür hier und da mutierte ⟨was sporting⟩, würde den Keim einer Tendenz zur Verallgemeinerung gelegt haben. Dieser Keim würde die Fähigkeit haben, sich weiterzuentwickeln, während die anderen Mutationen ⟨sportings⟩ wieder verschwinden würden. Damit hätte die Tendenz zu Verhaltensgewohnheiten begonnen, und aus dem Zusammenspiel dieser Tendenz mit den anderen Prinzipien der Evolution hätten sich alle Regelmäßigkeiten des Universums entwickelt. Zu allen Zeiten aber wird ein Element reiner *Chance* überleben, und es wird bestehen bleiben, bis aus der Welt ein absolut vollkommenes, rationales und symmetrisches System wird, in dem sich schließlich in unendlich ferner Zukunft der Geist kristallisiert hat.«[135]

132 Freilich treten hier, wie bei allen übrigen Zukunftsvisionen Peirces, die Paradoxien des Unendlichen auf: ähnlich der Frage, ob auf lange Sicht die Fragen oder die Antworten schneller zunehmen, ergibt sich hier das Problem, wie die »Habits« die Durchbrüche der ursprünglichen Gefühlspotenz – etwa im Zweifel und im Staunen – jemals überholen sollen. Es bleibt hier offenbar nur die Auskunft, eines der beiden Momente der Evolution zum »regulativen Prinzip« der Praxis zu erheben. Welches von beiden – darüber ist bekanntlich in der Situation des Einzelnen und der Gesellschaft nicht leicht zu entscheiden.
133 Vgl. z. B. 6.266.
134 Vgl. 6.268 ff.
135 6.33 (285).

Angesichts der an spekulativer Kühnheit wie auch an Vieldeutigkeit und Dunkelheit hinter der Metaphysik eines Schelling oder Hegel kaum zurückstehenden Kosmogonie Peirces kann man den Schrecken und die Enttäuschung vieler Neopositivisten begreifen, die den Begründer des Pragmatismus so gerne als ihren Vorläufer gefeiert hätten. Die Versuchung ist in der Tat groß, Peirce bei genauerer Kenntnis seiner Intentionen[136] doch eher als einen verspäteten Concord-Transzendentalisten denn als einen Vorläufer moderner kritischer Philosophie anzusehen. Indessen scheint mir diese Einschätzung, sogar der Metaphysik der 90er Jahre gegenüber, letzten Endes doch falsch. Es gibt einige wesentliche Merkmale, welche die Spekulationen Peirces von dem Stil älterer Metaphysik, insbesondere von dem des deutschen Idealismus unterscheiden: Es wurde bereits erwähnt, daß die Metaphysik der Evolution nicht »die« Philosophie Peirces darstellt, sondern unter der Voraussetzung einer kritischen und normativen Logik steht, die ihr gewissermaßen das Recht zu unbeschwerter Spekulation in Gestalt letztlich empirisch überprüfbarer Hypothesen eingeräumt hat: Es gibt daher in Peirces Schriften nirgendwo jenes angestrengte Pathos des Dogmatikers, der sein System als allgemeinverbindliche Weltanschauung gegen mögliche Kritik immunisieren will. Statt dessen stört den Leser eher die Sorglosigkeit, mit der Peirce immer erneut seine Voraussetzungen, einschließlich der Terminologie aufs Spiel setzt, um sie am Stoff der Wissenschaften, den Peirce, als einer der letzten Enzyklopädisten, bis ins Detail hinein beherrschte[137], zu erproben. In einem Fragment von ca. 1897 charakterisiert Peirce selbst sehr treffend seine methodologische Einstellung als Metaphysiker:

»... meine Philosophie kann als der Versuch eines Physikers

---

136 Zweifellos mit Recht reiht Murphey ihn unter diejenigen ein, die im 19. Jahrhundert eine Versöhnung von Wissenschaft und Religion zustande bringen wollten. Vgl. M. G. Murphey: Kant's Children: The Cambridge Pragmatists, in: Transactions of the Ch. S. Peirce Society, 1968, Vol. IV, p. 3 ff.
137 Wir haben im vorigen die auch in der Metaphysik niemals fehlenden Exkurse in die Mathematik und die exakten Naturwissenschaften kaum berücksichtigt.

beschrieben werden, solche Vermutungen ⟨conjectures⟩ über die Konstitution des Universums aufzustellen, wie die Methoden der Wissenschaft das erlauben, unter Zuhilfenahme all dessen, was durch frühere Philosophen geleistet wurde. Ich werde meine Thesen durch solche Argumente, die in meiner Macht stehen, unterstützen. An demonstrative Beweise ist nicht gedacht. Die Beweise der Metaphysiker sind alle Mondschein. Das beste, was getan werden kann, ist, eine Hypothese aufzustellen, die nicht aller Wahrscheinlichkeit entbehrt, die auf der allgemeinen Linie des Wachstums der wissenschaftlichen Ideen liegt und die fähig ist, durch zukünftige Beobachter verifiziert oder widerlegt zu werden.«[138]

Es ließe sich denken, daß gerade in einer Zeit, in der die Prinzipien der Sinnkritik, des »logischen Sozialismus« einer offenen Gemeinschaft der Kritiker und des Fallibilismus, die Peirce in seiner normativen Logik vertrat, auch in der Philosophie selbstverständlich sein werden, die Metaphysik nicht stirbt, sondern als bewußte Spekulation, im hypothetisch experimentierenden Stil Peirces betrieben wird – gewissermaßen als reflektierte Kunst metawissenschaftlicher Heuristik.

IV. Zur vierten Periode: Vom Pragmatismus zum Pragmatizismus (ca. 1898–1914)

1. Anlaß und Motive der Reexamination des Pragmatismus (1898–1903)

Durch die 1897 von W. James veröffentlichte und Peirce gewidmete Aufsatzsammlung »The Will to believe«[1] und vor allem durch James' Vortrag von 1898 über »Philosophical Conceptions and Practical Results«[2] wurde Peirce, wie schon

138 1.7.

1 Vgl. Peirces Antwort an James vom 13. 3. 1897 (8.249–252; meine Ausgabe, S. 541 ff.) und seine kritische Beurteilung in 5.3 (315 f.).
2 In: *University of California Chronicle* 1998, 1920 in: »Collected Essays and Review« (ed. by R. B. Perry). Vgl. auch 5.3 (315 f.).

mehrfach angedeutet[3], vor eine neue Lage gestellt: Er sah sich als Begründer des »Pragmatismus« als einer neuen Philosophie oder »Weltanschauung«[4] zitiert in einem Augenblick, wo er selbst in die Ausarbeitung einer theoretisch-kosmologischen Metaphysik vertieft war, die ihm zumindest von der subjektiv praxisbezogenen Interpretation seiner Ideen der 70er Jahre, wie sie W. James vortrug, weit entfernt hatte. Die Spannung zwischen seiner Position und der von W. James wird vor allem durch die erhaltenen Dokumente der *Cambridge Lectures* von 1898 illustriert.[5]

So trägt Peirce in der Vorlesung 3 über »Detached Ideas on Vitally Important Topics« die folgende Unterscheidung von »Science« und Lebenspraxis vor, die offenbar eine Antwort auf den existenzialistischen Pragmatismus von James' Aufsatz »The Will to believe« darstellt:

»Der Wert der *Tatsachen* für sie ⟨sc. die Wissenschaft⟩ liegt allein darin, daß sie zur Natur gehören; und die Natur ist etwas Großes und Schönes, etwas Geheiligtes und Ewiges, und etwas Reales – Gegenstand der Verehrung und der Sehnsucht für die Wissenschaft. Sie nimmt in dieser Hinsicht eine von der Praxis völlig verschiedene Haltung zu den Tatsachen ein. Für die Praxis sind Tatsachen die willkürlichen Mächte, mit denen sie zu rechnen und zu kämpfen hat. Die Wissenschaft betrachtet, sobald sie dazu kommt, sich selbst zu verstehen, die Tatsachen lediglich als Vehikel der ewigen Wahrheit, während sie für die Praxis die Hindernisse sind, die sie zu überwinden hat, der Feind, über den sie die Oberhand zu gewinnen hat. Die Wissenschaft fühlt ⟨zwar auch⟩, daß in ihren Theorien ein willkürliches Element 'steckt, aber sie setzt dennoch ihre Studien fort in dem Vertrauen, daß sie auf diese Weise mehr und mehr von den Schlakken der Subjektivität gereinigt wird; die Praxis dagegen braucht etwas, worauf 'sie gehen kann, für sie ist es kein Trost zu wissen, daß sie auf dem Pfad der objektiven Wahrheit sich befindet – sie braucht die aktuelle Wahrheit, oder, wenn sie keine Gewißheit erreichen kann, so braucht sie zumindest eine hohe Wahrscheinlichkeit, d. h. sie muß wissen, daß, wenn auch einige ihrer Unternehmungen fehlschlagen mögen, doch die große Masse derselben gelingen wird. Daher kann die Hypothese, welche den Zwecken der Theoriebildung

3 Vgl. oben S. 155 ff.
4 Vgl. 5.13, n. 1 (534, Anm. 11).
5 Vgl. oben S. 156, Anm. 8.

entspricht, für die Lebenstechnik ⟨art⟩ völlig wertlos sein. Nach einer gewissen Zeit des Fortschritts kommt ⟨freilich⟩ die Wissenschaft auf soliden Grund. Und sie ist nun zu der Überlegung berechtigt: dieser Grund hat lange Zeit ohne Anzeichen des Nachgebens standgehalten; es steht zu hoffen, daß er so noch längere Zeit standhalten wird. Diese Überlegung jedoch liegt ganz außerhalb des Zweckes der Wissenschaft. Sie darf ihre Prozedur nicht im mindesten modifizieren; sie ist extra-szientifisch. Für die Praxis dagegen ist diese Überlegung von vitaler Wichtigkeit, sie ändert die ganze Situation.
In der Auffassung der Praxis beruht jetzt die Hypothese nicht mehr nur auf einem retroduktiven ⟨= abduktiven⟩ Schluß, sie ist jetzt induktiv gestützt ... Mit anderen Worten: es besteht jetzt Grund ⟨für die Praxis⟩, an die Theorie zu glauben ⟨believe⟩, denn Glaube ist die Bereitschaft, im Vertrauen auf einen Satz ein großes Risiko einzugehen. Aber dieser Glaube ist keine Angelegenheit der Wissenschaft, für die bei einem zeitlichen Unternehmen nichts auf dem Spiel steht, die auf der Suche nach ewigen Wahrheiten (nicht Wahr*scheinlichkeiten* ⟨semblances to truth⟩) ist und die ihre Wahrheitssuche nicht als Werk eines Menschenlebens, sondern als das von Generationen in unbegrenzter Folge betreibt.«[6]

Sieht man vom Pathos dieser Antithese von Theorie und Praxis einmal ab, so erinnert sie den modernen Leser an die im logischen Empirismus[7] übliche Unterscheidung zwischen wissenschaftslogisch relevanten und *nur* pragmatisch relevanten Aspekten der Erkenntnis, etwa an die Unterscheidung von »x erklärt y ⟨sc. überhaupt und unabhängig von einem realen Subjekt⟩« und »x erklärt y für z ⟨sc. in der psychologischen Situation von z⟩«. Und *prima facie* scheint Peirce in den zitierten Sätzen die pragmatische Dimension ebenso zu behandeln. Eine solche Interpretation stünde nun freilich im Widerspruch zu seinem ganzen Systemansatz[8]; immerhin bleibt aber soviel richtig, daß Peirce den finitistischen (psychologisch-exi-

6 5.589. – Daß er selbst einmal Wahrheit mit der praktisch nicht zu bezweifelnden Überzeugung identifiziert hatte, scheint Peirce hier vergessen zu haben. Vgl. dazu unten S. 320 ff.
7 Vgl. z. B. C. G. Hempel: Aspects of Scientific Explanation, New York/London 1965, passim. Ähnlich W. Stegmüller: Probleme und Resultate der Wissenschaftstheorie und Analytischen Philosophie I, Berlin-Heidelberg-New York 1969.
8 Vgl. besonders oben S. 231 ff. über die wissenschaftstheoretische Tragweite der dreistelligen Zeichenrelation.

stenziell oder auch soziologisch zu illustrierenden) Situations-
pragmatismus, an dem sich der Begriff des »Pragmatischen« in
der neopositivistischen *Logic of Science* orientiert, ebenso wie
diese als wissenschaftstheoretisch irrelevant distanziert.[9] Doch
konnte Peirce, im Gegensatz zum Neopositivismus, die Wissenschaftslogik nicht auf die syntaktisch-semantischen Funktionen formalisierter Sprachen reduzieren. Ihm konnte es auch
1898 nicht um die wissenschaftslogische Ausschaltung der pragmatischen Dimension überhaupt gehen, sondern nur um ein
Verständnis dieser Dimension im Sinne des unbegrenzten Fortschritts einer unbegrenzten Gemeinschaft der Wissenschaftler.
Im Sinne dieser Dimension wachsender Intersubjektivität galt
es, eine selbst noch pragmatistische Alternative zu dem subjektivistischen Pragmatismus von W. James zu entwickeln.
Peirces Antwort auf diese Situation kann in der forcierten
Ausarbeitung jenes Klassifikationssystems gesehen werden, das
wir zu Beginn dieser Einführung skizziert haben. Insbesondere
die Einordnung der »Pragmatischen Maxime« in den Zusammenhang der drei normativen Wissenschaften[10] sollte offenbar
der von James so akzentuierten Beziehung des theoretischen
Denkens zur Lebenspraxis in einer Form Rechnung tragen, die
mit dem teleologischen Wahrheitsbezug der Wissenschaft (und
der durch ihren Fortschritt zu realisierenden Evolution des
summum bonum) zu vereinbaren ist. Während W. James und
bald darauf F. C. S. Schiller den Pragmatismus zu einer sub-
jektivistisch-humanistischen Philosophie oder »Weltanschauung«
verallgemeinerten, suchte Peirce ihn im Sinne einer wissenschaftslogischen Maxime zu begrenzen, der er einen angemes-

---

9 Tatsächlich ist der Umstand, daß etwa eine »pragmatisch« brauchbare
Erklärung im Schulunterricht auf den Wissensstand und das Problembe-
wußtsein der Schüler relativ ist, wissenschaftstheoretisch irrelevant; ob aber
deshalb der wissenschaftstheoretisch relevante Erklärungsbegriff keine Relation zu einem realen Subjekt (etwa im Sinne der *Community of Investigators*) impliziert, ist eine ganz andere Frage.
10 Vgl. Peirces Hinweis auf diese 1898 noch fehlende Ergänzung seiner
Systematik in seinem Brief an James vom 25. 11. 1902 (8.255, meine Ausgabe, S. 543). Vgl. auch die Einleitung der Pragmatismus-Vorlesung von
1903 (5.34 ff., meine Ausgabe, S. 343).

senen Platz in einer umfassenden philosophischen Systematik einräumen konnte.[11]

Indessen: auch nachdem Peirce um die Jahrhundertwende sein neues Koordinatensystem zur Einordnung und Begründung des Pragmatismus ausgearbeitet hatte, stand er zunächst den eigenen Aufsätzen von 1877/78, auf die James sich berief, noch recht kritisch gegenüber. Das zeigen alle Texte von 1902/03, in denen Peirce sich selbst erstmals als Begründer des Pragmatismus dem Publikum vorstellte[12]: So überläßt er in dem Artikel »Pragmatic and Pragmatism« in Baldwins *Dictionary of Philosophy and Psychology* W. James die Interpretation seiner *Pragmatischen Maxime* von 1878 und distanziert sich im Anschluß daran nicht nur von den überspitzten Positionen von James, sondern auch von dem eigenen »stoischen Axiom«, »daß das Ziel des Menschen Handeln ist«.[13] Die *Pragmatische Maxime* wird als nützliches Prinzip der Gedankenklärung zwar bestätigt, zugleich aber durch den Ausblick auf ein noch weiterreichendes Prinzip relativiert.[14] Auch in der großen »Pragmatismus«-Vorlesung von 1903 bekennt Peirce gleich zu Beginn, daß sich ihm »Einwände gegen diese 〈sc. die pragmatistische〉 Art des Denkens aufgezwungen haben«[15], und er betont im folgenden immer wieder, daß es nicht genüge, die humanistische Bedeutung des Pragmatismus herauszustellen, daß man vielmehr seine Geltung als einer »Maxime der Logik« durch Abwägung des *pro* und *contra* zu *beweisen* habe.[16] – Welches sind die Gründe, die auch 1902/03 noch die kritischen Vorbehalte Peirces gegen die Geltung der Pragmatischen Maxime bestimmen?

11 Vgl. 8.255 (543) und 8.259 (545).
12 Nachdem er zuvor sich durch Rückfragen bei James vergewissert hatte, daß er und nicht dieser das Wort »Pragmatismus« zuerst gebraucht hatte. Vgl. oben S. 156, Anm. 6.
13 5.3 (316); vgl. aber den Widerruf dieser Distanzierung von 1905 (5.402 n. 3, meine Ausgabe, S. 212, Anm. 20), in dem das stoische Selbstverständnis von 1902 als Selbstmißverständnis (im Sinne von James) bezeichnet wird.
14 5.3 (315 ff.). Vgl. oben S. 168 ff.   15 5.15 (337).
16 Vgl. 5.15 (337), 5.27 (339 f.), 8.258 (544 f.).

Abgesehen von dem von uns bereits rekonstruierten Hintergrund einer teleologisch-metaphysischen und ethisch-normativen Überhöhung der *Pragmatischen Maxime* stellte sich für Peirce bei der Reexamination seines Pragmatismus die Frage, ob tatsächlich der Sinn »theoretischer Überzeugungen«, d. h. wissenschaftlicher Sätze, in der »Erwartung« praxisbezogener Erfahrungen aufgeht[17]: Einen Hinweis auf seine Motive gibt der folgende Passus in Peirces Lexikonartikel von 1902:

»Der Verfasser sah in der Folgezeit ⟨also nach 1878⟩, daß das Prinzip ⟨sc. der *Pragmatischen Maxime*⟩ leicht falsch angewendet werden könnte, so als ob es die ganze Doktrin der Inkommensurablen und, darüberhinaus, Weierstraß' Sicht des ⟨Infinitesimal-⟩ Kalküls wegfege.«[18]

Peirce stößt hier auf das grundsätzliche Problem einer Anwendung der *Pragmatischen Maxime* und ihrer Sinnkritik auf mathematische Begriffe und Theoriebildungen. Es geschieht dies insofern nicht zum erstenmal, als Peirce bereits 1871 die erste Einführung seiner *Pragmatischen Maxime* als Alternative zum empiristischen Sinnkriterium Berkeleys durch den Hinweis darauf begründet hatte, daß Berkeleys Prinzip die Wissenschaft allzusehr vereinfache, indem es solche Begriffe wie »negative Quantitäten, die Quadratwurzel aus *minus*, infinitesimale Größen aus dem Grunde ausschließt, daß wir keine Vorstellung solcher Dinge bilden können«[19]. Inzwischen nun scheint gerade dies für Peirce zum Problem geworden zu sein: ob seine *Pragmatische Maxime* im Gegensatz zu Berkeleys Kriterium den Sinn der erwähnten mathematischen Begriffe zu explizieren vermöge.

Bei dieser Gelegenheit ist daran zu erinnern, daß der Mathematiker L. K. Kronecker bereits in den 80er Jahren sinnkritische Bedenken gegen den Gebrauch irrationaler Zahlen und nichtentscheidbarer Definitionen geäußert hatte[20] und daß kurz nach

17 Vgl. das Fragment 5.538–5.545 (319 ff.) und 5.32 (341 f.).
18 5.3 (316); vgl. 5.539 u. 5.541 (321 ff. bz. 324 ff.), 5.32 f. (341 f.) und 8.325 (589).
19 8.33 (130).
20 Vgl. L. K. Kronecker: Grundzüge einer arithmetischen Theorie der algebraischen Größen, 1882, § 4, und: Über den Zahlbegriff, 1887.

1900 L. E. J. Brouwer diese Sinnkritik, die eine Verifikation mathematischer Definitionen durch eine »Methode der Entscheidung« fordert, in seiner »intuitionistischen Mengenlehre«[21] zur Forderung der *Konstruktion* als des alleinigen Definitionsmittels und der Grundlage jedes Existenzbeweises radikalisiert hat. Die grundsätzliche Verwandtschaft dieses (intuitionistisch-konstruktivistischen) Ansatzes zur pragmatistischen Sinnkritik (wie zu der des Bridgmanschen *Operationalismus*) ist nicht zu übersehen[22]; freilich muß auch bedacht werden, daß Peirce schon 1871 und wiederum bei der Auseinandersetzung mit dem Pragmatismus von W. James betont, daß er den Sinn von Begriffen nicht auf aktuelle Praxis bzw. deren Erfahrungskorrelate, sondern auf Verhaltensdispositionen *(habits)* zurückführt, denen – als Verkörperung der »Drittheit« – nichts Empirisches – Verkörperung der »Zweitheit« – korrespondieren kann. Immerhin müssen die »habits« sich grundsätzlich durch Handlungen illustrieren lassen, und Peirce hat an zahlreichen Stellen, ähnlich wie Brouwer, die Mathematik als konstruktives Handeln definiert, das eben als logisches Handeln der Logik als Reflexion des Handelns vorausgeht.[23]

Tatsächlich hat Peirce jedoch, wie M. Murphey gezeigt hat[24], in seiner Philosophie der Mathematik, ganz im Gegensatz zu seiner Logik der Naturwissenschaft, die von seinem Vater übernommene platonisch-leibnizische Voraussetzung einer Welt an sich seiender Ideen auch nach der Begründung des Pragmatismus beibehalten[25]; seine Theorie der transfiniten Mengen, die er in der 3. Periode ausbildete, folgt im allgemeinen G. Cantor, wenn auch einzelne Züge, wie z. B. die Unterscheidung zwischen »enumerated, enumerable and nonenumerable collec-

21 Vgl. zuerst L. E. J. Brouwer: Over de grondslagen der wiskunde, Amsterdam u. Leipzig 1907.
22 Vgl. hierzu jetzt J. Klüver: Operationalismus . . ., Kieler Dissertation, Stuttgart-Bad Cannstatt 1970.
23 Vgl. bs. 2.191; 1.245 ff.; 1.417 u. ö.
24 M. Murphey, a.a.O., Kap. XIII.
25 In dem Prospekt seiner 1893 geplanten 12bändigen »Principles of Philosophy« trägt der 4. Band den Titel »Plato's World: An Elucidation of the Ideas of Modern Mathematics« (vgl. CP, VIII, S. 284).

tions« an Brouwer erinnern.[26] Wesentlich ist jedoch, daß Peirce an der Präexistenz einer Totalität von Möglichkeiten (und damit zugleich am Satz vom ausgeschlossenen Dritten[27]) festhält. Seine Forderung der kreativen Konstruktion der mathematischen Gebilde ist nicht im modernen Sinne finitistisch, sondern – ähnlich wie bei den christlichen Platonikern Cusanus und Leibniz – als »explicatio mentis dei instar« gedacht.

Vor diesem Hintergrund ist nun die Reexamination der *Pragmatischen Maxime* gerade auch im Hinblick auf die Mathematik, die Peirce nach der Jahrhundertwende in Angriff nimmt, zu beurteilen:

In einem Fragment von 1902 glaubt Peirce nicht nur – in Anknüpfung an B. Riemann – den Sinn der geometrischen Prädikate »endlich« bzw. »unendlich« gemäß der *Pragmatischen Maxime* im Hinblick auf mögliche Messungen explizieren zu können, sondern auch die Aussage, »daß eine quadratische Gleichung, die keine reale Wurzel hat, zwei imaginäre Wurzeln hat« und die »Überzeugung«, daß »die Diagonale eines Quadrats ... inkommensurabel mit seiner Seite« ist.[28] Die letztere Aussage stellt fest, »was für jemanden zu erwarten ist, der mit Brüchen zu tun hat«[29], daß es nämlich »nutzlos« ist zu versuchen, den exakten Ausdruck der Diagonale als rationalen Bruch, der die Größe der Seite angibt, zu finden[30].

In der »Pragmatismus«-Vorlesung von 1903 dagegen erscheint es Peirce »ganz absurd zu sagen, daß es irgendeinen objektiven praktischen Unterschied zwischen kommensurablen und inkommensurablen Größen gäbe«.[31] Der 1902 ins Auge gefaßte Unterschied in den möglichen Bruchrechnungsoperationen bzw. ihren Resultaten erscheint Peirce jetzt als ein Unterschied bloß

---

26 Vgl. Murphey, a.a.O., S. 286 f.
27 Vgl. aber 5.505 und 5.448 (463), wo Peirce das Allgemeine als das objektiv Undeterminierte und insofern als dasjenige definiert, auf das das Prinzip des ausgeschlossenen Dritten nicht angewandt werden kann.
28 Vgl. 5.539 (321 ff.) und 5.541 (324 ff.).
29 5.541 (325).
30 5.539 (321).
31 5.32 (342).

»in dem Verhalten . . ., das man gegenüber Worten und Ausdrucksformen einnimmt«. Da aber die *Pragmatische Maxime* gerade dazu dienen soll, bloß verbale Unterschiede eventuell als sinnlos zu entlarven, so glaubt Peirce jetzt offenbar den Unterschied mathematischer Symboloperationen und ihrer Resultate nicht mehr als praktisch-experimentell relevant zulassen zu können.[32]

In einem Brief an F. C. S. Schiller vom 10. Sept. 1906 scheint Peirce das »Verhalten des Arithmetikers als solchen« wieder als pragmatisches Sinnkriterium zulassen zu wollen.[33] Aber auch jetzt noch gibt er zu bedenken, daß die nur in allgemeinen Begriffen beschreibbaren »abnumerable multitudes« für das Prinzip des Pragmatismus die größte Schwierigkeit darstellen.[34]

Vergleicht man diese ambivalenten Versuche Peirces, die *Pragmatische Maxime* auf die Mathematik anzuwenden, mit der Sinnkritik des (Peirce offenbar unbekannten) Intuitionismus-Konstruktivismus, so fällt auf, daß Peirce den Ansatzpunkt des letzteren offenbar überspringt: Einerseits scheint er, vorübergehend, geneigt, überhaupt keine Unterschiede mathematischer Symbol-Operationen als Kriterien zuzulassen (was offenbar die Wissenschaft allzusehr »vereinfachen« würde, um mit dem Peirce von 1871 zu sprechen[35]); andererseits denkt er offenbar nicht daran, bestimmte Vorschriften bzw. Verbote für sinnkritisch zulässige symbolische Entscheidungsverfahren der Arithmetik festzulegen, die den Geltungsbereich der Mengenlehre ernsthaft einschränken könnten. Als mathematischer Platonist zweifelt er im Grunde nicht an der Sinngeltung der Begriffe transfiniter Mengen[36], auf die er schon 1898 ohne Bedenken die Operationen der klassischen Logik – einschließlich

32 Vgl. 5.33 (342 ff.).
33 Vgl. 8.323 ff. (588).
34 Vgl. 8.325 (589).
35 Es würde in der Tat auch allem widersprechen, was Peirce über die Möglichkeit mathematisch-logischer Entdeckungen anhand *diagrammatischer Beobachtung* sagt. Vgl. oben S. 179, Anm. 46, u. S. 242, Anm. 216.
36 Vgl. 8.325 (589).

des Gesetzes vom ausgeschlossenen Dritten – angewandt hatte.[37] Ja, Peirce glaubt, daß der für seine späte Systemkonzeption zentrale metaphysische Begriff der Realität des Allgemeinen qua *Kontinuität* die mathematische Existenz transfiniter Mengen von Möglichkeiten voraussetzt.[38]

Eine andere Schwierigkeit, mit der Peirce den Pragmatismus 1902 konfrontiert, bildet die Frage nach dem Sinn historischer Tatsachenurteile.[39] Ähnlich wie bei den erwähnten mathematischen Beispielen geht es Peirce auch hier um den Nachweis, daß jede sinnvolle theoretische Überzeugung eine Erwartung hinsichtlich der Zukunft einschließt. Die Antwort im Falle der historischen Urteile ergibt sich für Peirce de facto durch die Unterscheidung der extensional-gegenständlichen Bedeutung (»reference« in der neueren Terminologie) der Sätze und ihrer Bedeutung im Sinne des später sogenannten »logical interpretant«[40], der das Sinnkriterium der *Pragmatischen Maxime* erfüllen muß: So bezieht sich z. B. die von Diogenes Laertius, Suidas und Plutarch bezeugte Überlieferung, »daß Aristoteles den Buchstaben R nicht aussprechen konnte«, ihrer gegenständlichen Bedeutung nach zwar auf die Vergangenheit, aber die pragmatisch relevante Bedeutung muß in der Erwartung gesucht werden, diese Überlieferung auf irgendeine Weise in der Zukunft bestätigt oder widerlegt zu finden – sei es durch weitere Geschichtsquellen, sei es aufgrund der später einmal möglichen physikalischen Entdeckung, daß die Schallwellen von Aristoteles' Stimme sich »irgendwie aufgezeichnet haben«.[41]

37 Vgl. 6.185 f.
38 Vgl. 5.67 (359), 5.103 (379 f.).
39 Vgl. 5.541 (324 ff.), 5.542 (326 ff.), 5.461 (476 f.).
40 Vgl. unten S. 326 f.
41 5.542 (329), vgl. 5.461 (7476 f.). Mit einer entsprechenden Interpretation des Satzes »Caesar überschritt den Rubicon« von 1901 verknüpft Peirce noch einmal den Hinweis, daß die pragmatische Explikation des Sinns durch mögliche Erfahrung, wenn diese als zeitlich unbegrenzt gedacht wird, der sinnkritischen Definition der Realität gerecht wird (vgl. 5.565). – Zu Peirces Vorstellungen über die mögliche Bestätigung historischer Nachrichten mit Hilfe naturwissenschaftlicher Methoden sind in jüngster Zeit erstaunliche Illustrationen geliefert worden: so zuletzt durch Arbeiten der Biochemikerin Margaret Oakley Dayhoff, die es möglich erscheinen lassen,

Zur Begründung des Zukunftsbezugs aller sinnvollen Sätze führt Peirce 1902 noch den interessanten Gesichtspunkt ein, daß derjenige, der ein Urteil (proposition) als wahr aussagt bzw. behauptet, damit die Verantwortung für es übernimmt, d. h. für die bedingten Prognosen, die aus ihm ableitbar sind.[42] In der Pragmatismus-Vorlesung von 1903[43] und vor allem in einem Fragment von 1908[44] wird dieser Gesichtspunkt sprachanalytisch ausgearbeitet: Die feierliche Aussage, die sich ausdrücklich für ihren Inhalt verbürgt, etwa der Eid vor Gericht, macht nach Peirce lediglich das willensmäßige, moralisch relevante Handlungsmoment, das in jedem als wahr behaupteten Urteil liegt, wie unter einem Vergrößerungsglas sichtbar. Es besteht also nach Peirce ein Kontinuum zwischen dem, was die moderne Sprachanalyse mit Austin als »performative« und »konstatierende« Äußerung unterscheidet[45]: Nicht erst der Eid als Rechtsakt, sondern jede Aussage, die implizit ihre eigene Wahrheit behauptet, ist eine Handlung, durch die der Urteilende kausaldynamisch in die Realität eingreift und sich in der Kommunikationsgemeinschaft moralisch (im Sinne der Rationalisierung des Universums) engagiert; und die »performative« Äußerung zeigt als der sich selbst aussprechende Sprachakt, daß auch schon die konstatierende Aussage – im Gegensatz zu dem pragmatisch uninterpretierten Satz einer formalisierten Sprache – jene effektive Selbstreflexion der lebendigen Umgangssprache impliziert, die sie zum Medium intersubjektiver Kommunikation macht.[46]

eines Tages den genetischen Code längst ausgestorbener Urwelttiere und aus ihm die Umwelt, an die sie angepaßt waren, zu rekonstruieren. (Vgl. Hoimar v. Ditfurth: »Nichts ist endgültig vorüber . . .«, in: *Die Zeit* v. 12. Sept. 1969).

42 5.543 (329 ff.).   43 Vgl. 5.29 ff. (340 ff.).
44 5.546-5.547 (334 ff.).
45 Vgl. J. L. Austin: Performative und konstatierende Äußerung, in: Sprache und Analysis, hrsg. von R. Bubner, Göttingen 1968, S. 140 ff.
46 Die effektive Selbstreflexion ist freilich nicht mit metatheoretischer Selbstobjektivation zu verwechseln die Peirce als Logiker für unmöglich erklärt (vgl. 5.86; meine Ausgabe, S. 369 ff.). Dieser Unterschied ist freilich bei Peirce ebensowenig reflektiert wie in der modernen logistisch orientierten Semantik, die – seit Russells Typentheorie und Wittgensteins »Tracta-

2. Zur Pragmatismus-Vorlesung von 1903: die drei »Schleifstein-Thesen«

Das abschließende Dokument jener Phase der Reorganisation der Peirceschen Philosophie, die 1898 einsetzte, und zugleich der umfassendste Versuch, den *Pragmatismus* in das System der Philosophie einzubauen, das Peirce *Synechismus* nannte, ist die große Harvard-Vorlesung von 1903. Daß W. James sie dunkel und nahezu unverständlich fand[47], erscheint auch heute noch als gerechtfertigt, zumal wenn man bedenkt, daß das Publikum einschließlich James von den spekulativen Voraussetzungen des einsamen Milford-Denkers – insbesondere von seiner Kategorienlehre – so gut wie nichts kannte. Wir haben zu Beginn dieser Einführung den »architektonischen« Hintergrund zu rekonstruieren versucht, dem der Aufbau der Vorlesung zu entsprechen versucht: die Klassifikation der Wissenschaften, die heuristisch vor allem von den drei Fundamentalkategorien bestimmt ist und die der *Pragmatischen Maxime* ihren Ort in der ersten der drei normativen Wissenschaften anweist, die als Gruppe wiederum die mittlere der drei philosophischen Wissenschaften – zwischen Phänomenologie und Metaphysik – bilden.

Im folgenden konzentrieren wir unsere Interpretation auf den letzten Teil der Vorlesung (Vorlesung 7), in dem Peirce innerhalb der normativen Logik insbesondere die *Logik der Abduktion* als das Thema der *Pragmatischen Maxime* eingrenzt und ihre Funktion aus dem Zusammenhang der drei »Schleifstein-Thesen« *(Cotary Propositions)* zu begründen versucht, die »der Maxime des Pragmatismus den scharfen Schliff geben« sollen.[48]

Mit den drei »Schleifstein-Thesen« versucht Peirce die Frage zu beantworten, wie Information aus dem unkontrollierbaren

tus« – die philosophische Reflexion auf die Sprache und ihr Subjekt zugleich mit der metatheoretischen Selbstobjektivation tabuisiert. (Vgl. K.-O. Apel: Sprache und Reflexion, in: Akten des XIV. Internat. Kongr. f. Philosophie, Bd. III, Wien 1969, S. 417 ff.).

47 Vgl. oben S. 157.
48 5.180 (403).

Teil des Geistes – und d. h. aus der Natur (außerhalb und innerhalb des Menschen) – in die Prämissen logischer Argumentation eingehen kann, und d. h.: wie Erkenntnis als *Erfahrung* überhaupt möglich ist. Es ist dies genau jene Frage, die er bereits 1869 als bei Kant übersprungene Schlüsselfrage der Philosophie herausgestellt[49], die er selbst aber in der »Theory of Cognition« von 1868/69 nicht hinreichend beantwortet hatte. Zwar stand schon damals für Peirce fest, daß an die Stelle der kantischen Synthesis der Anschauungsdaten im Erfahrungsurteil der abduktive Schluß zu treten habe und an die Stelle der transzendentalen Begründung der kategorialapriorischen Geltung von Erfahrungsurteilen die – im Sinne des »obersten Grundsatzes synthetischer Urteile« selbst noch transzendentale – Begründung der Geltung des Induktionsverfahrens *in the long run*.[50] Aber diese beiden Voraussetzungen genügten, wie sich später herausstellte, noch nicht, um die Frage zu beantworten, wie Erfahrung ihrem qualitativ-materialen Gehalt nach faktisch möglich ist.[51]

Zwar vermag der abduktive Schluß, als *synthetischer* Schluß, die in jedem Erfahrungsurteil als »Erweiterungsurteil« liegende Struktur der Vermutung[52] zum Ausdruck zu bringen, d. h. die logische Vermitteltheit aller scheinbaren Unmittelbarkeit der Erkenntnis, auf die Peirce 1868 so großen Wert legte[53], aber er vermag, als *Schluß*, nicht die praktische Unmittelbarkeit des Anfangs der Erkenntnis in der Situation zu erklären, den Umstand, daß alles Schließen auf den empirischen Gehalt von Prämissen angewiesen ist, die – mögen sie auch selbst logisch vermittelt sein – doch nicht mehr im Sinne einer normativen Logik als Resultat von Schlüssen kritisiert werden können.[54]

49 Vgl. 5.348 (97).
50 Vgl. oben, S. 95 ff.; vgl. auch 5.170 (399 f.), wo freilich von dem transzendentalen Rahmen der Induktionstheorie von 1869 und 1878 keine Rede mehr ist.
51 Vgl. oben S. 186 ff.
52 Vgl. auch 5.181, (3) (404 f.).
53 Vgl. meine Ausgabe, S. 13–87.
54 Vgl. 5.194.

Das Verfahren der Induktion andererseits war für den späten Peirce als experimentelles Bestätigungsverfahren nicht mehr voll verständlich, wenn man es nur im Sinne der darwinistischen Selektion als erfolgreiche Begegnung des aufgrund von Überzeugungen handelnden Menschen mit den Tatsachen der Außenwelt auffaßte; er vermißte in dieser Auslegung der Induktion die qualitative Vermittlung des hic et nunc begegnenden Individuellen mit dem allgemeinen Gesetz[55], das durch die Tatsachen bestätigt werden soll, genauer: die Möglichkeit einer *Erfahrung* der Bestätigung des allgemeinen Gesetzes durch Vergleich der aus Gesetzeshypothesen abgeleiteten Prognosen mit dem qualitativen Sosein der Tatsachen.[56]

Im Lichte der Kategorienlehre mußte es sich also für Peirce darum handeln, zu zeigen, wie in der Erkenntnis als logischem Vermittlungsprozeß (Drittheit) und als Prozeß der Bestätigung oder Überraschung durch begegnende Fakten (Zweitheit) relationsfreies qualitatives Sosein der Erfahrung (Erstheit) auftreten und als selbst nicht mehr kritisierbares Ausgangsmaterial und Evidenzkriterium aller kritisierbaren Argumentation fungieren kann.[57] Da nun die Deduktion als rein logische Vermittlung nur die Drittheit, Induktion als quantitative Wertung des Bestätigungsgrades durch erfolgreiche Begegnungen mit den Tatsachen[58] primär die Zweitheit zur Geltung bringt, so mußte die Erstheit der Erfahrung in erster Linie durch eine Neuinterpretation der Abduktion zur Geltung gebracht werden; denn »diese ist die einzige logische Operation, die irgendeine neue Idee einführt«.[59] Die Abduktion, die 1868 als ein unendlicher Prozeß der logischen Vermittlung aller Ersterfahrung als nur scheinbarer »Intuition« postuliert wurde, soll jetzt so gedacht werden, daß eine praktisch nicht mehr ableitbare Ersterfahrung qualitativen Soseins, ein Anfang der Erkenntnis in der Zeit,

---

55 Vgl. 5.205 (415).
56 Vgl. oben S. 187.
57 Vgl. 5.212 (418 ff.).
58 Vgl. 5.170 f. (399 f.); vgl. aber 5.201 ff. (411 ff.), dazu unten S. 311 ff.
59 Vgl. 5.171 (400).

nicht nur als widerspruchsfrei möglich erwiesen[60], sondern als notwendige Voraussetzung einer empirisch gehaltvollen und überprüfbaren Argumentation ausgezeichnet werden kann.

Genau dies sollen die »Schleifstein-Thesen« leisten. Sie sind vor dem Hintergrund jener schon skizzierten Metaphysik der Evolution zu verstehen, die den menschlichen Forschungsprozeß als bewußte und kontrollierte Fortsetzung des unbewußten Schluß- und Informationsprozesses der Natur begreift[61]: Die Unterscheidung eines bewußten und eines unbewußten Teils des gleichwohl kontinuierlichen Prozesses der Realität, durch die Peirces Metaphysik der Realität zur normativen Logik einer möglichen Erkenntnis der Realität ins Verhältnis gesetzt wurde[62], – eben diese Unterscheidung soll auch verständlich machen, inwiefern die Erkenntnis, unbeschadet ihres prinzipiellen Drittheits- oder Vermittlungscharakters, einen zeitlichen Anfang und eine qualitative Evidenzbasis haben kann. Die Lösung würde etwa lauten: In der menschlichen Wahrnehmung endet der unbewußte Schlußprozeß der Natur, und im Wahrnehmungsurteil beginnt der bewußte und kontrollierbare Schlußprozeß, mit dem es die normative Logik der Forschung zu tun hat; zwischen Wahrnehmung (percept) und Wahrnehmungsurteil (perceptual judgement) aber vermittelt der selbst noch unbewußte Grenzfall eines abduktiven Schlusses; er soll die unkritisierbare und doch extrem fehlbare Evidenzbasis unserer Argumente liefern.[63] An dieser Stelle freilich ergibt sich – wie noch zu zeigen ist – eine prinzipielle Schwierigkeit bzw. Zweideutigkeit in der Peirceschen Konzeption. Betrachten wir zunächst die drei »Schleifstein-Thesen« genauer:

Die ersten beiden Schleifstein-Thesen bringen den neuen Akzent der Peirceschen Erkenntnistheorie von 1903 in – *prima facie* – provozierender Form zum Ausdruck: In der ersten

---

60 Dies hatte Peirce schon 1868 zu zeigen versucht, vgl. 5.263 (34 ff.).
61 Vgl. oben S. 161 ff.
62 Vgl. oben S. 194 ff.
63 Vgl. 5.181, (3) (404 f.); vgl. 5.115 ff., 5.142 (391 ff.).

These macht Peirce sich den auf Aristoteles zurückgehenden
scholastischen Satz zu eigen: »Nihil est in intellectu quod non
prius fuerit in sensu«[64]; in der zweiten These behauptet er,
»daß Wahrnehmungsurteile allgemeine Elemente enthalten, so
daß universale Sätze auf diese Weise von ihnen abzuleiten
sind«.[65] Das scheint auf einen Empirismus hinauszulaufen, der
das Kantische Element der Erkenntnistheorie des frühen Peirce,
die aus den sensualen Erfahrungsdaten nicht herleitbare Vermittlung von etwas als etwas im abduktiven Schluß, der zugleich sprachliche Interpretation ist, völlig ignoriert. Indessen:
Peirce macht sogleich darauf aufmerksam, daß er bei der genetischen Reduktion des Sinnes von Begriffen nicht, wie die psychologisch orientierten Sensualisten, auf eine vorsprachliche
Sinneswahrnehmung zurückzugehen wünscht, sondern – gemäß
seiner semiotischen Erkenntnistheorie – lediglich auf Wahrnehmungsurteile *(perceptual judgements)*, die in Sätzen formulier-
bar sind.[66] Dies wird durch die zweite Schleifstein-These bestätigt, die, bei Licht besehen, gar nicht mehr provozierend
wirkt; denn alle formulierbaren *Wahrnehmungsurteile* müssen
in der Tat in ihren Prädikaten jenen allgemeinen Sinn enthalten, der selbst in Konditionalsätzen expliziert werden kann,
wie sie die *Pragmatische Maxime* als Anweisung für mögliche
Experimente ins Auge faßt.[67]

64 5.181, (1) (403).   65 5.181, (2) (404).   66 Vgl. 5.181, (1) (403).
67 Vgl. hierzu auch die neopositivistische Aporetik solcher Protokoll- bzw.
Basissätze wie »Hier liegt ein Stück Kreide«. – Peirce geht, mit Hilfe seiner
Relationslogik, viel weiter als die moderne Theorie der Dispositionsbegriffe:
In: 5.157 z. B. zeigt er, daß auch der Wahrnehmungssatz »Das Ereignis C
folgt auf das Ereignis A« durch die Konsequenz interpretiert werden kann,
daß, wenn A auf B folgt, C auch auf B folgen müßte; das besagt aber: das
allgemeine Prädikat »Folge« in dem singulären Satz »C erscheint als Folge
von A« kann durch den universalen Satz interpretiert werden: »Was immer
A folgt, folgt auch auf jedes Ereignis, x, auf das A folgt. Sogar der Satz
»Tullius ist Cicero« enthält ein allgemeines Prädikat, das durch einen Konditionalsatz expliziert werden kann; denn er besagt, relationslogisch analysiert: »Zwischen Tullius und Cicero besteht die Relation der Identität«
(vgl. 5.151). Im Sinne dieser relationslogischen Explikation der Prädikate
von Wahrnehmungsurteilen paraphrasiert Peirce den Gehalt der zweiten
Schleifstein-These auch dahin: »Drittheit ergießt sich auf uns durch alle
Sinne« (5.157, vgl. 5.150).

Die Erklärung dafür, daß – wie die zweite These besagt – bereits unsere Wahrnehmungsurteile allgemeine Elemente enthalten[68], liefert die dritte Schleifstein-These, »daß der abduktive Schluß allmählich ins Wahrnehmungsurteil übergeht, ohne daß es irgendeine scharfe Trennung zwischen ihnen gäbe«.[69] Die erste These, »daß alle allgemeinen Elemente in der Wahrnehmung gegeben sind«, verliert – wie Peirce bemerkt – durch die dritte These »viel von ihrer Signifikanz; denn wenn ein allgemeines Element auf andere Weise als in einem Wahrnehmungsurteil gegeben wäre, so könnte es nur in einer abduktiven Vermutung erstmals erscheinen, und das läuft, wie sich jetzt sehen läßt, im wesentlichen auf dasselbe hinaus«.[70] In der Tat: Wenn das Wahrnehmungsurteil ein Grenzfall des abduktiven Schlusses ist – metaphysisch interpretiert, das Resultat eines unbewußten Schlußprozesses der Natur[71] –, dann kann die aristotelisch-quasiempiristische Formulierung der ersten Schleifstein-These im Sinne des Leibnizschen Rationalismus ergänzt werden: »nisi intellectus ipse« (sc. der kontinuierliche Schlußprozeß).

Als Beweis für den Schlußcharakter des Wahrnehmungsurteils nimmt Peirce – wie schon 1868[72] – den »jedem Psychologie Studierenden vertrauten« »Interpretationscharakter des Wahrnehmungsurteils« in Anspruch.[73] Auf der anderen Seite betont er aber auch den Unterschied zwischen den abduktiven Schlüssen und dem Wahrnehmungsurteil als ihrem Grenzfall, der darin besteht, »daß wir uns nicht die geringste Vorstellung davon machen können, was es heißen würde, das Wahrnehmungsurteil zu bestreiten«.[74] Bestünde dieser Unterschied nicht, dann könnte man – wie Peirce selber 1868 – nicht erklären, warum die Erkenntnis überhaupt in der Zeit anfangen und jede kogni-

68 Vgl. 5.186 (406 f.).
69 Vgl. 5.181, (3) (404).
70 5.186 (406).
71 Vgl. 5.181, (3) (404).
72 Vgl. 5.216 (15).
73 Vgl. 5.184 f. (405 f.).
74 Vgl. 5.186 (407), vgl. 5.181, (3) (404 f.).

tiv relevante Argumentation eine Evidenzbasis haben kann. Wie aber ist es zu verstehen, daß Wahrnehmungsurteile einerseits als *Interpretationen* reflektierbar und insofern, wie es scheint, auch kritisierbar sind[75], andererseits als *Wahrnehmungs*urteile nicht kritisierbar sein sollen?

Zunächst könnte man glauben, dieses Problem beruhe auf einer Äquivokation in Peirces Begriff des Wahrnehmungsurteils: Bei *interpretativen* Wahrnehmungsurteilen, die als solche allgemeine Begriffselemente enthalten, denkt Peirce zumindest auch an solche, deren Prädikate mit Hilfe der Relationslogik als Dispositionsbegriffe aufgefaßt und insofern mit Hilfe der Pragmatischen Maxime durch bedingte Prognosen *interpretiert* werden können, z. B. »Diesda ist ein Diamant«, aber auch »Diesda ist hart«.[76] Bei *unkritisierbaren* Wahrnehmungsurteilen aber denkt Peirce offenbar primär an solche mit Prädikaten, die nur Sinnesqualitäten im Sinne der Erstheit ausdrücken, z. B. »Diesda ist rot«.[77] Von diesen Qualitäten sagt er 1906, sie hätten keine »intrinsic signification beyond themselves« und könnten daher, im Gegensatz zu den »intellectual concepts«, nicht mit Hilfe der *Pragmatischen Maxime* interpretiert werden.[78]

Es liegt nahe anzunehmen, allein schon deshalb seien die Wahrnehmungsurteile dieses zweiten Typs, und nur sie, jeder Kritik entzogen. Damit würde sich aber eine im Sinne Peirces zu scharfe Unterscheidung zwischen echten Wahrnehmungsurteilen und abduktiven Schlüssen ergeben: die ersteren könnten gerade nicht mehr als *Interpretationen* der Realität und insofern auch nicht mehr als Grenzfall der abduktiven Schlüsse erwiesen werden.

75 Peirce selbst stellt fest, »daß wir Gegenstände anders, als sie wirklich sind, wahrnehmen oder wahrzunehmen scheinen, indem wir sie dem angleichen, was sie uns zu bedeuten scheinen« (5.185, meine Ausgabe, S. 405 f.).
76 Vgl. 5.544 (331).   77 Vgl. 5.186 (407).
78 5.467 (503 f.); 1902 dagegen versuchte Peirce den Satz »Diese Waffel sieht rot aus« mit Hilfe der *Pragmatischen Maxime* zu interpretieren; aber er gelangt dabei gerade nicht zu einer Explikation des Begriffs »rot«, sondern nur zu einer operativen Anweisung auf Bestätigung des nicht weiter explizierbaren Wahrnehmungsurteils in der Zukunft (vgl. 5.544, meine Ausgabe, S. 331).

Diese Konsequenzen zeigen m. E., daß die soeben vorgenommene Unterscheidung zwischen zwei Typen von Wahrnehmungsurteilen, die durch Peirces spätere Unterscheidung zwischen zwei Typen von Prädikaten[79] gestützt wird, nicht zureichend ist, um zu erklären, daß Wahrnehmungs*urteile* unkritisierbar sind.

In der Tat zeigen die Beispiele, die Peirce für den Interpretationscharakter der Wahrnehmungsurteile anführt, daß auch unkritisierbare Sinnesempfindungen, sofern sie in Prädikate von Wahrnehmungsurteilen umgesetzt werden, in eine Interpretationsfunktion einrücken, und sei es nur durch die selektive Fixierung eines Aspekts der Realität, die mit der *Beurteilung* eines Wahrnehmungsinhalts *als* etwas verbunden ist.[80] Gleichwohl besteht Peirce auf der Unkritisierbarkeit nicht etwa nur der Sinnesempfindungen, sondern ihrer Beurteilung durch ein Wahrnehmungsurteil:

»Aber daß jemand einen Wahrnehmungsinhalt haben sollte, der meinem gleich ist, und sich fragen sollte, ob dieser Wahrnehmungsinhalt rot sei, was einschließen würde, daß er bereits *irgendwelchen* Wahrnehmungsinhalt als rot beurteilt hätte, und daß er nach sorgfältiger Konzentration auf diesen Wahrnehmungsinhalt ihn klar und entschieden als *nicht* rot bezeichnen würde, wenn ich ihn eindeutig als rot beurteile, *das* ist mir völlig unverständlich. Eine abduktive Vermutung jedoch ist etwas, dessen Wahrheit in Frage gestellt oder sogar geleugnet werden *kann*.«[81]

Dieses Gedankenexperiment verrät m. E. den Grund der Schwierigkeit, mit der Peirce es zu tun hat: Die Unkritisierbarkeit der Wahrnehmungsurteile bezieht sich offenbar nur auf diejenige Subsumption der Sinnesdaten unter einen Begriff, welche die sprachliche Interpretation der Wahrnehmungsinhalte *als* etwas nicht mehr selbst vollzieht, sondern voraussetzt. Diese Voraussetzung ist auch im Falle von Urteilen über Sinnesdaten keineswegs irrelevant; so ist es keineswegs selbstverständlich, daß Farbqualitäten so interpretiert werden, daß sie

79 Vgl. 5.467 (503 f.) – 1906.
80 Vgl. 5.186 (406 f.) und 5.184 (405).
81 5.186 (407).

unter abstrakte Farbbegriffe subsumiert werden können. Den Griechen zur Zeit Homers war dies z. B. nicht möglich, was nicht ihre Farbblindheit beweist, sondern durch die semantische Struktur ihrer Sprache bedingt war.[82] Auch das Urteil »Dies ist rot« setzt also eine eindeutige Sinninterpretation der Realität schon voraus, wenn es, als logisch unkontrollierbare Beurteilung eines Wahrnehmungsinhalts, selbst unkritisierbar sein soll. Andererseits läßt sich die Voraussetzung eindeutiger Sinninterpretation, wie gerade Peirce gezeigt hat, auch für »intellectual concepts« mit Hilfe der *Pragmatischen Maxime* weitgehend sicherstellen, derart, daß dann auch für solche Wahrnehmungsurteile wie etwa »Dies ist hart« oder gar »Dies ist ein Diamant« die Wahrheit oder Falschheit durch eine selbst nicht mehr kritisierbare Umsetzung von Wahrnehmungsinhalten in Wahrnehmungsurteile festgestellt werden kann und muß.[83]

Entscheidend für Peirces Einschätzung der Funktion der Wahrnehmungsurteile ist also nicht die Unterscheidung zweier Typen von Wahrnehmungsurteilen je nach den Prädikaten, sondern die Unterscheidung von Sinninterpretation einerseits und blo-

82 Vgl. L. Weisgerber: Vom Weltbild der deutschen Sprache, Düsseldorf 1950, S. 140 f.
83 Die stillschweigende Voraussetzung der Sinnklärung scheint mir auch die Pointe des scheinbar trivialen Definitionsschemas zu bilden, das A. Tarski seiner semantischen Klärung des Wahrheitsbegriffs zugrundelegt: »Der Satz ›die Dinge verhalten sich so und so‹ ist wahr dann und nur dann, wenn die Dinge sich so und so verhalten.« Das besagt natürlich, daß die semantische Klärung des Wahrheitsbegriffs anhand formalisierter Sprachen eine »pragmatische« Klärung des Wahrheitsbegriffs im Sinne von Peirce immer schon voraussetzt.
Peirce selbst drückt das Verhältnis von Sinninterpretation und Feststellung der Wahrheit bzw. Falschheit durch unkritisierbare Wahrnehmungsurteile durch folgende Definitionen aus: ». . . ein falscher Satz ist ein Satz, hinsichtlich dessen eine Interpretation zeigt, daß bei einer Gelegenheit, welche sie anzeigt, ein Wahrnehmungsbild ⟨percept⟩ einen gewissen Charakter haben wird, während das unmittelbare Wahrnehmungsurteil bei dieser Gelegenheit aussagt, daß das Wahrnehmungsbild nicht diesen Charakter hat. Ein wahrer Satz ist ein Satz, hinsichtlich dessen die entsprechende Überzeugung niemals zu einer derartigen Enttäuschung führen würde, solange der Satz nicht anders verstanden wird, als er intendiert wurde.« (5.570-1901).

ßem Vergleich der Wahrnehmungsinhalte mit den möglichen Satz-Prädikaten im Tatsachenurteil andererseits. Da auch Wahrnehmungsurteile wie »Dies ist rot« beide Funktionen erfüllen – in der Tat kann man diesen Satz als Tatsachenfeststellung, welche die Interpretation der Sinnesqualitäten im Sinne der abstrakten Farbbegriffe voraussetzt, und als Interpretation der Realität hören –, so kann Peirce sie einerseits als unkritisierbar, andererseits als Grenzfall höchst fehlbarer und insofern auch kritisierbarer abduktiver Schlüsse (Vermutungen über die Realität) verstehen. Nur wenn die Wahrnehmungsurteile hinsichtlich ihrer größtenteils unbewußten Interpretationsfunktion unter Kontrolle genommen werden könnten, wären sie nicht mehr als zugleich praktisch unkritisierbar und virtuell höchst fehlbar anzusehen. Dann nämlich würde ihre prinzipiell unbewußte und unkritisierbare Funktion der Umsetzung von Wahrnehmungsinhalten in Satzprädikate nur mehr als die anthropo-biologisch bedingte genetische Schwelle und Evidenzbasis aller kognitiv relevanten Argumentationen fungieren[84], logisch kontrollierbare und logisch nicht kontrollierbare Funktionen des menschlichen Erkenntnisprozesses wären klar geschieden und als Bedingungen aufeinander bezogen. Damit ist im Sinne der »Schleifstein-Thesen« das regulative Prinzip für die Funktion der *Pragmatischen Maxime* festgelegt: Sie soll nach Peirce den Sinn abduktiver Hypothesen so weit klären, daß logische Argumentation letzten Endes an unwiderleglichen Erfahrungsurteilen festgemacht werden könnte.

An dieser Stelle zeigt sich freilich eine weitere Zweideutigkeit, die der Konzeption des abduktiven Schlusses und seines Übergangs ins Wahrnehmungsurteil anhaftet: Der abduktive Schluß

---

84 Diese Theorie setzt, wie oben (S. 189 ff.) schon angedeutet, voraus, daß Sinnesqualitäten keine bloß subjektiven, und d. h. beliebig austauschbaren Informationsvehikel, sondern gewissermaßen ikonischer Grenzfall der Information durch symbolische Interpretation der Natur sind. So Peirce selbst in der Vorlesung von 1903 (vgl. 5.115–119, meine Ausgabe, S. 382 f.). 1906 dagegen scheint Peirce auf den bereits 1868 eingenommenen Standpunkt zurückzufallen, daß Farbqualitäten »bloß subjektive Gefühle« seien, deren Eigenart für den argumentativen Informationsprozeß völlig irrelevant ist (vgl. 5.467, meine Ausgabe, S. 503 f.).

ist nach Peirce nicht nur als *Sinninterpretation* durch die *Pragmatische Maxime* explizierbar, er ist weiterhin als synthetischer Schluß, als *Erklärungs*hypothese hinsichtlich seiner *Tatsachen-Wahrheit* überprüfbar. Der von Peirce postulierte Übergang des abduktiven Schlusses ins unkritisierbare Wahrnehmungsurteil bezieht sich nun, wie es scheint, sowohl auf die Eindeutigkeit seines Sinns wie auf die Gewißheit hinsichtlich seiner Wahrheit. Beides ist aber nicht dasselbe, sondern wechselseitig durcheinander vermittelt: die Sinnklärung verdankt sich der Vorstellung der möglichen experimentellen Erfahrung, welche die Hypothese als wahr erweisen würde, und die Sinnklärung ist ihrerseits die Voraussetzung einer *induktiven* Überprüfung der Wahrheit der Hypothese. Peirce begreift die induktive Überprüfung als einen unbegrenzten Prozeß der Annäherung an die durch unkritisierbare Wahrnehmungsurteile bestätigte Wahrheit von Gesetzeshypothesen, und er begreift die pragmatistische Sinnklärung als einen unbegrenzten semiotischen Interpretationsprozeß, der – als metaszientifisches Gedankenexperiment – von vornherein auf mögliche experimentelle Erfahrung, d. h. auf induktive Überprüfung von Gesetzeshypothesen, bezogen ist. Ist das Verhältnis von Sinninterpretation und logischen Schlußprozessen damit hinreichend geklärt?

Wir wollen hier noch nicht die Frage aufwerfen, ob die *metaszientifische* Orientierung der Sinnklärung auch bei solchen (nach Peirce ebenfalls abduktiven) Weltdeutungen angemessen ist, die nicht auf die von Gesetzen schon regierte Natur, sondern auf die nach Maximen erst noch zu gestaltende Geschichte bezogen sind, die also nicht durch prinzipiell wiederholbare Experimente, sondern durch den irreversiblen, riskanten Prozeß der menschlichen Interaktion zu verifizieren sind.[85] Wohl aber müssen wir schon im Hinblick auf die Funktion der Wahrnehmungsurteile fragen, ob die nach Peirce in allen Symbolen implizierte Welt*interpretation* allein auf die – nach Peirce überindividuellen, und d. h. a priori intersubjektiv gültigen –

85 Vgl. unten S. 329 ff.

abduktiven Schlüsse zurückgeführt werden kann, derart, daß diese Schlüsse, die nach Peirce schon die Natur unbewußt vollzieht, gewissermaßen nur ins Bewußtsein umzuspringen brauchen, um eine *als* etwas gedeutete Situationswelt jedes einzelnen Menschen zu liefern. Dagegen spricht offenbar der gerade vom semantischen Pragmatismus bezeugte Umstand, daß die Menschen sich über den Sinn der von ihnen gebrauchten Symbole – auch sofern darin Interpretationen der Natur ausgedrückt sind – verständigen müssen. Demnach müßte bei der Konstitution des Sinns der menschlichen Wahrnehmungsurteile neben überindividuellen Schlußprozessen und – wie Peirce mehrfach vermutet – für alle Menschen gleichen Sinnesdaten[86] noch ein dritter Faktor eine Rolle spielen; er ergibt sich eben dadurch, daß die Menschen – im Gegensatz zu den sprachlosen Tieren – ihre Situationserfahrungen als zeichengebundene immer schon durch die Erfahrungen von Kommunikationspartnern (einschließlich der vergangenen Geschlechter) vermitteln und sie eben dadurch zu individuell bewußten und virtuell öffentlichen Erfahrungen machen.

In der Tat hat Peirce aus dem Postulat der *Community*, das er 1868 seiner semiotischen Erkenntnistheorie gewissermaßen anstelle des Kantschen »Bewußtseins überhaupt« zugrundelegte, nicht alle Folgerungen hinsichtlich der kommunikativen Funktion der Zeicheninterpretation bzw. der sprachlich-gesellschaftlichen Bedingtheit der Weltinterpretation gezogen. Und 1903 wird der Gedanke der *Community* (zumal in seiner quasitranszendentalphilosophischen Funktion) durch die kosmologisch-metaphysische Interpretation des Informations- bzw. Schlußprozesses derart in den Hintergrund gedrängt, daß man beinahe den Eindruck erhält, Peirce wolle in den »Schleifstein-Thesen« den Sinngehalt aller Begriffe auf einen logisch vermittelten Informationsaustausch jedes einzelnen Menschen mit der Natur

86 Vgl. S.118 u.ö.
87 Vgl. hierzu auch das Gleichnis am Schluß der Vorlesung, in dem Peirce die Pointe der »Schleifstein-Thesen« in ihrer Beziehung zum Pragmatismus zusammenfaßt: »Die Elemente eines jeden Begriffs treten in das logische Denken durchs Tor der Wahrnehmung ein und gehen durchs Tor des zweck-

zurückführen.[87] Dem gegenüber hat der späte Royce, wie im vorigen schon erwähnt[88], in seiner Idee der »Community of Interpretation«[89], die in unmittelbarer Anknüpfung an die Frühschriften von Peirce konzipiert wurde, einen neuen Akzent gesetzt, der dem soeben postulierten dritten Faktor der Sinnkonstitution gerecht wird.

J. Royce stellt in bewußtem Gegensatz zur traditionellen Erkenntnistheorie fest, daß die menschlichen Begriffe *(Conceptions)* nicht allein dem Informationsaustausch des Menschen mit der Natur durch *Perzeptionen* ihren Sinngehalt verdanken, sondern immer schon zugleich dem Informationsaustausch zwischen Menschen durch Zeichen-*Interpretation*. Gegen W. James' Auslegung der *Pragmatischen Maxime* betont er, daß nicht nur der »Nennwert« der Begriffe im Hinblick auf die mögliche Einlösung des »Barwertes« in der experimentellen Verifikation expliziert werden muß, sondern, wie eben diese Explikation zeigt, auch die Auslösung des »Barwertes« durch perzeptive Verifikation die Festlegung des »Nennwertes« durch Interpretation voraussetzt.[90] Eine solche Neufestlegung des Nennwertes

vollen Handelns wieder hinaus; und alles, was sich an diesen beiden Toren nicht ausweisen kann, ist als von der Vernunft nicht autorisiert festzuhalten.« (5.212, meine Ausgabe, S. 420).

88 Vgl. oben S. 246.

89 Vgl. zum folgenden J. Royce: The Problem of Christianity, New York, 1913, II, S. 146 ff.

90 Dieser Aspekt der zirkelhaften, wechselseitigen Bedingtheit von Interpretation und experimenteller Überprüfung von Hypothesen bzw. Theorien wird besonders relevant, wenn ein überraschender Ausgang von Experimenten – eine Falsifikation im Sinne der vorausgesetzten Interpretation der Hypothese – eine innovatorische Abduktion erzwingt, die mit einer Neuinterpretation jener Grundbegriffe von Theorien verbunden ist, die nach Peirce als »anthropomorphe« und instinktnahe einen hohen Vagheitsgrad besitzen (vgl. dazu 5.446 ff., meine Ausgabe, S. 461 ff., über die Vagheit der *Commonsense*-Begriffe). Diese auch für Peirce interessanteste Funktion der Abduktion, die zu neuen Ideen führt, fällt offenbar aus dem von Peirce vorgesehenen Methodengefüge von logisch *kontrollierbaren* Schlußprozessen (Deduktion, Induktion, Abduktion) heraus – aber nicht deshalb, weil sie den Übergang der Abduktion ins unkritisierbare Wahrnehmungsurteil darstellte, sondern deshalb, weil sie die *Interpretations*funktion in Anspruch nimmt, die Peirce im Begriff der Abduktion mit derjenigen der Tatsachen-*Erklärung* vermengt. (Vgl. hierzu auch J. Habermas: Erkenntnis und Interesse, a.a.O., Anm. 97, S. 165.)

von Ideen durch Interpretation vollzieht sich aber nicht nur da, wo ausdrücklich durch metaszientifische Reflexionen Begriffe geklärt (definiert, expliziert) werden, sondern implizit schon da, wo bei Gelegenheit der perzeptiven Erfahrung die überkommene Sprache interpretativ verwendet wird. Schon hierin liegt jener interpretative Informationsaustausch zwischen Menschen, der in der Verständigung zwischen Zeitgenossen und in der historisch-philologischen Traditionsvermittlung explizit thematisiert wird; und die von Peirce vorgeschlagene Begriffsklärung im Hinblick auf mögliche experimentelle Erfahrung dürfte nur der meta*szientifische* Grenzfall der kommunikativen Verständigung durch Zeicheninterpretation sein. Wir werden auf diese Konzeption, die Peirces evolutionistische Sicht der kontrollierten Fortsetzung des kosmischen Informations- und Schlußprozesses durch eine historisch-hermeneutische Dimension ergänzt, noch zurückkommen.[91]

Peirce führte die »Schleifstein-Thesen«, wie schon angedeutet, ein, um die Logik der Abduktion als die Logik der *Erfahrung*, und d. h. der Einführung neuer Ideen in die Argumentation, zu erweisen. Die Funktion des Pragmatismus liegt dann nach Peirce darin, über die Zulässigkeit von Hypothesen aufgrund der Einsicht in die Logik der Abduktion zu entscheiden.[92] Dazu ist es erforderlich, die Frage zu beantworten, was unter einer guten Abduktion zu verstehen ist.[93] Dies wiederum impliziert die Beantwortung der Frage, was unter einer induktiv überprüfbaren (abduktiven) Hypothese zu verstehen ist.[94] Um diese Frage zu beantworten, beschäftigt sich Peirce im letzten Teil der Vorlesung noch einmal mit der Logik der Induktion.[95] Die hier vorgetragenen, außerordentlich konzisen Überlegungen sind insofern interessant, als Peirce hier auch in der Problematik der Induktion, aufgrund von Voraussetzungen seiner Ma-

91 Vgl. unten S. 330; vgl. auch K.-O. Apel: Szientismus oder transzendentale Hermeneutik, a.a.O., Abschnitt III.
92 Vgl. 5.196 (407 ff.).
93 Vgl. 5.197 (409 f.).
94 Ebda.
95 Vgl. 5.198 ff. (410 ff.).

thematik des Kontinuums und seine Kategorienlehre, über die früher von ihm vertretenen Positionen hinausgeht[96] und das metaphysische Prinzip des *Synechismus* (erkenntnistheoretisch betrachtet: der Wahrnehmung des Allgemeinen bzw. der rationalen Vermittlung als Kontinuität) zur Geltung bringt.

Peirce unterscheidet fünf Positionen der Induktionslogik: Die erste entspricht dem strengen Positivismus von Comte und J. St. Mill, der nur solche Hypothesen zuläßt, die faktisch auf Sinnesdaten reduziert werden können.[97] Diese Position ist prinzipiell inkonsistent, insofern sie sich selbst widerlegt[98], sie führt aber auch insofern in Widersprüche, als sie kein allgemeines Gesetz als real anerkennen kann, am wenigstens das Gesetz von der Gleichförmigkeit der Natur, das J. St. Mill seiner Begründung der Geltung der Induktion zugrundelegte.[99] Die zweite Position ist die von Peirce selbst bisher vertretene, daß durch induktive Bestätigung die Wahrheit von Hypothesen *in the long run* approximiert werden kann.[100] Diese Position schließt die Annahme der Vagheit bzw. der unbegrenzten Verbesserungsfähigkeit hinsichtlich aller faktischen Hypothesen ein.[101] Die dritte Position scheint in ihrer logischen Struktur auf die später von K. R. Popper vertretene Falsifikationstheorie hinauszulaufen. Freilich glaubt Peirce, daß gerade das schon in der zweiten Position vorausgesetzte Grundprinzip der Induktion, das Popper leugnet, »uns berechtigt, eine ⟨nicht durch »*positive* experimentelle Evidenz« verifizierbare⟩ Theorie zu

96 Auch über die Position, die er in §§ 5.170 ff. der Vorlesung vertreten hatte; vgl. oben Anm. 58, unten S. 315 ff.
97 Vgl. 5.198 (410).
98 Ebda.
99 Vgl. 5.210 (417); vgl. auch 5.342 ff. (92 ff.).
100 5.199 (410 f.); vgl. 5.170 ff. (399 ff.).
101 1901 versuchte Peirce in Baldwins *Dictionary* den Begriff Wahrheit unter Berücksichtigung des prinzipiellen Fallibilismus aller Hypothesen, von denen überhaupt Wahrheit ausgesagt werden kann, zu definieren: »Truth is that concordance of an abstract statement with the ideal limit towards which endless investigation would tend to bring scientific belief, which concordance the abstract statement may possess by virtue of the confession of its inaccuracy and one-sidedness, and this confession is an essential ingredient of truth« (5.565).

vertreten, vorausgesetzt, daß sie so beschaffen ist, daß ein Experiment, wenn die Theorie irgendetwas Falsches einschließt, dieses Falsche entdecken muß«.[102]

Die vierte und fünfte Position bezieht sich auf ein Problem, das nach Peirce durch die bisher skizzierten Induktionstheorien nicht gelöst werden kann: Er sieht sich hier, wie er selbst andeutet, genötigt, in einem Exkurs auf die Ergebnisse seiner Mathematik des Kontinuums[103] vorzugreifen[104]:

Die dritte Position hat nach Peirce gegenüber der zweiten Position, der *Vorstellung* einer Verifikation *in the long run*, den Vorzug, daß sie durch ihren Verzicht auf *positive* experimentelle Evidenz in der Lage ist, schlechthin allgemeingültige Hypothesen bzw. Theorien als überprüfbar zu unterstellen[105]; aber sie hat andererseits den Nachteil, die falsifizierende Überprüfung nur durch Existenzaussagen über diskrete Vorkommnisse in Raum und Zeit (oder zumindest in der Zeit) begründen zu können. Dies drückt Peirce im Sinne seiner Mathematik des Kontinuums so aus: Die dritte Art, die Induktion zu stützen, impliziert – im Gegensatz zu der zweiten Art – »das Zugeständnis, daß wir einen Satz, der eine unendliche Menge impliziert und daher die Realität der unendlichen Menge selbst impliziert, erschließen können ⟨im abduktiven Schluß⟩, während die Art jedoch, wie sie ⟨sc. die Logiker der dritten Klasse⟩ die Induktion rechtfertigen, jede unendliche Menge ausschließen würde, den niedrigsten Grad einer solchen Menge ausgenommen, nämlich die aller ganzen Zahlen.«[106]

Durch diese Beschränkung der Evidenzkriterien der Induktion auf diskrete Instanzen ergibt sich aber nun nach Peirce eine prinzipielle Schwierigkeit bei allen Hypothesen, seien sie affirmativ oder negativ, die auf das Raum- oder Zeitkontinuum

102 Vgl. 5.200 (411).
103 Vgl. hierzu M. Murphey, a.a.O., S. 282 ff.
104 Vgl. 5.201 (411 f.).
105 Offenbar ohne den Ungenauigkeitsvorbehalt der zweiten Position, wie er insbesondere in der Wahrheitsdefinition von 1901 zum Ausdruck kommt. Vgl. Anm. 101.
106 5.203 (412 f.).

bezogen sind. Peirce nimmt als Beispiel die Hypothese, daß Achill die Schildkröte überholt, wobei als Voraussetzung gelten soll, »daß unser einziges Wissen induktiv aus Beobachtungen der relativen Positionen abgeleitet wurde, die Achill und die Schildkröte zueinander nach Annahme des Sophismus in den Stadien ihrer Vorwärtsbewegungen einnehmen, und ... daß Achill sich wirklich zweimal so schnell wie die Schildkröte bewegt«.[107]

Da nun die Vertreter der dritten Position Hypothesen von der Form »x tritt niemals ein« zulassen, sofern nur das in Frage stehende Ereignis solcher Art ist, »daß es sich nicht ereignen könnte, ohne entdeckt zu werden«[108], und da sie andererseits keinen Abstand zwischen Achill und der Schildkröte als entdeckbar zugestehen können, der kleiner als jeder meßbare Abstand wäre, so können sie die Hypothesen des Sophismus, daß Achill die Schildkröte niemals überholt, als sinnvoll zulassen, da in ihr nur entdeckbare Widerlegungen vorgesehen sind; die Commonsense-Hypothese jedoch, daß Achill die Schildkröte überholt, können sie nur unter der unerfüllbaren Voraussetzung als sinnvoll zulassen, daß Achill seinen meßbaren Abstand von der Schildkröte durch Halbieren auf *Null* reduzieren könnte[109]; d. h. sie können unter ihren Voraussetzungen ein erfahrbares Kontinuum der Bewegung, dem jede Metrik äußerlich bleibt, nicht zugestehen.[110]

Die Aporie der dritten Position[111] vergleicht Peirce mit der

107 5.202 (412).
108 5.200 (411).
109 5.202 (412).
110 Vgl. 6.121: »... the distinction between a continous and a discontinous series is manifestly non-metrical«; ferner 1.276: »... years do not *constitute* the flow of time, but only *measure* that flow«. Vgl. hierzu auch 5.181, (3), (404 f.).
111 Peirce behandelt diese Aporie im folgenden so, als ob sie für jede Gesetzesaussage entstünde. Hier wird man einwenden können, daß Poppers Falsifikationstheorie, die sich gerade nicht als Induktionstheorie versteht, im allgemeinen sehr wohl Gesetzesaussagen durch Existenzaussagen über diskrete Raumzeit-Ereignisse endgültig widerlegen kann. Peirce denkt freilich im folgenden offenbar gar nicht mehr an Überprüfung durch Falsifikation, sondern, im Sinne seiner induktionstheoretischen Voraussetzungen,

einer vierten Position, die unter Mathematikern sehr verbreitet ist und die, induktionstheoretisch betrachtet, nur scheinbar über die dritte Position hinausführt. Die inkommensurablen Größen eines Kontinuums (z. B. die Länge des Kreises im Vergleich zu der des Vielecks, oder die Länge der Diagonale eines Quadrats im Vergleich zu dessen Seiten, oder die Länge einer Linie im Vergleich zu einer Reihe diskreter Punkte) kann dieser Position zufolge als »irrationale, reale Quantität« zugelassen werden. Doch geht man gleichzeitig davon aus, daß es, wenn der Abstand zwischen zwei Punkten kleiner als irgendeine bezeichenbare Quantität ist, d. h. kleiner als irgendeine endliche Quantität, überhaupt keinen Abstand zwischen ihnen gibt.[112] Damit verwickelt sich diese Position nach Peirce offenbar in denselben Widerspruch wie die skizzierte Falsifikationstheorie, die zwar einerseits Aussagen über ein Kontinuum als sinnvoll unterstellt, dies jedoch andererseits unter der Voraussetzung, daß sie ihre Falschheit durch Messungen bzw. durch Existenzaussagen über diskrete Vorkommnisse in Raum und Zeit erweisen könnte. Der innere Widerspruch beider Positionen liegt darin, daß sie etwas ihren Voraussetzungen nach Irrationales auf rationale Weise zu begreifen beanspruchen.

Die Lösung des so gestellten Problems der Induktion stellt nach Peirce eine fünfte Position dar, die den »Schleifstein-Thesen« entspricht. Sie läßt Aussagen über ein echtes Kontinuum, insbesondere über das Zeitkontinuum unter der Voraussetzung als sinnvoll zu, »daß solche Kontinuität in der Wahrnehmung gegeben ist«[113]; diese Voraussetzung impliziert nach Peirce insbesondere, »daß wir ... einen echten Zeitstrom wahrzunehmen

nurmehr daran, daß die Realität eines Gesetzes sich in der Kontinuität eines gesetzmäßigen Verhaltens anschaulich zeigen muß. Vgl. unten S. 317 ff.
112 5.204 (414 f.), vgl. 5.32 (341 f.). – Der Vergleich dieser Paragraphen scheint darauf hin zu deuten, daß Peirce in erster Linie Newcomb »and all mathematicians of his rather antiquated fashion« als Repräsentanten der vierten Position im Auge hat. Andererseits richtet sich Peirces Theorie des Kontinuums aber auch gegen Cantor (und Dedekind), sofern sie bestreitet, daß eine lineare Punktmenge ein geometrisches Kontinuum sein kann. Vgl. Murphey, a. a. O., S. 281 ff.
113 5.205 (415).

scheinen, derart, daß Augenblicke ineinander übergehen ohne getrennte Individualität«[114].

An dieser Stelle kommt die besondere Pointe der Pragmatismus-Vorlesung von 1903, und damit der synechistischen Spätphilosophie Peirces, zum Vorschein. Ihre Tragweite wird sichtbar, wenn man bedenkt, daß Peirce in seiner Erkenntnistheorie von 1868 und 1878 die Möglichkeit der »Intuition«, d. h. unmittelbarer Wahrnehmung, überhaupt bestritten und insbesondere die Vorstellung von Raum und Zeit im Sinne Berkeleys als Resultat von Schlußprozessen betrachtet hatte.[115] Der Wandel seiner Auffassung, der sich seit 1893 anbahnt[116], mag historisch durch die Lektüre von W. James' »Prinzipien der Psychologie« (1890) angeregt sein[117], logisch begründet wurde er für Peirce durch die Überlegung, daß unbewußte Schlußprozesse der rationalen Kontrolle im Sinne einer normativen Logik entzogen sind und daher unmittelbare Wahrnehmung als Ausgangspunkt des bewußten und kontrollierten Schließens nicht ausschließen, sondern geradezu fordern[118]:

»Derjenige, der ... die Schleifstein-Thesen akzeptiert, wird mit vollstem Verständnis die Erkenntnis vertreten, daß logische Kritik auf

114 Ebda., vgl. 5.210 (417) und (für eine genauere Darstellung) 8.123, n. 20. – Zu vergleichen wäre hiermit die entsprechende Lehre W. James' von der Erfahrung von Relationen, insbesondere des Bewußtseinsstroms, die zuerst in den »Principles of Psychology« von 1890 vorgetragen wurde, sowie H. Bergsons »Essai sur les donnés immédiates de la conscience« von 1898. Diesen Philosophien der Kontinuität korrespondiert in der Mathematik B. Riemanns These von 1854 (»Über die Hypothesen, welche der Geometrie zu Grunde liegen«), wonach in einer kontinuierlichen Mannigfaltigkeit der Grund ihrer Meßbarkeit von außen kommen muß. Peirce schätzte Riemann als »the highest authority upon the philosophy of geometry« (vgl. Murphey, a. a. O., S. 219 ff. u. S. 285). In der Physik wäre an Maxwells Theorie kontinuierlicher Felder zu denken, die Peirce, obgleich sie dem Geist seines Synechismus entsprach, wie es scheint, nicht ausgewertet hat (vgl. Murphey, a. a. O., S. 391, Anm. 11).
115 Vgl. 5.223 (18 ff.) und noch 6.416 (1878).
116 Vgl. 6.110 f., 7.451–457, vor allem 8.123 (ca. 1902).
117 Freilich vertritt Peirce in seiner Rezension dieses Werks von 1891 (8.55–89) besonders energisch gegen James die eigene These, die er auch später nicht aufgibt, daß Wahrnehmung unbewußtes Schließen ist, lobt aber James' Ausführungen über »the stream of thought« (8.89).
118 Vgl. 5.181, (3) (404 f.).

das beschränkt ist, was wir kontrollieren können ... Die Summe all dessen ist, daß unsere logisch kontrollierbaren Gedanken einen kleinen Teil des Geistes ausmachen, die bloße Blüte eines weiten Feldes, das wir den instinktiven Geist nennen mögen, mit Bezug auf den man nicht sagen wird, daß man *glaubt*, weil das einschlösse, daß ein Mißtrauen denkbar sei, sondern auf dem man als eben der Tatsache aufbaut, im Hinblick auf die es das ganze Geschäft der Logik ist, wahr zu sein.«[119]

Indessen: die Begründung der Möglichkeit bzw. Notwendigkeit einer Wahrnehmung der Kontinuität durch die »Schleifstein-Thesen« impliziert noch einen weiteren Gedanken, der Peirces Pragmatismus und seine Theorie der Realität wesentlich korrigiert: In den Schleifstein-Thesen werden Allgemeinheit und Kontinuität als Aspekte der Kategorie Drittheit gleichgesetzt.[120] Daraus folgt: Wahrnehmung der Kontinuität (insbesondere Zeit) ist für Peirce der wahrnehmbare Aspekt des Allgemeinen, weil er der unbewußte und unkontrollierbare Aspekt der rationalen Vermittlung des Schlußprozesses ist[121]:

»... genauso, wie Achill nicht eine Reihe voneinander getrennter Anstrengungen zu machen hat, ... so vollzieht der Prozeß des Formens von Wahrnehmungsurteilen, weil er unbewußt ist und so der logischen Kritik nicht zugänglich, keine getrennten Akte des Schließens, sondern sein Ablauf vollzieht sich in einem kontinuierlichen Prozeß.«[122]

Hieraus ergibt sich aber nun eine neue Konsequenz für Peirces Theorie des Universalienrealismus. Diese Position, die er seit 1868 vertrat, ist jetzt nicht mehr lediglich in der sinnkritischen Überlegung begründet, daß allgemeine Sätze (bzw. Sätze mit allgemeinen Prädikaten) prinzipiell müssen wahr (bzw. objektiv gültig) sein können, wenn Argumente überhaupt sinnvoll

---

119 5.212 (419); vgl. oben S. 299 ff.
120 Vgl. 5.205 (415); vgl. 5.181 (403 ff.), 5.209 (417); vgl. auch 5.436 (450): »Continuity is simply what generality becomes in the logic of relatives.«
121 Dies erinnert an Schellings *Diktum:* »Natur ist sichtbarer Geist, Geist ist unsichtbare Natur.«
122 5.181, (3) (404 f.).

sein sollen[123], sondern darüber hinaus in dem Postulat, daß echte empirisch allgemeine Sätze, d. h. Gesetzeshypothesen, aufgrund einer Wahrnehmung des Allgemeinen als Kontinuität überprüfbar sein müssen, wenn sie als sinnvolle Hypothesen zugelassen werden sollen.

Um diese Problemsituation zu verdeutlichen, unterscheidet Peirce am Schluß der Vorlesung noch einmal drei mögliche philosophische Positionen[124]: Die erste ist die des Nominalismus, die er zeitlebens bekämpft hat, die zweite geht dahin, »daß Drittheit ⟨in the long run⟩ experimentell verifizierbar ist, d. h. induktiv zu erschließen ist, obwohl sie nicht direkt wahrgenommen werden kann«[125]; die dritte ist die der Schleifstein-Thesen. Die Realitätstheorie der zweiten Position, derzufolge »die einzige Realität, die es geben könnte, die Übereinstimmung mit dem letztlichen Resultat des Forschens sein würde«[126], ähnelt sehr der eigenen von 1868 ff. – oder vielleicht besser: jener idealistischen Verkürzung des sinnkritischen Realismus, von der Peirce sich in der Tat nie völlig befreien konnte.[127] Zwar hatte Peirce die Theorie bereits 1871 ff., vollends aber 1885 durch die Forderung der induktiven Verifizierbarkeit und Korrigierbarkeit (Falsifizierbarkeit!) von Überzeugungen *aufgrund deiktischer Fixierbarkeit der Hier-Jetzt-Existenz des Realen* transzendiert. Aber dies genügt ihm jetzt nicht mehr; denn sein Haupteinwand gegen die zweite Position lautet, sie wisse keine Antwort auf die Frage, »warum man der Wahrnehmung hinsichtlich dessen, was real ist, solche Autorität zubilligen sollte«.[128]

Peirce vermißt jetzt die Vermittlung zwischen dem Hier und Jetzt der individuellen »brute facts« und dem Allgemeinen der

123 Vgl. 5.312 (77) und 8.14 (118); dazu oben, S. 61 ff.; diese sinnkritische Theorie wird von Peirce nicht etwa fallengelassen, sondern später als Rahmenargument eines weitergehenden Universalienrealismus vertreten, vgl. z. B. 5.434 (448 f.).
124 Vgl. 5.209 (417).
125 Ebda.
126 5.211 (418).
127 Vgl. oben, S. 55 ff., S. 146 ff., vgl. oben S. 255 ff.
128 5.210 (417).

Theorie durch die Erfahrung des qualitativen Soseins der Tatsachen[129], die hier und jetzt lediglich mit dem Ich zusammenprallen, nicht aber *als* etwas begegnen. Soll diese Vermittlung möglich sein, dann muß im qualitativen Sosein der Tatsachen zugleich das allgemeine Gesetz erfahrbar sein, dem die Tatsachen gehorchen; d. h.: es muß nicht nur Gefühl oder Empfinden des Soseins im Sinne der Kategorie »Erstheit« geben, sondern Wahrnehmung des Allgemeinen im Besonderen (Erstheit der Drittheit) zumindest als vage Antizipation einer realen Möglichkeit.[130] Dieses Problem, das Peirce bereits dazu führte, eine kognitiv-relevante *Ikon*-Funktion der Satzprädikate zu postulieren[131], wird nun mit dem der Erfahrbarkeit des Kontinuums identifiziert: Ohne eine solche Erfahrung könnte nach Peirce »eine bestimmte Ordnung der Folge zwischen ... Zuständen« nicht als real verifiziert werden. Sie könnte lediglich im Sinne eines nominalistischen (idealistischen) Pragmatismus als leichter begreifbar als eine andere postuliert werden. Damit fehlt aber eine empirische Orientierung für den »Verlauf des Forschungsprozesses«, der, im Sinne des nach wie vor von Peirce anerkannten regulativen Prinzips, zum Konsensus aller Forscher führen soll.[132]

Mit dieser, zumindest für die Zeitgenossen überraschenden und kaum verständlichen Verknüpfung des Pragmatismus mit dem

129 Zu dem entsprechenden ontologischen »Problem des Prinzips der Individuation« vgl. 5.107 (381 f.).

130 Möglichkeit ist in der Modalontologie Peirces der Repräsentant von Erstheit, Wirklichkeit der von Zweiheit, Notwendigkeit der von Drittheit. Schon in der Royce-Rezension (vgl. 8.43, meine Ausgabe, S. 259 ff.) macht Peirce aber darauf aufmerksam, daß »reale Möglichkeit« stärker ist als bloße (logische) Möglichkeit. In ihr ist schon ein Gesetz (also Drittheit) impliziert. Daher entspricht die reale Möglichkeit in ihrer kategorialen Struktur der antizipativ verstehenden Wahrnehmung, sei diese nun auf die Realisierung eines Naturgesetzes oder »die Übereinstimmung der Handlung mit allgemeinen Intentionen« (5.212, meine Ausgabe, S. 419) gerichtet. Vgl. hierzu 5.107 (381 f.): »Die Analogie läßt vermuten, daß die Naturgesetze Ideen oder Entschließungen im Geiste eines umfassenden Bewußtseins sind.« Dazu unten S. 335.

131 Vgl. 5.119 (382); dazu oben S. 186 ff. zur Revision der semiotischen Grundlagen der Logik der Forschung.

132 Vgl. 5.211 (418).

Universalienrealismus, hinter der die phänomenologische Kategorienlehre Peirces und seine Mathematik und Metaphysik des Kontinuums stehen, endet die Vorlesung von 1903. Die Präliminarien für eine Auseinandersetzung mit den zeitgenössischen Versionen eines mehr oder weniger nominalistischen Pragmatismus waren damit festgelegt.

3. Die Pragmatizismus-Aufsätze (1905 ff.)

Am 7. März 1904 schrieb Peirce an W. James:

> »Ich möchte Dir für Deinen freundlichen Hinweis auf mich in Deinem Artikel über Schillers *Humanismus* danken ... Das humanistische Element des Pragmatismus ist sehr wahr und richtig und beeindruckend, – aber ich glaube nicht, daß die Lehre auf jene Art *bewiesen* werden kann. Die gegenwärtige Generation überschlägt Beweise gern. Ich bin in Versuchung, ein kleines Buch von 150 Seiten über den Pragmatismus zu schreiben, in dem ich eben meine Anschauung der Sache umreiße und einige meiner alten Stücke mit kritischen Anmerkungen hinzufüge. Du und Schiller treiben mir den Pragmatismus viel zu weit.«[133]

Diese Briefstelle bezeichnet sehr genau die Problemsituation, in der Peirce sich befand, nachdem James von einer Veröffentlichung der »unverständlichen« Harvard-Vorlesung von 1903 abgeraten hatte[134]. Aus dem geplanten kleinen Buch wurde die Aufsatzreihe in »The Monist« von 1905/06, die vierte und letzte der repräsentativen, zu Peirces Lebzeiten zustande gekommenen Zeitschrift-Publikationen, in der zugleich der Standpunkt der vierten Periode seiner Philosophie unter dem Titel »Pragmatizismus« formuliert wurde. Verglichen mit der Pragmatismus-Vorlesung von 1903, sind die Aufsätze von 1905/06 nicht nur populärer, sondern von vornherein viel genauer auf das Thema der Auseinandersetzung mit dem eigenen und dem zeitgenössischen Pragmatismus konzentriert. Nur in einzelnen

133 0.258 (544).
134 Vgl. die Anm. 1 zur Pragmatismus-Vorlesung, meine Ausgabe, S. 421.

Abschnitten (und vor allem in den nicht veröffentlichten Entwürfen für die Fortsetzung der Reihe[135]) tritt der Hintergrund des Systems noch in Erscheinung, in das Peirce den Pragmatismus 1903 unmittelbar zu integrieren versuchte.

a) Der einleitende Aufsatz »Was heißt Pragmatismus?« ist ersichtlich als Retrospektive auf die beiden Geburtsurkunden des eigenen Pragmatismus (»The Fixation of Belief« und »How to Make Our Ideas Clear«) angelegt. Nach einer allgemeinen Einleitung über den »Geist des Laboratoriums«, die im Namen einer Ethik philosophischer Terminologie die eigene Position als »Pragmatizismus« von dem weiteren Begriff des humanistischen Pragmatismus von James und Schiller abgrenzt[136], folgt zunächst eine Rekapitulation der *Belief-Doubt*-Theorie[137], anschließend eine Klärung der Mißverständnisse hinsichtlich der *Pragmatischen Maxime* in einem »Katechismus«-Dialog[138], schließlich folgt noch ein Anhang über »Drittheit« und Pragmatismus, in dem die Themen der Kategorienlehre und der synechistischen Metaphysik anklingen[139], und ein Postskriptum an den Leser, das zur Einsendung von Einwänden auffordert.[140]

Im Gegensatz zu 1903 versetzt sich Peirce diesmal wieder so genau in den Geist seiner *Belief-Doubt*-Theorie von 1877 zurück, daß er auch den Psychologismus der Wahrheitstheorie, den er 1903 kritisiert hatte[141], weitgehend reproduziert; ge-

135 Meine Ausgabe bringt die ersten beiden der 1905 veröffentlichten Aufsätze (S. 427 ff. und S. 454 ff.), zwei unveröffentlichte Ergänzungen zum »Critical Commonsensism« des zweiten Aufsatzes von 1905 (485 ff.), ein unveröffentlichtes Fragment von 1906 (494 ff.) und den Hauptteil des unveröffentlichten Brief-Artikels »A Survey of Pragmaticism« von 1907 (498 ff.).
136 §§ 5.411–415 (427 ff.).
137 §§ 5.416–421 (434 ff.).
138 §§ 5.422–435 (438 ff.).
139 § 5.436 (450 f.).
140 § 5.437 (451).
141 Vgl. 5.28 (340); 1898 war er ihm offenbar so weit entfremdet, daß er ihn nicht sich selbst, sondern W. James' »The Will to Believe« zurechnete und die eigene Forschungslogik als Theorie der »ewigen Wahrheiten« zu verstehen schien. Vgl. oben S. 287 ff.

nauer wird man sagen müssen, daß er sogar jene naturalistische Psychologie reproduziert, welche die Möglichkeiten der *Reflexion* auf die durch neue Tatsachen von außen aufgezwungenen Zweifel beschränkt und damit die Geistesgeschichte in einem allzu simplen Sinn auf den Mechanismus von »Trial and Error« reduziert. Der Kampf mit Descartes, den Peirce 1868 und 1877 eröffnet hatte, kann so auch jetzt nicht durch einen eindeutigen Sieg des Pragmatismus entschieden werden.[142]

Zwar weist Peirce noch einmal eindrucksvoll darauf hin, daß menschliches Denken einschließlich der Philosophie nicht von einem fiktiven Ursprungspunkt (sei es in den Sinnen, sei es im Verstand) ausgehen könne, sondern nur »von dem Geisteszustand, in dem man sich zu der Zeit, in der man ›aufbricht‹, tatsächlich befindet«.[143] Aber schon dieser Versuch einer »Rehabilitierung der Vorurteile«[144] wird dem kritischen Vorbehalt der eigenen Reflexionsstufe und den Möglichkeiten einer von diesem *formalen Zweifel* geleiteten kritischen Rekonstruktion der materialen Gehalte der Geistesgeschichte (hermeneutische Traditionskritik einschließlich Ideologiekritik) nicht wirklich gerecht. Freilich wird man Peirce zugeben müssen, daß es immer vieles geben wird, »das man nicht im geringsten bezweifelt«[145], daß es faktische Grenzen für das Zweifelnkönnen, und d. h. für die materiale Reflexion gibt, die nicht durch die zufälligen Umstände bedingt sind, sondern durch den Stand des geschichtlichen Bewußtseins[146] oder gar durch evolutionsbedingte Voraussetzungen der menschlichen Natur[147]. Daraus folgt jedoch nicht, »daß man das, was man überhaupt

142 Vgl. hierzu und zum folgenden oben, S. 121 ff.
143 5.416 (434).
144 Vgl. H. G. Gadamer: Wahrheit und Methode, Tübingen 1960, S. 250 ff.
145 5.416 (435).
146 Peirce trifft sich hier mit Gedanken R. G. Collingwoods über »absolute Denkvoraussetzungen«, die »fraglos« hinzunehmen sind, und M. Heideggers über den »seinsgeschichtlichen Ort« des Denkens. Vgl. dazu J. Brüning: R. G. Collingwood und das Problem des Historismus, Kieler Diss. 1969, und O. Pöggeler: Metaphysik und Seinstopik bei Heidegger (Philos. Jb., 70. Jg., 1962, S. 118–37).
147 Vgl. 5.419 (437).

nicht bezweifelt, ... als absolute Wahrheit ansehen muß« oder
auch nur tatsächlich »ansieht«.[148] Peirces eigenes Bekenntnis
zum prinzipiellen Fallibilismus[149] läßt sich damit offenbar nicht
in Einklang bringen. Auch ist es zumindest schief, das Verhältnis des Menschen zu seinen letzten materiellen Denkvoraussetzungen so zu charakterisieren, als könnte der Einzelne zu sich
selbst sagen: »Ich kann nicht anders denken«.[150] Gerade zu
einer solchen materialen *Feststellung* ist die Reflexion nicht imstande; wohl dagegen vermag sie einerseits – als jederzeit mögliche philosophische Reflexion aus »exzentrischer Positionali-
tät« heraus[151] – die mögliche Differenz zwischen der eigenen
Überzeugung und *der* Wahrheit *prinzipiell zu erkennen* und
andererseits – als situationsverbundene, zentrisch engagierte,
effektive Reflexion der Lebenspraxis – zu einer Glaubens*entscheidung* zu gelangen[152], die den eigenen Denkmöglichkeiten
mehr oder weniger Rechnung trägt, die materiale Reflexion
jedoch stets durch einen Willensakt abbrechen muß. Gewiß
werden die Überzeugungen der Praxis nicht immer in derart
reflektierter Form geltend gemacht; aber in diesem Fall wird
man erst recht nicht sagen können, daß jemand das, woran er
nicht zweifelt, im Sinne einer philosophischen Definition mit

148 5.416 (435); in einem Fragment aus demselben Jahr (5.498, meine
Ausgabe, S. 485 ff.) gibt Peirce zu: »...andererseits können und sollten wir
wenn wir auch der Ansicht sind, daß gewisse Sätze für sich genom-
völlig wahr sind, es trotzdem für wahrscheinlich halten, daß irgendeiner von
ihnen, wenn nicht mehrere, falsch sind.« Die Möglichkeit dieses kritischen
Vorbehalts gegenüber der eigenen Überzeugung sieht Peirce hier darin begründet, »daß das Vage ⟨sc. alles unmittelbar Gewisse⟩ nicht dem Prinzip
des Widerspruchs unterworfen ist« (5.498 n., meine Ausgabe, S. 489,
Anm. 3).
149 Vgl. die oben (Anm. 101) zitierte Wahrheitsdefinition von 1901.
150 5.419 (437); vgl. dagegen 5.498 (486): Hier erinnert sich Peirce
selbst daran, daß – wie er 1868 festgestellt hatte – »der Mensch kein unfehl-
bares introspektives Vermögen besitzt, die Geheimnisse seines eigenen Her-
zens zu schauen, d. h. zu wissen, wovon er überzeugt ist und woran er
zweifelt«.
151 Vgl. H. Plessner: Die Stufen des Organischen und der Mensch, Berlin
u. Leipzig, 1928, Kap. 7.
152 Diese Pointe von W. James' »The Will to Believe« hatte Peirce 1898
selbst der fallibilistischen Einstellung des Wissenschaftlers gegenübergestellt,
vgl. oben S. 287 f.

der absoluten Wahrheit identifizieren muß, sondern nur, daß er so handeln muß, als ob es die absolute Wahrheit wäre.[153] Dies letztere allerdings vermag der pragmatistische Philosoph in kritischer Reflexion auf das Verhalten der Menschen festzustellen, wobei er die Differenz von Überzeugung und Wahrheit gerade voraussetzt.

Nun läßt der Text im ganzen gar keinen Zweifel darüber aufkommen, daß Peirce 1905 sowenig wie 1877 die Wahrheit mit der praktisch nicht bezweifelbaren Überzeugung irgendeines Menschen gleichsetzen will. Er möchte lediglich den Sinn von Wahrheit nicht durch Unterstellung metaphysischer Entitäten, sondern im Hinblick auf mögliche Praxis und mögliche Erfahrungen der Menschen definieren; d. h. aber »unter Zuhilfenahme der Termini Zweifel und Überzeugung«.[154] Wahrheit ist dann »dasjenige im Verhältnis zur Überzeugung..., auf das eben diese Überzeugung hintendieren würde, wenn sie unbegrenzt auf absolute Festigung hintendieren würde«.[155] Mit dem *would-be-Conditionalis* dieser Definition hat Peirce implizit bereits angedeutet, daß der Mensch ganz unabhängig von dem faktischen Zustand seiner Überzeugung ihre Differenz zu dem, was die Wahrheit sein *würde*, in formal-allgemeiner

153 Zu einer ähnlichen Unterscheidung gelangt Peirce in 5.523 (490): »Weder die Commonsense-Philosophie noch ihr Vertreter akzeptiert irgendeine Überzeugung *aufgrund* der Tatsache, daß sie nicht kritisiert wurde... Aber es ist ganz richtig, daß der Commonsensist, wie jeder andere auch, der Kritizist eingeschlossen, von Sätzen überzeugt ist, *weil* sie nicht kritisiert wurden...« Vgl. auch 5.563 (495 f.).
154 5.417 (436). – Wer den Sinn des Prädikats »hart« im Sinne des Pragmatismus sich klarmachen will, der muß Gedankenexperimente mit ritzbaren Gegenständen anstellen, wer aber den Sinn des Prädikats »wahr« sich klarmachen will, der muß entsprechende Gedankenexperimente mit Überzeugungen anstellen – mit Überzeugungen, die entweder der Einzelne in seinem endlichen Dasein oder die Gesellschaft in der geschichtlichen Situation oder die unbegrenzte Gemeinschaft der Wissenschaftler vertreten könnte: Drei mögliche Typen eines Wahrheitspragmatismus werden so sichtbar: der von W. James, der von J. Dewey und der von Ch. S. Peirce.
155 Ebda. Vgl. die raffiniertere Definition von 1903, 5.375 n. (175), Anm. 24, welche die mögliche praktische Bewährung der Überzeugung als Kriterium ihrer möglichen Festigung einbezieht. Dazu oben, S. 125 f.

Reflexion[156] zu definieren vermag, ohne dabei nichterfahrbare Entitäten unterstellen zu müssen. Noch fehlt aber in der angedeuteten *would-be*-Definition die inhaltliche Angabe der Geneninstanz, die der Einzelne gewissermaßen anstelle der metaphysischen Unterstellungen gegen das endliche Ich und seine feste Überzeugung auszuspielen hat, wenn das *would be* der Definition kein tautologisches Postulat sein soll.

Wie eine Lösung des Problems auf der Höhe der Peirceschen Philosophie auszusehen hätte, verrät andeutungsweise der Schlußparagraph der Rekapitulation der *Belief-Doubt*-Theorie[157]: Alles Denken ist ein Gespräch der Seele mit sich selbst (Platon), in dem diese (und das folgende ist nicht mehr Platon, sondern Peirce) als kritischen Partner die als Person gedachte Gesellschaft (und in ihr wieder die unbegrenzte ideale Gemeinschaft der Wissenschaftler) zur Geltung bringt. In ihrem Namen, d. h. im Namen der Überzeugung, zu der die *Community* nach unbegrenzt durchgeführtem Forschungsprozeß (unter Beachtung aller induktionstheoretischen Kriterien) gelangen würde, kann der Einzelne jetzt schon »– wenn auch nur in abstracto und im Pickwickschen Sinne – zwischen absoluter Wahrheit und dem, was er nicht bezweifelt, unterscheiden«.[158] An dieser abstrakten Unterscheidung hängt in der Tat die Möglichkeit, den Pragmatismus im Sinne der idealen Wahrheitskriterien

156 Der Text zeigt allerdings (vgl. 5.418; meine Ausgabe, S. 436 f., über die dem Menschen mögliche Selbstkontrolle), daß Peirce das Problem der Reflexion nur als ein psychologisches im Sinne endloser Iteration bzw. im Sinne eines unendlichen Übergangs zum Grenzwert der absoluten Gewißheit zu denken vermag, nicht dagegen als *Selbstaufstufung der Reflexion,* die das »und so weiter« der Iteration durchschaut und sich der höheren Allgemeinheitsstufe des eigenen philosophischen Erkenntnisanspruchs vergewissert. Im Zeitalter der Metatheorien scheint diese dialektische Pointe freilich nur noch einigen Neohegelianern einzuleuchten. Vgl. zur Ausführung des Gedankens Th. Litt: Denken und Sein, Stuttgart 1948, ders.: Mensch und Welt, ²Heidelberg, 1961.

157 5.421 (438).

158 Ebda.; vgl. den *locus classicus* 5.311 (76 f.). – Der Text von 1903 läßt durchblicken, daß Peirce seinem »Logischen Sozialismus« von 1868 inzwischen eine metaphysische Wendung gegeben hatte im Sinne der wachsenden Integration der Einzelnen und Völker durch »continuity of mind« und »agapastic development« in eine kosmische Kollektiv-Person, d. h. Gott. Vgl. 6.271 u. 6.307.

einer normativen Logik der Forschung mit dem *Commonsense-Pragmatismus* der hier und jetzt verfügbaren Evidenz-Kriterien – nicht nur des Alltags, sondern auch der Entscheidungen von Experten etwa über Basis-Sätze – zu vermitteln. Ein Pragmatismus, der mit dieser Differenz idealer und faktischer Kriterien rechnet und sie in der Situation vermittelt, ließe sich mit Peirce als »Critical Commonsensism« bezeichnen.[159]

Die im Text folgende Klärung der Mißverständnisse über den *Pragmatismus* von 1878 konzentriert sich auf die Abwehr des Gedankens einer Reduktion des allgemeinen Sinns von Begriffen auf faktische Handlungen oder Erfahrungsdaten. Diesem – im Sinne Peirces – nominalistisch-individualistischen Irrtum setzt Peirce eine Analyse des naturwissenschaftlichen Experiments entgegen. In ihm wird zwar einerseits – im Sinne der Zweitheit – ein »Experimentator aus Fleisch und Blut«, ein »externer (oder quasiexterner[160]) Akt, durch den er ⟨sc. der Experimentator⟩ die Gegenstände modifiziert«, und die »Reaktion der Außenwelt auf den Experimentator«[161] vorausgesetzt – insofern ist der Sinn physikalischer Begriffe im vorhinein durch materielle Praxis und deren natürliche Bedingungen vermittelt.[162] Andererseits wird aber nicht mit unzusammenhängen-

159 Vgl. hierzu unten S. 333 f.
160 In dem sehr charakteristischen Ausdruck »quasi-externer Akt« berührt Peirce eine bis heute kaum geklärte Problematik des sog. »Operationalismus« (die im Marxismus in der ebenso ungeklärten Problematik von subjektiver und objektiver Praxis ihre Parallele hat!): Ist der Beobachtungs- oder Meßakt ein mentaler – als intentional verstehbarer – Erkenntnisakt, oder ist er ein selbst beobachtbarer und meßbarer Naturvorgang, oder ist er beides? – Kant, der in der Vorrede zur »Kritik der reinen Vernunft« (XIV) bereits den merkwürdigen Satz formuliert »Die Vernunft muß mit ihren Prinzipien ... in der einen Hand, und mit dem Experiment in der anderen, an die Natur gehen ...«, hat doch in seiner Vernunftkritik nur das Vernunftapriori untersucht (vgl. aber oben, Anm. 91). Hier fehlt gewissermaßen das Leibapriori, durch das vermittelt die Vernunft »mit dem Experiment ... in der Hand ⟨!⟩ ... an die Natur gehen« könnte. Der moderne Operationalismus andererseits neigt dazu, das Problem nach der anderen Seite abzuspannen und – im Sinne des Behaviorismus – die »externe« Seite der Akte des Experimentators zu verabsolutieren. Vgl. oben, S. 24.
161 5.424 (441).
162 Vgl. oben, S. 24.

den individuellen Handlungen bzw. Erfahrungen Einzelner gerechnet, sondern mit vorschriftsmäßig wiederholbaren Operationen und intersubjektiv nachprüfbaren »allgemeinen Arten experimenteller Phänomene«.[163] Damit gelangt Peirce zu seinem Hauptanliegen eines modernen Universalienrealismus[164], der sich auf das Kontinuum von Naturgesetzen und menschlichen Verhaltensdispositionen (»habits«) gründet, das als reale Möglichkeit einer Rationalisierung des Universums in der Formulierung von bedingten Prognosen und hypothetischen Imperativen zum Ausdruck kommt.[165]

Die Schwierigkeit dieser Konzeption liegt offenbar darin, daß die hier vorgesehene kontinuierliche Realisierung des Allgemeinen nicht nur von der menschlichen Einsicht in die Naturgesetze, sondern auch noch von der Wahl der Zwecke abhängig ist. Dieser offene Faktor kann durch die Umsetzung von Gesetzeswissen in instrumentelle Vernunft nicht automatisch mitrationalisiert werden (wenn man nicht davon ausgehen will, daß der letzte Zweck des Lebens durch die Notwendigkeit der optimalen Anpassung eines Organismus an sein Milieu a priori und hinreichend festgelegt ist). Peirce, der diese Problematik in seiner normativen Ethik zumindest ansatzweise erkannt hatte[166], versucht nun, die »rationale Bedeutung jedes Satzes« im Sinne der *Pragmatischen Maxime* so anzugeben, daß der Faktor der Zwecksetzung zugleich berücksichtigt und im Sinne eines Kontinuums realer Möglichkeiten der Aktualisierung von Verhaltensdispositionen offen gelassen wird:

»Aber welche der Myriaden von Formen, in die ein Satz übersetzt werden kann, ist die eine, die seine Bedeutung genannt werden muß?

163 5.426 (441 f.); vgl. 5.425 (441).
164 Die Modernität soll darin liegen, daß die Annahme realer Universalien durch »experimentellen Beweis«, also induktionstheoretisch, »gestützt« wird (vgl. 5.430, meine Ausgabe, S. 445 ff.). Im Hinblick auf die Möglichkeit solcher Beweise hat die *Pragmatische Maxime* den Sinn der Universalien *relationslogisch* (durch Wenn-dann-Sätze), und d. h. zugleich *modalontologisch* zu explizieren (ebda.).
165 Vgl. 5.427 ff. (442 ff.).
166 Vgl. oben S. 166 ff.

Für den Pragmatizisten ist es die Form, in der der Satz auf das menschliche Verhalten anwendbar wird, nicht unter diesen oder jenen besonderen Umständen, noch wenn jemand diesen oder jenen speziellen Zweck verfolgt, sondern jene Form, die auf die Selbstkontrolle des Verhaltens – in jeglicher Situation und zu jedem Zweck – am unmittelbarsten angewandt werden kann.«[167]

Peirce sieht selbst, daß, was er hier *in abstracto* postuliert, nicht durch die Form eines Satzes ausgedrückt werden kann. Was soll z. B. für einen Physiker bzw. Chemiker in dem skizzierten Sinn die Bedeutung des Satzes »Dies ist ein Diamant« sein? – Peirce antwortet in einem zweiten Anlauf:

»Die allgemeine Beschreibung all der experimentellen Phänomene ⟨also der regelmäßig zu erwartenden Resultate vorschreibbarer Operationen⟩ . . ., die die Aussage des Satzes virtuell voraussagt.«[168]

In seiner semiotischen Interpretation des Pragmatismus von 1907 geht Peirce noch einen Schritt weiter und bestimmt als den »letzten *logical interpretant*« des allgemeinen Sinns von Begriffen nicht eine verbale Beschreibung, sondern die normativ implizierte Verhaltensdisposition selbst:

»Der Begriff, der ein logischer Interpretant ist, ist dies nur unvollkommen. Er hat in gewisser Weise den Charakter einer verbalen Definition und ist der Verhaltensgewohnheit ebenso und zum größten Teil auf gleiche Weise unterlegen, wie eine Verbaldefinition einer Realdefinition unterlegen ist. Die überlegt gebildete, sich selbst analysierende Verhaltensgewohnheit . . . ist die lebendige Definition, der wahrhafte und endgültige logische Interpretant.«[169]

Damit ist in der Tat *eine* Dimension progressiver Rationalisierung des Verhaltens durch Bedeutungsklärung angezeigt; Peirce

167 5.427 (442).
168 5.427 (442).
169 5.491 (527). Noch deutlicher formuliert Peirce diese Pointe seines semiotischen Pragmatismus 1909 in einem Brief an W. James: »Der endgültige Interpretant besteht nicht in der Art und Weise, in der irgendein Verstand handelt, sondern in der Art und Weise, in der jeder Verstand handeln würde . . . ›Wenn das und das irgendeinem Verstand zustoßen sollte, würde dieses Zeichen jenen Verstand zu dem und dem Verhalten bestimmen.‹ Mit ›Verhalten‹ meine ich eine *Handlung*, die unter einer Intention der Selbstkontrolle vollzogen wird. Kein Ereignis, das irgendeinem Verstand zustößt, keine Handlung irgendeines Verstandes kann die Wahrheit jenes konditionalen Satzes konstituieren.« (8.315; 564 f.).

versucht 1905 selbst, sie zur Dimension ethischer Rationalisierung ins Verhältnis zu setzen:

»Wie nun das Verhalten, das von ethischer Vernunft kontrolliert wird, darauf zielt, gewisse Gewohnheiten des Verhaltens festzulegen, deren Natur (um die Bedeutung zu veranschaulichen: friedliche, keine streitsüchtigen Verhaltensgewohnheiten) nicht von irgendwelchen zufälligen Umständen abhängt, und es *in diesem Sinne vom Schicksal bestimmt* genannt werden kann, so zielt das Denken, das durch eine rationale experimentelle Logik kontrolliert wird, auf die Festlegung gewisser Überzeugungen, die in gleicher Weise schicksalhaft bestimmt sind und deren Natur am Ende dieselbe sein wird, wenn auch die Verderbtheit des Denkens ganzer Generationen den Aufschub der letztgültigen Festlegung verursachen wird.«[171]

Zumindest an dieser Stelle scheint Peirce die Zweidimensionalität der menschlichen *Habit*-Formation[172], ihre Begründung sowohl durch pragmatisch-technologische Umsetzung von Gesetzeswissen wie andererseits durch ethische Orientierung im Sinne zulässiger Zwecksetzungen ins Auge zu fassen. Beide Rationalisierungstendenzen weisen nach Peirce ihrem letzten Sinn nach auf ein schicksalhaft vorbestimmtes eschatologisches *summum bonum*, das somit den letzten Maßstab der Bedeutungsklärung im Sinne des Pragmatizismus darstellen soll.[173] Besteht aber nicht ein *Unterschied* zwischen der pragmatischen Klärung von Begriffen im Sinne einer habituellen Anpassung des Verhaltens an unveränderliche Naturgesetze und einer – vielleicht auch möglichen, ja notwendigen – Klärung von Begriffen (oder wenigstens Symbol-Bedeutungen) im Hinblick auf die Zielorientierung eines geschichtlich-gesellschaftlichen Prozesses, der die Realität nicht nur durch szientifische Forschung progressiv erkennen, sondern sie – sagen wir mit Peirce: im Sinne der *great community of love* – verändern und vollenden soll? Wie würde z. B. der Begriff der *Gerechtigkeit*, den Peirce selbst im Sinne seines Universalienrealismus zu den ge-

171 5.430 (446).
172 Vgl. oben S. 169 f.; vgl. auch 5.431 (447 f.) über die reale Wirksamkeit solcher Ideen wie Gerechtigkeit und Wahrheit.
173 Vgl. 5.430 (445 ff.) u. 5.433 (448); vgl. auch 5.3 (315 ff.), 5.133 (387 f.), 5.402 n. (212, Anm. 20); vgl. dazu oben II, 1.

radezu »physikalisch wirksamen« Ideen zählt[174], im Hinblick
auf mögliche Habitualisierung menschlichen Verhaltens zu definieren sein?
Peirce hat leider m. W. eine derartige Definition nicht versucht.
Aus seinen Äußerungen über die Kantische Unterscheidung von
»praktisch« und »pragmatisch«[175] läßt sich jedoch der Hinweis
entnehmen, daß sie auch für ihn nicht allein im Sinne des »Experimentalistenverstandes« durch bedingte Prognosen oder
technisch-hypothetische Imperative zu erreichen wäre. Der So-
zialpädagoge Dewey hat das nicht zugegeben. Für ihn, der
freilich keine regulativen Prinzipien für jedes Verhalten überhaupt mehr anstrebt, lassen sich auch Wertbegriffe durch soziale
Experimente, d. h. durch kommunikative Vermittlung der Bedürfnisse und kreativen Wertungen aller Einzelnen und durch
»intelligente Vermittlung von Mitteln und Zielen« in der jeweiligen Situation, pragmatisch explizieren.[176] Deweys Vorstellungen kommen m. E. dem Verfahren der Ermittlung des
Sinns von Wertbegriffen, das in einer demokratischen Gesellschaftsordnung vorausgesetzt ist, denkbar nahe. Aber man wird
gegen seine Verwendung des Begriffs »Experimentalismus«
einwenden können, daß hier gerade nicht mehr wiederholbare
Experimente, die austauschbare Experimentatoren aufgrund
isolierter Anfangsbedingungen an der Natur vornehmen, entscheidend sind, sondern vielmehr Experimente der, streng
genommen, nicht wiederholbaren *Interaktion*[177] und *Kommu-*

174 Vgl. 5.431 (447).   175 Vgl. oben S. 165 f.
176 Vgl. zu diesem Modell des Pragmatismus J. Habermas: Verwissen-
schaftlichte Politik und öffentliche Meinung, in: »Technik und Wissenschaft
als ›Ideologie‹«, Frankfurt a. M. 1968.
177 Gemeint ist hier nicht Wechselwirkung zwischen Objekten, sondern die
nur in intersubjektiver Kommunikation mögliche Rollenabstimmung im
Sinne von Handlungsantizipationen, die im Rahmen des amerikanischen
Pragmatismus zuerst G. H. Mead analysiert hat (vgl. das Nachlaßwerk
»Mind, Self, and Society«, Chicago 1934, dtsch. »Geist, Identität und Gesellschaft«, Frankfurt a. M. 1968). In der Sozialphilosophie und Wissenschaftstheorie ist der Begriff besonders von J. Habermas dem der Arbeit
bzw. des experimentell-technischen Verhaltens entgegengestellt worden (vgl.
bs. »Arbeit und Interaktion« in: »Technik und Wissenschaft als ›Ideologie‹«,
a. a. O.). Vgl. auch K.-O. Apel: Szientismus oder Transzendentale Hermeneutik, a. a. O.

nikation zwischen individuellen Personen. In diesen geschichtlich-gesellschaftlichen Quasi-Experimenten wird der Sinn von
Wertbegriffen letzten Endes nicht durch bedingt prognostizierbare Erfahrungen expliziert, sondern durch Verständigung aller
Bürger über das – unter Berücksichtigung aller prognostizier-
baren Erfahrungen – herzustellende normativ gute Leben.

Die hier gemeinte Verständigung würde einerseits ein Kontinuum bilden mit jener hermeneutischen Traditionsvermittlung,
die J. Royce 1903 in seiner an Peirces Semiotik anknüpfenden
Philosophie der Interpretation analysiert hat[178], andererseits
wäre sie praktisch orientiert an einer möglichen Verbesserung
der sozialen Interaktion und Kommunikation durch soziale
Interaktion und Kommunikation. Als »intelligente Vermittlung von Mitteln und Zielen« (Dewey) müßte sie den Prozeß
der Habitualisierung einer progressiven Realitätserkenntnis
(Peirce) und den Prozeß der Habitualisierung einer ethisch
orientierten Realitätsvollendung (Peirce) in der geschichtlichen
Situation vermitteln. Darin liegt aber ein Moment der riskanten Einmaligkeit und Unwiderrufbarkeit, das demnach auch
in die Sinnexplikation aller nicht nur szientifisch-technologisch
relevanten Begriffe eingeht. Dieses Moment ist nicht zu verwechseln mit dem von Peirce einkalkulierten Moment der Vorläufigkeit und Ungenauigkeit der szientifischen Realitätserkenntnis; denn die Sinnexplikation ist jetzt a priori abhängig
von einer Wahrheit, die nicht nur progressiv zu entdecken,
sondern – provokativ gesagt – prögressiv, durch praktische
Entscheidungen hindurch, *zu machen* ist. Eine solche Wahrheit
hat innerhalb des Pragmatismus W. James tatsächlich ins Auge
gefaßt[179] – z. B. in seinem berühmten Bild vom Bergsteiger, der
eine Gletscherspalte zu überspringen hat und der durch die
Glaubensentscheidung, die in den Sprung eingeht, praktisch
dazu beiträgt, die geglaubte Wahrheit wahr zu machen. James
war geneigt – und daran nahm der Wissenschaftslogiker Peirce

178 Vgl. oben S. 309.
179 Vgl. W. James: The Will to Believe, New York 1897, und: Pragmatism, London–New York 1907, 257 ff.

Anstoß[180] – den Begriff der Wahrheit überhaupt nach diesem
Modell der »Veri-fikation«[181] zu explizieren, und er schränkte
dieses Modell überdies auf die Probleme der existenziellen »Befriedigung« *(satisfaction)* der Einzelnen ein – und diese indivi-
dualistische Perspektive erschien Peirce als dem Metaphysiker
der *Community* durch *evolutionary love* zuweilen geradezu als
unmoralisch.[182] Es läßt sich aber zeigen, daß das Problem einer
praktisch erst herzustellenden Wahrheit auch für die Gesellschaft sich stellt – gerade dann, wenn sie – wie die Peircesche
Ethik und Metaphysik der »Hoffnung«[183] es vorsieht – für die
»Verkörperung der konkreten Vernunft« sich engagiert.

So bleibt es zuletzt zweifelhaft, ob tatsächlich »der volle intellektuelle Bedeutungsgehalt jedes beliebigen Symbols in der
Gesamtheit aller allgemeinen Formen rationalen Verhaltens
besteht, die aus der Annahme des Symbols konditional in Bezug
auf alle möglichen verschiedenartigen Umstände und Bestre-
bungen folgen«.[184] Es fragt sich, ob nicht gerade eine so historistisch konzipierte Ethik bzw. Metaphysik wie die von Peirce[185] außer der Begriffsexplikation im Hinblick auf mögliche

---

180 Gleichwohl zielt Peirce an den Problemen von W. James vorbei, wenn
er (wie z. B. 5.555 ff.; meine Ausgabe, S. 494 ff.) die Jamessche These, daß
die Erkenntnis die Realität verändert, im Namen der sinnkritischen Definition der Realität bzw. der *in the long run* zu erreichenden Wahrheit als
ultimate opinion der Forscher ironisiert. Richtig ist m. E., daß der wiederholbare *experimentelle Eingriff* in die Realität, der im Dienste der Erkenntnis von Gesetzen steht, die unabhängig vom Akt der Erkenntnis gelten (und das trifft m. E. auch noch für die in der Mikrophysik ermittelten
Gesetze des durchschnittlichen Verhaltens der Elementarteilchen zu), die zu
erkennende Realität insgesamt nicht verändert. Dieses Modell hat Peirce
vor Augen. Dagegen läßt sich aber das völlig andere Modell setzen, wonach die existenziell und geschichtlich-praktisch relevante Erkenntnis mit
einem nicht wiederholbaren (und daher auch statistisch nicht korrigier-
baren!) Eingriff in die von ihr zu erkennende Wirklichkeit verbunden ist.
Dies ist im Grunde das Modell von W. James.
181 Vgl. James, a. a. O., S. 201, 218.
182 Vgl. oben S. 173 und S. 103.
183 Vgl. oben S. 259; vgl. meine Ausgabe, S. 181, Anm. 37.
184 5.438 (454).
185 Um keine Mißverständnisse aufkommen zu lassen: auch die Philosophie
einer progressiv herzustellenden »offenen Gesellschaft« von K. R. Popper ist
in dem hier gemeinten Sinn *historistisch!* Was eine auf lange Sicht von allen

Verhaltens*generalisation* eine solche im Sinne einer hypothet. schen *Totalisation*[186] unserer verantwortlichen Entscheidunge im Hinblick auf die wünschbare Veränderung der gesellschaft lichen Situation einschließen müßte. Nicht, was jederzeit vo austauschbaren Experimentatoren gemacht werden kann, son dern was unter geschichtlich gewordenen Bedingungen der Ge genwart von allen unverwechselbaren Individuen als realisier bares und realisierenswürdiges gemeinsames Ziel vorgestell werden kann, würde dann als Sinnkriterium fungieren. Zumin dest *ein* Begriff, der von Peirce für seine semiotische Logik de Forschung immer schon vorausgesetzt wird, läßt sich nur au *diese* Weise klären: der von Royce explizierte Begriff eine unbegrenzten »Community of Interpretation«. Was in dieser Begriff gemeint ist, wird nämlich einerseits in aller Argumenta tion immer schon vorausgesetzt und ist doch andererseits vo der Gesellschaft in der Gesellschaft immer noch erst herzu stellen.

b) In dem zweiten Aufsatz der »Monist«-Serie von 1905 »Kernfragen des Pragmatizismus«, möchte Peirce zwei Lehren die er schon in der ersten Periode seines Philosophierens (1868 71) vertrat, als Konsequenzen des *Pragmatizismus* entwickeln 1. den *Critical Commonsensism*[187], 2. den *Universalienrealis mus*[188]. Beide Motive waren schon im ersten Aufsatz der Seri hervorgetreten, sollen aber jetzt offenbar noch einmal thema tisch reflektiert werden.

gemeinsam zu realisierende »offene Gesellschaft« bedeutet, läßt sich bei Pop per so wenig wie bei Peirce allein durch, für jedermann gültige, *bedingt. Prognosen* möglicher Resultate des *Social Engineering* explizieren. Es läß sich nur verdeutlichen durch immer erneute Verständigung im Hinblick au ein *unbedingtes Zielengagement* der ungleichen Individuen in der konkreter geschichtlichen Situation. Poppers Werk »Die offene Gesellschaft und ihr Feinde« ist ein hermeneutisch-ideologiekritischer Beitrag zu *solcher* Ver ständigung, – ein Beitrag, der freilich im Programm des *Szientismus* nich als wissenschaftliche Leistung vorgesehen ist.
186 Vgl. dazu J. P. Sartre: Marxismus und Existenzialismus, Versuch eine Methodik, Hamburg 1964.
187 §§ 5.439-452 (454-467); Ergänzungen dazu bilden die Fragmente 5.497-499 (485-488) und 5.523-525 (490-492).
188 §§ 5.453 ff. (467 ff.).

Der *Critical Commonsensism* geht in seinen Argumenten auf die Descartes-Kritik von 1868 (aber auch auf die frühe Sinn-kritik an Kants »Ding an sich«[189]) zurück, er nimmt die *Belief-Doubt*-Theorie von 1872 bzw. 1877, die schon in »Was ist Pragmatismus?« rekapituliert worden war, in sich auf und ver-knüpft sie mit der Unterscheidung unbewußter (»akritischer«) und bewußter, kritisch kontrollierbarer Schlußprozesse, wie sie im Zusammenhang mit der Evolutionsmetaphysik (Instinkt-theorie) und der Konzeption der »normativen Wissenschaften« bis 1903 entwickelt wurde. Die positive Idee, die hinter dem zusammenfassenden Titel »Critical Commonsensism« steht, entspringt offenbar der Auseinandersetzung zwischen der *Com-monsense*philosophie Th. Reids und der kritischen Erkenntnis-theorie des britischen Empirismus und besonders des Kantischen *Kritizismus*[190], die in der Frühzeit Peirces (z. B. bei seinem Lehrer Ch. Wright, der von Hamilton zu J. St. Mill überging) besonders aktuell war. Aus der Perspektive des sinnkritischen Pragmatismus soll eine Synthese dieser Richtungen (wie sie schon Hamilton angestrebt hatte) gewonnen werden.[191] Die einzelnen Aspekte des *Critical Commonsensism*, die wir bereits in anderem Zusammenhang gewürdigt haben, brauchen hier nicht erneut behandelt zu werden. Einer dieser Aspekte – daß die Commonsense-Überzeugungen *vage* sind und insofern die Möglichkeit für kontradiktorische Interpretationen offenlas-sen[192] – führt allerdings unmittelbar zu dem neuen Aspekt, unter dem das Problem des Zusammenhangs von Universalien-realismus und Pragmatismus in dem zweiten Aufsatz der Prag-matismus-Serie behandelt wird: dem der »realen Vagheit« bzw. der »realen Möglichkeit«.[193]

Schon in seiner Royce-Rezension von 1885 hatte Peirce darauf aufmerksam gemacht, daß die sinnkritische Definition des Realen als des Erkenn*baren*, genauer: des *möglichen* Gegen-

189 Vgl. 5.525 (491 f.) und 5.451 (466).
190 Vgl. bs. das Fragment 5.523 ff. (490 ff.).
191 Vgl. 5.452 (466 f.).
192 Vgl. 5. 446 ff. (461 ff.).
193 Vgl. 5.453 (467).

stands der letzten übereinstimmenden Überzeugung der unbegrenzten Gemeinschaft der Wissenschaftler, von einem Möglichkeitsbegriff Gebrauch macht, der stärker ist als der bloßer (logischer) Möglichkeit.[194] Er sprach immer wieder von einer schicksalhaften Vorbestimmung oder Tendenz, die dem in der Realitätsdefinition postulierten teleologischen Erkenntnisprozeß innewohne. Gleichwohl bestand Peirce darauf, daß die Frage, ob das Ziel faktisch erreicht wird, nicht mit Bestimmtheit zu beantworten sei, und er vertrat gegen den absoluten Idealismus Royces (und Hegels) die Auffassung, daß gerade die faktische Unbestimmtheit der Zukunft unser ethisches Engagement und unsere Hoffnung provoziere und somit die »religiöse Fruchtbarkeit« seiner Lehre ausmache.[195] In der zweiten Royce-Rezension von 1900, in der die Definition der Realität im Hinblick auf mögliche Erfahrung erneut diskutiert wird[196], verschärft sich die Problematik durch Einführung des Unterschieds zwischen »*would be*« und »*will be*«[197], auf die Peirce seitdem so großen Wert legte, daß er später alle Formulierungen der »Pragmatischen Maxime« in seinen Frühschriften im Sinne der subjunktiven Konditionalsätze korrigierte.[198] Es wird jetzt klar, daß die Unbestimmtheit der Zukunftserwartungen, wie sie in der Definition der Realität und aller realen Prädikate gemäß der *Pragmatischen Maxime* impliziert ist, wesentlich durch die noch nicht erfüllten Anfangsbedingungen aller bedingten Prognosen begründet wird, während die Möglichkeit konditionaler Zukunftserwartungen überhaupt durch die Realität allgemeiner Gesetze verbürgt wird.

Daraus ergibt sich nun aber eine neue Problemstellung für den von Peirce vertretenen Universalienrealismus – eine Problemstellung, die durch die um 1900 ausgebildete Metaphysik der Kontinuität, insbesondere der Zeit, besonders aktuell werden mußte: Die Realität von Gesetzen, die gewissermaßen als un-

194 8.43 (259 ff.); dazu oben S. 254.
195 Vgl. oben S. 259.
196 Vgl. 8.101 ff.
197 Vgl. 8.104 und 8.113 ff.; dazu oben Anm. 44 (S. 258).
198 Vgl. die Anmerkungen zu den Aufsätzen von 1868–78 in meiner Textausgabe, Erster Teil, I und II.

334

veränderlich *wirklich* unterstellt werden, genügt noch nicht, um jene *Möglichkeit* zu erklären, mit der der Pragmatismus immer schon rechnete, wenn er alle Begriffe im Hinblick auf *mögliche* – d. h. bedingt prognostizierbare – *Erfahrung* explizierte. Wenn real alles das ist, was Gegenstand wahrer Sätze sein kann, dann muß es eine »reale Vagheit« geben, die der Vagheit der subjunktiven Konditionalsätze, deren sich der Pragmatismus zum Zwecke der Sinnklärung bedient, genau entspricht. Dies läuft aber auf eine Erweiterung des Universalienrealismus auf die Modalitäten des Seins hinaus[199]:

»Der Pragmatizismus läßt den letztlichen, intellektuellen Bedeutungsgehalt einer jeden beliebigen Sache in gedachten konditionalen Entschließungen[200] oder ihrer Substanz bestehen; folglich müssen die konditionalen Sätze gemeinsam mit ihren hypothetischen Vordersätzen, da solche Entschließungen die letztliche Natur der Bedeutung darstellen, fähig sein, wahr zu sein. Sie müssen alles Mögliche ausdrücken können, das genau so ist, wie es der Satz ausdrückt, unabhängig davon, daß es in einem Urteil als so seiend gedacht wird oder so in einem anderen Symbol eines beliebigen oder aller Menschen vorgestellt wird. Aber das läuft darauf hinaus zu sagen, daß Möglichkeit manchmal real ist.«[201]

Diese modalontologische[202] Erweiterung seines sinnkritischen

199 Vgl. 5.453 (467 f.) und 5.454 ff. (468 ff.).
200 Die bedingten Prognosen sind hier von Peirce in hypothetische Verhaltensanweisungen übersetzt. Vgl. dazu 5.517 n., wo zwischen *kategorischen Entschließungen, konditionalen Entschließungen und konditionalen Verhaltensdispositionen* unterschieden wird.
201 5.453 (468).
202 Es ist hier daran zu erinnern, daß diese Modal-*Ontologie,* aus der Perspektive Peirces betrachtet, keinen Rückfall in eine vorkantische (dogmatische) Metaphysik darstellt, da sie ja – genau wie die erste Begründung des Universalienrealismus von 1868 ff. – durch die unumgängliche Voraussetzung der möglichen Wahrheit philosophischer Sätze sinnkritisch (im Sinne der semiotischen Transformation der Kantschen Erkenntniskritik) begründet ist. – Von der phänomenologischen Kategorienlehre her gesehen, handelt es sich bei der in den irrealen Konditionalsätzen vorausgesetzten *realen Möglichkeit* oder *Vagheit* um *Erstheit der Drittheit,* während die *Wirklichkeit der Gesetze* als *Zweitheit der Drittheit* und die *Notwendigkeit* im Sinne einer Determiniertheit des Realen durch Gesetze als reine *Drittheit* erscheint. Die hypothetische Metaphysik der 90er Jahre hatte, unter dieser Voraussetzung, versucht, die Evolution der Welt zwischen dem Anfangsgrenzfall der Möglichkeit qua Nichts oder Chaos und dem eschatologischen Grenzfall des Kosmos als Kristall als Kontinuum (synechistisch) zu denken. Ein solcher

Realismus von 1868 gibt Peirce endlich die Möglichkeit, diesen – wie schon in der Berkeley-Kritik von 1871 intendiert[203] – von dem idealistisch-nominalistischen Modell einer Explikation der Realität durch mögliche Erfahrung konsequent zu distanzieren und das Kantische Modell der Restriktion von Begriffsgeltung auf mögliche Erfahrung im Sinne des Pragmatismus, d. h. im Sinne einer Vermittlung der Begriffsgeltung über reale Experimente, zu transformieren. Der Testfall für diese definitive Klärung der Peirceschen Position ist die Interpretation des Diamantenbeispiels, die 1872 und 1878 mißlungen war.[204] Sie wird jetzt von Peirce wiederaufgenommen:

Zunächst spielt Peirce gegen die Versuchung (der er selbst immer wieder erlegen war), den Sinn des Begriffs »hart« in »Der Diamant ist hart« auf eine faktische Erprobung seiner Härte zu reduzieren (und analog die Realität des Realen auf das ungewisse Faktum ihres Erkanntwerdens!), die logisch-grammatische Struktur des *would-be-Conditionalis* aus:

»Denn wenn der Leser die ursprüngliche Maxime des Pragmatizismus[205] . . . heranzieht, wird er einsehen, daß das Problem nicht darin besteht, was *tatsächlich* geschah, sondern ob es gut gewesen wäre, sich nach einem Verhaltensmuster zu richten, dessen erfolgreiches Ergebnis davon abhängig ist, ob jener Diamant einem Versuch, ihn zu ritzen, widerstehen *würde,* oder ob alle anderen logischen Mittel, um zu bestimmen, wie er klassifiziert werden sollte, zu der Konklusion führen *würden,* die in der Überzeugung bestehen würde, ›die allein das Ergebnis der Forschung, die *weit genug* getrieben wurde, sein kann‹[206].«[207]

Es ist bemerkenswert, daß Peirce mit dieser Selbstkorrektur

Versuch geht im Sinne der Peirceschen Klassifikation der Wissenschaften über die sinnkritisch fundierte Ontologie hinaus, ist aber als Versuch durch sie gefordert.

203 Vgl. 8.30 (123 ff.).
204 Vgl. oben, S. 146 ff.
205 Vgl. die Reproduktion der *Pragmatischen Maxime* von 1878 (5.402; meine Ausgabe, S. 195) zu Beginn des Artikels von 1905 (5.438; meine Ausgabe, S. 454) unter Hervorhebung der Ableitungen von *conceive,* welche den Charakter des *Gedanken*experiments sichtbar machen.
206 Das Selbstzitat bezieht sich auf 5.408 (205 f.).
207 5.453 (468).

nicht das Argument von 1878 zurückzunehmen wünscht, wonach die Frage der Härte oder Weichheit des Diamanten eine Frage der Nomenklatur ist. Lediglich die nominalistisch-konventionalistische Behandlung dieser Frage als eine solche der *bloßen* Sprachregelung, des willkürlichen »Sprachgebrauchs«, wird abgelehnt.[208] Hier nimmt Peirce in seiner semiotischen Forschungslogik eine charakteristische Entwicklung der sprachanalytischen Philosophie des 20. Jahrhunderts vorweg: Genau wie der frühe Carnap war er vorübergehend von dem Gedanken fasziniert, die Probleme der Ontologie auf solche der bloßen Sprachlogik *(in the Formal Mode)* reduzieren und dadurch eliminieren zu können[209]; und ähnlich wie beim späten Carnap der »Onto-Semantik« und in der Sprachspieltheorie des späten Wittgenstein kehrt auch bei Peirce das Problem der Ontologie als ein sprachanalytisch und sprachkritisch vermitteltes Problem wieder.[210]

Worin liegt aber nun nach Peirce die positive, semiotisch-modalontologische Auflösung des Problems der Härte des Diamanten, die niemals faktisch erprobt wurde? – Einerseits sucht Peirce die Lösung in dem Hinweis auf den realen gesetzmäßigen Zusammenhang der Natur, der die als Härte prädizierte Eigenschaft des Diamanten mit seinen übrigen erfahrbaren Eigenschaften und mit denen aller anderen Diamanten verknüpft: »... wie sollte es möglich sein, daß durch die Härte, die alle anderen Diamanten besitzen, nicht *irgendeine* reale Relation unter den Diamanten angezeigt wird, ohne die ein

208 Ebda.; vgl. 5.457 (471 ff.).
209 Vgl. bs. 5.403 (195 ff.), 5.409 (206); vgl. auch noch die *prope-positivistische* Behandlung der Ontologie in 5.411 (427 f.) und 5.423 (439).
210 Zur Wiederkehr der ontologischen Problematik in sprachanalytischer Vermittlung vgl. vor allem E. K. Specht: Die sprachphilos. u. ontolog. Grundlagen im Spätwerk L. Wittgensteins (Kantstudien – Erg. Heft 1963), und: Sprache und Sein. Zur sprachanalytischen Grundlegung der Ontologie, Berlin 1967. – Specht gelangt freilich, im Gegensatz zu Peirce, zu einer nominalistischen Auflösung des Seinsproblems. Vgl. dagegen K.-O. Apel: Heideggers Radikalisierung der Hermeneutik und die Frage nach dem Sinnkriterium der Sprache, in: »Die hermeneutische Frage in der Theologie«, Wien–Freiburg 1968, S. 86–152; jetzt in: Transformation der Philosophie, a. a. O., Bd. I.

Stück Kohle kein Diamant sein würde?«[211] Durch diesen Hinweis läßt sich in der Tat die Frage beantworten, worin die erfahrbare Härte eines Diamanten dann besteht, wenn sie nicht faktisch erfahren wird (d. h. die Frage, die Berkeley nur durch Einführung der göttlichen *perceptio perennis* lösen konnte). Damit ist aber noch nicht die tiefer liegende Frage beantwortet, worin die Bedeutung der Härte (d. h. der *als* Härte prädizierten Eigenschaft) denn überhaupt *und* im Falle der noch nicht verifizierten, aber gut begründeten Prädizierung besteht. Die Beantwortung dieser Frage – der Frage des semantischen Pragmatismus! – ist vielmehr implizit schon vorausgesetzt, wenn man fragt, worin die – *erfahrbare* – Härte des Diamanten dann besteht, wenn sie nicht faktisch erfahren wird. Worin aber besteht die hier vorausgesetzte Erfahr*barkeit* der Härte des Diamanten? – Dies ist die Frage, die Peirce 1905 im Rahmen seiner postulierten Logik und Ontologie der Modalität eigentlich stellt.

Peirces Antwort lautet:

»Gleichzeitig ⟨sc. mit der Berücksichtigung des realen gesetzmäßigen Zusammenhanges der Natur⟩ müssen wir die Idee aufgeben, die verborgenen Sachverhalte (sei es eine Relation unter Atomen oder etwas anderes), welche die Realität der Härte eines Diamanten konstituieren, könnten möglicherweise in etwas anderem bestehen als in der Wahrheit eines allgemeinen konditionalen Satzes. Denn auf was bezieht sich all das, was uns die Chemie lehrt, wenn nicht auf das ›Verhalten‹ ⟨behavior⟩ verschiedener möglicher Arten materieller Substanz? Und worin besteht dieses Verhalten, wenn nicht in der Tatsache, daß, wenn eine Substanz bestimmter Art einer Wirksamkeit bestimmter Art ausgesetzt würde, entsprechend unseren bisherigen Erfahrungen eine bestimmte Art sinnlichen Resultats darauf folgen *würde*.«[212]

Im Kontext des Peirceschen *Pragmatizismus* interpretiert, enthält diese Antwort m. E. zwei Pointen: Zunächst die – von Peirce 1905 nur noch selten und andeutungsweise reflektierte – eines transzendentalen Pragmatismus überhaupt, wie er insbesondere 1869 und 1871 aus einer semiotischen und forschungs-

211 5.457 (471 ff.).
212 5.457 (472 f.).

logischen Kant-Transformation heraus entwickelt wurde.[213]
Diese Rahmenpointe[214] läßt sich selbst in dem folgenden irrealen Konditionalsatz ausdrücken: Wenn es die reale Gemeinschaft der Wissenschaftler nicht gäbe, die durch logische Schlußverfahren (Deduktion, Induktion und Abduktion) und
Zeicheninterpretation experimentelle Erfahrungen und instru-
mentelles, bzw. zweckrationales Handeln aufeinander bezieht
und durcheinander konstituiert, dann könnte es die Härte des
Diamanten ebensowenig geben wie die *Realität* des Realen.
Kurz am Beispiel verdeutlicht: Wenn niemand Härte praktisch
testen könnte, hätte die Rede von der Härte des Diamanten
keinen Sinn. Durch *diesen* irrealen Konditionalsatz auf tran-
szendentalphilosophischer Reflexionsebene wird der apriorische
Bezugshorizont, das »Paradigma« sozusagen des Sprachspiels
der Naturwissenschaft und Technologie (einschließlich der szien-
tistisch-technologisch stilisierten Sozialwissenschaft und Sozialtechnologie), indirekt sichtbar gemacht.[215] – Gibt man aber

213 Vgl. oben, Erster Teil, III, S. 41 ff.
214 J. Habermas hat sie im Sinne eines transzendentalen Rahmens des instrumentellen Handelns und der zugehörigen experimentellen Erfahrung
seiner Peirce-Interpretation zugrundegelegt. (Vgl. »Erkenntnis und Interesse«, a. a. O., Kap. 6.).
215 Diese horizontbildende Funktion des transzendentalen Pragmatismus
läßt sich, hinsichtlich der damit verbundenen Sinnkonstitution, als Grenzfall
der Zeitigung und Einräumung einer Welt durch das menschliche »Dasein«
als Ortschaft des Seinsverständnisses im Sinne Heideggers begreifen. Ich
würde jedoch nicht, wie J. Habermas (a. a. O., S. 169), die ontisch-ontologische Differenz Heideggers in unveränderter Form auch für Peirce ver-
bindlich machen wollen; genauer: die ontisch-ontologische Differenz Heideggers hat m. E. bei Peirce bereits ihre Entsprechung in der Differenz
zwischen existierendem (als Willenswiderstand erfahrbarem) Realen und
der interpretierbaren Realität des Realen. Das besagt aber: Peirces sinnkritische Definition der Realität im Hinblick auf mögliche experimentelle
Erfahrung kann nicht selbst noch im Rahmen des Begriffs der *Realität*
relativiert werden (sondern allenfalls im Rahmen des nicht nur experimentell erfahrbaren *Seins*). Positiv gesagt: Unter der *Realität* verstehen wir
immer schon das Sein des Seienden, sofern dieses (als virtueller Willenswiderstand) *existiert*, d. h. für ein objektivierendes Verfügungswissen *vorhanden* ist. Der »transzendentale Rahmen« des Pragmatismus ist deshalb kein
relativierbarer Bezugshorizont, wenn es um die Realität des Realen geht,
sondern der einzige, sinnkritisch angemessene, wie jeder Versuch, die Existenz einer realen Welt zu leugnen bzw. die Realität des Realen in Fiktionen

mit Peirce zu, daß eine sinnkritische Philosophie den Universalienrealismus im Sinne der prinzipiellen Wahrheit allgemeiner Sätze impliziert, so zeigt sich, daß Peirces Hinweis auf die »Wahrheit eines allgemeinen konditionalen Satzes«, in der allein die »Realität der ⟨nicht faktisch erprobten⟩ Härte eines Diamanten bestehen« soll, noch eine weitere – modalontologische – Pointe enthalten muß, die durch die *Counterfactual*-Struktur der im Text folgenden Explikation angedeutet wird. Sie läßt sich durch die folgende Überlegung verdeutlichen: Wäre die Erfahrung der Härte des Diamanten (bzw. die vollständige Erkenntnis der Realität des Realen) mit Sicherheit zu erwarten, genauer: könnte sie in einer unbedingten Prognose vorausgesagt werden, dann könnte sich der vom Pragmatismus implizierte Universalienrealismus, wie Peirce an vielen Stellen suggeriert, auf die Annahme realer *Gesetze* beschränken; genauer: diese müßten dann, als immer schon bestehende, alles Geschehen absolut determinieren. Bereits in seiner Metaphysik des *Tychismus* von 1891 ff. hat Peirce diese Annahme verworfen und die Naturgesetze selbst als »habits« aufgefaßt, die sich im Kontinuum der realen Möglichkeit nach und nach bilden.[216] In der Analyse des Diamantenbeispiels von 1905 findet nun

aufgehen zu lassen, zeigt (vgl. oben Anm. 41). Daraus folgt m. E. weiterhin, daß der transzendentale Pragmatismus als sinnkritischer Realismus im Sinne Peirces von jedem fiktionalistischen Pragmatismus im Stile Nietzsches und Vaihingers streng zu unterscheiden ist. Der Bezugshorizont des zweckrationalen Handelns fungiert bei Peirce nicht als Basis einer psychologistischen »Nichts als«-Reduktion der Wahrheit der naturwissenschaftlichen Erkenntnis, sondern als apriori zugehöriges Vermittlungsmoment der einzig möglichen Erkenntnis des Realen (die damit ebensosehr als echte Erkenntnis aus aristotelischer Neugier wie als apriori technologisch relevant charakterisiert wird). Die Unterscheidung von »Erkenntnisinteressen«, um die es Habermas letztlich geht, wird dadurch m. E. nicht verhindert. Denn gerade wenn man die nach Gesetzen erklärende *Science* als *die* Erkenntnis des Realen in seiner Realität anerkennt, bemerkt man zugleich, daß diese Erkenntnis eine Sinnverständigung der Menschen zur Voraussetzung hat, die – auch wenn sie als Wissenschaft betrieben wird – nicht demselben Erkenntnisinteresse folgt wie die *Science*. Zu dieser »Komplementaritätsthese« vgl. K.-O. Apel: Szientistik, Hermeneutik, Ideologiekritik (Wiener Jb. f. Philos., I, 1968, S. 30 f.; vgl. »Man and World«, I, 1968, S. 50 f.). Jetzt in: Transformation der Philosophie, a. a. O., Bd. II.
216 Vgl. oben S. 273 ff.

der zunächst in metaphysischer Spekulation postulierte Begriff einer *realen Möglichkeit* eine Bestätigung durch die pragmatistische Logik der Forschung: Die Sinnklärung der Realität in Gedankenexperimenten kann tatsächlich nicht durch unbedingte Prognosen bzw. entsprechende indikativische Sätze erfolgen, sondern nur durch bedingte Prognosen, die in irrealen bzw. subjunktiven Konditionalsätzen formuliert werden müssen.[217] Die von Peirce in Anspruch genommene »Wahrheit eines allgemeinen konditionalen Satzes« impliziert in der Tat nicht nur die durch die Realität eines *Gesetzes* bedingte Möglichkeit, aus dem Antecedens das zu erwartende Erfahrungsresultat zu deduzieren, sondern darüberhinaus die Erfüllbarkeit der Antecedensbedingung durch reale Praxis des Experimentators. Kurz: Die *Erfahrbarkeit* der Realität des Realen (z. B. der Härte des Diamanten) setzt *reale Möglichkeit* bzw. reale Vagheit als praktische Freiheit voraus.

Die Richtigkeit dieser Interpretation wird durch den modallogischen Exkurs bestätigt, in dem Peirce der bloß *subjektiven Möglichkeit* im Sinne des mangelnden Wissens über einen Sachverhalt die *objektive Möglichkeit* entgegengesetzt und diese einmal durch den Satz »Ich *kann* an die Seeküste gehen«,

---

217 Sie kann auch nicht durch Wenn-dann-Sätze erfolgen, die im Sinne der *materialen Implikation* aufzufassen und im Sinne der Logik der Wahrheitsfunktionen zu verifizieren wären, da in diesem Falle Paradoxien auftreten würden wie die, daß alle kontrafaktischen Sätze über »konditionale Dispositionen« im Sinne Peirces a priori wahr sein müßten, weil materiale Implikationen mit falschem Vordersatz wahr sind. Die Sätze »Wenn der Diamant getestet worden wäre, hätte er sich als ritzbar erwiesen« und »Wenn der Diamant getestet worden wäre, hätte er sich *nicht* als ritzbar erwiesen« müßten demnach, wenn sie als Wenn-dann-Sätze im Sinne der materialen Implikation aufgefaßt werden dürften, beide wahr sein. Daraus scheint zu folgen: Nur die Interpretation des Wenn-dann-Satzes im Sinne eines *Contrary to Fact-Conditionalis,* der die Erfüllung der Bedingung prinzipiell als möglich unterstellt, vermag klar zu machen, daß die Wahrheit von Sätzen über »konditionale Dispositionen« zwar auch für den Fall der nicht erfüllten Bedingungen gilt, gleichwohl aber von der *realen Möglichkeit* ihrer Erfüllung abhängt. – Zur Aporetik der modernen Diskussion der »irrealen Konditionalsätze« vgl. W. Stegmüller: Probleme und Resultate der Wissenschaftstheorie und Analytischen Philosophie, Bd. I, Berlin–Heidelberg–New York 1969, Kap. V.

zum andern durch die Annahme eines absoluten Zufalls bzw. einer Vagheit im Universum »analog der Unentschlossenheit einer Person« illustriert.[218]

Eine weitere Bestätigung bietet der Schlußteil des Textes, der die Frage: »Was ist der intellektuelle Bedeutungsgehalt von Gegenwart, Vergangenheit und Zukunft?« im Sinne der *Pragmatischen Maxime* zu beantworten sucht.[219] Hier wird, ganz ähnlich wie in der Existenzialontologie von M. Heidegger, die Zeit nicht als objektivierte Datenzeit (als qualitative oder quantitative Sukzession von Momenten), sondern hinsichtlich ihrer drei Aspekte (vgl. Heideggers »Ekstasen«) untersucht, deren unterschiedlicher Sinn (nur!) durch den »denkbaren Bezug zu unserem Verhalten« expliziert werden kann.[220] Gleichwohl geht Peirce bei diesem Versuch einer Sinnexplikation von der Voraussetzung aus, »daß die Zeit real ist«[221], ja »daß Zeit eine besondere Art objektiver Modalität ist«[222]. Auch hier sieht Peirce also die Aufgabe des Pragmatizismus darin, aus einer Beschreibung der praktischen Situation im Sinne des *Commonsense* heraus die modalontologischen Implikationen im Sinne des Universalienrealismus sichtbar zu machen.[223]

218 Vgl. 5.455 (469 ff.).
219 5.458 ff. (473 ff.).
220 5.460 (475 f.).
221 5.458 (473).
222 5.459 (473). – In der Tat kommt auch Heidegger nicht darum herum, im »Geschehenscharakter« der »Zeitigung« der Zeit (später des »Ereignisses«) eine gewisse Objektivität im Sinne des »vulgären Zeitbegriffs« vorauszusetzen. In der späteren Konzeption der »Seinsgeschichte« wird dies stillschweigend bestätigt, ohne daß Zeitlichkeit und Zeit, Geschichtlichkeit und Geschichte begrifflich vermittelt worden wären.
223 Vgl. die Polemik gegen die praktische Irrelevanz des metaphysischen Determinismus (5.459; meine Ausgabe, S. 473 ff.). – 1878 (5.403; meine Ausgabe, S. 196) hatte er zwar ähnlich argumentiert, aber die moralische Frage, ob ich »einer Versuchung widerstehen und anders hätte handeln können« als eine Frage nicht der Tatsachen, sondern lediglich der »Anordnung der Tatsachen« ⟨sc. durch die Sprache⟩ charakterisiert. Diese sehr modern anmutende Suggestion einer Auflösung des Problems der Willensfreiheit durch Reduktion metaphysischer Antinomien auf Unterschiede von Sprachspielen könnte der späte Peirce auch nur in dem Sinne aufrechterhalten, daß Sprachspiele keine willkürlichen bloß verbalen Arrangements sind, sondern Weisen des Seinsverständnisses und der Welterschließung, die praktisch möglich sind.

Die drei Aspekte der Zeit, wie sie denkbarerweise auf unser Verhalten bezogen werden können, charakterisiert Peirce folgendermaßen:

1. Die Vergangenheit ist der Zeitmodus, der alles umfaßt, *was wir wissen können*, d. h. das *Existierende* bzw. die vollzogenen *Tatsachen*, das, *was auf uns einwirkt*, auf das wir dagegen prinzipiell nicht mehr einwirken können.[224] Insofern ist sie für uns unmittelbar durch das *Gedächtnis* repräsentiert; aber auch der »Teil der Vergangenheit..., der jenseits der Erinnerung liegt«, hat für uns die Bedeutung, daß »wir uns ihm entsprechend verhalten sollten«[225]; denn wir könnten ihn kennen, und er wirkt auf uns ein. (Das ist für Peirce das pragmatische Motiv der Geschichtsforschung im weitesten Sinn einschließlich der Naturhistorie!)

2. Die Zukunft ist der Zeitmodus, der auf uns nicht im Sinne des Existierenden einwirken kann und insofern nicht »wirklich« *(actual)* ist. Daraus folgt nun aber für Peirce nicht, daß die Zukunft auf uns überhaupt nicht einwirkt und – andererseits – von uns unbeschränkt kontrolliert werden könnte. Vielmehr wirkt die Zukunft auf uns »durch ihre Idee..., so wie ein Gesetz«[226]. Hier stellt sich für Peirce erneut das Problem der realen Möglichkeit, das in der Struktur irrealer Konditionalsätze impliziert ist. Seine Antwort ist jetzt die: »Die unverfälschte Vorstellung der Zukunft besteht darin, daß alles in ihr entweder *schicksalhaft bestimmt*, d. h. bereits notwendig vorherbestimmt... oder unentschieden ist.«[227] Das bedeutet in seinem denkbaren Bezug auf unser Verhalten, »daß zukünftige Fakten die einzigen sind, die wir, in bestimmtem Maße, kontrollieren können; und was in der Zukunft etwa der Kontrolle nicht zugänglich ist, das sind die Dinge, auf die zu schließen wir in der Lage sein *werden* oder unter günstigen Umständen zu schließen in der Lage sein *sollten*.«[228]

224 Vgl. 5.459 f. (473 f.).
225 5.461 (476).
226 5.459 (475).
227 Ebda.
228 5.461 (476).

3. Die Gegenwart, »dieser lebendige Tod, in dem wir neu geboren werden«[229], ist für Peirce am schwierigsten rational zu explizieren. Dies ist offenbar dadurch bedingt, daß die Gegenwart der Modus der präkognitiven Erfahrung ist – einmal des reinen Soseins der Welt (Gefühl im Sinne relationsfreier Erstheit), zum anderen des überraschenden Willenswiderstandes, des Nichtich, der Welt als vom Ich unabhängiger »Außenwelt« (Erfahrung im Sinne der Zweiheit).[230] Es gibt nach Peirce in der Gegenwart »überhaupt keine Zeit für irgendeinen Schluß«, und d. h. also für bewußte, kontrollierbare Erkenntnis im Sinne der Drittheit, »am allerwenigsten« für einen Schluß auf das Selbst.[231] Daraus folgert Peirce, daß die Gegenwart als »Wahrnehmung« gewissermaßen nur präreflexive Erfahrung des Gegenstandes des Begehrens (also wohl auch des Willenswiderstandes) ist: »Bewußtsein ... eines Kampfes um das, was sein wird ⟨of a struggle over what shall be⟩.«[232] – Hier ergibt sich in aporetischer Form wieder die Problemsituation, in der Peirce eine Wahrnehmung im Sinne der Erstheit der Drittheit postulieren müßte; denn wie wäre sonst die Möglichkeit einer phänomenologischen Beschreibung der präkognitiven Erfahrung der Gegenwart zu begreifen, aus der sich der Begriff der Gegenwart als »Entstehungszustand des Tatsächlichen«[233] zwischen Unbestimmtem und Bestimmtem[234] ergibt?

Die Bedeutung dieses m. W. ersten Versuchs, die Zeitaspekte im Hinblick auf die praktische Situation des Menschen und im Hinblick auf die Vermittlung von Theorie und Praxis zu explizieren, wird in ein helles Licht gerückt durch einen Passus in

229 5.459 (475).
230 Vgl. 5.462 (477).
231 Ebda.
232 Ebda.; vgl. dagegen 5.45 ff. (347 ff.), 5.52 (354), 5.57 (356 f.), 5.539 (321 ff.), 8.282 (555), 8.266 (549 f.). In all diesen Parallelstellen betont Peirce das Zugleich, wenn schon nicht der *Erkenntnis,* so doch der *Erfahrung* von Ich und Nichtich in der Erfahrung der Begegnung, der Überraschung, des Streits. Nach 8.282 (1904) wird der Unterschied zwischen innerer und äußerer Welt unmittelbar als solcher zwischen Vergangenheit und Gegenwart erfahren.
233 5.462 (477).
234 Vgl. 5.459 (473 ff.).

W. Heisenbergs Gifford-Vorlesung über »Physik und Philosophie«, in dem die Relativitätstheorie Einsteins eingeführt werden soll.[235] Heisenberg gibt hier zunächst eine Definition der
Begriffe »Vergangenheit« und »Zukunft«, die von derjenigen
Peirces kaum abweicht. Diese Definitionsweise hat nach Heisenberg den Vorzug, zum üblichen Gebrauch dieser Worte zu
passen und den »Inhalt von Zukunft und Vergangenheit« nicht
von dem Bewegungszustand oder von anderen Eigenschaften
des Beobachters abhängig zu machen.[236] Dennoch kann Heisenberg aufgrund dieser Voraussetzungen einen entscheidenden
Unterschied zwischen klassischer Theorie und Relativitätstheorie klarmachen. Er besteht allerdings gerade darin, <u>daß die
Relativitätstheorie eine gegenüber der klassischen Theorie und
auch gegenüber Peirce verschiedene Auffassung der Gegenwart
impliziert</u>:

»In der klassischen Theorie nehmen wir an, daß Zukunft und Vergangenheit durch ein unendlich kurzes Zeitintervall voneinander getrennt sind, das man den gegenwärtigen Augenblick nennen kann.
In der Relativitätstheorie aber haben wir gelernt, daß es sich etwas
anders verhält. Zukunft und Vergangenheit sind durch ein endliches
Zeitintervall getrennt, dessen Dauer von dem Abstand ⟨der Ereignisse?⟩ vom Beobachter abhängt. Irgendeine Wirkung kann sich nur
mit einer Geschwindigkeit fortpflanzen, die kleiner oder gleich der
Lichtgeschwindigkeit ist. Daher kann ein Beobachter in einem gegebenen Augenblick ein Ereignis weder kennen noch beeinflussen,
das in einem entfernten Punkt zwischen den beiden charakteristischen
Zeiten stattfindet. Die eine Zeit ist der Augenblick, zu dem ein Lichtsignal vom Ort des Ereignisses ausgesandt werden müßte, um den
Beobachter im Moment der Beobachtung zu erreichen. Die andere
Zeit ist der Augenblick, in dem ein Lichtsignal, das vom Beobachter
im Moment der Beobachtung ausgesandt wird, den Ort des Ereignisses erreicht. Das ganze endliche Zeitintervall zwischen diesen beiden Augenblicken kann für den Beobachter im Moment der Beobachtung als Gegenwart bezeichnet werden. Denn irgendein Ereignis
in diesem Zeitintervall kann im Moment des Beobachtungsaktes dort
weder bekannt sein noch von dort beeinflußt werden, und so war
der Begriff der Gegenwart definiert worden. Jedes Ereignis, das zwi-

235 Vgl. W. Heisenberg: Physik und Philosophie, Berlin 1959, S. 92 ff.
236 Ebda. S. 92.

schen den beiden charakteristischen Zeiten stattfindet, kann ›gleichzeitig mit dem Beobachtungsakt‹ genannt werden.«[237]

Aus dieser weiten Definition der Gleichzeitigkeit entwickelt Heisenberg dann die von Einstein gebrauchte engere Definition, die von der Koinzidenz zweier Ereignisse, die im gleichen Raumpunkt gleichzeitig erfolgen, ausgeht. Entscheidend für diese Definition wie für die zugrundegelegte Definition des gegenwärtigen Augenblicks ist der Umstand, daß die Zeit nicht mehr unabhängig von den räumlichen Abständen der Ereignisse zum Beobachter und vom optimalen Wahrnehmungsbzw. Meßmedium des Lichtes, dessen Geschwindigkeit endlich ist, bestimmt wird. Nur weil die Lichtgeschwindigkeit in der alltäglichen Meßumwelt des Menschen praktisch als unendlich groß angesehen werden kann, konnte in der klassischen Physik das Raumzeitkontinuum (Minkowski–Einstein) vernachlässigt und die Gegenwart als unendlich kleines Intervall des Übergangs von der Zukunft in die Vergangenheit vorausgesetzt werden.

Kein Zweifel, daß Peirce subjektiv noch der klassischen Definition des Augenblicks der Gegenwart verhaftet war, kein Zweifel aber auch, daß sein semantischer Pragmatizismus die philosophischen Voraussetzungen für eine Explikation bzw. Definition aller physikalischen Raum- und Zeitbegriffe im Hinblick auf mögliche Messungen, und d. h. zugleich im Hinblick auf die materiellen Bedingungen der Möglichkeit der Messungen, enthielt. Zu Beginn seiner Zeitanalyse scheint Peirce selbst bereits den Weg der Betrachtung einzuschlagen, auf dem sie im Sinne Heisenbergs hätte konkretisiert werden können: »Wenn z. B. eine *Nova Stella* am Himmel ausbricht, wirkt sie auf unser Auge genau wie ein Licht, das wir mit eigener Hand im Dunkeln entzündet haben; und doch ist es ein Ereignis, das vor dem Bau der Pyramiden stattfand«. Peirce interessierte freilich in dieser Situation nicht die »Frage . . ., ob die entfernte Vergangenheit *unmittelbar* auf uns einwirken kann, sondern die, ob sie auf

237 Ebda. S. 92 f.

uns ebenso wie etwas Existentes einwirkt«.[238] Indessen: gerade diese Gleichsetzung alles Vergangenen und alles Existierenden, von dem wir wissen können, unter dem Gesichtspunkt der »denkbaren Wirkung auf unser Verhalten« eröffnete die Denkperspektive, aus der heraus auch die Grundlagenkrise der Physik zu Beginn des 20. Jahrhunderts beantwortet wurde.

V. Schluß:
Peirce und die Zukunft der Wissenschaftstheorie

Wir haben damit, wie mir scheint, unsere Einzelinterpretationen zu Peirces Schriften zu einem gewissen Endpunkt geführt. In der skizzierten Konzeption der Modalität und der Zeit erreicht der spezifisch Peircesche Pragmatismus, der als Keimidee um 1871 unter dem Einfluß der Freunde des »Metaphysical Club« aus der weiteren – und m. E. noch originelleren – Konzeption des sinnkritischen Realismus, einer semiotischen Transformation des Kantianismus, hervorgegangen war, seine endgültige Gestalt. Peirce selbst nannte sie »Pragmatizismus«. Er verstand darunter die normativmethodologische Grundkonzeption einer Logik wissenschaftlicher Forschung. Als solche sollte der *Pragmatizismus* nach Peirces Intention enger und schärfer begrenzt sein als die »humanistische Weltanschauung«, die W. James und F. C. S. Schiller seit 1897 bzw. 1902 aus dem Pragmatismus entwickelt hatten. Gerade durch diese – metaszientifische – Zielsetzung und Begrenzung sollte der *Pragmatizismus* sich aber nach Peirces Intention andererseits – im Gegensatz zu dem subjektiv orientierten »Pragmatismus« von James und Schiller – einer kosmologisch orientierten, synechistischen Metaphysik der Evolution vor- und einordnen lassen. Und um dieser Vor- und Einordnung willen mußte der *Pragmatizismus* den *Critical Commonsensismus* und den *Universalienrealismus* implizieren.
Genauer: Der *Critical Commonsensismus* hatte *nach* Kant und

238 5.459 (474).

Hume, gewissermaßen *durch* alle modernen, konventionalistischen Radikalisierungen der Erkenntnis-*Kritik hindurch*, ein neues Philosophieren im Stile des Aristoteles zu ermöglichen; er hatte, unter dem methodischen Vorbehalt des Fallibilismus und des Meliorismus, den gewissermaßen proto-ontologischen Wahrheitsanspruch des *Commonsense* und der Alltagssprache, der in den Sätzen jeder noch so skeptischen und kritischen Philosophie ganz naiv fortlebt[1], mit sinnkritischem Bewußtsein zur Geltung zu bringen. Mir scheint, daß Peirce dieses schlechthin tiefste Motiv seiner Philosophie niemals zureichend auf den Begriff gebracht hat, und daß er in dem späten Versuch einer reflektierten Zusammenfassung des *Critical Commonsensismus* als einer philosophischen Position zum Teil hinter den sinnkritischen Ansätzen seiner frühen Kant-Transformation zurückbleibt. Das gilt zum Teil auch für den *Universalienrealismus*, der sich unter dem Gesichtspunkt des *Critical Commonsensismus* bereits 1868/71 mit Notwendigkeit aus der sinnkritischen Begründung des »empirischen Realismus« von Kant ergab. Andererseits hat Peirce, wie schon mehrfach angedeutet, erst in seiner modallogischen bzw. modalontologischen Konzeption des Universalienrealismus von 1905 den genialen Ansatz seiner sinnkritischen Definition der Realität des Realen gegen alle Vorurteile des spätmittelalterlich-neuzeitlichen Nominalismus, gegen die er zeitlebens ankämpfte, zur Geltung gebracht. Erst jetzt hat er den für sein Philosophieren zutiefst charakteristischen Ansatz der »Mellonization«, d. h. der Sinninterpretation der Realität im Hinblick auf in der Zukunft *mögliche Erfahrung,* von allen Schlacken eines metaphysischen Nominalismus im Sinne Berkeleys oder auch Kants befreit. In der Tat scheint mir die Durchführung dieses Gedankens im Sinne der *möglichen realontologischen Wahrheit von irrealen Konditionalsätzen* ein zwingendes Postulat zu sein, wenn man Berkeleys theologischen Idealismus ebenso wie Kants Voraussetzung einer

---

1 Hier konvergiert m. E. Peirces Sinnkritik mit der berechtigten Intention der Herderschen und vor allem der Hegelschen Metakritik an Kants Erkenntniskritik.

Hinterwelt unerkennbarer Dinge-an-sich als schlechte Metaphysik durchschaut hat.

Blickt man aus der Perspektive der Gegenwart auf Peirces »Pragmatizismus« zurück, so möchte man in ihm vor allem das Umrißprogramm einer »Logic of Science« von morgen sehen. Es versteht sich von selbst, daß die inzwischen in der *analytischen Philosophie* mit Hilfe der mathematischen Logik entwickelte Wissenschaftslogik in den *Technicalities* weit über Peirce hinausgekommen ist. Ebenso gewiß scheint mir jedoch, daß der zweidimensionale (syntaktisch-semantische) Grundansatz, den die moderne *Logic of Science* dem metaphysisch-antimetaphysischen Programm des *Logischen Empirismus* verdankt und der sie zwingt, die metaszientifischen Probleme der sog. »Pragmatischen Dimension« – die Probleme des interpretierenden Subjekts der Wissenschaft – auf Probleme einer empirischen *Science* zu reduzieren, dem dreidimensionalen semiotischen Ansatz von Peirce prinzipiell unterlegen ist. Und wenn nicht alles täuscht, dann vollzieht sich unter unseren Augen bereits die Umbildung bzw. Ablösung der zweidimensionalen (letztlich am Vorbild einer platonistischen Metamathematik orientierten) »Logic of Science« durch eine dreidimensionale, methodisch u. a. an der Kybernetik orientierte »Systemtheorie« der Wissenschaft als einer menschlich-gesellschaftlichen »Unternehmung«.

An dieser Stelle, wo Peirce in der Gegenwart als Vorläufer und Prophet eines kybernetisch-technologischen Szientismus – und d. h. eventuell: einer Philosophie der Technokratie – verstanden werden könnte, muß jedoch m. E. an die von Peirce selbst noch halbwegs reflektierten Grenzen der »instrumentellen Vernunft« und an die transzendentalhermeneutische Seite der von ihm und Royce entwickelten Idee der »Interpretationsgemeinschaft« erinnert werden: Eine »Systemtheorie«, welche den Praxisbezug der Wissenschaft einschließlich der Kommunikation der menschlichen Subjekte der Wissenschaft restlos nach dem Muster von Steuerungs- bzw. Adaptionsprozessen glaubt *objektivieren* zu können, würde bereits in der Sicht Peirces auf eine semiotisch unhaltbare Reduktion der Interpretationsgemeinschaft als des Subjekts der Wissenschaft hinauslaufen; sie würde einen Rückfall in die zweidimensionale Metatheorie darstellen. Im *Pragmatizismus* muß die »Interpretationsgemeinschaft«, als Nachfolgerin des Kantschen »Subjekts überhaupt«, einen transzendentalen Stellenwert behalten, und d. h., modern ausgedrückt: sie muß eine Metadimension zu jeder systemtheoretischen Objektivierung menschlich-gesellschaftlicher Unternehmungen darstellen.

Hier ergibt sich indessen zugleich der Punkt, an dem eine philosophische Wissenschaftstheorie über Peirce – und damit über die sublimste Form des *Szientismus* – wird hinausgehen müssen. Denkt man den implizit schon im »Logischen Sozialismus« von Peirce angelegten Gedanken zu Ende, daß die Welt nicht nur in ihrer bereits festgelegten gesetzmäßigen Struktur erkannt (»erklärt«) werden, sondern als geschichtlich-gesellschaftliche Welt der Institutionen und Gewohnheiten verantwortlich fortgebildet werden muß, so wird klar, daß zumindest der Mensch den Menschen noch vor andere Aufgaben als die der objektivierenden und erklärenden *Science* und einer Umsetzung von *Science* in zweckrationales Verhalten (Technik im weitesten Sinn) stellt. Der Mensch muß für den Menschen als Glied der *Interpretationsgemeinschaft* Subjekt der Wissenschaft bleiben und gleichwohl Thema einer rationalen Erkenntnis und Praxis werden können.

Peirce – und implizit auch die moderne *Logic of Science* – trägt dieser Situation durch die metaszientifische Problematik der *Verständigung* über die Begriffe und Operationen der *Science* eigens Rechnung. Es bedarf aber der Einsicht, daß die Sinnverständigung im Hinblick auf mögliche experimentelle Erfahrung und Operationen im Sinne der Technik nur einen Grenzfall der durch die *Interpretationsgemeinschaft* gestellten Aufgaben der intersubjektiven Verständigung darstellt, – denjenigen Grenzfall, durch den virtuell – im Falle restlosen Gelingens – die relevante Sinnverständigung zwischen unverwechselbaren Individuen (auch individuellen Gruppen!) in der geschichtlichen

Situation durch die Berufung auf wiederholbare logische und technische Operationen und Erfahrungen austauschbarer Experimentatoren abgelöst würde. Selbst dazu bedarf es aber in der Praxis – wie eine erst in Anfängen entwickelte »Traditionskritik« wissenschaftlicher Schulen zeigen kann[2] – einer echt hermeneutischen, geschichtsbezogenen Verständigung in der »Community of Investigators«. Diese Verständigung innerhalb der Schulen und zwischen den Schulen, ja schließlich – und hier liegt eine Aufgabe, die sich in der Gegenwart immer dringender stellt – zwischen den esoterischen Sprachspielen der wissenschaftlichen Schulen und der Gesellschaft, welche die Wissenschaft organisieren und ihre Resultate verantwortlich anwenden soll: diese Verständigung im Umkreis der *Science* bildet aber letztlich ein Kontinuum mit der politisch-moralisch relevanten Verständigung qua Traditionsvermittlung und Zielorientierung in der menschlichen Interpretationsgemeinschaft überhaupt, wie schon Royce gesehen hat.

So eröffnet das transzendentalsemiotische Fundament der Peirceschen Philosophie – das Apriori der Kommunikationsgemeinschaft – selbst noch den Komplementäraspekt zu einer szientistischen Peirce-Interpretation.[3] Er bezeichnet, wie mir scheint, den Ausgangspunkt einer Neugrundlegung der *verstehenden Geisteswissenschaften* als *Verständigungswissenschaften*.[4] Aus der Perspektive dieser Verständigungswissenschaften wäre auch Peirces pragmatizistische Explikation der Zeitdimensionen nochmals einer Revision zu unterziehen; denn für die intersubjektive Verständigung über den Sinnhorizont möglicher Zielsetzungen läßt sich die Zukunft nicht mit Peirce gemäß der Alternative: entweder ist sie als determiniert erkennbar oder manipulativ veränderbar, hinreichend bestimmen:

2 Als Beispiel solcher Traditionskritik sei das Buch von G. Radnitzky: Contemporary Schools of Metascience, 2 Bde, Göteborg [2]1970, angeführt.
3 Vgl. K.-O. Apel: Szientismus oder transzendentale Hermeneutik . . ., a. a. O.
4 Vgl. K.-O. Apel: Die erkenntnisanthropologische Funktion der Kommunikationsgemeinschaft und die Grundlagen der Hermeneutik, in: »Information und Kommunikation«, Wien–München 1968, S. 163–71.

Die Zukunft, soweit sie von Menschen – z. B. von Zöglingen im Sinne der Pädagogik – repräsentiert wird, kann praktisch, soweit sie nicht determiniert ist, nicht einfach als Objekt möglicher Manipulationen betrachtet werden; denn selbst insofern diese, im Sinne der Sozialtechnik, möglich (und auch wünschenswert) sind, setzen sie eine Sinnverständigung der Manipulateure mit denen voraus, welche in der Zukunft die Subjekte der planvollen Manipulation sein sollen.[5] Ebenso ist die Vergangenheit als intersubjektive Gewesenheit der Interpretationsgemeinschaft nicht so beschaffen, daß sie nur abgeschlossene Fakten enthielte, zu denen wir uns als zu wirkenden Ursachen verhalten müßten. Nur Tatsachen der sogenannten Realgeschichte und Dokumente, die nur als »Überreste oder allenfalls als »Quellen« für die Erforschung realgeschichtlicher Tatsachen gewertet werden, fügen sich der meta*szientifischen* Explikation der Vergangenheit, wie sie Peirce bietet, nicht jedoch Dokumente – Texte! –, deren Sinn quasi als Gesprächsbeitrag in der Interpretationsgemeinschaft gewertet wird. Hier, wo das eigentlich hermeneutische Geschäft der »Geisteswissenschaften« beginnt, stoßen wir auf den eigentümlichen Umstand, daß die menschlichen Dokumente der Vergangenheit noch nicht realisierte Möglichkeiten des Lebens für uns aufbewahren können. (Gemeint ist hier nicht der von Peirce analysierte Umstand, daß der Sinn der Überlieferungen für uns in der Möglichkeit zukünftiger Bestätigung oder Falsifikation von Informationen über noch wirksame Tatsachen liegt, sondern etwas ganz anderes, das nach Peirce in der Zukunft seinen Ort haben sollte: Die Dokumente der Vergangenheit enthalten Sinnmotive, die nicht als Motive im Sinne von Kausal-Erklärungen sich schon ausgewirkt haben bzw. noch auswirken, sondern die als nur ver-

---

5 Für Kybernetik-Metaphysiker sei hier ergänzt, daß wir im Falle der vollständigen Simulation des Menschen durch den Computer vor die Aufgabe gestellt würden, uns mit den Computern über die Zielsetzungen der Praxis zu verständigen, ihre Meinungen hermeneutisch zu erforschen und eventuell auch der Ideologiekritik zu unterwerfen. – Auch und gerade in diesem Falle würde das Programm des *Szientismus* ad absurdum geführt.

stehbare Zielvisionen für uns selbst wiederum möglicherweise realisierbare Ziele eröffnen.[6]

So ist im Problem der Kommunikation, das Peirce als Voraussetzungsproblem einer modernen Wissenschaftslogik erkannte, zugleich ein Komplementärprogramm zur pragmatizistischen Analyse möglicher Vermittlung von Theorie und Praxis angelegt. Es geht hier nicht nur im Sinne Peirces um einen Konsensus hinsichtlich der Interpretation der Resultate der *Science*, der die Selbstkontrolle des menschlichen Verhaltens im Sinne technologischer »habits« garantieren würde; es geht darüberhinaus um einen Konsensus hinsichtlich der Sinninterpretationen, die durch riskante geschichtliche Interaktionen der Menschen zu bewähren sind. (Alle relevanten Interpretationen der Geisteswissenschaften und der kritischen Sozialwissenschaften sind letzten Endes auf einen solchen Konsensus angewiesen!) Und an dieser Stelle werden, wie schon angedeutet, die von W. James und Dewey entwickelten Ideen einer vom Menschen zu machenden Wahrheit tatsächlich zum Zentrum eines – über Peirce hinausgehenden – *humanistischen Pragmatismus*. Sie verdienen nicht deshalb als Ergänzung des Peirceschen *Pragmatizismus* gewürdigt zu werden, weil die von Peirce aufrecht erhaltene Idee einer *in the long run* möglichen objektiven Wahrheit hinsichtlich des Realen eine Illusion darstellen und zugunsten eines subjektiv-fiktionalistischen Nützlichkeitsbegriffs der Wahrheit aufgegeben werden müßte. Vulgärpragmatismen dieser Art, die sich auf Nietzsche oder W. James berufen könnten, dürften angesichts der sinnkritischen Grundlegung möglichen Argumentierens, wie sie Peirce entwickelt hat, keine Chancen besitzen. Anders verhält es sich indessen mit dem von James entdeckten Problem der Wahrheit hinsichtlich solcher Tatbestände, die Menschen in Ergänzung und aufgrund der bestehenden Realitäten erst noch zu schaffen haben.

6 Dieses Beispiel zeigt – nebenbei gesagt –, daß das szientistische Postulat, alle »Motive« als »Ursachen« aufzufassen, weil im Falle teleologischer Auffassung Motive für Handlungen, die gar nicht stattgefunden haben, unterstellt werden müssen, haarscharf an dem Erkenntnisinteresse der verstehenden Wissenschaften vorbeigeht.

Hier, wo der Objektivitätsbegriff der *Science* ebenso wie der einer für jedermann gültigen technisch-instrumentellen Rationalität zugleich berücksichtigt und überschritten werden muß, trifft ein humanistischer Pragmatismus auf die beiden anderen typischen Philosophien der Vermittlung von Theorie und Praxis, die in der modernen Industriegesellschaft ausgebildet worden sind.[7] Das Recht der existenziellen Vermittlung von Theorie und Praxis in den *Grenzsituationen*, die den freien und bewußten Menschen in jeder denkbaren Gesellschaftsordnung zum »Einzelnen« (Kierkegaard) werden lassen, hat W. James in »The Will to Believe« in klassischer Form verteidigt. An dieser existenziellen Problematik sollte nicht nur der »logische Sozialismus« Peirces, sondern erst recht der weitergehende von Marx seine durchsetzbaren Ansprüche pragmatisch begrenzen, mag immer er den Einzelnen zur Integration seines existenziellen Engagements in das der Gesellschaft mit Recht auffordern. Auf der anderen Seite wird es auf die Dauer kaum genügen, jenes im Westen etablierte Komplementaritätssystem ideologisch zu verklären, demzufolge der öffentliche Pragmatismus wertfreier szientifisch-technologischer Rationalität alle ethischen Probleme in den Bereich privater, vorgeblich existenzieller Entscheidungen verweist. Solche Entpolitisierung und damit Auflösung der »öffentlichen Meinung« würde, unter den Bedingungen moderner Sozialtechnik und Manipulation, nicht die Freiheit garantieren, sondern die politisch-moralischen Voraussetzungen selbst noch der wertfreien *Science* und der existenziellen Wertentscheidungen der Einzelnen auf die Dauer beseitigen.

Damit ist, wie mir scheint, der Aufgabenbereich einer öffentlich-emanzipatorischen Theorie-Praxis-Vermittlung eingegrenzt, in dem in der Zukunft die Denkmotive des Marxismus und die eines Pragmatismus auf der Linie Peirce–Dewey ihren Kampf um das Wesen der Demokratie austragen werden. Der Pragmatismus wird vom Marxismus dies eine zu lernen haben, daß die Struktur der geschichtlichen Theorie-Praxis-Vermittlung nicht

7 Vgl. oben, S. 11 ff.

auf die prinzipiell wiederholbarer Experimente im szientifisch-
technischen Sinn reduzierbar ist. Der Marxismus andererseits
wird nur dann eine Chance besitzen, als Wissenschaftstheorie
ernstgenommen zu werden, wenn er den Anspruch, objektive
Science zu sein und dennoch, im Gegensatz zu der von Peirce
analysierten *Science, unbedingte Prognosen* des Geschichtspro-
zesses liefern zu können, endgültig aufgibt.[8] Er wird sich auf
das Programm einer nichtszientifisch-objektivistischen, sondern
emanzipatorisch engagierten, »kritischen« Theorie-Praxis-Vermittlung zurückziehen müssen. Um aber dieses Programm
wirklich als das möglicher Emanzipation von Menschen zu vertreten, wird er vom Pragmatismus zu lernen haben, den Geist
des dogmatischen Heilswissens, der von einer Parteielite ver-
waltet wird, durch den Geist der Kommunikations- und Experimentiergemeinschaft zu ersetzen, die Peirce und Dewey vor
Augen hatten.

8 Vgl. auch die vernichtende Kritik dieser Prätentionen eines orthodoxen
Marxismus durch K. R. Popper in »Das Elend des Historizismus«.

Anhang

Namenregister

Sachregister

Abduktion (s. auch Hypothese; Schluß) 187, 188, 189, 195, 199, 200, 208, 257, 297 ff., 300 ff., 306 f., 309 f., 339

Achilles-Schildkröte 313

Ästhetik (ästhetisch) 178, 180 ff., 184, 190, 208

Äußerung 296

Affektion/Affizierung (der Sinne) 45, 90, 92, 116, 119, 131, 183, 184

Agapismus (Agapasmus) 32, 39, 45, 266, 279

Als-ob 26 f., 100, 164, 266

Analyse 59, 142

analytische Philosophie 349

Anankismus 279

Anpassung, instinktanaloge 270, 278

Antecedensbedingungen 81, 258

Apriori 271

Apriori-Methode 75, 77, 86, 130, 133, 176

Arbeit 171

Architektonik 30, 32, 85, 115, 159 f., 203 f., 209 f., 241, 243, 265, 267 f.

ausgeschlossenes Drittes, Satz vom – 293, 295

Außenwelt 45 f., 200, 247

Autorität 128 ff.

Basissatz 234, 301

Bedeutung 338

Begriff, Dispositions- 301

– mathematischer 291, 293

– metaphysischer 353 f.

– regulativer 265

– spekulativer 265

– Wertigkeit eines -s 309

Begriffsklärung 310

Behaviorismus 136 f., 139, 237, 238

Belief-Doubt-Theorie 36, 114, 116, 118, 120, 170, 320, 324, 333

Beobachtung 245 f.

Bestimmung (durch Negation) 353

Bewährungskriterien 132

Bewußtsein 45 f., 51, 64 f., 68, 188

Bohnenbeispiel 98

Calculus 111

Chance-Variation 275 f., 279

Chemie 111

Circulus fructuosus 138

Circulus vitiosus 74, 138

Coenoskopy 198 f., 264

Commonsense 70, 188, 199, 202, 269, 271

– Philosophie 323, 325, 333

Commonsensismus, kritischer 23, 67 f., 117, 123, 199, 223 f., 325, 332 f., 347

– pragmatischer 22, 258

Community 58, 69, 104, 164, 167, 174

– of Investigators 58, 87, 196, 205, 289, 308, 324, 351

– of love 328, 331

Theorie der Wissenschaften
in der Reihe ›Theorie‹

Im Zusammenhang mit moderner Logik und Bedeutungstheorie hat die Analyse wissenschaftlicher Erkenntnisverfahren zu theoretischen Konzeptionen größter Allgemeinheit geführt, unter anderem bei Peirce, Carnap, Popper und Morris. Im Anschluß an sie ist unter dem Namen ›Wissenschaftstheorie‹ (philosophy of science) eine neue Disziplin entstanden, die das Verständnis einzelwissenschaftlicher Methoden schnell differenziert hat. Aufgrund einer Orientierung durch Methodologie konnte auch die Wissenschaftsgeschichte die Epochen und Wandlungen der Wissenschaft angemessener analysieren.

Die »Theorie« publiziert grundlegende Texte und wichtige neue Arbeiten aus diesen Gebieten. Bände mit Aufsätzen aus Kontroversen und über Probleme allgemeineren Interesses sollen folgen, – etwa über ›theoretische Begriffsbildung‹, den Strukturbegriff, operationale Semantik.

Berkeley, George
Schriften über die Grundlagen der Mathematik und Physik. Einleitung und Übersetzung von Wolfgang Breidert.

Carnap, Rudolf
Scheinprobleme in der Philosophie. Das Fremdpsychische und der Realismusstreit. Nachwort von Günther Patzig.

Cohen, Hermann
Das Prinzip der Infinitesimal-Methode und seine Geschichte. Einleitung von Werner Flach.

Danto, Arthur C.
Analytische Philosophie der Geschichte. Aus dem Englischen von Jürgen Behrens.

Dilthey, Wilhelm
Der Aufbau der geschichtlichen Welt in den Geisteswissenschaften. Einleitung von Manfred Riedel.

Dingler, Hugo
Die Ergreifung des Wirklichen. Einleitung von K. Lorenz und J. Mittelstraß.

Foucault, Michel
Archäologie des Wissens. Aus dem Französischen von
Ulrich Köppen.

Kambartel, Friedrich
Erfahrung und Struktur. Bausteine zu einer Kritik des
Empirismus und Formalismus.

Lorenz, Kuno
Elemente der Sprachkritik. Eine Alternative zum Dogmatismus und Skeptizismus in der Analytischen Philosophie.

Peirce, Charles Sanders
Schriften I. Zur Entstehung des Pragmatismus. Mit einer
Einführung herausgegeben von Karl-Otto Apel. Aus dem
Amerikanischen von Gerd Wartenberg.
Schriften II. Vom Pragmatismus zum Pragmatizismus. Einleitung und Kommentar von Karl-Otto Apel. Aus dem
Amerikanischen von Gerd Wartenberg.

Schnädelbach, Herbert
Erfahrung, Begründung und Reflexion. Versuch über den
Positivismus.

Schütz, Alfred
Das Problem der Relevanz. Herausgegeben und erläutert
von Richard M. Zaner. Einleitung von Thomas Luckmann.

Sebag, Lucien
Marxismus und Strukturalismus. Aus dem Französischen
von Hans Naumann.

Stenius, Erik
Wittgensteins Traktat. Eine kritische Darlegung seiner
Hauptgedanken. Aus dem Englischen von Wilhelm Bader.

Weinberg, Alvin M.
Probleme der Großforschung. Mit einer Einleitung von
G. Radnitzky und G. Andersson: »Wissenschaftspolitik und
Organisationsformen der Forschung« und einem Anhang
von Rainer Rilling: »Die Forschungspolitik der BRD«.
Aus dem Amerikanischen von Ingrid Heckl.

Theorie-Diskussion

Der öffentliche Austrag von wissenschaftlichen Kontroversen ist in Deutschland noch immer nicht so wie in Frankreich, England oder den USA zu einem Konstituens der wissenschaftlichen Erkenntnis geworden; theoretische Diskussionen finden bei uns – wenn überhaupt – eher in geschlossener akademischer Gesellschaft statt als in einer offenen Forschungs- und Diskussionsgemeinschaft der Wissenschaftler.

Die »Theorie« will mit ihrer Subreihe »Theorie-Diskussion« ein Forum für aktuelle Diskussionen schaffen. Es sollen nicht nur bereits stattgefundene theoretische Kontroversen dokumentiert (oder aus dem Ausland importiert), sondern vor allem auch neue angeregt und ausgetragen werden. Außerdem soll die Herausgabe von Theorie-Diskussionsheften die Möglichkeit schaffen, die in einem Diskussionsband geführte Kontroverse fortzusetzen und auf andere Teilnehmer auszudehnen, also den theoretischen Disput zwischen zwei oder mehreren Partnern gewissermaßen zu sozialisieren.

Jürgen Habermas / Niklas Luhmann
Theorie der Gesellschaft oder Sozialtechnologie – Was leistet die Systemforschung?

Hermeneutik und Ideologiekritik
Mit Beiträgen von Karl-Otto Apel, Claus v. Bormann, Rüdiger Bubner, Hans-Georg Gadamer, Hans Joachim Giegel, Jürgen Habermas.

Orte des wilden Denkens
Zur Anthropologie von Claude Lévi-Strauss. Herausgegeben von Wolf Lepenies und Hans Henning Ritter.

Theorie-Diskussion. Supplement 1
Theorie der Gesellschaft oder Sozialtechnologie. Beiträge zur Habermas-Luhmann-Diskussion. Herausgegeben von Franz Maciejewski.

Theorie-Diskussion. Supplement 2
Theorie der Gesellschaft oder Sozialtechnologie. Neue Beiträge zur Habermas-Luhmann-Diskussion. Herausgegeben von Franz Maciejewski.

stw 34 W. Ross Ashby
Einführung in die Kybernetik
Aus dem Englischen von Jörg Adrian Huber
416 Seiten
Die Einführung in die Kybernetik ist eines der Standard-
werke der jungen Wissenschaft Kybernetik, nicht zuletzt
durch des Autors didaktisches Geschick der Grundlagenver-
mittlung. Ashby vermeidet es, für den Laien unnötig ver-
wirrende Bereiche der Elektronik und der höheren Mathematik in seine Einführung einzubeziehen und verwendet
statt dessen allgemeinverständliche Beispiele aus dem Alltag.

stw 114 Oskar Becker
*Die Grundlagen der Mathematik in geschichtlicher
Entwicklung*
428 Seiten
»Der Aufgabe, die Mathematik auf die Stufe des histo-
rischen Bewußtseins zu heben, ist mit dem vorliegenden
Buch ein großer Dienst erwiesen.«
Paul Lorenzen

stw 99 Aaron C. Cicourel
Methode und Messung in der Soziologie
Aus dem Amerikanischen von Frigga Haug
317 Seiten
Die quantitative Erfassung dessen, was Max Weber als
»soziales Handeln« beschrieben hat, ist nach wie vor für
die Soziologie problematisch. Unter dem Einfluß von
Schütz erkennt Cicourel, daß die Analyse der Strukturen
der Alltagswelt im Hinblick auf Handeln und Sprache
unabdingbare Voraussetzung für die Umformung dieser
Strukturen in gemessene Daten ist. Die ausführliche Darstellung der in der Soziologie gebräuchlichen Meßverfah-
ren gerät so nicht zum Selbstzweck, ist aber für den So-
zialwissenschaftler unabdingbares Wissen über sein Hand-
werkszeug.

stw 10 *Einführung in den Strukturalismus*
Mit Beiträgen von Ducrot, Todorov, Sperber,
Safouan und Wahl
Aus dem Französischen von Eva Moldenhauer
480 Seiten
Die Essays zum Strukturalismus gehen nicht von einer
Apriori-Definition einer so zu nennenden strukturalen Me-
thode aus, was nach Ansicht der Autoren nicht möglich ist.
Vielmehr überprüfen die Verfasser – alle Strukturalisten
der zweiten Generation – an ihrem jeweiligen Forschungs-
gebiet, was ihr Strukturalismus überhaupt sei.

stw 96 Michel Foucault
Die Ordnung der Dinge
Eine Archäologie der Humanwissenschaften
Aus dem Französischen von Ulrich Köppen
470 Seiten
Anders als herkömmliche Wissenschaftsgeschichten, die die
Entfaltung von wissenschaftlichen Disziplinen unterm Aspekt der Kontinuität und Einheitlichkeit rekonstruieren,
hat Foucault »Eine Archäologie der Humanwissenschaften«
vorgelegt, die jene »Kontinuitäts-Illusion« (W. Lepenies)
zerstören will.

stw 1 Jürgen Habermas
Erkenntnis und Interesse
Mit einem neuen Nachwort
420 Seiten
Einzig als Gesellschaftstheorie ist radikale Erkenntniskritik
möglich, heißt die Grundthese von Habermas. Damit greift
er nicht nur in die an Methodenfragen orientierte Positivis-
mus-Diskussion ein, sondern auch in die auf Praxis gerich-
tete politische Diskussion.

stw 49 *Materialien zu Habermas' ›Erkenntnis und Interesse‹*
Herausgegeben von Winfried Dallmayr
434 Seiten
Die hier abgedruckten Aufsätze repräsentieren das weite
Spektrum der Auseinandersetzung mit Jürgen Habermas,
die von den verschiedensten Positionen her erfolgt und sich

innerhalb von *Erkenntnis und Interesse* verschiedenen Komplexen widmet: der Deutung einzelner Autoren bei Habermas, der konstitutionstheoretischen Abgrenzung verschiedener Objektbereiche und entsprechender Wissensformen, dem revidierten Begriff des Transzendentalen und dem zweideutigen Status der Erkenntnisinteressen.

stw 25 Thomas S. Kuhn
Die Struktur wissenschaftlicher Revolutionen
Aus dem Amerikanischen von Kurt Simon
227 Seiten
Fortschritt in der Wissenschaft – das ist Kuhns These – vollzieht sich nicht durch kontinuierliche Veränderung, sondern durch revolutionäre Prozesse: Ein bisher geltendes Erklärungsmodell wird verworfen und durch ein anderes ersetzt. Diesen Vorgang bezeichnet sein berühmt gewordener Terminus »Paradigmenwechsel«.

stw 73 Paul Lorenzen
Methodisches Denken
162 Seiten
Der vorliegende Band enthält Arbeiten zu Problemen der Logik, Mathematik und mathematischen Naturwissenschaft. In diesen Beiträgen geht es nicht um einzelwissenschaftliche Theorien, sondern um Grundlagen, Grundbegriffe und Begründungsprobleme von Wissenschaft selbst. Lorenzen ist der Ansicht, daß auch die Grundlegung exakter Wissenschaft im Kontext gesellschaftlicher Zusammenhänge zu sehen ist und erschüttert damit die These von einer möglichen wertfreien Wissenschaft.

stw 93 Paul Lorenzen
Konstruktive Wissenschaftstheorie
236 Seiten
Ethik und Wissenschaftstheorie (zusammen mit O. Schwemmer).
Für Lorenzen ist die Wissenschaftstheorie eine Grundwissenschaft, die »Fach«-Wissenschaften begründet, und nicht ein Fach neben anderen Wissenschaften. Eine solche Wissenschaft muß in allen Schritten kontrollierbar sein und darf

»praktische« Fragen, d. h. solche nach den Zwecken von Wissenschaft nicht ausschließen. Die hier vereinigten, größtenteils unveröffentlichten Aufsätze von Paul Lorenzen, des Gründers der »Erlanger Schule«, sind Beiträge zur allgemeinen Wissenschaftstheorie und zur konstruktiven Begründung der Mathematik, speziell der Wahrscheinlichkeitstheorie.

stw 12 Niklas Luhmann
Zweckbegriff und Systemrationalität
Über die Funktion von Zwecken in sozialen Systemen
390 Seiten
Mit seinem Entwurf einer Systemtheorie erneuert Luhmann den von der gegenwärtigen Soziologie vernachlässigten Versuch, Gesellschaft im ganzen zu begreifen. Er untersucht die Funktion der Zweckorientierung in sozialen Systemen und bestimmt sie als Reduktion von Komplexität, als Vereinfachung, die das System handlungsfähig macht.

stw 62 Jürgen Mittelstraß
Die Möglichkeit von Wissenschaft
268 Seiten
Der vorliegende Band enthält eine Reihe von wissenschaftstheoretischen Arbeiten zur Problematik von Theorie und Begründung. Wissenschaftstheorie wird dabei als eine begründungsorientierte, normative Bemühung gegenüber den Fachwissenschaften begriffen, kritisch abgesetzt von einer mehr bestätigungsorientierten Auffassung von Wissenschaftstheorie als Metatheorie einer gegebenen Wissenschaftspraxis. Der Autor ist aus der Erlanger Schule hervorgegangen und setzt deren methodische Intentionen im Rahmen der konstruktiven Wissenschaftstheorie fort.

stw 48 Derek J. de Solla Price
Little Science, Big Science
Von der Studierstube zur Großforschung
Aus dem Amerikanischen von Wolfgang Ebenhöh und Helmut Neunhöffer
127 Seiten
Nach jahrhundertelangem Wachstum nähert sich die Wissenschaft heute ihrer Wachstumsgrenze, die erreicht wird,

wenn ein bestimmter Anteil der Bevölkerung Wissenschaftler geworden sind und die Hälfte des Bruttosozialprodukts
für die Wissenschaft aufgewendet wird. Solla Price stellt
dar, welche Änderungen in der institutionellen Struktur
und den Organisationsformen im Zuge dieses Wachstums
und besonders bei der Verlangsamung des Wachstums auftreten.

stw 98 *Seminar: Geschichte und Theorie*
Umrisse einer Historik
Herausgegeben von Hans-Michael Baumgartner und Jörn
Rüsen
Die gegenwärtige Neuorientierung der Geschichtswissen-
schaft an sozialwissenschaftlichen Methoden und Theorien
trifft auf ein zunehmendes Interesse der systematischen
Sozialwissenschaften an historischen Problemstellungen.
Beide Tendenzen führen zu den prinzipiellen Fragen nach
Voraussetzungen, innerer Logik, Zweck und Funktion hi-
storischen Denkens. – Die Beiträge dieses Bandes bezeich-
nen den Umkreis möglicher Antworten auf diese Fragen.

stw 32 Helmut Spinner
Pluralismus als Erkenntnismodell
300 Seiten
Der vorliegende Band enthält drei selbständige Abhandlungen, in denen das pluralistische Erkenntnismodell aus
der Popperschen Konzeption eines fallibilistischen Kritizismus systematisch entwickelt und in Rückanwendung auf
Poppers eigenen Denkweg zur Kritik seiner Spätphilosophie des kritischen Rationalismus eingesetzt wird, deren
konservative Tendenzen mit dem radikalkritischen Er-
kenntnisprogramm eines konsequent durchgehaltenen fallibilistischen Pluralismus kollidieren. Gegen Poppers eigene
Philosophie des kritischen Rationalismus, aus deren Schule
der Autor hervorgegangen ist und deren Ansatz eines recht-
fertigungsfreien Kritizismus er weiterführt, wird in diesem
Buch die These vertreten, daß der Feyerabendsche Pluralismus die konsequente Weiterentwicklung des fallibilistischen Kritizismus verkörpert.

Alphabetisches Verzeichnis der
suhrkamp taschenbücher wissenschaft